등교를 거부하는 청소년

평가와 처치를 위한 기능 중심 접근

Christopher A. Kearney 저

임은미 · 강지현 · 김인규 · 김지현 · 여태철

윤경희 · 임진영 · 하혜숙 · 황매향 공역

School Refusal Behavior in Youth:
A Functional Approach to Assessment and Treatment

학지사

School Refusal Behavior in Youth:
A Functional Approach to Assessment and Treatment
by Christopher A. Kearney

하나뿐인 아들이 중학교에 입학하는 해의 첫날이었다. 이유는 확실치 않지만 우리 부부는 다른 해보다 훨씬 더 경건한 마음으로 아들에게 '올해 소원이 무엇이냐?'고 물었고, 이 질문은 어떤 면에선 새해를 맞이하는 의식이기도 했다. 곰곰이 생각하던 아들은 단호한 말투로 '학교가 불타 버리는 것'이라고 대답하였다. 많이 놀란 채 어떻게 반응해야 할지 망설이다가, 결국 아이의 스트레스에 공감하면서 웃었다. 그러나 그 웃음은 아이가 학교에 대한 부정적인 마음을 이겨 내기를 간절히 바라는 기대, 더 정확하게는 이겨 내지 못하여 학교를 그만두게 되면 어떻게 하나 노심초사하는 마음을 간신히 숨긴 제스처였다.

어느 날 갑자기 자녀가 학교에 가지 않는다면 부모의 충격은 얼마나 클까? 학교에 그만 다니겠다며 결석한 학생의 빈자리를 보면 교사는 어떤 마음이 들까? 학교는 꼭 다녀야 하는 곳이라고 생각하는 주변 사람들의 기대와 달리 학교에 가지 못하는 학생은 어떤 심정일까?

2011년 기준으로 우리나라에서 학교를 졸업하는 데 성공하는 청소년은 의무교육 기간인 초 · 중학교의 경우 98.9%이며, 고등학교는 95.2%이다. 2008년에 고등학교에 입학한 681,444명 중 32,709명은 중간에 학교를 떠난 것이다. 적지 않은 수의 청소년이 학교를 떠났고, 그들이 공교육 밖에서 어떤 생활을 했는지 정확히는 알 수 없으나 그들 중 대다수는 쉽지 않은 길을 걷고 있을 것이라고 추측할 수 있다. 학생이 학교에 나가는 게 즐겁거나 행복하지 않다고 생각하는 시점에서 등교거부 행동이 표면화되어 주변 사람을 놀라게 하기까지는 오랜 시간이 걸린다. 이 과정에서 대부분의 학생들은 학교에 다니면서 생기는 스트레스를 극복하고, 무사히 학교를 졸업한다. 생각해 보면 학교에 무사히 다니고 마쳐 주는 일은 감사한 일이다.

그러나 그렇지 못한 학생은 주관적인 고통뿐 아니라 누적적인 학교 적응 문제, 학습결손과 대인관계 문제, 학교 밖에서의 피해와 비행화 등을 포함하여 각종 문제를 겪는다. 이는 성인기에 사회 적응 문제들을 겪는 것으로 이어질 우려가 있기 때문에 특별한 관심이 필요하다. 가능하다면 문제가 커지기 전에 예방하는 것이 최선이다. 그래서 학교를 중단한 청소년들을 위한 여러 가지 대책이 정부 차원에서 수립되고 있으며, 전통적인 공교육에 적응하지 못한 학생들을 위한 각종 대안학교가 설립 · 운영되기도 한다.

이 책에서는 등교를 거부하는 학생을 대했을 때 무엇을 생각하고 어떻게 접근해야 하는지를 제시한다. 특히 학생이 등교를 거부할 때는 등교거부를 통해 무엇을 얻으려 하는지를 이해할 필요가 있음을 강조한다. 저자는 등교를 거부하는 학생을 환경에 의해 희생되었거나 환경으로부터 회피하려는 수동적인 존재로 바라보지 않는다. 오히려 등교거부를 원하는 것을 얻기 위한 능동적인 방편으로 보고 있다. 따라서 등교거부 학생을 도와주고자 할 때는 그들이 등교거부를 통해 무엇을 얻으려 하는지를 직시하고 과학적으로 평가하여, 자기파괴적인 등교거부 행동에 끊임없는 관심을 가지고 적절하게 통제해 나갈 것을 주장한다. 등교거부 행동을 여러 사람이 알게 되기 전, 즉 문제가 심화되기 전에 등교거부의 원인에 대한 이해와 진단을 바탕으로 가급적 조기에 처치 방안을 마련하는 것이 필요하다.

저자는 이 책에서 등교거부의 발생 배경과 그에 대한 문헌들을 정리하고 비판하며, 자신의 문제의식이 출발된 배경을 설명하고, 등교거부를 통해 학생이 얻고자 하는 기능을 이해할 수 있는 평가 방법을 제시한다. 아울러, 등교거부에 대한 처치와 예방 전략을 소개한다. 몇몇 세부 내용, 특히 통계치와 관련하여 미국의 상황이 등장하는 단점이 있으나 이 책을 통해 독자는 등교거부 행동은 국가를 초월하여 일어나는 심각한 학생 문제 중 하나이고, 등교거부를 일으키는 심리적인 역동과 이에 대한 처치 방법에는 문화를 초월한 공통점이 있음을 발견할 수 있을 것이다. 물론 이 책에서 제시하는 등교거부에 대한 기능 중심의 접근을 우리 사회의 학생들에게 효과적으로 적용하는 데는 독자들의 경험과 우리나라 학교 문화의 특징에 대한 심사숙고가 필요할 것이다.

이 번역서가 청소년의 건강한 성장을 위해 노력하는 전문가와 부모들, 특히 등교거부 문제를 가진 내담자를 다루고 있는 상담과 교육 그리고 복지 분야 전문가들의 통찰과 임상 실제에 도움이 되기를 바란다.

대표 역자 임은미

저자 서문

『등교를 거부하는 청소년: 평가와 처치를 위한 기능 중심 접근』에는 등교거부 행동을 보이는 청소년을 이해하고 다루기 위해 내가 지속적으로 수행하고 있는 과정이 나타나 있다. 등교거부 행동은 부모와 전문가들에게 오랫동안 모호하고도 불가사의하며, 정확하게 진술하고 분류하기 어려운 문제로 남아 있다. 이 책은, 기능 중심 모형을 통해 아동임상심리학에서 가장 실체를 이해하기 어려운 집단 중 하나를 정의하고, 조직하고, 평가하며, 다루는 데 도움을 주기 위한 것이다. 나는 이 책이 기존의 개념을 넘어서서 이 어려운 문제를 다루기 위한 합의를 이끌어 내도록 이 분야를 움직이는 최첨단의 지침이자 촉매제로서 사용되기를 바란다.

나는 올버니에 소재한 뉴욕 주립대학교의 '스트레스와 불안장애 센터'에서 대학원 과정을 밟던 시절부터 이 분야를 공부하기 시작하였다. 센터의 아동 · 청소년 불안장애 분과에서 일하면서, 나는 등교를 거부하거나 낮에 출석하는 데 어려움을 가지고 있는 학생들을 많이 만나게 되었다. 이런 사례들을 더 많이 접하면서 증상, 심각도 및 출석 기록에 있어 일관성이 결여되어 있음을 보고 놀랐다. 예를 들어, 이들 중 많은 학생들은 다양한 임상적 증상이 없는 불안문제를 가지고 있어서, 많은 경우에는 불안이라고 보기가 어려웠다. 이처럼 나는 불안장애 분과에서 불안을 갖지 않은 학생을 보는 유일한 사람이었다. 게다가 나는 등교거부 행동이라는 아수라장에서 내 첫 교훈을 얻고 있었다. 그 교훈은 언제나 이질성이라는 문제가 발생한다는 것이었다.

초기에, 나는 내 논문에서 이 다양하고 흥미로운 집단에 초점을 둠으로써 가시적이고 실현 가능한 커다란 보상을 얻을 수 있다고 생각하였다. 나는 이미 몇 사례들을 치료하였고, 더 많은 사례들을 의뢰받았다. 게다가 이 영역에 대한 초창기의 피상적인 분석에 근거하여, 나는 이 주제에 대하여 문헌 검토를 하는 것이 그다지 어렵지는 않을 것이라고 생각하였다. 내가 지도교수 중 한 명에게 이 이야기를 했을 때, 그는 빙그레 웃으면서 내가 곧 불편한 진실을 발견할 거라고 암시하였다. 그가 옳았고, 나는 이 분야에서 두 번째 교훈을 배웠다. 어느 곳에나 등교거부 행동에 대한 논문과 의견이 있다. 몇 년 지난 지금도 나는 여전히 이 주제에 대한 자료를 모두 읽기 위해 노력하고 있다.

센터에서 다양한 사례를 다루면서, 이들에 대한 문헌에 표현된 몇 가지 전통적인 개념이 불만족스러웠다. 학교공포증? 이 학생들 대부분은 특별히 무엇을 무서워한다고 말하지 않았다. 무단결석? 이 용어는 여러 문헌에서 부모가 그들의 결석을 알지 못하는 학생을 지칭하는 데 쓰이고 있다. 그러한 개념은 나에게 임상적으로 도움이 되지 않았고, 치료받으러 부모와 함께 오는 학생들에게는 분명히 적용되지 않았다. 분리불안? 너무나 많은 학생이 주말에 부모를 떠나는 것을 두려워하지 않으며, 부모는 자녀가 주의를 끌기 위한 비행을 한다고 지속적으로 호소한다. 이들에 대해 개념화하기 위해 애쓰면서, 나는 학교를 결석하는 모든 사람을 포괄하기 위해 등교거부 행동에 대한 보다 새로운 접근이 필요하다는 것을 강하게 느꼈다.

이 대안적인 관점을 수립할 때, 내 행동을 처음부터 되돌아보고 왜 이 학생들이 학교 가기를 거부하는지를 살펴보았다. 어떤 학생은 분명히 불안해하고, 학교의 혐오스러운 상황을 벗어나기 위해 등교를 거부하였다. 그러나 학교에 가지 않고 집에 머물기 위해 그들의 부모를 조종하는 것이 분명한 학생도 많았다. 게다가 많은 내담자들이 전혀 정신병리를 가지고 있지 않았고, 그들은 단지 학교 밖에 있는 것이 더 재미있기 때문에 학교를 떠났다고 말했다. 아직도 계속 배우고 있는 이런 기초적 관찰에서 얻은 유형들로부터, 이 책에 기술된 등교거부 행동의 모형이 탄생되었다.

이 책에서 내 의도는 (a) 등교거부 행동에 대한 역사적 문헌들을 개관하고, (b) 등교거부 학생을 분류, 평가, 치료하기 위한 기능 중심의 접근을 제공하는 것이다. 1장에서는 의무교육과 등교거부 분야 연구의 시작에 대한 간략한 역사를 논의한다. 2장은 등교거부 학생의 발생률과 그들의 등교거부 행동과 가장 밀접하게 관련된 요인들을 포괄적으로 요약한다. 3장은 등교거부 학생을 위한 분류 전략들을 기술하고 비판하며, 4장은 기능 중심 모형을 더 깊이 있게 소개한다. 5장은 이들과 가장 관계 깊은 평가 방법, 특히 기능에 대한 평가에 가장 적절한 방법을 검토한다. 6장부터 9장까지는 등교거부의 기능에 대한 이해를 기반으로 한 처치 패키지를 강조하면서 등교거부 행동을 다루기 위한 처치 전략들을 요약하고 관련 사례를 제시한다. 10장은 등교거부 행동에 대한 전반적인 예방과 개인적인 재발 방지 전략을 다룬다.

이 책은 등교거부 학생과 함께 일하는 다양한 사람들을 위해 집필되었다. 내가 진정으로 가장 바라는 것은 이 책이 이런 학생을 더 깊이 이해하고 다루고자 하는 사람들을 위해 관련 개념을 명료화시켜 주는 자원으로서 도움이 되는 것이다. 이 책의 주된 대상은 심리학자, 치료와 일반 심리학적 원리를 알고 일하는 사람들이다. 그러나 몇몇 장들은 교육자, 건강 전문가, 부모 그리고 이들을 만나는 사람들에게도 가치 있는 내용일 수 있다. 게다가 이 책은 대부분 인지-행동-가족 체계적 특징을 띠고 있어서, 이들 이론적 조망에 익숙한 독자라면 이 책을 편안하게 읽을 수 있을 것이다. 그러나 이런 특징들이 대안적 평가와 처치 방법들이 이들에게 비효과적이라는 것을 뜻하지는 않는다. 마지막 주의사항은 이 책이 다양한 곳에서 일어나는 교육과 등교거부 행동의 모든 미묘한 사항을 모두 다룰 수는 없다는 것이다. 등교거부 행동에 대하여 더 완벽한 문화 간 해답을 얻기 위해서는 칠랜드와 영(Chiland & Young, 1990)의 책을 읽을 것을 권한다.

Christopher A. Kearney

차례

제1부

평가

제1장

등교거부 행동이란 무엇인가

트레브는 6세의 남자아이인데 아침마다 학교 가기 전에 울고, 계단 난간을 붙잡고 늘어지며, '나는 싫으니까' 학교를 제발 안 가게 해 달라고 어머니를 보챈다.

· · ·

케이시는 9세의 여자아이인데 가끔 뚜렷한 이유 없이 교실 밖을 뛰쳐나와 집으로 달음질한다.

· · ·

저스틴은 막 7학년이 된 12세의 소년인데, 힘들다고 느껴질 때면 거의 매일 친구들과 아침에 한두 시간 학교를 살짝 빠져나간다.

· · ·

애실리는 15세의 소녀인데 시험과 체육시간에 대한 공포심이 있어 체육시간이 있는 날에는 학교를 가지 않기 위해 할 수 있는 온갖 일을 한다.

자녀를 키우는 일은 어려운 일이다. 자녀가 갑자기 부모의 기본적인 기대에 어긋나게 행동할 때는 더 어려워진다. 예를 들면, 일반적으로 부모들은 자녀들이 저녁식사 하기, 밤에 잠자기, 친구들과 놀기, 학교 가기 등과 같은 기본적인 행동을 당연히 할 것으로 여긴다. 자녀가 예상 밖으로 이러한 행동들 중 하나를 하지 않을 때 부모들은 항상 아주 불쾌하고 혼란스러운 삶의 경험을 하게 된다.

자녀가 학교 가기를 거부하는 일은 이러한 혼란스러움을 유발하는 일 중에서도 가장 당혹스러운 일일 것이다. 자녀가 고집스럽게 아침에 침대에서 일어나지 않고, 학교를 가지 않으려고 욕실 문을 잠그고, 오전 중에 학교를 뛰쳐나오거나 오후에 수업을 빠지는 일을 함으로써 가족을 힘 빠지게 하는 상황을 상상해 보라. 아이는 심하게 불안해할 수 있고, 부모는 결근을 하게 되고, 연이어 학교의 호출을 받게 되고, 교칙 위반이나 학업 문제가 드러나며, 사회적 장애가 심해지고, 형제자매들이 동요를 일으키거나 학교를 결석할 수 있으며, 가족 구성원들이 전체적으로 등교거부 상황에 대해 어떻게 반응해야 할지 혼란스러워하고 갈등하며 괴로워할 수 있다. 이러한 고통을 헤아리는 것이 이 집단을 완전히 이해하는 핵심 요소다.

이 장에서는 이 현상을 둘러싼 기본 개념들의 정의를 먼저 기술한다. 이 개념들에는 장기결석, 중도탈락, 등교저지, 학교에 대한 저항감, 등교거부 행동 등이 있다. 이 외에도 의무교육의 역사와 장기결석의 초기 연구에 대해 기술한다. 그다음에는 임상심리학 내의 장기결석 사례를 탐색하여 이 문제를 기술할 때 가장 보편적으로 사용되는 용어로 기술한다. 책의 말미에는 이러한 개념들을 비롯하여 여러 개념에 대한 용어사전이 제시된다. 그러고 나서 이 영역에서의 전통적 주제와 관련 연구의 현주소를 간단히 재검토한다.

장기결석

장기결석은 타당한 이유가 있건, 그렇지 않건 근본적으로 학교를 결석하는 것을 말한다. 학교 장기결석은 대부분의 경우 본질상 일시적이다. 허소브(Hersov, 1985)는 장기결석의 80%는 정당한 이유로 인한 것이라고 보았다. 그러나 이 수치는 때에 따라, 지역에 따라, 학생 집단에 따라 그리고 다른 변인에 따라 크게 다를 수 있다. 학교를 결석하는 정당한 이유로는 질병, 종교적 공휴일, 가족 장례식 참석, 위험한 날씨 상황, 직업학교 출석, 그 외에 특별한 일 등이 포함된다.

질병과 관련하여 보면, 장기결석과 많이 관련되는 것은 천식이다. 파울러 등(Fowler, Davenport, & Garg, 1992)은 천식이 있는 학생들(7.6일)이 천식이 없는 학생들(2.5일)에 비해 1년에 세 배 더 많이 결석한다는 것을 확인했다. 이것은 건강이 양호한 학생들(6.7일 결석)에 비해 건강이 좋지 않은 학생들(17.4일 결석)의 경우 특히 그러했다. 그래서 비록 어떤 경우에는 주의를 끌고자 하거나 꾀병을 부리거나 학교를 피하고자 하는 다른 안 좋은 행동을 함으로써 결석을 할 수도 있지만, 천식 그 자체가 학교를 많이 결석하게 하는 원인이 된다(Creer, Renne, & Chai, 1982).

장기결석은 그 자체로 하나의 증후군으로 개념화되어 왔다. 즉 장기결석이 주요 요소가 되는 증후군이거나, 우울과 같은 다른 주요 증후군의 한 증상이거나 이들의 조합으로 개념화되었다. 장기결석의 정확한 개념화에 대한 논란은 아직도 여전하다. 그러나 이 책의 목적을 위해서 장기결석과 등교거부 행동(나중에 논의될 것임)은 학생과 그의 가족들의 주요 문제라는 맥락에서 논의될 것이다.

중도탈락

대부분의 장기결석은 성격상 일시적인 것이다. 그러나 학교를 졸업하기 전에 영구 퇴학을 하는 것은 어떤 이유든 일어날 수 있으며 이를 중도탈락이라고 한다. 중도탈락은 학생이 학교를 그만두겠다고 결정함으로써 빈번히 일어난다. 그러나 중도탈락은 학생의 통제 범위를 벗어나는 요인들에 의해서도 역시 일어날 수 있다(2장 참조). 예를 들면, 어떤 학생은 가정 폭력을 피해 집을 나옴으로써 학교를 그만둘 수 있다. 또한 어떤 학생의 가족은 집이 없어 공식적으로 학교 배치를 받지 못한 채 여러 지역을 떠돌아다닐 수 있다.

미국국립교육통계센터에 따르면, 사고 중도탈락률(event dropout rate), 혹은 연도에 기초한 학교 중도탈락자 비율은 15~24세 청소년의 5%다(시간의 흐름에 따른 최근 수치를 보고자 한다면 http://www.nces.ed.gov를 참고할 수 있다). 그러나 학교를 중도탈락한 모든 사람의 누적 비율에 해당하는 자격 박탈률(status dropout rate)은 16~24세의 경우 현재 11.1%, 즉 361만 명에 달한다. 이 비율은 시간이 흐름에 따라 조금씩 내려간다(지난 25년간 매년 0.13%씩 내려갔다). 아마도 많은 대안학교가 늘어나고 새로운 졸업 프로그램이 등장했기 때문일 것이다. 미국에서 자격 박탈률은 다음의 요인에 따라 다르다.

- 남학생(11.4%)와 여학생(10.9%)
- 백인(7.3%), 아프리카계 미국인(13.0%), 라틴계 미국인(29.4%)
- 하류계층(22.1%), 중류계층(10.8%), 상류계층(2.6%)
- 북동지역(8.3%), 중서부지역(7.7%), 남부지역(13.0%), 서부지역(13.9%)

지역사회, 학교, 부모-가정, 사회적 · 개인적 · 학업적 성공 등의 많은 요인들이 학교 중도탈락에 영향을 미치고 이를 예측한다(Kearney & Hugelshofer, 2000). 중도탈락을 충분히 다루는 것이 이 책의 범위를 벗어나지만, 이 변인들뿐 아니라 장기결석 및 중도탈락을 막기 위한 예방 전략을 10장에서 다룰 것이다.

등교저지

장기결석이나 중도탈락은 등교저지 때문일 수 있는데, 부모가 적극적으로 자녀의 결석을 부추기거나 고의적으로 자녀를 학교에 보내지 않고 집에 데리고 있는 경우가 이에 해당한다(Kahn & Nursten, 1962). 이 책에서는 학생의 학교 출석 거부에 특별히 중점을 두지만, 임상전문가와 교육자들은 학교 출석과 관련하여 겉으로 드러나는 학생의 잘못된 행동에 대해 부모나 다른 가족의 책임이 있을 가능성을 주의 깊게 살펴야 한다.

때때로 등교저지는 학대에서 비롯되지만(2장 참조), 그보다 덜 심각한 원인으로 인한 경우도 있다. 다음 내용은 등교저지의 일반적 이유를 나타내지만, 부모가 자녀의 학교 출석을 막기 위해 시도하는 것은 무엇이든 등교저지의 원인이 될 수 있다.

- 가계를 꾸려 가는 데 도움을 받기 위하여 자녀를 일하도록 하는 것과 같은 경제적 이유 때문에
- 위기 동안에 어린아이나 나이 든 어른을 시중들거나 부모를 조력하기 위하여(Taylor & Adelman, 1990)
- 헤어진 배우자가 자녀를 꾀어 가는 것을 막기 위하여
- 자녀를 향한 학교 폭력에 대한 공포
- 교사나 다른 학교 행정가와의 마찰
- 홈스쿨링을 하기 위하여
- 부모에게 공황발작, 광장공포증 또는 그 밖의 다른 질병이 있는 경우 자녀를 '안전요원' 으로 두기 위하여
- 부모로 인한 분리불안 때문에
- 자녀에게 벌을 주기 위하여
- 자녀에게 책임 전가를 하여 문제를 오랫동안 끌기 위하여(예: 치료자의 도움을 구하기 위해); 이것은 자녀의 학교 출석이나 부모의 묵낙(acquiescence)과 관련한 자녀와의 폭넓은 갈등 뒤에 오거나 이와 나란히 올 수 있음
- 자녀를 학교에 재통합시키기 위한 처치 노력을 방해하기 위하여

학교에 대한 저항

학교에 대한 저항은 학교 측의 불의나 과도한 요구라고 생각되는 것에 대한 반응으로 일어나는 여러 가지 학생의 행동을 말한다 (Field & Olafson, 1998). 그러한 행동에는 불평하기, 쪽지 주고받기와 같은 사소한 것에서부터 불복종과 같은 좀 더 파괴적인 것까지 있다. 게다가 저항은 장기결석의 형태를 띠기도 한다. 학교에 대한 저항 현상을 살펴보면, 특정한 상황에서는 장기결석이 정상적인 반응임을 입증하는 학교에서의 실제 위협과 스트레스원에 대해 임상전문가와 교육자들이 주목할 필요가 있음을 알 수 있다.

등교거부

앞에서도 언급했듯이, 이 책에서는 학생의 고의적이고 규칙에 위반되는 등교거부로 인한 장기결석의 경우에 특별히 주목한다. 심리학자들과 교육학자들은 학생의 등교거부를 이해하려는 일환으로 그 문제에 대해 시대에 따라 다른 이름들을 붙였다. 가장 보편적인 정의는 '무단결석(truancy)' '신경증적 무단결석(psychoneurotic truancy)' '등교거부(school refusal)' '학교공포증(school phobia)' 등이다. 관련 구성개념에는 분리불안과 분리불안장애, 특정한 학교공포증, 품행장애 등도 있다. 이름이 이렇게 많다는 것은 학생의 등교거부가 임상심리학에서 전통적으로 실질적인 연구 및 교육 영역이 되어 왔다는 것을 의미한다. 그러나 이렇게 용어가 엇갈림으로써 이 집단을 어떻게 명명할 것인지에 대한 상당한 혼란이 초래되었다.

이 책에서는 이 문제를 등교거부 행동(school refusal behavior)이라는 보다 포괄적인 용어로 언급한다. 등교거부 행동은 학생 스스로의 등교거부, 하루 종일 교실에 있기 어려움, 혹은 이 둘 모두로 일반적으로 정의할 수 있다(Kearney & Silverman, 1996). 이 책에서 논의되었듯이, 이 정의의 범위는 앞서 언급한 구성개념들의 측면을 통합한다. 구체적으로 살펴보면, 등교거부 행동은 5~17세의 학생이 다음 중 한 가지 이상의 특징을 나타내는 것을 의미한다.

- 학교를 완전히 결석하기
- 등교는 하되 하루 중 어느 시기에 학교를 떠나기(예: 수업 빠지기)
- 아침에 심각한 문제 행동을 보이고 난 후 등교하기(예: 불끈 화내기, 매달리기, 공격 행동, 달아나기, 움직이지 않기, 꾸물거리기)
- 앞으로는 출석하지 않아도 좋다는 답변을 부모나 다른 사람들에게 강압적으로 요구한 후 등교하기

그래서 등교거부 행동이라는 용어의 포괄성은 부분적으로 실제 출석의 연속선상에 기초한다([그림 1-1] 참조). 예를 들면, 어떤 학생들은 몇 주, 몇 달 혹은 몇 년 동안 연속적으로 학교를 결석한다. 또 다른 학생들은 그 학년의 어떤 기간(예: 공휴일 후의 2주)에 빠짐으로써 학업상태를 위협당하고 다른 가정문제를 일으킨다. 또 다

른 학생들은 어떤 수업만 살짝 빠지거나 지각을 함으로써 학교 일정 중 일부만 빠진다. 게다가 이 집단 내의 어떤 학생들은 대부분의 시간을 출석하지만 아침에 심각한 문제 행동을 저지르거나 학교에 있는 동안 심한 불안을 나타낸다. 등교거부 행동의 범주는 학교 시간에 빠지는 것을 목적으로 하지만 아직 그 목표를 달성하지 못한 학생들뿐 아니라 '성공적으로' 학교 시간에 빠지는 학생들을 포함한다.

이 연속선은 등교거부 행동의 다양성과 이질성에 대한 2장의 내용을 예시한다. 그러나 이러한 행동의 배열에도 불구하고 매일의 틀에 박힌 일상사에서 어느 정도 벗어나서 학교 출석을 하지 않고자 하는 바람이 있다는 것은 공통적인 맥락이다. 그래서 앞에서 암시한 것처럼 등교거부 행동은 연령에 적합한 기능을 하거나 유지하는 데 있어서나 학교 관련 스트레스에 잘 대처하는 데 있어서 어떤 문제가 있음을 나타낸다.

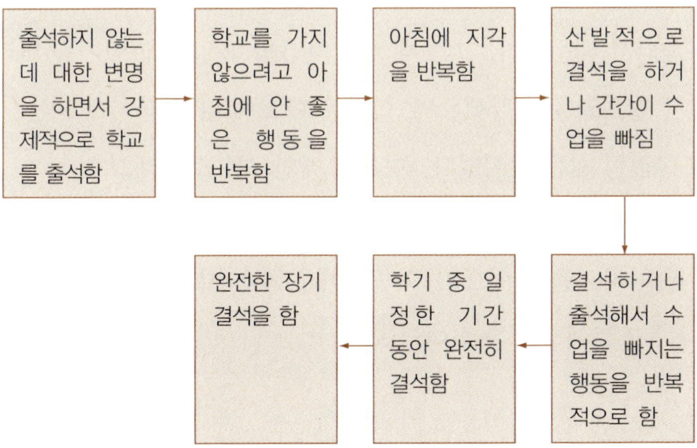

[그림 1-1] 출석에 근거한 학교거부 행동의 연속체

의무교육의 역사적 기원

모든 세상은 하나의 무대다.

그리고 모든 사람들은 배우일 뿐이다.

그들은 자신만의 출구와 입구를 가지고 있다.

그리고 한 사람은 자신의 때에 많은 역할을 연기하는데

그의 막은 일곱 무대다. 처음은 유아……

그다음은 책가방을 맨 칭얼대는 학동이다.

아침에 빛나는 얼굴을 하고, 달팽이처럼 살금살금 걸으며 억지로 학교를 간다. (윌리엄 셰익스피어, 『당신이 원하는 대로(*As You Like It*)』)

. . .

톰 소여는 월요일 아침이면 참담하였다. 월요일 아침이면 항상 그런데, 그 이유는 학교에 가야 하는 고통의 한 주가 또다시 시작되기 때문이다. 그는 대체로 차라리 휴일이 없었기를 바라면서 월요일을 시작했으며, 그날은 학교에 다시 갇히게 되는 것이 더없이 싫은 날이었다. (마크 트웨인, 『톰 소여의 모험』)

. . .

톰은 하키를 하였으며 그리고 아주 좋은 시간을 보냈다.

(마크 트웨인, 『톰 소여의 모험』)

이 인용구들에서 명백히 드러나듯이, 등교거부 현상은 꽤 오랫동안 언급되어 왔다. 사실 대중문학에서 장기결석을 언급하던 초기에는 때때로 이 현상을 낭만적으로 묘사했다. 그러나 이 낭만주의 시기는 19세기에 산업주의 및 여러 나라의 특수한 입법령의 출현과 함께 사라졌다. 입법령의 출현과 관련하여 보면, 의무교육법과 아동노동법이 제정되어 아동을 공장, 농장, 광산에서 학교로 이동시켰다. 이 움직임은 낭만적 사건이던 장기결석 현상을 연구가 필요한 심각한 사회적 및 행동적 문제로 개념화시켰다.

프랑스, 이라크, 아랍, 파키스탄, 인도, 캄보디아, 라오스, 베트남, 인도네시아, 태국, 호주, 뉴질랜드, 필리핀, 에콰도르의 의무교육의 역사에 관해서는 이 주제에 대한 유네스코 출판물을 참조하기 바란다(www.unesdoc.unesco.org를 보라; 호주에 관해서는 예컨대, UNESCO, 1962를 보라). 네덜란드, 이태리, 스페인, 벨기에, 독일, 폴란드, 캐나다, 멕시코의 의무교육에 관해서는 만간(Mangan, 1994)을 참조하기 바란다. 어떤 저자들은 프러시아와 오스트리아(Melton, 1988)뿐 아니라 덴마크와 스웨덴(Rousmaniere, Dehli, & de Coninck-Smith, 1997)에서 의무교육과 장기결석을 통제하는 방법도 논의하였다.

여기에서는 영국과 미국에서 의무교육이 어떻게 진화되어 왔는지 살펴볼 것이다. 버그 등(Berg, Brown, & Hullin, 1988), 갤로웨이(Galloway, 1985), 코틴과 에이크만(Kotin & Aikman, 1980), 시본(Seaborne, 1970)은 영국의 의무교육사를 설득력 있게 정리하였다. 이 저자들에 따르면 영국에서 의무교육은 여러 단계로 진화했다(〈표 1-1〉 참조). 서유럽의 많은 나라들의 경우, 인구구성, 정치적 선호, 산업화의 빠른 변화가 지속되면서 사회적 질서와 유능한 노동력이 필요하게 되었다. 이러한 요구는 공교육이 발달함으로써 가장 잘 충족될 것이라고 여겨졌다(Gleeson, 1992 참조).

〈표 1-1〉 영국 의무교육의 발달

- 1563년 기능공 법령과 1601년 빈민구호법: 12~60세 연령의 피고용인을 위한 도제기간 7년 규정. 빈민과 그들 자녀들이 도제제도를 통해 훈련받도록 규정함.
- 19세기 초: 런던 리드 컴퍼니는 영국 북동쪽에 학교들을 설립했으며, 회사에서 일을 하기 위해서는 규칙적인 출석이 요구되었다. 다른 학교들은 결석생들에게 벌금을 부과하거나 결석생 목록을 작성했다. 어떤 학교에서는 출석을 유도하기 위하여 무료로 의복을 나눠 주었다.
- 아동노동법의 점진적 채택: 예를 들면, 1802년 도제법령, 1833년 아동과 청소년 노동법령은 고용장소에서 보내는 시간을 제한하고 학교에서 보내는 시간을 증가시켰다. 어떤 법들은 학교 출석을 요구하는 조항을 포함시켰다.
- 1870년 초등교육 법령: 지방 조례에 따라 5~13세 아동의 학교 출석을 강화하도록 만드는 학교위원회가 창설되도록 유도한 법령. 일할 필요가 있는 10세 이상 아동들은 그 의무가 면제되었다. 많은 지역에서 학교 출석 위원회가 설립되고 관련 공무원을 확충하였다.
- 1876년 샌돈 법령과 1880년 만델라 법령: 모든 지역에 학교 출석 위원회를 창설했다. 학교위원회와 출석위원회가 5~10세 아동의 출석을 요구하는 조례를 채택하도록 의무화하였다.
- 1893년 초등교육 법령: 일 때문에 학교를 면제받는 연령을 처음으로 11세로 올렸으며 1899년에는 12세로 올렸다. 나중에 1918년 피셔의 교육 법령은 5~14세의 모든 아동들에게 전일제 의무교육을 요구하였다.
- 1908년 아동 법령과 1933년 아동 및 청소년 법령: 비행 혹은 태만 아동을 위한 산업학교이면서 교정학교인 대안학교를 설립했다. 셔필드 초등학교의 평균 출석률은 사실상 1873년 65.0%에서 1930년 90.1%(Galloway, 1985)로 증가하였다.
- 1944년 교육 법령: 초등과 중등 수준의 의무 및 무상 교육; 부모들은 자녀를 학교에 보내지 않는 데 대해 법적으로 책임을 가졌으며 기소될 수도 있었다. 출석 요원의 역할은 아동의 일반복지에 대한 것까지 확대되었다. 학교를 그만둘 수 있는 연령은 15세로 고정되었으며 종국에는(1972~1973) 16세까지로 올라갔다.

멀킨(Mulkeen, 1994)은 미국의 의무교육을 적절하게 개관하였다. 미국의 많은 법은 영국의 것을 모방하였다. 멀킨에 의하면, 남북전쟁 이전 학교교육의 기초는 현저하게 가정, 교회, 도제제도였다. 왜냐하면 일이 교육보다 훨씬 먼저였기 때문이었다. 산업화, 도시화, 이민 등 여러 압력요인들은 사회질서를 증진할 필요성을 인식하게 했고, 이에 따라 적절한 가치를 전달하는 보다 공적인 학교 체제를 발달시키게 되었다. 19세기와 20세기 초 동안에 학교 출석과 설비의 향상, 학년의 연장, 학년제 고안, 교사 장학을 위한 절차 개발, 교육과정의 표준화에 대한 압력이 있었다. 1900년까지 대부분의 주에서 학교 출석을 명령하는 법령이 제정되었고, 1918년까지는 거의 모든 주가 그렇게 하였다. 또한 아동노동법의 출현과 직업교육 프로그램으로 인해 젊은이들이 점점 복잡해지는 산업 체제에 입문하기 전에 적절히 훈련받는 일을 보장받았다. 미국의 의무출석에 관한 사건들의 연대기(Kotin & Aikman, 1980)가 〈표 1-2〉에 제시되어 있다.

〈표 1-2〉 미국 의무교육의 발달

- 1642년: 매사추세츠 주는 상업과 읽기를 자녀에게 교육할 것을 자녀를 양육하고 있는 모든 성인에게 요구한다. 이것은 1648년에 남자 자녀들은 21세까지, 여자 자녀들은 18세까지 포함하도록 수정된다. 이 법률은 수정 및 증보를 거쳐 뉴잉글랜드와 그 외 지역에서 채택되었다. 남쪽의 주들은 1563년과 1601년의 영국 법률과 유사한 법률을 채택했다.
- 17세기 후반: 뉴잉글랜드에서 대부분의 의무교육 법률을 폐지함.
- 18세기 후반: 혁명 이후 매사추세츠와 기타 지역의 새 교육 법률을 제정함. 예컨대, 1789년 매사추세츠에서는 다양한 규모의 마을에서 문법학교나 기타 여러 유형의 학교들을 운영하였다.

- **1852년 매사추세츠 학교 출석 법령:** 8~14세 아동들을 양육하고 있는 성인들에게 자녀들을 1년에 12주 이상 학교에 출석시키도록 요구했다.
- **무상 공립학교:** 세금으로 자금을 조달하여 위스콘신(1848), 인디애나(1852), 오하이오(1853), 일리노이(1855), 아이오와(1858), 뉴욕(1867), 코네티컷(1868), 펜실베이니아(1868), 미시간(1869), 뉴저지(1871)에 학교들을 설립하였다. 대부분의 주에서는 1900년까지 그리고 남부지역 주에서는 1918년까지 의무교육 법률이 채택되었다. 지금은 의무학령 요건이 16세에서 18세 범위에 있다. 주에서 무단결석을 법적으로 정의할 때는 어떤 형태이든 면제받지 않은 결석을 포함시킨다.
- **1899년까지 28개 주가 아동노동법률을 채택했다:** 1938년 '공정한 노동규준법령' 은 아동의 노동을 규제하기 위한 연방정부의 법령을 대표했다.
- **의무교육 법률을 폐지하고 다시 제정함:** 이 일은 1950년대와 1960년대 남부 몇 주에서 이루어졌다.

장기결석 및 무단결석에 관한 초기 논문들

형식교육을 통해 유능하고 관리하기 쉬운 노동력을 얻으려는 욕구가 생겨남으로써 장기결석은 점점 연구와 해결책이 필요한 사회적 문제로 여겨지게 되었다. 19세기 말과 20세기 초의 학교 행정가들은 장기결석을 다루기 위하여 교육전문가와 새로 형성된 아동임상심리학 영역에 기대었다. 부분적으로는 이러한 의존으로 인해, 문제가 되는 장기결석(예: 정당한 이유가 없는 결석)을 심리학적으로 설명하고자 전통적으로 단순한 법적 정의를 하였다.

이렇게 정의가 만들어진 초기에는 학교를 고의적으로 결석하는 학생에게 더 적합한 용어로 무단결석이 사용되었다. 무단결석(truancy) 혹은 무단결석자(truant)는 '거지' '기생동식물' '게으름

뱅이' '장난꾸러기' 혹은 '개구쟁이'를 의미하는 옛 프랑스어 단어인 뜨후앙(truand)에서 비롯되었다(Huguet, 1925/1973). 초기 문헌에서 무단결석은 근본적으로 '부모가 알지도 못하고 동의하지도 않는데 학교를 규칙에 위반되게 의도적으로 결석하는 것'을 의미했다(Williams, 1927). 무단결석에 대한 이 정의는 오늘날까지도 대중화되어 있다.

초기 학술지에서 무단결석에 대한 몇 가지 핵심 정의적 특질이 보고되었다. 아주 최초의 논문들 중에, 예를 들면, 클라인(Kline, 1897)은 무단결석이란 "학교 교실의 좁고 인위적인 방법에 대한 항의이며, 억압된 활동에 대한 반란과 자유로운 바깥 생활을 인정하지 않는 것에 대한 반란"(p. 417)을 나타낸다고 결론지었다. 그는 또한 이러한 학생들의 "가정은 그들의 삶에 있어 그다지 매력적이거나 영향력 있는 곳이 아니다."라고 말하였으며 학생들은 "도덕적 감각, 자기존중감, 야망을 아주 필요로 한다."(p. 418)고 진술하였다. 이것은 무단결석이란 단지 일반 비행의 한 측면이라는 속인들의 이전 견해들을 강화하는 데 도움을 주었으며, 이러한 견해들은 1세기 이상 공식적으로 통용되었다. 클라인의 진술은 또한 이 책의 후반부에 기술될 등교거부 학생들의 특수한 유형을 예시하고 있다. 즉 학교 밖에서 가시적인 강화를 얻기 위해 등교를 거부하는 학생들이 그것이다.

클라인(Kline, 1897)의 뒤를 이은 초기의 학자들은 무단결석을 정의하는 핵심 특질을 제안하고자 하였다. 모두는 근본적으로 무단결석이 비행의 한 형태이거나 비행과 밀접한 관련이 있는 별개의 조건이거나 아니면 비행의 전조라고 믿었다(예: Healy, 1926;

Dayton, 1928). 무단결석의 핵심 정의는 오늘날 경험적 증거에 의해 전적으로 지지되진 않았지만 다음의 내용을 포함하였다(2장 참조).

- 문제 가정과 신체적 조건, '사회적 동요에 과도하게 휩쓸림' '과도한 모험심', 낮은 동기, '나쁜 친구의 영향' (Williams, 1927, pp. 284, 285)
- 문제의 학교, 학급, 교사, 성적 부여 방식; 학교 밖의 유혹물들, 무관심한 부모들(Dayton, 1928; Doll, 1921)
- 학교 부적응과 낮은 지능(Kirkpatrick & Lodge, 1935; McElwee, 1931; Mercer, 1930)

무단결석에 대한 초기 의견 분열

비행의 짝이 되어 왔던 무단결석의 개념은 1932년, 1939년, 1941년에 출판된 3개 논문으로 인해 조금씩 구분되기 시작하였다. 이 논문들은 학교를 장기결석하는 학생들이 성격상 반드시 비행청소년들이 아니고 약간 불안과 관련된 조건을 가지고 있는 학생들이라는 생각을 불러일으켰다('신경증적 비행'에 대한 리프만[Lippman]의 1936년 논의 참조).

브로드윈과 불안으로 인한 장기결석

브로드윈(Broadwin, 1932)은 장기결석이 경우에 따라 '저항 행동, 애정을 얻고자 함, 적응하기 어려운 현실을 도피하는 것 등을 나타내는' 가정에서의 행동 증상과 관련되어 있다고 주장하였다 (p. 254). 흥미롭게도 이 요인들은 이 책에서 길게 묘사한 등교거부 행동의 주요 유지변인을 일반적으로 나타낸다. 브로드윈은 더 나아가 어떤 장기결석은 '깊게 자리잡은 강박형 신경증'에 의한 것이며 그 증후군은 '혼합되었거나 중첩된 신경증적' 경향과 유사하다고 주장하였다. 그렇게 함으로써 그는 장기결석의 일부가 본질상 불안으로 인한 것으로 묘사하고 등교거부 행동 증상은 본질상 비행과는 이질적인 것으로 정확히 묘사하였다.

파트리지와 신경증적 무단결석-등교거부

파트리지(Partridge, 1939)는 그의 선배들처럼 규칙에 위반되며 비행적인 학교 결석이라고 기술하기보다는 무단결석이라는 용어를 사용하는 것을 더 좋아하였다. 실제로 그는 무단결석의 다섯 유형을 기술하면서 네 가지를 소원한 가족관계와 반사회적 행동과 연관시켰다. 여기에는 버릇없고, 히스테리성이 있고, 요구적이고, 반항하는 집단이 포함되었다. 이 집단들 각각의 핵심 특질은 규율이 부족하고, 어려운 상황을 회피하며, 어떤 것을 바라고, 지배적인 부모에게 반대하는 행동을 한다는 것이었다. 그러나 파트리지는 무단결석이 품행장애뿐 아니라 신경증적 증상 혹은 성격장애를 나타낼 수 있다고 진술하였다. 파트리지는 무단결석의 다섯 번째 유형을 신경증이라 명명하였고, 수줍음, 죄의식, 불안, 불끈하기, 공격성, 과보호적 부모-자녀 관계에서의 주의 끌기 등의 특징을 나타낸다고 언급했다. 이 구분은 나아가 장기결석에 대한 연구를 두 진영으로 분리시키는 것에 일조하였다: (a) 그 문제를 규칙에 위반되며 비행적인 행동의 형태로 보는 '전통적' 진영(무단결석으로 언급함)과 (b) 그 문제를 보다 복잡한 신경증적 상태로 보는 '최근' 진영(신경증적 무단결석 혹은 등교거부로 언급함).

존슨 등과 학교공포증

무단결석 개념을 처음 구분하는 데 일조한 세 번째 논문은 존슨 등(A. M. Johnson, Falstein, Szurek, & Svendsen, 1941)이 출판하였다. 그들은 장기결석을 하는 학생 중 일부는 공포증과 강박증 경향이 중첩되어 있는 특징을 가지고 있는 정신신경증 장애유형인 학교공포증을 나타낸다고 명기하였다. 이러한 의미의 학교공포증은 그래서 신경증적 무단결석의 부분집합인 등교거부로 인식되었다. 신경증적 무단결석은 좀 더 일반적인 비통감이나 부정정서(negative affectivity)를 포함하는 것으로 여겨졌다. 존슨 등은 학교공포증이 다음 절차로 전개되는 세 가지 주요한 요소로 구성되어 있다고 진술하였다.

1. 건강염려증적이고 강박증적인 증상을 특징적으로 보이면서, 신체적 질병이나 정서적 갈등이 원인인 급성적 불안. 결과적

으로 의존에 대한 욕구가 생겨난다. 이것은 틀림없이 학교공포증이 발달하는 다음 시점(2번)과 동시적으로 일어난다.

2. 안전의 위협(예: 결혼문제, 경제적 어려움, 질병 등)을 포함하는 생활상의 스트레스로 인한 어머니의 증가된 불안.
3. 역사적으로 풀리지 않는 어머니-자녀 간의 과도한 의존적 관계. 어머니가 자신의 삶의 스트레스를 경험함에 따라 자신의 위안을 위하여 자녀의 불안과 의존에 대한 욕구를 이용하고자 하는 욕망이 생긴다. 따라서 '상호 만족스러운' 시기로의 퇴행이 일어나며 이것은 학교 결석을 계속하고자 하는 자녀와 어머니의 욕구 속에 나타난다. 상징적 공포 대상은 교사 또는 학교와 관련된 다른 항목이나 상황이다.

존슨은 학교공포증은 '틀린 이름' 이며 그 문제는 좀 더 정확하게 학교 가기 전에 존재하는 분리불안의 한 형태라고 주장하면서 학교공포증에 대한 자신의 기술을 명료화하였다(Estes, Haylett, & Johnson, 1956; A. M. Johnson, 1957). 분리불안이란 의미 있는 타자(예: 부모)와의 분리를 예상하거나 경험할 때의 강한 비통함을 말한다. 학교공포증에 대한 자신의 견해를 지지하기 위하여 사례연구들을 사용하면서 존슨(Johnson, 1957)은 "이 행동 유형의 병인론적 요인들은 적절하게 제시되어 왔고, 기본적인 과학적 원리에 따라 제시할 더 이상의 증거를 거의 필요로 하지 않는다."(p. 309)고 진술하였다. 그것이 내포하고 있는 결함과 이러한 이중적 진술에도 불구하고 등교거부 행동에 대한 존슨의 정신역동적 해석은 광범위한 관심을 얻었으며 수십 년 동안 이 분야의 사상에 지울 수 없는 인상을 남겼다. 예를 들면 『정신장애진단통계편람 4판(DSM-IV)』(American Psychiatric Association[APA], 1994)의 분리불안장애 준거를 검토할 때 이러한 깊은 인상이 더 확실해진다. 이 장애는 이 장의 뒤편에서 논의할 것이다.

학교공포증 개념의 확장

초기에는 학교공포증을 특수하고 불안으로 인한 신경증적 무단결석의 한 부분 또는 등교거부로 보았다. 신경증적 무단결석과 등교거부 개념은 보다 일반적인 고통이나 부정정서로 특징지어졌다. 그러나 어떤 학자들은 존슨 등(A. M. Johnson et al., 1941)을 따라서 학교공포증의 정의적 성격을 확장시키는 데 도움을 준 병적인 문제를 기술하였다. 이들 학자들은 비록 장기결석을 유발한 부모-자녀의 얽힌 관계에 대한 존슨 등의 기본 전제를 전반적으로 지지했으나, 이 병적인 문제들은 주로 신체적 호소, 우울, 가족갈등을 포함하고 있음을 밝혔다(Agras, 1959; Campbell, 1955; Suttenfield, 1954; Talbot, 1957). 이 과정의 결과로, 학교공포증의 원래 개념은 보다 넓은 신경증적 무단결석이나 등교거부의 원래의 정의와 뒤엉키게 되었다. 이것은 오늘날 많은 사람들이 무단결석, 등교거부, 학교공포증 등의 용어를 서로 바꾸어 가며 사용하는 이유를 설명하는 데 도움을 준다.

월드포겔 등(Waldfogel, Coolidge, & Hahn, 1957)은 학교공포증은 "학교 상황 중 어떤 측면을 병적으로 무서워하여 학교 가기를 꺼려하는 것"(p. 754)으로 정의함으로써 그 개념을 확장하는 데 도움을 주었다. 이 개념은 학교공포증이 학교 중심적인 것이지 전적으로 가정이나 어머니 중심적이지 않다는 생각을 일으키는 데 도움을 준 점에서 의미가 있다. 쿨리지 등(Coolidge, Hahn, & Peck, 1957)도 학교공포증이 있는 학생들의 두 유형을 가정하였다. 성격적 유형은 일반적인 신경증적 무단결석이나 등교거부의 원래 개념을 나타낸 반면 신경증적 유형은 학교공포증의 원래 개념을 나타내었다. 신경증적 유형은 보다 어린 학생들에게서 나타나는 것으로, 급성적이고 거의 공황증에 가까운 불안 증상과 갑작스럽게 장기결석을 하게 되는 특징을 갖는다. 성격적 유형은 우울증과 편집증 증상을 가진 보다 나이 든 학생들에게서 나타나는 것으로 장기결석이 좀 더 점진적으로 발생하는 특징을 가진다.

학교공포증에 대한 개념을 불안에 근거하여 제안한 존슨(A. M. Johnson, 1957)은 발병이 보다 점진적이고 기간이 더 긴 증상을 가진 학생들을 나타내기 위한 것으로만 성격적 구분을 한 것을 비판했는데 이는 놀라운 일이 아니다. 그러나 이 비판에도 불구하고 쿨리지 등(1957)의 구분은 일반적으로 잘 받아들여졌다. 사실, 학교공포증이 분리불안에 의해 유발되고 신경증적-성격적 혹은 급성적-만성적 유형으로 이루어진다는 생각은 1962년까지 '영향력 있는' 임상 원리로 받아들여지게 되었다(예: Berryman, 1959; Chazan, 1962; S. Davidson, 1960; Eisenberg, 1958; Kahn & Nursten, 1962).

그래서 1930년대 초에서 1960년대 초까지 학교 장기결석 연구는 일반적으로 전통적인 비행적 무단결석과 신경증적 무단결석-등교거부라는 보다 새로운 개념을 포함하였다. 후자 속에 포함되는 학교공포증의 부분 집합은 보다 구체적으로 정의되었다. 그러나 3장에 추가로 논의된 바와 같이 이러한 구분이 상당히 중첩되기 때문에 이 집단들의 분류, 평가, 처치에 많은 혼란을 야기했다. 이에 대한 반동으로 학생과 부모의 외현적 행동에 초점을 맞춘 다른 분류들이 1960년대와 1970년대 초기에 일어났다.

확장된 이분법과 급성-만성 구분

1960년대와 1970년대 초기에 진행된 장기결석 관련 연구는 과거의 정신역동에 기초한 사상과 새로 부상한 행동주의 접근에 기초한 사상들의 혼합을 이끌어 내었다(예: Garvey & Hegrenes, 1966; Lazarus, Davison, & Polefka, 1965). 이 혼합 사상은 학교공포증이나 등교거부(이 용어들은 상호 호환적으로 사용되기 시작했음을 상기하라)의 하위 유형을 정의하기 위한 임상에 기초한 여러 체계들을 실질적으로 탄생시켜 후속연구의 근간이 되었다. 이 장에서는 이 유형들에 대해 등교거부 학생들의 정의적 특징을 중심으로 간단하게 소개할 것이다. 분류학적 관점에서 이 하위 유형들을 충분히 분석하고 비판하는 일은 3장에서 이루어진다.

케네디의 접근

케네디(Kennedy, 1965)는 문제의 지속성과 외현적 증상을 강조함으로써 쿨리지 등(Coolidge et al., 1957)의 신경 특성학적 구분에

손질을 가했다. 두 가지 특수한 형태가 다음과 같이 기술되었다.

- 학교공포증 유형 1, 혹은 '신경증적 위기(neurotic crisis)' 의 특징으로는 첫 장기결석이 갑자기 발생함(전형적으로 아팠던 날의 다음 주 월요일에), 낮은 성적, 죽음에 대한 염려, 어머니의 신체적 건강이 의심됨, 부모와의 좋은 관계와 적응이 있다.
- 학교공포증 유형 2, 혹은 '생활양식 공포증(way-of-life phobia)' 의 특징으로는 여러 가지의 등교거부 에피소드를 포함하는 급성 발병, 좋은 성적, 죽음에 대한 염려 없음, 어머니의 신체적 건강과 관련 없음, 부모와의 관계와 적응이 나쁨 등이 있다.

케네디(Kennedy, 1965)는 두 범주의 공통 증상이 공포, 신체적 호소, 분리불안, 부모-학교와의 갈등임을 또한 보고하였다.

관련 접근법

여러 연구에서 케네디 접근법의 확장을 제안하였다(예: Sperling, 1967; Marine, 1968; Berg, Nichols, & Pritchard, 1969; Shapiro & Jegede, 1973). 먼저, 스펄링(Sperling, 1967)은 '일반 등교거부(common school refusal)'와 '유도된 등교거부(induced school refusal)'를 구분하였다. 일반 등교거부의 특징은 어머니에 대한 통제를 위협하는 갑작스러운 외적 사태(예: 병)에 대한 반응으로 어머니에 대한 통제를 다시 얻고자 하는 무의식적 동기가 있다는 것이다. 유도된 등교거부는 모르는 사이 시작됨, 외부적 촉발 사건 없음, 의존이 지속되어 과도해지게 된 부모-자녀 관계 등의 특징들이 있다.

마린(Marine, 1968)은 등교거부를 어린 학생들이 부모와 처음 이별을 겪을 때 느끼는 '단순한 분리불안' 을 포함하여 네 가지 범주로 구분하였다. 부모와의 첫 이별은 고통스럽지만 빨리 지나가는 것으로 여겨졌다. 또한 마린은 약한 급성 등교거부는 그 특징이 케네디의 학교공포증 유형 1과 유사하고 심한 만성적 등교거부는 케네디의 학교공포증 유형 2와 유사하다고 하였다. 마지막으로 '등교거부 증상을 수반하는 아동기 정신증' 은 공포, 우울, 사회적 철회, 반복적 행동, 신체화 증상, 오염이나 성적 괴롭힘에 대한 공포, 퇴행 행동 등과 같은 복합적 행동 패턴의 특징을 가진다.

버그 등(Berg et al., 1969)은 다음 네 가지 요소에 기초한 학교공포증의 정의를 제안했는데 널리 인용되고 있다.

1. '등교하기가 심하게 힘듦' , 의도적 결석은 제외됨
2. 등교하고자 할 때 '정서적으로 심하게 동요됨' , 공포, 불안, 신체적 호소, 일반적 '징징거림' (p. 123) 등이 포함됨
3. 도벽이나 거짓말과 같은 반사회적 행동의 부재
4. 학교시간 동안에 학생이 집에 남아 있다는 사실을 부모가 알고 있음

버그 등(1969)은 또한 학교공포증을 급성과 만성으로 구분하였다. 급성 학교공포증은 현재 장기결석이 나타나기 전 3년 동안 등

교상의 문제가 없는 것으로 정의하였고, 그 외 다른 모든 경우는 만성적인 것으로 정의하였다.

마지막으로 샤피로와 저게드(Shapiro & Jegede, 1973)는 등교를 거부하는 학생을 소외된 자아와 자아동조적 행동의 양극 사이에 있는 연속선상에 놓고 이해할 수 있다는 견해를 받아들였다. 자아 소외적 행동은 공포증, 불안, 매달리기, 신체화 증상의 특징을 가지는 반면, 자아동조적 행동은 부모가 교사를 비판하면서 가끔씩 강화시키는 무단결석의 특징을 가진다.

커니와 실버만의 접근법

지금까지 소개한 여러 확장된 접근들이 각 용어를 달리 사용하고 있지만, 공통된 주제는 학교공포증과 등교거부증을 가진 학생들을 급성과 만성으로 나누는 것이었다. 급성과 만성의 등교거부 행동에 관하여 과거의 차이를 조정하는 한 방안으로 커니와 실버만(Kearney & Silverman, 1996)은 이론과는 관계없는 단지 문제의 지속성에 기초한 분류법을 제안하였다. 이 분류법에서는 자기교정적 등교거부 행동, 급성 등교거부 행동, 만성 등교거부 행동을 포함한다.

자기교정적 등교거부 행동은 처음에 장기결석을 하다가 2주 이내에 자발적으로 다시 등교하는 학생의 경우를 말한다. 예를 들면, 이 집단에 속하는 많은 학생들은 학년이 시작될 때 학교에 대한 불안이 스쳐 지나가는 것을 경험하거나 종종 학교를 가지 않고 집에 머무는 행동을 함으로써 부모의 의지를 '시험' 한다. 학생이 학교 가는 데 익숙해지거나 부모가 잘못된 행동에 대해 엄한 입장을 고수할 때 그 문제는 빠르게 사라진다. 사실 80%의 학생들은 어떤 점에서 학교에 적응하는 데 어려움을 겪지만 그러한 어려움은 더 이상의 사고 없이 항상 부모나 교사 혹은 다른 사람들에 의해 성공적으로 다루어진다(Watters, 1989). 그러나 2주 이하의 등교거부 행동도 어떤 가정에서는 의미 있는 문제 행동이 되므로 처치를 필요로 할 수도 있다.

급성 등교거부 행동은 장기결석이 2주에서 1년(예: 2~52주)까지 지속되는 경우를 말하고, 만성 등교거부 행동은 장기결석이 1년(예: 53주) 이상 지속되는 경우다. 만성 등교거부 행동은 반드시 2개 학년에 걸친 등교거부 행동을 포함하는데 이러한 현상은 이 집단에게 있어 전형적으로 나타나는 좋지 않은 예후의 징조다(Kearney, 1995). 그러나 등교거부 행동으로 인한 고통은 문제의 기간과 별개일 수 있으며 그래서 앞에서 기술한 출석의 연속선과도 관련지을 수 있다.

[그림 1-2]는 이 장에서 지금까지 논의한 개념들에 기초한 장기결석의 위계를 제안하여 개관한 것이다. 그것은 또한 학생이 장기결석과 관련하여 취할 수 있는 잠정적 방향을 예시하는 흐름도를 나타낸다. 그러나 양방향 화살표들이 지적하는 것처럼 어떤 경로들이 반드시 구속력을 가지는 것은 아니다. 예를 들면, 어떤 학생은 문제성을 띠지 않는 일시적인 장기결석을 했다가 종국에는 문제 상태로 악화될 수 있다. 여기에서 전형적 시나리오는 학생이 실제 병을 앓고 난 후 집에서의 특권을 연장시키기 위해 '아픈 것을 가장' 하는 것이다. 또 다른 예는 불안한 학생이 자기교정적 등교거

장기결석

↓

↔ 문제성 없고 일시적인

↓

문제성 있는

↓

↔ 부모의 동기에 의한 등교저지나 일차적 → 중도탈락
사회-가정의 자극들

↓ ↑

학생의 동기에 의한 등교거부 행동

↓ ↑

↔ 자기교정적 등교거부 행동

↓ ↑

급성(2~52주) 혹은 만성(53주 이상) 등교거부 행동
(출석 연속선도 보라)

↓

중도탈락

[그림 1-2] 장기결석하는 학생의 위계 흐름도

부 행동을 간헐적으로 경험하다가 어떤 외상(예: 시험 실패)을 겪고, 그 이후로 급성이나 만성 등교거부 행동을 하게 되는 것이다.

[그림 1-2]에 의하면 중도탈락은 항상 그 현상의 영구성 때문에 일방향 화살표 다음에 온다는 사실을 주목하라. 예를 들면, 2년 동안 학교를 가지 않고 여전히 중도탈락을 고려하는 학생은 여기에서 만성 등교거부 행동으로 분류될 수 있다. 나아가 이 흐름도는 등교저지 기간이 끝나거나 등교거부 행동이 성공적으로 치료되거나 하여 상황이 개선되면 다음 장기결석 증상이 나타날 때까지 이

흐름도의 필요성은 없어진다는 점을 가정한다.

경험적 자료에 근거한 장기결석과 등교거부 행동의 구분

임상에 기초하여 1950년대, 1960년대, 1970년대 초에 제시되었던 등교거부 행동의 하위 유형들은 일반적으로 심리측정적 지지를 받지 못했다. 이에 대한 반동으로 등교를 거부하는 학생들의 정의적 특성을 확인하기 위한 경험적 혹은 통계적 시도가 더 많이 이루어졌다. 이러한 시도들은 일반적으로 다음 두 가지 전략에 중심을 두었다. (a) 문제성 있는 등교거부 행동을 과잉통제-통제부족 차원이나 내재화-외현화 차원에 따라 분석하기와 (b) 등교거부 학생들의 보다 특수한 성격(예: 우울) 분석하기 등이다. 이러한 하위 유형들에 대해 등교거부 학생들의 정의적 특성과 관련하여 간단히 개관하려고 한다. 분류학적 입장에서 이 하위 유형들을 보다 충분히 분석하고 비판하는 일은 3장에서 할 것이다.

과잉통제-내재화와 통제부족-외현화 차원

부모, 교사, 정신건강 종사자의 보고내용에 기초한 요인분석의 결과에 따르면, 과잉통제-내재화와 통제부족-외현화라는 큰 요인으로 문제 행동이 분류되는 경우가 많다(Achenbach & Edelbrock, 1978). 과잉통제 증후군은 공포, 불안, 철회와 같은 우울증적 증상을 포함하는 행동들의 집합체를 나타내고, 통제부족 증후군은 공격성, 싸움, 도벽, 기타 반사회적 혹은 비행적 행위와 같은 외현적 행동을 나타낸다. 아켄바흐(Achenbach)의 아동행동 체크리스트(Child Behavior Checklist: CBCL), 교사보고설문지(Teacher's Report Form: TRF), 청소년 자기보고설문지(Youth Self-Report: YSR)에서는 '학교 가기 무섭다' (CBCL, TRF)와 '학교 가는 것이 두렵다' (YSR) 항목이 '기타 문제' 요인에 올라 있다. 이와 대조적으로 '무단결석, 학교 빠지기' (CBCL), '무단결석 혹은 말없는 결석' (TRF), '수업 빠지기 혹은 학교 빠지기' 항목은 '비행 행동' 요인에 올라 있다(Achenbach, 1991a, 1991b, 1991c).

결석 문제가 심각한 수준인 학생에 대해 영 등(Young, Brasic, Kisnadwala, & Leven, 1990)은 '등교거부 장애의 내재화' 와 '무단결석 장애의 외현화' 간의 유사한 구분을 제안하였다(p. 202).

- 등교거부 장애의 내재화는 '갈등, 불안, 증상에 대한 비통함, 기타 정서장애 증상' 등의 특징을 가진다. 여기에는 공포증, 분리불안, 우울증, 신체에 대한 불평을 가진 학생들이 포함된다.
- 무단결석 장애의 외현화는 "거의 불안 없이 학교를 결석하는 것을 포함하여, 충동적, 반항적, 조종하는, 고분고분하지 않은 행동과 품행장애나 비행과 같은 증상" (p. 202)을 나타낸다.

3장에서 지적되겠지만, 등교거부 학생 중 상당수는 공존증상을 나타낸다는 사실에 주목해야 한다. 예를 들면, '등교거부를 내재화하는' 학생들은 확실하게 결석을 하고 '무단결석을 외현화하는'

학생들은 부정적인 정서 증상을 적어도 몇 가지 나타내 보인다.

특정한 등교거부 행동의 경험적 분석

(a) 일반적인 등교거부 행동을 보이면서 우울증이 있는 학생의 평가와 (b) 이전에 보고된 등교거부 행동의 평가를 통해 경험적으로 도출한 장기결석 범주를 확인하고자 하는 시도가 또한 있었다. 예시를 위하여 세 연구를 여기에 소개한다. 콜빈 등(Kolvin, Berney, & Bhate, 1984)은 우울증을 가지고 있거나 가지고 있지 않거나에 상관없이 학교공포증을 가진 모든 학생들을 평가하였다. 참여자의 배경적 특징과 증상에 대해 판별 함수 분석이 실시되었다. 기능적으로 유용한 여러 학교공포증의 이분법들이(예: 급성-만성, 남성-여성, 사춘기 전-사춘기, 학교 출석-결석) 평가되었지만 판별식의 유의성($p < .05$)은 우울-비우울 구분에서만 발견되었다.

버그 등(Berg et al., 1985)은 보다 광범위한 변인을 포함시켜, 심각한 학교 출석 문제를 가진 자녀에 대한 부모의 평정 내용으로 주요소 요인분석을 실시하였다. 무단결석 요소는 변량의 20%를 설명했고, (a) '부모와 함께 있지 않거나 그냥 집에 있는 학생', (b) '부모가 학생이 누구와 있는지 모른다'와 같은 항목을 포함했다. 등교거부 요소는 변량의 15%를 설명했고 (a) 등교거부, (b) 집에 있기, (c) 학교를 보내고자 하는 부모의 노력에 저항하기와 같은 항목을 포함했다.

마지막으로, 앳킨슨 등(Atkinson, Quarrington, Cyr, & Atkinson, 1989)은 등교거부 학생들의 임상 파일에서 얻은 자료들(Berg et al.,

1969, 학교공포증의 준거를 사용하여)을 이용하여 군집분석을 통해 세 집단을 가려냈다. 여기에는 (a) 분리불안과 과보호하는 어머니(존슨 등[A. M. Johnson et al., 1941]의 기술과 유사함), (b) 완벽주의(실패에 대한 공포), (c) 등교거부의 확장과 '정신병리적 일탈'이 포함된다. 우울과 공포 증상은 첫째 군과 둘째 군에서 명백하게 나타났다. 나머지 표집(28%)은 분류되지 않았다.

등교거부 행동의 성격을 경험적으로 규정하고자 하는 이러한 시도들은 이 집단의 이질성에 대한 이전의 기술들을 실증적으로 확인해 주었다. 비록 중복되고 설명되지 않은 많은 변량들이 이 분석들에 퍼져 있었지만, 여전히 우울과 같은 등교거부 행동의 핵심적이고 보편화되어 있는 특성들의 확인이 보다 정확하게 이루어졌다. 학교공포증-등교거부를 경험에 기초하여 정의하고자 하는 이러한 시도들과 더불어, 진단을 통해 이러한 조건들을 규정하고 분류하고자 하는 시도가 나타났다. 분류학적 입장에서 분류하고자 한 이 시도들에 대한 논의와 비판은 3장에서 제시할 것이다. 그러나 징후적으로나 병력으로나 등교거부 행동에 가장 보편적으로 관계가 있는 진단은 다음에 제시할 것이다.

장기결석과 등교거부 행동의 진단적 구분

장기결석이나 등교거부 행동을 원인 분석에 의한 진단에 의해 규정하려는 시도는 1980년 이전에는 거의 없었다. 비록 아동기 행동 문제에 대한 주요 분류 체계에 대한 초기 간행물인 『정신장애진단통계편람(Diagnostic and Statistical Manual of Mental Disorders: DSM)』이나 국제질병분류(International Classification of Diseases: ICD)와 '정신의학의 진전을 위한 그룹(the Group for the Advancement of Psychiatry)'을 포함하여 일부 그러한 시도가 있었지만 등교거부 학생에 대한 언급은 거의 없었다.

DSM-III(American Psychiatric Association, 1980)가 진단적 관점에서 장기결석 문제에 초점 두기에 박차를 가했다 하더라도 오늘날 진단 체계 내에서의 장기결석 문제에 대한 관심은 실상 여전히 미약하다. 앞에서 언급한 바와 같이 진단에 기초한 등교거부 하위 유형은 3장에서 좀 더 상세하게 다룰 것이다. 그러나 징후적으로나 병력으로나 등교거부 행동과 가장 밀접하게 관련되어 있는 DSM-IV(APA, 1994)에서의 주요 세 가지 진단에 대한 간단한 기술을 여기에서 살펴볼 것이다. 이 범주들은 ICD-10(World Health Organization, 1992)의 범주들과 유사하다.

이 진단들만이 등교거부 행동과 보편적으로 관련된 유일한 것은 아니다. 다른 일반적인 관련 질병 진단은 예를 들면, 공황장애, 광장공포증, 사회불안장애, 일반불안장애, 적대적 반항장애 등을 포함한다. 부언하면, 이러한 진단에 대한 여기에서의 기술은 등교거부 행동의 전반적인 성격을 기술하는 데 필요한 타당성을 보증해주지는 않는다.

품행장애

장기결석과 종종 연관되어 있는 첫 번째 진단인 품행장애(conduct disorder: CD)의 핵심적 특징은 "타인의 기본적 권리나 나이에 맞는 사회적 기준이나 규칙을 침해하는 반복적이고 지속적인 행동 패턴"(APA, 1994, p. 85)이다. 품행장애의 한 증상은 "13세 이전에 시작하는 잦은 무단결석"(p. 90)이다. 다른 증상으로는 타인과 동물에 대한 공격성, 재산 파괴, 거짓말과 훔치기, 심각한 규칙 위반 등이 있다. 어떤 사람이 품행장애로 진단받기 위해서는 세 가지 증상이 적어도 12개월 동안 지속되고 (그리고 과거 6개월 동안 적어도 한 증상이 나타나며) 그 증상들이 일상생활을 하는 데 있어서 지장을 초래하는 원인이 되어야 한다. 따라서 품행장애에 대한 현대의 해석은 무단결석을 비행과 연관시킨 초기 해석을 부분적으로 반영한다.

분리불안장애

장기결석과 종종 연관되어 있는 두 번째 진단인 분리불안장애(separation anxiety disorder: SAD)의 핵심적 특징은 "개인이 애착을 가지고 있는 사람이나 가족들과 헤어질 것에 대한 과도한 불안"(APA, 1994, p. 110)을 포함한다. 분리불안장애의 증상 중 하나는 "분리에 대한 공포 때문에 학교나 다른 곳에 가기를 지속적으로 거부하거나 꺼리는 것"(p. 113)이다. 분리불안장애의 다른 증상으로는 일반적으로 (a) 분리 중에 있는 아동이나 주요 애착 인물에 대한 해악을 걱정하는 것; (b) 혼자 있기를 싫어하거나 혼자 잠자러 가기를 싫어하는 것; (c) 분리에 대한 악몽; (d) 두통과 복통 등 분리 기간 동안의 신체화 증상 등이 있다. 어떤 사람이 분리불안장애로 진단받기 위해서는 의미 있는 비통함이나 일상생활을 어렵게 하는 원인이 되는 여덟 가지 증상 중 적어도 세 가지가 적어도 4주 동안 나타나야 한다. 따라서 분리불안장애에 대한 현대적 해석은 분리불안을 정신신경학적 무단결석-등교거부와 연관시킨 초기 해석을 부분적으로 반영한다.

특정공포증

장기결석과 종종 연관되어 있는 세번째 진단인 특정공포증의 핵심적 특징은 "명백히 구별할 수 있는 특정 대상이나 상황에 대한 현저하고 지속적인 두려움"(APA, 1994, p. 405)이다. 그와 같은 대상이나 상황(예: 학교)에의 노출은 일반적으로 공황발작과 유사한 즉각적 불안반응을 내포한다. DSM-IV에 의하면, 아동의 경우 이 반응은 "울기, 불끈 화내기, 경직되기, 매달리기"(p. 410) 등으로 나타날 수 있다. 또한 공포스러운 대상이나 상황을 회피하거나 엄청난 두려움을 그대로 참는다. 어떤 사람이 특정공포증으로 진단받기 위해서는 적어도 6개월 간 그 증상을 나타내었어야 하고, 일상생활을 어렵게 하는 원인이 되어야 한다. 따라서 학교에 대한 특정공포증의 현대적 해석은 특정공포와 불안을 학교공포증과 연관시킨 초기 해석을 부분적으로 반영한다.

장기결석 관련 용어

결석을 기술하기 위하여 이 장에서 사용된 용어들의 정의는 이 책의 용어사전에서 찾아볼 수 있다. 교육학, 심리학, 사회복지, 의학, 기타 관련 분야들의 전문가들과 많은 일반인들은 이 용어들을 종종 상호 교환하여 사용한다는 사실을 주목해야 한다(Friesen, 1985; Phelps, Cox, & Bajorek, 1992). 그러나 그러한 혼재된 용어의 사용은 지양해야 할 일이고, 자칫 이 집단의 다양성과 복잡성을 간과하게 한다. 게다가 이 용어들을 상호 교환하면서 사용하는 것은 많은 학생들을 적절히 처치해야 하는 과제를 방해하는 듯하며, 따라서 처치를 효과적으로 하지 못하게 한다.

예를 들면, 전문가들이 보통 저지르는 한 가지 실수는 자녀가 사실은 학교와 관련된 대상이나 상황에 대한 강한 공포가 없는데 그들의 부모에게 학교공포증을 가지고 있다고 말하는 것이다. 실제로 학교공포증은 규칙에 어긋나게 학교를 결석하는 학생을 기술하기 위한 포괄적인 용어로 너무 자주 사용된다. 그러나 학교공포증이라는 용어를 사용할 때 함의되어 있는 것과 같은 강한 공포증을 학생이 가지고 있다고 잘못 믿게 되면 부모와 전문가들로 하여금 부적절한 처치를 하게 할 수 있고 학생의 등교거부 행동을 악화시킬 수도 있다. 그 대신 학생의 장기결석의 맥락을 주의 깊게 분석하는 일이(예: 장기결석의 기저에 무엇이 있는가? 공포심? 부모? 아니면 여가생활?) 그 학생을 가장 잘 처치하도록 결정하는 데 더 도움이 된다. 그와 같은 맥락의 고려는 3~10장에서 기술될 기능 모형의 기초가 된다.

장기결석과 등교거부 행동의 역사적 주제의 수정

한 단계 물러서서 장기결석과 등교거부 행동에 대한 전반적인 역사적 문헌을 평가하면, 몇몇 주요 주제들이 명백해지고, 이 책의 후반 내용을 이해하는 데 도움이 될 것이다. 첫째, 장기결석-등교거부 행동에 대한 연구는 교육학과 아동임상심리학에서의 풍부하고도 실질적인 연구 영역을 나타내었다. 실제로 이 주제는 여러 해 동안 서로 다른 분야의 많은 전문가들의 주의를 끌어내었다. 이러한 막대한 관심은 이러한 전문가 집단에게서 종종 나타나는 즉각적이고, 위험해 보이고, 만연한 증후학(symptomatology) 때문이다. 그 결과, 부모, 학교관계자, 심리학자, 정신의학자, 사회복지사, 소아과 의사 등과 같은 많은 사람들이 애초부터 그 문제와 관련되었다.

장기결석-등교거부 행동에 주어진 막대한 관심의 일부분은 그 증상이 너무도 다양하기 때문이다. 장기결석-등교거부 행동의 전형적인 프로파일이나 이분법을 확인하기 위하여 수많은 연구가 수행되었다. 그중 한 이분법은 급성-만성 구분이다. 이 구분은 증후학에 매몰된 나머지, 등교거부 학생들을 적절히 분화시키지 못하고 있다. 그러나 이 장에서 제시한 것처럼 급성-만성 구분에 있어 등교거부 행동의 기간에만 기초를 두면 보다 명료해지고 임상적 유용성도 증가한다. 역사적 문헌에서 만들어진 또 다른 프로파일은 불안으로 인한 등교거부 행동과 불안과 무관한 등교거부 행동이다. 얼핏 보면 이 구분이 오히려 더 기본적인 것처럼 보인다. 그러나 등교를 거부하는 많은 학생들은 행동의 형태에 기초한 깨끗한 이분법을 흐리게 하는 증상들을 더 많이 가지고 있었다(2장과 3장을 보라).

등교거부 행동의 이질성은 이 집단을 어떻게 가장 잘 규정하고, 분류하고, 평가하고, 처치할 것인가에 대한 불일치한 의견을 유발시키는 경우가 많다. 실제 등교거부와 관련된 연구 영역은 상당히 혼란스러운 상태다. 이 책의 목적 중 하나는 등교거부 행동과 관련되는 정의와 임상적 과정을 체계화하기 위한 방법을 제안하는 것이다. 그러한 일을 하는 데 있어서의 주요 전제는 학생의 증상이나 등교거부 행동의 형태에 덜 의존하면서 학생이 등교를 거부하는 이유나 등교거부 행동의 기능에 초점을 맞추는 것이다.

제2장

등교거부 학생들의 특성

15세 소녀 멜리사는 지난 2년 동안 학교에 다니지 않고 있고, 일반학교로는 돌아가고 싶은 마음이 없다고 말한다. 가족들과는 거의 얘기도 하지 않고 지내고, 친구들과 어울리는 것을 더 좋아한다. 그렇지만 자신의 미래에 대해서는 걱정을 많이 하면서, 불안과 우울이 심해지고 있다.

1장에서 언급한 바와 같이, 등교거부 학생들의 특성은 다양하면서도 그 개인차가 크다. 2장에서는 등교거부 행동의 증상에 대해 깊이 있게 다뤄 볼 예정이다. 등교거부 행동의 발생률, 등교거부에 영향을 미치는 요인, 등교거부 학생들의 가족 특성 등을 다룰 것이다. 결론 부분에서는 등교거부 학생들과 관련이 있는 생태학적 요인들에 대해 정리해 볼 것이다.

등교거부 행동의 발생률

등교거부 학생들에 대해 기술할 때 가장 어려운 문제 중 하나는 그 문제가 얼마나 나타나고 있는가를 뜻하는 발생률이다. 1장에서 논의했듯이, 등교거부 행동은 결석일수, 등교 시의 정서적 고통, 이 두 가지 사이의 조합 등으로 정의되어 오고 있다. 그 결과 등교거부 실태 자료도 다양하게 제안되고 있다.

따라서 등교거부 행동의 발생률을 말하기 위해서는 등교거부에 해당하는 행동들을 별도로 평가해야 한다. 앞에서 등교거부 행동이란 (a) 법정 출석일수를 채우지 못할 정도로 결석하는 것, (b) 등교는 하지만 조퇴를 해 버리는 것, (c) 등교 전에 심한 문제를 겪다가 (늦게) 등교하는 것, (d) 앞으로 학교를 더 나오기 싫게 만드는 강한 구속감을 느끼면서 등교하는 것 등을 나타낸다고 기술했던 것을 떠올려 보기 바란다. 이 각각의 실태를 조사해 보면 등교거부 행동의 전반적인 발생률을 정확히 알 수 있을 것이다.

장기결석-결석일수

미국교육통계국(U.S. National Statistics: NCES)에 따르면, 5.5%의 학생들이 등교일에 등교를 하지 않고 있다고 한다(http://www.nces.go.kr에서 연간자료 열람 가능). 그러나 이 수치가 실제보다 낮을 가능성이 있다. 지역별 장기결석 실태조사 결과에 따르면 10~20%의 학생들이 매일 결석하고 있다(Bell, Rosen, & Dynlacht,

1994). 또한 영국의 조사 결과에 따르면, 16세 학생들 중 19.4%가 장기결석을 하고 있다(Hibbett & Fogelman, 1990). 4개 영국 학교에서 13.1%의 학생이 출석일수의 30% 이상을 결석했고(Berg et al., 1993), 네덜란드에서는 1~50%의 결석률이 보고되었다(Bos, Ruijters, & Visscher, 1990). 이러한 실태조사에는 일시적인 결석도 포함되어 있다.

미국교육통계국에 따르면, 장기결석과 단순결석의 발생률이 다음과 같이 지역 및 학교 특성에 따라 다르게 나타났다.

- 시내 학교(5.7%), 도시근교 학교(5.3%), 농촌지역 학교(5.3%)
- 공립학교(5.9%), 사립학교(4.1%)
- 공립 초등학교(5.2%), 공립 중학교(6.3%), 공립 고등학교(8.0%)
- 소규모 초·중·고교(4.9%, 5.4%, 7.8%), 중간규모 초·중·고교(5.1%, 6.2%, 7.3%), 대규모 초·중·고교(5.4%, 7.2%, 9.1%)

공립학교의 장기결석률은 시내 고등학교에서 가장 높고(9.7%), 농촌지역 초등학교에서 가장 낮다(4.9%).

소수민족 학생 비율이 높은 학교와 취약계층 학생이 많은 학교의 장기결석률이 대체로 높다. 소수민족 학생 비율이 20%를 넘는 학교의 경우, 초등학교(5.9%), 중학교(7.0%), 고등학교(9.6%)로 올라가면서 장기결석률이 높아진다. 소수민족 학생이 많은 시내 학교에서는 학교급이 올라가면서 6.0%, 7.7%, 10.8%로 증가를 보인다. 40% 이상의 학생이 취약계층에 속하는 학교의 결석률은 초등학교(5.8%), 중학교(7.2%), 고등학교(8.6%)로 증가하고, 취약계층이 다수인 시내 학교의 경우 6.3%, 8.6%, 12.0%로 증가한다.

교사들의 지각으로는 12.9%가 자신들의 학교에서 장기결석이 심각한 상태라고 생각하고 있다. 그러나 그 편차가 다음과 같이 나타나고 있다.

- 공립학교(14.4%), 사립학교(2.2%)
- 공립 초등학교(6.8%), 공립 중학교(10.9%), 공립 고등학교(29.0%)
- 시내 학교(18.2%), 도시근교 학교(12.1%), 농촌지역 학교(9.3%)
- 빈곤지역 초등학교(11.1%), 중학교(19.4%), 고등학교(38.8%)

다른 연구들에서는 장기결석률을 더 높게 보고하고 있지만, 대체로 미국은 매일 5.5% 정도의 학생이 결석하고 있다고 볼 수 있다. 이 비율(5.5%)은 공립학교, 시내 학교, 소수민족 학생비율이 높은 학교, 취약계층 학생 비율이 높은 학교에서는 더 높아진다. 그러나 이러한 통계에 대해 다음 세 가지를 고려해 보아야 한다. 첫째, 5.5%의 학생 모두가 등교거부 행동을 보이는 것은 아니라는 점인데, 결석하는 학생의 80%가 일시적인 것으로 문제가 되지 않는다는 견해도 있다(예: Hersov, 1985). 이런 보수적인 입장에서는 1.1% 정도의 학생이 장기결석으로 법정 수업일수를 채우지 못하고 있다고 본다. 물론 이런 추정이 다른 계수에도 적용되는데, 예를 들면, 빈곤 시내 학교의 경우 2.4%라고 계산된다. 둘째, 미국의 결석률이 20%로 보고되는 것에서 추정해 보면, 법정 수업일수를 채우지 못하는 장기결석은 4.0%이다. 셋째, 이러한 1.1~4.0%라는 수치는 여러 가지 등교거부 행동 중 장기결석이라는 한 가지 기준에만 해당한다는 점이다.

수업 빠지기

등교거부 행동의 두 번째 형태는 학교에 등교는 하지만, 특정 수업에 들어가지 않거나, 학교 밖에 나갔다 들어오거나, 몇 시간만 수업을 듣고 학교를 나가는 등 수업을 빠지는 것이다. 장기결석이 나타나지는 않지만 여전히 문제가 되는 상황이다. 수업 빠지기에 대한 정확한 통계는 없지만, 북서지역의 6개 고등학교의 5,799명의 학생들을 대상으로 조사한 결과, 22%의 학생들이 일주일에 한 번 이상 수업을 빠졌다고 응답했다(Duckworth & deJung, 1989). 22%를 일주일 수업일 5로 나눈 4.4% 정도가 매일 수업을 빠지는 대략적인 비율이라고 추정할 수 있다. 또한 미국교육통계국에 따르면, 4.5%의 교사들이 자신이 재직하는 학교에서 수업 빠지기가 문제점이라고 지적했다. 그리고 그 비율은 다음과 같이 학교에 따라 다르게 나타나고 있다.

- 시내 학교(7.6%), 도시근교 학교(4.2%), 농촌지역 학교(2.4%)
- 공립학교(5.1%), 사립학교(0.7%)
- 공립 초등학교(0.9%), 공립 중학교(3.2%), 공립 고등학교

(13.1%)

물론 교사들의 지각이 실제 수업 빠지기의 비율과 같지는 않지만, 4.5%라는 수치는 기존의 조사결과(Duckworth & deJung, 1989)와 매우 유사하다. 여기에서 4.4%는 고등학교에서 예측된 것으로, 여기에 중학교와 초등학교의 수업 빠지기를 더하면 2배 정도에 달하는 8.8%가 될 것으로 추정할 수 있다.

지각(늦장부리기)

등교거부 행동의 또 다른 형태 중 하나는 지각으로, 아침시간에 학교를 가지 않으려고 떼를 쓰거나 꾸물거리는 것과 관련된다. 수업을 빠지는 것과 마찬가지로 지각에 대한 정확한 자료도 찾아보기 어렵다. 어떤 학교는 지각도 결석으로 분류하는가 하면, 어떤 학교는 지각을 결석과는 다른 문제로 본다. 지각을 결석과 달리 보아 수업을 빠지는 것과 유사하다고 가정한다면 적어도 4.4% 정도는 된다고 볼 수 있다.

미국교육통계국에 따르면, 9.5%의 교사들이 자신들의 학교에서 지각이 문제가 된다고 생각하고 있다. 그리고 그 비율은 다음과 같이 학교에 따라 다르게 나타나고 있다.

- 시내 학교(14.8%), 도시근교 학교(9.4%), 농촌지역 학교(5.5%)
- 공립학교(10.6%), 사립학교(2.5%)
- 공립 초등학교(5.7%), 공립 중학교(9.7%), 공립 고등학교

(19.4%)

물론 지각에 대해 교사들이 인식하는 바는 실제 비율과는 다를 수 있다. 그러나 많은 교사들과 학교관계자들이 바쁜 아침시간 동안 조금씩 늦는 것에 대해서는 모르고 지나가기 때문에 실제 지각 발생률은 수업결손보다 더 높을 수 있다. 게다가 매일 아침 학교를 가지 않겠다고 하지만 부모가 어떻게 해서든 제시간에 학교를 보내는 경우는 지각에 포함되지도 않는다. 여기서는 아침시간에 문제가 되는 지각의 발생률을 4.4~9.5%로 가정하기로 하겠다.

학교에서 느끼는 구속감

등교거부 행동의 마지막 형태는 학교에 나와 있는 동안 심한 구속감을 느껴 결국 앞으로 결석을 하게 될지도 모르는 경우다. 네 가지 등교거부 행동 중 발생률을 확인하기 가장 어렵다. 학교공포증에 관한 발생률에 관한 초창기 연구에서는 1.7%(Kennedy, 1965), 3%(Eisenberg, 1958) 등으로 나타났는데, 어떤 방법으로 이러한 수치를 얻게 되었는지가 명확하지 않다.

학교에 대한 학생들의 두려움과 반감을 평가한 10개 연구에서 나타난 발생률을 조사한 결과(Granell de Aldaz, Vivas, Gelfand, & Feldman, 1984)에 따르면, 발생률의 평균은 4.9%였고, 그 범위는 0.01~25.0%에 걸쳐 나타났다. 또한 이 연구에서는 베네수엘라의 3~14세 학생 1,034명을 대상으로 발생률을 직접 조사했는데, 17.7%가 학교에 대한 심각한 두려움을 표현했다. 그러나 이러한 결과는 7.7%의 학생이 학교를 두려워한다고 응답한 부모나 2.7%라고 응답한 교사에 대한 조사결과와 대조를 이룬다. 그리고 나아가 학생들의 두려움을 6개 준거에 따른 결석 수준과 연결시켜 보았을 때 0.4~1.5%가 결석을 하는 것으로 나타났다. 저자들은 이 6개의 학교공포증 및 결석의 발생률을 합산하여 5.4%라는 추정치를 제안하고 있다(p. 728). 이 수치는 선행연구 검토에서 얻은 평균인 4.9%와 유사한 수치다.

학교 관련 공포 또는 불안에 대한 초창기 임상적 발생률 수치는 8% 이하인 것으로 보고되었다(Chazan, 1962; Eisenberg, 1958; Kahn & Nursten, 1962). 불안장애를 가진 학생을 치료하는 미국 임상가들을 대상으로 보다 최근에 조사된 결과(Kearney & Beasley, 1994)에 따르면, 치료에 의뢰된 학생들 중 6.08%(남 6.17%, 여 5.95%)가 장기결석 문제로 의뢰되었다. 이들 중 10%는 특정한 사물이나 상황 때문에 등교를 거부했다. 그리고 35%는 혐오스럽고 불안을 유발하는 평가지향적인 학교 상황 때문에 등교를 거부했다. 또한 일본 병원에서 조사한 등교거부 발생률은 16.5%라고 보고되었다(Honjo, Kasahara, & Ohtaka, 1992).

요약

등교거부 행동의 발생률이란 무엇인가? 이 질문에 답하기 위해 사람들은 장기결석(1.1~4%), 수업을 빠지는 부분결석(4.4~8.8%), 아침시간에 학교를 가지 않으려고 하다가 발생하는 지각(4.4~9.5%), 학교에 대한 심한 두려움과 불안(1.7~5.4%) 등에 대한 발생률을 사용할 수 있을 것이다. 이 네 가지를 간단하게 합산하면 11.6~27.7%라는 수치가 나온다. 그러나 이 수치는 많은 오차가 있는 값으로 일반적인 근사값에 지나지 않는다. 특히, 여기에 속하는 많은 청소년들이 포함되지 않은 경우도 많고, 두 가지 이상의 등교거부 행동을 보이는 학생들의 경우 어떻게 통계가 잡혔는지에 대한 정보도 없다. 더구나 등교거부 행동이 전통적인 문제가 아니었던 사회들을 충분히 반영하여 추정되지도 못했다(예: 일본, Iwamoto & Yoshida, 1997).

아마 어떤 형태로든 등교거부 행동을 보이는 학생의 비율이 5~28% 정도라고 하면 가장 근사한 추정치가 될 것이다. 정확한 발생률이 얼마이든 등교거부 행동은 분명히 일반적인 소아 정신병리(15.8%; Roberts, Attkisson, & Rosenblatt, 1998)나 주의력결핍과잉행동장애(3.0~6.0%; Barkley, 1996), 품행장애(1.0~10.0%; Hinshaw & Anderson, 1996), 우울(0.4~7.8%; Hammen & Rudolph, 1996), 불안장애(2.0~21.0%; Albano, Chorpita, & Barlow, 1996)와 같은 특정 증후군의 발생률에 버금가는 흔한 문제다.

등교거부 행동의 환경요인

이 책의 많은 부분은 문제가 되는 장기결석에 초점을 두고 있다. 이 절에서는 장기결석을 가져오거나 장기결석에 선행하는 환경요인에 대해 살펴보고자 한다. 여기에는 일정한 거주지가 없는 경우, 학대, 학교에 화풀이하기, 십대 임신, 이혼, 아동 유기 등이 포함된다. 이러한 요인들과 등교거부 행동의 관계에 대해 자세히 설명하는 것은 이 책의 범위를 벗어나는 일이지만, 임상전문가나 교육전문가들은 학생들의 결석이 가정이나 다른 곳에서의 문제에 기인할 수 있다는 것에 주의를 기울여야 한다.

일정한 거주지가 없는 경우

장기결석의 많은 경우를 보면 학생이 어떻게 할 수 없는 문제 때문에 발생한다. 예를 들면, 일정한 거주지가 없는 노숙은 하루에 10만 명의 아이들과 연간 200만 명의 아이들에게 영향을 미치고 있다고 한다(Cwayna, 1993). 미국노숙자연합에 따르면, 많은 청소년들이 학대, 가족 및 경제 문제, 주거지 부족, 파양 등으로 노숙자가 된다고 한다. 이러한 청소년들은 다음 단계로 잦은 전학, 학비 문제, 통학문제, 교복이나 학용품 부족, 학교 등록에 요구되는 보호자나 예방접종 미비 등의 문제를 겪게 된다.

청소년 노숙은 학교 중도탈락, 심각한 장기결석, 제적, 학교부적응, 학습부진 등의 교육문제로 연결되고 있다(Rafferty, 1991). 출석과 관련된 자료만 살펴보면, 노숙을 하는 학생의 출석률이 뉴욕시의 평균(초등학생: 89%, 중학생: 86%, 고등학생: 84%)과 비교해 볼 때, 초등학생 74%, 중학생 64%, 고등학생 51%로 모두 낮은 것으로 보고하고 있다(Rafferty, 1991; Rafferty & Rollons, 1989). 전체적으로 약 15~57%의 학령기 노숙자들이 학교를 정기적으로 다니지 않고 있다(Rafferty & Shinn, 1991).

학대

장기결석은 아동에 대한 학대와도 관련된다. 예를 들면, 성적 학대는 학생들이 결석과 밀접하게 관련된다(Asher, 1988; Beitchman et al., 1991). 그리고 학대는 비행이나 무단결석을 비롯한 공격 행동과 관련된다는 증거들도 있다(Famularo, Kinscherff, Fenton, & Bolduc, 1990; Kakar, 1996). 그렇지만, 결석과 학대와의 관련성에 대해 정확하게 얘기하기 어려운 경우가 많고 사례에 따른 차이도 많다. 예를 들면, 어떤 사례에서는 자녀를 학대한 부모가 이 사실을 숨기기 위해 자녀를 학교에 보내지 않기도 한다. 또 다른 사례에서는 부모가 자녀의 등교에 대해 신경 쓰지 않거나 심지어 학교를 가지 않는 것을 부추기기도 한다. 물론 반대로 학대로 인한 신체적 문제, 불안, 우울, 해리, 기타 정신장애 등 때문에 등교를 못하기도 한다. 그러나 아동이 가정에서의 학대를 피해 학교를 열심히 나오기도 한다는 사실에 대해서도 주의를 기울여야 한다.

학교에 화풀이하기

학생이 희생양화하는 또 다른 형태인 학교에 화풀이하기 역시 등교거부 행동의 원인이 된다. 미국교육통계국에 따르면, 학교에 화풀이하기의 발생률은 높은 상태에서 계속 유지되고 있다고 한다. 고등학교 3학년 학생들은 이전의 학교생활에서 절도(38.3%), 기물파손(25.9%), 흉기를 동반하지 않은 위협(21.6%), 흉기를 동반한 위협(13.2%), 흉기가 동반되지 않은 상해(11.8%), 흉기로 인한 상해(4.9%)

등의 피해 경험이 있었다고 보고되고 있다. 아프리카계 미국인 학생들의 경우 학교에서의 흉기로 인한 상해 피해(9.8%)가 백인 학생들의 피해(3.7%) 보다 2.5배 정도 높았다. 물론 미국 학교에서 일어나고 있는 총기사건도 이와 관련된다. 이러한 학교에 화풀이하기가 등교거부 행동과 얼마나 관련이 되는지에 대한 정확한 자료는 없지만, 학교에서 입을 피해 때문에 학교를 빠지는 학생들이 있다는 것은 논리적으로 추론이 가능하다(A. Cherry, 1992; Taylor & Adelman, 1990). 학교에 화풀이하기의 비율에는 부모들이 안전하지 못한 학교로부터 자녀를 보호하기 위해 학교에 보내지 않는 사례도 포함된다.

십대 임신

등교를 방해하는 일반적인 요인 중 하나인 십대 임신 비율은 15~19세 미국 여학생의 10~12%에 달하고(백인, 7%; 라틴계, 14%; 흑인, 26%), 출산 이전이나 이후의 학교 중도탈락과 밀접하게 관련된다(Becker, Rankin, & Rickel, 1998; Dennison & Coleman, 1998; Seitz & Apfel, 1999). 그리고 이런 관련성은 첫 출산 후 둘째가 생길 경우 더욱 확실해진다(Seitz & Alfel, 1993).

이혼

부모의 이혼은 학생들의 학교부적응을 초래하는 경우가 많고, 여기에 결석도 포함된다. 등교거부 학생들이 한부모 가정의 자녀인 경우가 많고, 이혼은 퇴행, 주의 끌기, 우울, 등교거부를 포함한 기타 반항 행동 등을 유발한다(Torma & Halsti, 1975). 그러나 이혼가정과 정상가정의 차이는 그리 크지 않은데, 대부분의 이혼가정 자녀들은 잘 적응한다(Buchanan, Maccoby, & Dornbusch, 1996; Twaite, Silitsky, & Luchow, 1998). 반면, 자녀의 연령, 성별, 사회인지적 발달, 사회적 지지, 경제적 상황, 부모의 갈등 및 대처 기술, 양육권을 갖지 않은 부모가 자녀를 만날 수 있는 가능성 등의 매개변인들이 중요한 것으로 밝혀져 있다(H. E. King, 1992; Wallerstein, 1987).

아동 유기

결석에 영향을 미치는 또 다른 변인은 아동 유기, 즉 방과후 집에 돌아왔을 때 부모가 없이 방치되어 있는 경우다. 아동 유기는 결석이나 다른 행동문제와의 관련성이 그렇게 강하지는 않지만(Benin & Chong, 1993), 부모의 감독을 받지 못하는 아이들이 비행에 빠지기 쉽고, 학교에 나오지 않을 가능성도 높다. 예를 들면, 결석을 많이 해 본 학생의 경우 학교 일과시간이나 방과후에 아무도 감독을 하지 않을 때 수업을 빼먹을 가능성이 높다. 그러나 일반적으로 어머니의 직장생활이 아동의 발달이나 결석에 나쁜 영향을 주지는 않는 것으로 밝혀지고 있다(Gottfried & Gottfried, 1988; Harvey, 1999; Lerner, 1994). 교육 수준이 높은 어머니들의 경우 직장을 가진 어머니들이 오히려 자녀의 학업을 끝까지 마치게 한다(D'Amico, Haurin, & Mott, 1983).

등교거부 학생의 특성

이 절에서는 인구학적 변인, 내재화 증상, 외현화 증상, 지능과 학업성취도, 성격적 특성 등 등교거부 학생들의 특성에 대해 알아보고자 한다. 이 부분을 읽는 동안, 1장에서 언급했듯이 연구자들은 결석과 관련된 등교거부나 학교공포증과 같은 다양한 용어들을 함께 사용한다는 점을 염두에 두기 바란다. 각 내용을 설명할 때는 연구자들이 사용한 용어를 그대로 사용할 예정이다. 또한 어떤 연구자들은 동일한 용어를 조금은 다르게 정의하고 있다는 점도 고려하기 바란다.

인구학적 변인

발생 연령

초창기 연구자들은 등교거부 행동은 어릴 때부터 나타난다고 보았다(예: 5~10세, T. B. Goldberg, 1953; Rodriguez, Rodriguez, & Eisenberg, 1959; Thompson, 1948; Wallinga, 1959). 그러나 이후의 연구 결과들을 보면, 청소년기 초기가 가장 흔한 등교거부 행동 시작 시기라고 한다. 예를 들어, 등교를 거부하는 50명의 학생의 평균 연령이 11.8세, 무단결석을 하는 50명의 학생의 평균 연령이 12.7세라고 밝히고 있다(Hersov, 1960a). 또한 33명의 학교공포증 사례를 분석한 결과 11~13세가 발병률이 최고조에 이르는 시기임을 확인할 수 있었고(Chazan, 1962), 63명의 등교거부 학생을 분석한 결과 49%가 현재 증상의 시작시기가 11~14세인 것으로 추정되었다(S. L. Smith, 1970). 등교거부 및 무단결석 학생 중 75.3%가 10~13세라는 조사결과(Torma & Halsti, 1975)도 있다.

이 마지막 연구 결과가 이후로 계속 지지를 받고 있는데, 예를 들면, 불안으로 인한 등교거부 또는 학교공포증으로 치료기관을 찾은 학생들의 연령이 12.2세, 13.5세, 14.2세, 14.3세라고 보고되고 있다(Hansen, Sanders, Massaro, & Last, 1998; Last, Francis, Hersen, Kazdin, & Strauss, 1987; Last & Strauss, 1990; Last, Strauss, & Francis, 1987). 또한 등교거부로 치료기관을 찾은 학생 64명의 평균 연령이 11.1세라는 조사결과(Kearney & Silverman, 1996)도 있고, 등교거부로 내원한 180명의 평균 연령이 11.9세(표준편차 3.1세)라는 결과도 있다(Kearney, 2000).

그러나 이런 수치는 치료기관에 의뢰된 연령으로 등교거부가 처음 나타나는 연령과는 다를 수 있다. 예를 들어, 등교거부는 치료기관으로 의뢰되기 1~2년 전에 발생한다는 조사결과(Hansen et al., 1998; Last & Strauss, 1990)가 있다. 나아가 등교거부의 발생연령이 청소년 초기로 나타나는 것은 등교거부와 유사한 다른 유형의 문제가 포함되었기 때문일 수도 있다. 예를 들면, 분리불안과 분리불안장애는 어린아이들에게서 많이 나타나지만(Bell-Dolan & Brazeal, 1993), 품행장애, 비행, 반사회적 행동 등은 주로 청소년에서 나타난다(Moffitt, 1993). 또한 학교와 관련된 공포는 어린아이들에서 흔하지만, 사회적 공포는 아동 후기나 청소년기에 흔히 나타난다(Vasey, 1995). 그리고 학업성취나 실패에 대한 불안은 어릴수록 더 많이 나타나지만(Morris, Finkelstein, & Fisher, 1976), 결석은 연령이 높아질수록 많아진다(Rood, 1989). 이런 모든 것들이 학생들의 첫 등교거부의 평균 연령이 청소년 초기로 나타나게 만드는 원인이 될 수 있다.

연령이 높아지면서 보다 심각한 장기결석이 나타난다고 할 수 있다(Hansen et al., 1998). 새로운 학교에 들어온 첫해에 등교거부 행동을 보일 가능성이 가장 높고, 대부분의 등교거부 문제는 학년이 시작되는 가을학기에 치료기관으로 의뢰되는 경우가 많다(Kearney & Albano, 2000). 특별히 더 위험한 시기라고 하면, 유치원, 6학년이나 7학년, 9학년이나 10학년이라고 할 수 있는데, 이 중 중학교 들어갈 때가 가장 문제가 많다(Makihara, Nagaya, & Nakajima, 1985). 그러나 등교거부 학생은 어떤 연령대에서도 나타난다.

성별

등교거부 행동은 남학생과 여학생에서 거의 동일한 비율로 나타나고 있다(W. B. Frick, 1964; Kearney, 1995). 그러나 연령과 마찬가지로 성별 차이가 나타나지 않는 이유는 여학생들이 두려움이나 불안 반응을 많이 나타내는 경향이 있는 반면, 남학생들은 반항 행동이나 품행문제를 더 많이 나타내는 경향이 두드러지기 때문일 수 있다. 예를 들어, 모리스 등(Morris et al., 1976)은 여학생들이 학교 관련 불안을 더 많이 느끼는 것을 확인하였다. 반면, 20.3%의 여학생과 15.0%의 남학생이 학교에 대한 두려움을 심하게 느낀다고 밝힌 연구 결과(Granell de Aldaz et al., 1984)도 있다. 두려움이나 불안과 관련된 등교거부 사례를 조사한 일련의 연구 결과

(Hansen et al., 1998; Last, Francis, et al., 1987; Last & Strauss, 1990; Last, Strauss, & Francis, 1987)는 51.5%가 여학생이었다고 보고하고 있다. 번스타인 등(Bernstein et al., 1997)은 불안-우울 등교거부로 의뢰된 44명의 학생 중 61.4%가 여학생이었다고 밝혔다. 그러나 학교공포증을 가진 사례 중 55.3%가 남학생이었다고 밝힌 조사 결과(Bernstein, Svingen, & Garfinkel, 1990)도 있다. 여학생들보다 남학생들이 학교에 대한 태도가 더 좋지 않은 경향(Zieman & Benson, 1981)이 있지만, 무단결석자 사례들에 대한 조사에서는 성별과 관련하여 일관되지 않은 결과들이 보고되고 있다(Galloway, 1982; Levanto, 1975; Rood, 1989).

등교거부 행동과 관련한 다양한 사례에서 보면, 남학생들이 더 많이 눈에 띈다. 예를 들면, 등교거부와 무단결석을 하는 학생들 중 남학생의 비율이 73%라는 보고(Hersov, 1960a)도 있고, 74%로 나타난 연구(Torma & Halsti, 1975)도 있다. 또한 57명의 베네수엘라 초등학교 등교거부 학생 중 56.1%가 남학생이었고(Granell de Aldaz et al., 1987), 만성적 등교거부 행동을 보이는 청소년 중 57.7%가 남학생이었다(Bernstein & Garfinkel, 1986)는 연구도 있다. 일반적 등교거부 행동을 보이는 64명의 청소년 중 59.4%가 남학생으로 밝혀지기도 했다(Bernstein & Borchardt, 1996). 그러나 일반적으로 성별은 결석을 높게 예언해 주는 요인으로 보기는 어렵다.

인종

라틴계 미국인은 학교 중도탈락 비율이 아프리카계 미국인이나 백인보다 높다는 것이 밝혀져 있으나(1장 참고), 등교거부의 인종

간 차이에 관한 연구는 찾아보기 어렵다. 그러나 어떤 연구에서는 아프리카계 미국인 학생들이 백인 학생들보다 결석을 더 많이 하는 것으로 나타나고 있다(Levanto, 1975; Levine, Metzendorf, & VanBoskirk, 1986; Rood, 1989). 특화된 치료센터에 등록된 학생들의 인적사항을 통해 인종 간 차이를 확인할 수도 있다. 다섯 가지 연구의 총 305 사례 가운데, 대부분은 백인(90.5%)이었고, 다음으로 아프리카계(5.6%), 라틴계(3.6%), 아시아계(0.3%)로 나타나고 있다(Bernstein & Garfinkel, 1986; Bernstein et al., 1997; Hansen et al., 1998; Kearney, 2000; Last, Francis, et al., 1987; Last, Strauss, & Francis, 1987). 그러나 소수민족의 경우 치료센터를 찾는 비율이 매우 낮기 때문에 이러한 통계치는 별로 의미가 없다. 어떤 연구에서는 인종이 등교거부에 미치는 영향에 대해 논의하고 있지만(Rhine & Spencer, 1975), 인종과 등교거부 행동과의 관련성에 대해 확실하게 얘기할 수 있는 것은 없다.

사회경제적 지위

어떤 연구에서는 결석이 부모의 낮은 수입과 물질적 여건 부족 때문이라고 밝히고 있다(Berg et al., 1993; Reid, 1982). 치료센터에 등록된 학생들의 인적사항을 통해 사회경제적 지위도 분석해 볼 수 있을 것이다. 네 가지 연구에서 총 222사례가 다루어졌고, 이 중 사회경제적 지위가 낮은 경우가 47.3%, 중간이 31.5%, 높은 경우가 20.3%로 나타났다(Bernstein & Garfinkel, 1986; Bernstein et al., 1997; Hansen et al., 1998; Last, Strauss, & Francis, 1987). 이 중 커니(Kearney, 2000)의 연구에서는 일반적 등교거부 행동을 보이는 학생 가정의 연간 가계수입 평균이 29,590달러(원화로 3,000만 원 정도)인 것으로 나타났다. 물론 이러한 수치는 자녀의 문제 행동에 대한 도움을 받기 위해 전문기관을 찾은 경우만을 반영하고 있다.

급성 대 만성

급성적 등교거부 행동과 만성적 등교거부 행동에 대한 설명이나 기술들은 많지만, 실제 나타나는 비율이 어느 정도인지 등을 밝히는 경험적 자료는 거의 제시되지 않고 있다. 등교거부 행동 사례의 53.9%는 2년 이하인 반면, 42.1%는 2년 이상이고, 3.9%는 기간을 알 수 없다고 보고되고 있다(Bernstein, Svingen, & Garfinkel, 1990). 이러한 2년이라는 기준은 1장에서 급성과 만성을 구분하던 1년이라는 기준과는 다르다. 따라서 어떤 기준을 삼는가에 따라 만성 등교거부 행동의 상대적 비율은 더 높아질 수 있다.

의뢰인

번스타인 등(Bernstein, Svingen, et al., 1990)은 등교거부 행동을 보이는 학생들을 누가 의뢰했는지를 조사하였다. 학생을 의뢰한 곳은 학교 42.1%, 사회기관 22.4%, 부모 13.2%, 법원 5.3%, 기타 17.1% 등으로 나타났다. 또한 선정된 학교의 80%에서 학생들의 등교거부 행동을 확인하는 책임은 교장에게 있는 것으로 나타났다(Stickney & Miltenberger, 1998). 등교거부 행동이 주된 문제가 되는 대부분의 사례는 부모와 학교관계자가 포함된 여러 사람들이 함께 의논하여 의뢰 결정을 내리게 된다. 등교거부 행동이 우울이나 약물문제와 같은 다른 문제 행동과 함께 있을 경우, 의뢰인은 더 다양해질 수 있다.

학교 특성

학교 특성과 장기결석에 관한 연구는 그 관련성도 적고 그 결과도 일관되지 않는다. 예를 들면, 어떤 연구는 사립학교가 공립학교보다 장기결석률이 낮다고 보고하고 있지만(Concannon, 1980), 이러한 주장을 뒷받침할 자료는 많지 않다. 네덜란드의 36개 중등학교를 조사한 결과, 장기결석은 학교 위치나 크기와는 상관이 없었다(Bos et al., 1990). 그러나 장기결석은 학교의 학력 수준과 가장 높은 정적 상관을 보이고, 학급크기와는 가장 높은 부적 상관을 보인다. 등교거부 행동이나 학교 중도탈락을 예언한다고 여겨지는 다른 학교 특성에 관한 논의는 10장에 제시하고 있다.

내재화 증상과 진단

학생들의 결석에 대한 지금까지의 연구는 신경증적 무단결석-등교거부나 학교공포증과 관련된 영역과 비행적 무단결석 영역으로 대별된다. 첫 번째 영역은 신경증적 내재화 증상에 해당되고, 두 번째 영역은 품행장애와 같은 외현적 증상과 관련된다. 등교거부 행동에는 여러 증상이 혼재되어 있다는 점에서 볼 때 이러한 이분법은 문제가 있지만, 간명성을 위해 내재화 증상과 외현화 증상을 구분하여 명명하고자 한다. 내재화 증상에는 두려움-공포증, 불안, 신체화 증상, 우울, 일반적 부정정서 등이 모두 포함된다.

두려움-공포증

학교에 대한 학생의 두려움은 흔하고, 심각하지 않은 경우가 많으며, 실제적인 이유에서 기인하기도 한다(Berecz, 1980; N. J. King et al., 1996; Klungness & Gredler, 1984; T. H. Ollendick & Mayer, 1984). 그러나 학교공포증의 개념이 제안(A. M. Johnson, Falstein, Szurek, & Svendsen, 1941)된 이후, 심각하고 비합리적인 두려움이라는 구인이 등교거부 행동과 관련되는 경우가 많았다. 그러나 1장의 내용을 되짚어 보면, 학교공포증은 신경증적 무단결석-등교거부로 알려진 것의 일부분에 해당하는 것으로 학교에 등교하는 것을 거부하는 학생들의 일부만을 차지한다. 학교와 관련된 자극에 대한 공포는 등교거부 학생 중 극히 일부 학생들에서만 나타난다. 그러나 두려움은 등교거부 학생들에게 유의미하고 유해한 증상이므로 모든 등교거부 행동 사례에서 평가해야 한다.

등교거부-학교공포증에 대한 초기 연구에서는 두려움의 존재를 지지한다(예: Hitchcock, 1956; A. M. Johnson et al., 1941; Suttenfield, 1954; Waldfogel, Coolidge, & Hahn, 1957; Warren, 1948). 보다 최근 연구에서는 진단 범주에 초점을 두고 있는데, 불안으로 인해 등교를 거부하는 학생들의 경우 특정한 공포증을 가진 경우들이 있다고 보고하고 있다. 예를 들면, 수집한 사례 중 30%가 사회공포증을 가지고 있었고, 22%가 다른 공포증을 가지고 있었다는 보고가 있다(Last & Strauss, 1990). 불안장애를 가진 73명의 학생 중 15.1%가 학교 관련 공포증을 가진 것이 확인되기도 했고(Last, Strauss, & Francis, 1987), 불안-우울 등교거부 학생 44명 중 68.6%가 사회공포증의 진단기준을 만족시킨 것으로 나타났다(Bernstein et al.,

1997).

일부 학생들은 확실히 학교와 관련된 어떤 공포증를 가지고 있다. 그러나 정확하게 어떤 공포증인가? 등교거부 학생 중 26%가 전반적인 두려움을 가지고 있고, 나머지는 어머니에게 피해가 갈지 모른다는 두려움(34.0%), 학업실패에 대한 두려움(28.0%), 또래로부터 놀림당할지 모른다는 두려움(28.0%), 교사로부터 괴롭힘을 당할 수 있다는 두려움(22.0%) 등을 갖고 있는 것으로 나타났다(Hersov, 1960b). 스미스(S. L. Smith, 1970)는 자신이 조사한 사례의 학생 중 41.3%가 폭력, 질병, 집에서 쫓겨남, 실패 등에 대한 두려움을 가지고 있음을 확인했다. 베네수엘라의 경우, 심각한 학교공포증을 학생들은 시험실패(35.0%), 낮은 성적(33.4%), 교장실에 불려감(29.7%), 각종 시험(18.4%), 학교에서 꾸중을 들음(18.4%), 칠판 앞으로 나감(13.5%), 학급에서의 발표(13.4%), 교실에서 호명됨(12.5%), 학교에서 아픔(11.2%), 부모님이 데리러 오기를 기다림(11.0%) 등을 두려워하는 것으로 밝혀졌다(Granell de Aldaz et al., 1984). 또한 유사한 방식으로 57명의 베네수엘라 등교거부 학생을 조사한 결과, 적응 문제(49.1%), 공포증(42.1%), 정서적 문제(8.8%) 등 세 가지 문제로 학생들이 분류되었다(Granell de Aldaz et al., 1987). 이 학생들이 가진 보편적인 두려움은 교사에 대한 두려움(43.9%), 또래들에 대한 두려움(21.1%), 부모와 헤어지는 데 대한 두려움(21.1%) 등이었다. 그리고 학교 관련 두려움, 잦은 전학, 등교거부의 가족력, 우울을 비롯한 정서적 적응문제가 있을수록 등교거부 행동은 더욱 심각했다.

이러한 50% 이하라는 수치가 보여 주듯이 불안 관련 등교거부 행동조차 두려움이 유일한 원인은 아니라는 것이 확실하다. 실제 등교거부 학생들에게서 나타나는 두려움과 불안이 다른 신경증을 가진 학생의 경우보다 덜하다고 보고되었다(Waldron et al., 1975). 불안으로 인해 등교를 거부하는 학생의 경우 두려움이 적을수록 결석이 심해지는 것으로 확인되었다(Hansen et al., 1998). 또한 등교거부 학생들을 아동용 공포설문계획표-개정판(Fear Survey Schedule for Children-Revised; T. H. Ollendick, 1983)으로 평가한 결과, 학교 관련 문항에서의 평균이 1~3점 중 2.02로 '약간 있다'의 수준으로 나타났다(Kearney, Eisen, & Silverman, 1995). 즉, 이 학생들은 심하거나 회피 행동을 유발할 정도의 두려움을 가지고 있지는 않았다는 것이다. 병원에 가는 것이 두렵다와 같은 다른 두려움을 유발하는 상황에 대한 문항에서도 이러한 불안이 등교거부 행동과 관련이 깊지는 않았다.

커니와 실버만(Kearney & Silverman, 1996)은 등교거부 학생 64명을 분석한 결과, 6.3%만이 단순공포증 진단을 받았고 3.1%만이 사회공포증을 진단받은 것으로 밝혀졌다. 커니와 비슬리(Kearney & Beasley, 1994)의 분석에서도 장기결석으로 치료에 의뢰된 학생 중 10%만이 특정 사물이나 상황에 대한 공포를 보이는 것으로 나타났다. 또한 등교거부 청소년을 정보처리에서의 정서적 촉진 면에서 평가한 결과, 교사 또는 책상과 같은 싫어할 것이라고 예상되는 단어에 대해 통제 집단에 비해 더 강한 반응을 보이지 않았다(Foreman, Dover, & Hill, 1997). 따라서 "등교거부 학생이 학교를 싫어하는 이유가 학교에 대한 두려움에서 시작된 것은 아닌 것 같다"(p. 85)라고 결론을 내리고 있다. 실제로 등교거부 학생 대부분은 학교를 싫어하는 이유를 명확하게 제시하지 못한다(Lall & Lall, 1979).

불안

불안이나 신경증은 등교거부 학생을 표현하는 데 수십 년 동안 사용된 용어다(Chotiner & Forrest, 1974; Coolidge, Hahn, & Peck, 1957; Eisenberg, 1958; A. M. Johnson et al., 1941; E. Klein, 1945; T. H. Ollendick, 1979; Suttenfield, 1954; Talbot, 1957; Wallinga, 1959). 그리고 이것은 특히 분리불안장애에 적용되는데, 분리불안장애는 다른 신경증적 증상을 보이는 학생과 비교할 때 등교거부 학생에게서 훨씬 많이 나타나 왔다(Goldenberg & Goldenberg, 1970; Waldron et al., 1975). 그러나 한 가지 유념해야 하는 것은 예전에는 분리불안과 두려움이 같은 개념으로 여겨졌다는 점이다(Hersov, 1960b).

보다 최근 19명의 등교거부 학생을 조사한 결과에 따르면, 47.4%는 어떠한 진단 기준에도 해당되지 않았고, 36.8%는 과잉불안장애, 15.8%는 분류되지 않는 것으로 나타났다(Last et al., 1987). 같은 연구에서 학교공포증을 가진 11명의 학생을 조사한 결과, 사회공포증 27.3%, 단순공포증 18.2%, 과잉불안장애 18.2%, 공황장애 18.2%, 강박장애 9.1%로 나타났다. 또한 불안 관련 등교거부 행동을 보이는 학생에게서 가장 흔하게 나타나는 불안장애는 분리불안(38.1%), 공황장애(6.3%), 외상후스트레스장애(3.2%)인 것도 확인되었다(Last & Strauss, 1990). 번스타인 등(Bernstein et al., 1997)은 불안-우울 등교거부 학생 44명을 조사하여 과잉불안장애

(93.2%), 회피장애(50.0%), 광장공포증(40.0%), 분리불안(29.5%), 공황장애(8.6%) 등이 가장 많이 나타나는 것을 확인했다. 지금까지 살펴본 불안 관련 등교거부 행동에 대한 네 가지 연구를 〈표 2-1〉에 요약하여 정리하였다.

세 연구를 더 살펴보면, 먼저, 번스타인과 가핑클(Bernstein & Garfinkel, 1986)의 연구에서는 만성적 등교거부 학생 중 16명이 불안장애 진단준거에 해당되었고, 가장 많은 것이 분리불안장애(43.8%), 과잉불안장애(18.8%), 두 가지 모두(37.5%)인 것으로 나타났다. 다음으로 심각한 결석 문제를 가진 78명의 학생을 조사한 결과, 16.7%는 불안 및 기분장애를 가지고 있는 것으로 밝혀졌다

〈표 2-1〉 불안 관련 등교거부 행동에 대한 네 가지 연구에서 밝혀진 불안 관련 진단

진단명	비율(%)
과잉불안장애	36.5
사회공포증	33.6
분리불안장애	27.0
회피장애	16.1
단순-특정공포증	11.7
광장공포증	10.2
공황장애	6.6
외상후스트레스장애	1.5
강박장애	0.7
분류되지 않거나 불안 관련 진단이 없음	8.8

(Berg et al., 1993). 공황발작을 일으킨 40명의 여학생을 조사한 결과에서는 경미하거나(10.0%) 중간 정도의(7.5%) 등교거부를 보이는 사례가 있었다(Hayward et al., 1995).

여러 등교거부 행동을 함께 조사한 연구에서도 불안장애의 비율은 높게 나타나고 있다. 예를 들면, 일반적인 등교거부 행동을 보이는 학생들 중 56.3%가 불안장애를 진단받았음이 확인되었다(Kearney & Silverman, 1996). 이들을 세부적으로 조사한 결과, 분리불안장애(18.8%), 과잉불안장애(18.8%), 회피장애(7.8%), 외상후스트레스장애(1.6%) 등으로 진단받은 것으로 나타났다. 이러한 결과들을 종합해 볼 때, 불안은 등교거부 행동의 중요한 요소인 경우가 많다. 동시에 등교거부 학생 중에는 불안이 아닌 다른 이유를 가지고 있는 경우도 있다는 사실도 분명하게 말해 주고 있다.

신체화 증상

신체화 증상에 대한 호소는 학교를 갔을 때 정서적 고통을 많이 느끼는 학생에게서 빈번하게 나타나는 현상으로 오래전부터 알려져 있다(예: Eisenberg, 1958; Hersov, 1960a; Leton, 1962; Leventhal & Sills, 1964; Talbot, 1957). 예를 들면, 등교거부 학생 중 66%가 신체적 증상을 호소했고(Stickney & Miltenberger, 1998), 불안장애를 가진 학생일수록 몸이 아플 때 학교를 가지 않으려는 경향성이 높아졌다(Last, 1991). 등교거부 학생들이 가장 빈번하게 호소하는 신체화 증상은 두통과 복통이다(Torma & Halsti, 1975).

번스타인 등(Bernstein et al., 1997)은 불안 및 우울 등교거부 학생 44명에 대해 신체화 증상에 대한 평가를 실시하였다. 가장 흔히 호소하는 신체화 증상은 두통, 발한, 현기증, 오심(구역질), 복통, 요통, 가슴통증, 두근거림, 눈이 침침함, 잘 걷지 못함, 숨가쁨, 목소리가 나지 않음, 관절통, 삼키지 못함, 월경통 등이었다. 신체화 증상 호소와 결석의 심각성 사이에는 높지는 않지만 정적 상관(.27)이 나타났다. 또한 심혈관계 증상이 없는 소화기계 증상은 분리불안장애를 예언하고, 근육계 증상은 DSM-III-R의 회피장애를 예언한다.

우울

우울과 등교거부 행동의 관련성도 오래전부터 연구되고 있고(예: Agras, 1959), 두 관계에 대한 경향분석 연구도 수행되었다(Kearney, 1993). 우울을 진단받은 것과 등교거부의 관련성에 대한 7개 연구를 종합해 볼 때, 평균 31.4% 정도의 동시발현율이 확인되었다(Bernstein & Garfinkel, 1986, 1988; Hersov, 1960a; Kolvin, Berney, & Bhate, 1984; Last, Francis, et al., 1987; Last & Strauss, 1990; Last, Strauss, & Francis, 1987). 그러나 우울 증상과 등교거부에 대한 7개 연구를 종합해 보면, 평균 47.6%의 동시발현율이 산출된다(Atkinson, Quarrington, Cyr, & Atkinson, 1989; Baker & Wills, 1978; Campbell, 1955; S. Davidson, 1960; Kearney, Silverman, & Eisen, 1989; S. L. Smith, 1970; Waldron et al., 1975). 또한 등교거부 행동을 보이는 입원 환자와 외래 환자를 비교한 결과, 입원 환자의 경우 우울증 진단을 받은 경우도 많았고, 증상도 심하고, 한부모 가정의 아동인 경우도 많았고, 신체학대 사례도 많았다(Borchardt et al., 1994). 자살시도 행동 역시 등교거부 행동과 관련

이 있다(Shaffer, 1974).

물론 이런 연구의 분석 대상은 불안이나 우울로 인해 등교를 거부하는 학생들이 대부분이다. 우울은 불안-우울 등교거부 유형에서 흔히 나타나지만, 불안-우울 등교거부 사례라고 해서 반드시 우울이 동반되는 것은 아니다. 또한 우울은 일반적인 등교거부 학생에게서 주로 나타나는 증상도 아니다. 예를 들면, 일반적인 등교거부 행동을 보이는 학생 사례를 조사한 결과, 6.3%만이 우울증 진단을 받은 것으로 나타났다(Kearney & Silverman, 1996). 두려움이나 불안과 마찬가지로 우울이 등교거부 행동에서 나타나긴 하지만 미리 가정해서는 안 된다.

내재화 증상과 일반적 부정정서

두려움, 불안, 신체화 증상, 우울은 등교거부 학생들의 특성처럼 보이기 때문에 겉으로 보이지 않는 증상이 평가와 치료과정에서 우선순위가 되기도 한다. 그러나 하나의 특정한 학교 관련 자극을 두려워하는 것으로 확인되는 학생에서처럼 잘 정의된 두려움과 관련된 증상들이 등교거부의 전형적인 특성은 아니다. 따라서 특정한 진단에 초점을 두거나 엄격하게 분류해 내려는 시도는 그리 추천할 만한 일이 아니다. 오래전부터 많은 연구자들은 등교거부 행동을 보이는 학생을 기술할 때마다 이 문제와 씨름해 오고 있다. 예를 들면, '심각한 정서적 혼란'과 '병적인 두려움'이라는 말이 학교에 와서 괴로워하면서 아프다는 호소를 많이 하는 학생을 기술할 때 흔히 사용된다(Berg, Nichols, & Pritchard, 1969; De Sousa & De Sousa, 1980; Eisenberg, 1958; Kelly, 1973).

대다수 학생의 경우, 두려움, 불안, 우울의 증상이 겹치는 경우가 많은데, 몇몇 연구자들은 불안과 다른 장애를 가진 학생들의 이런 내재화된 중복 증상을 평가해 오고 있다. 이러한 상태를 부정정서 상태(negative affectivity)라고 명명하는데, 불안과 우울을 비롯한 정서적 고통의 지속적인 상태를 일컫는다(Kendall, Kortlander, Chansky, & Brady, 1992; N. J. King, Ollendick, & Gullone, 1991; Norvell, Brophy, & Finch, 1985; Watson & Clark, 1984). 다른 자료들을 보면, 소아병리와 관련된 임상에서 두려움, 불안, 우울은 불안-부정정서, 우울-낮은 긍정정서, 두려움-생리적 과활성 등으로 보다 구분되는 경향이 있지만, 각 구인은 여전히 서로 어느 정도 상관이 있다(Chorpita, Albano, & Barlow, 1998).

지금도 계속 진화하고 있는 개념인 부정정서 상태라는 말은 등교거부 청소년의 특징을 나타내는 데 유용하다. 이는 신체화 증상을 갖는 정서적 기복과 공포를 유발하는 학교 관련 자극이 분명하게 정의되는 특정공포증과는 거리가 먼 수줍음을 표현할 수 있게 해 주는 용어다. 커니와 실버만(Kearney & Silverman, 1996)은 등교거부 행동에 대한 분류체계에서 부정정서 및 신체화 증상 호소를 유발하는 사물, 상황, 모호하게 정의된 자극을 회피하는 등교거부 유형이 있음에 동의하고 있다. 이 유형에 대해서는 3~6장에서 자세히 설명할 것이다.

외현화 증상과 진단

등교거부 행동의 외현화 증상

많은 연구자들이 등교거부 학생의 내재화된 증상에 초점을 맞춰오고 있지만, 등교거부 학생들에게서 나타나는 외현화 증상도 매우 다양하다. 가장 대표적 예로는 언어적 · 신체적 공격성, 불복종, 매달려 떨어지지 않음, 움직이려 하지 않음, 숨기기, 가출이나 교출, 떼쓰기(울음, 소리 지르기, 팔다리 휘두르기 등 포함), 거짓말, 반복적 확인, 자해 등이 있다(Kearney, 1995). 집에서 나와 배회하는 행동과 도벽을 무단결석 학생의 대표적 행동으로 정의(Hersov, 1960a)하기도 한다.

외현화된 행동은 등교거부 학생들의 개인차에 따라 서로 다른 이유로 표출된다. 때로는 내재화된 증상과 동반되어 표출되기도 한다. 다음은 등교거부 행동이 외현화된 문제 행동으로 표출되는 여러 가지 상황들이다.

- 외현화된 행동은 눈에 보이지 않는 증상의 표현일 수 있다. 예를 들면, 학생은 공황상태로 인해 움직이지 않으려 하거나 '얼어 버릴' 수 있고, 우울한 학생은 반항하거나 쉽게 화내거나 비협조적으로 행동할 수 있다(Kashani, Holcomb, & Orvaschel, 1986). 학생의 공포 반응은 울음이나 떼쓰는 행동으로 나타날 수 있다(DSM-IV, American Psychiatric Association, 1994).
- 외현화된 행동은 불안 관련 등교거부 문제의 특성을 알리거나 불편감을 과장하기 위해 사용되기도 한다. 예를 들면, 등교거

부 행동을 보이는 학생은 특정한 신체적 증상을 알리거나 죄책감과 묵인을 유도하려고 부모에게 매달린다.

- 외현화된 행동은 불안을 유발하는 상황을 피하거나 개선하기 위해 사용되기도 한다. 학교 밖으로 나가거나 방에 숨기 위해서 부모를 밀어 버리거나 동일한 질문을 반복하거나 부모에게 같은 요구를 계속하는 것 등이 그 예다.
- 외현화된 행동은 부모와 다른 사람의 관심을 모으는 데 사용되기도 한다. 예를 들면, 아침시간에 학생은 다른 형제들로부터 관심을 끌고 학교를 늦게 가려고 떼를 쓰거나 자해를 하거나 한다.
- 외현화된 행동은 부모의 결심을 시험하거나 손에 잡히는 보상물을 얻기에 유리하다. 예를 들어, 아동은 학교에 가라는 요구에 불복종함으로써 부모가 그들의 등교를 유도하기 위해 뇌물을 주게 하는 것이 특권을 얻는 가장 좋은 방법임을 배우게 된다.
- 언어적 · 신체적 공격과 같은 외현화된 행동은 부모나 다른 사람을 겁주어서 묵인하게 하는 역할을 한다.
- 공격, 불복종, 떼쓰기, 기타 교실에서의 바람직하지 않은 행동과 같은 외현화된 행동을 학교에서 하게 되면, 학교관리자들은 학생이 부모와 연락하는 것을 허락해 주는데, 이는 부모로부터 관심을 받고 확신을 얻어 불안을 낮추게 하려는 것이다. 교실에서의 문제 행동은 유급이나 정학 등의 처분을 가져오게도 한다.
- 외현화된 행동은 등교거부 행동을 숨기는 데 사용되기도 한

다. 학교에서 일찍 나와서 어디에 있는지 또는 더 자세한 사항들에 관해 거짓말을 하는 일이 흔히 일어나고 있다.

품행장애 및 반항장애

지금까지 살펴본 가상의 이야기들이 꼭 어떤 장애를 가지고 있다는 것을 의미하지는 않지만, 등교거부 행동은 품행장애 및 반항장애의 한 부분을 이루는 경우도 있다. 만성적 등교거부 행동을 보이는 학생들을 조사한 결과, 23.1%가 품행장애의 진단준거에 부합하는 것으로 나타났다(Bernstein & Garfinkel, 1986). 그리고 무단결석 학생의 20.4%가 다른 사람들과 싸웠고 46.6%가 파괴 행동을 한 것으로 나타났다(C. Pritchard, Cotton, & Cox, 1992). 심각한 결석문제를 가진 78명의 학생을 조사한 결과, 32.1%가 파괴적 행동장애인 것으로 나타났다(Berg et al., 1993). 일반적 등교거부 행동을 보이는 사례를 분석한 결과, 7.8%가 반항장애 또는 품행장애의 진단을 받은 것으로 확인되기도 했다(Kearney & Silverman, 1996).

품행장애와 관련이 깊은 물질 관련 장애도 결석으로부터 촉발되거나 나타날 수 있다. 무단결석은 용매의 오용, 대마초, 마약(코카인, 헤로인, 암페타민, 기타)뿐만 아니라 담배나 술 소비량 증가와도 밀접히 관련된다(Charlton & Blair, 1989; C. Pritchard et al., 1992). 그러나 결석이나 물질 사용이 시작되는 전형적인 상황이 어떤 것인지는 아직 분명하지 않다.

지금까지 연구자들은 등교거부 학생들의 내면적 특성에 많은 관심을 기울여 왔던 반면, 외현적 행동에 대한 관심은 발생률을 알아보는 정도에 그쳤다. 또한 부모나 교사도 등교거부 행동의 두드러진 특성에 대해서 '불만을 먼저 터뜨린 다음 숙제를 하지 않으려고 한다.' 와 같이 결석과 지엽적인 관련성을 가진 외현화된 문제들에 대해서만 얘기한다. 따라서 등교거부 행동을 호소하는 학생을 만날 때는 넓은 범위의 행동 문제의 가능성을 면밀히 평가해야 한다.

기타 정신적 · 신체적 질병

등교거부 학생들은 다른 정신과적 문제를 가지고 있을 수 있다. 예를 들면, 야뇨증은 무단결석과 밀접한 관련이 있다는 연구보고들이 있다(Hersov, 1960a; Torma & Halsti, 1975). 물론 학교에 가는 것을 불안해하거나 일반적인 등교거부 행동을 보이는 학생에게서는 야뇨증이 상대적으로 적게 나타난다(Kearney & Silverman, 1996; Waldron et al., 1975). 그리고 어떤 학생들은 학교 관련 스트레스 때문에 먹거나 자는 데 문제를 일으켜 부모나 다른 사람을 조종하거나 학교를 빠져나간다. 또한 등교거부 행동은 뚜렛장애(Linet, 1985), 정신분열증(Rubenstein & Hastings, 1980), 양극성 장애(Berg, 1992), 전반적 발달장애(Kurita, 1991) 등과 같은 심각한 문제와 관련되기도 한다.

한편, 많은 등교거부 학생들은 다른 장애나 문제 행동을 보이지 않는다. 만성적 등교거부-학교공포증 학생들을 조사한 결과, 11.5%는 어떤 정신적 장애의 진단준거에도 부합하지 않음이 확인되었다(Bernstein & Garfinkel, 1986). 또한 심각한 결석 문제가 있는 학생의 51.3%는 정신적 장애를 갖지 않는 것으로 보고되었다

(Berg et al., 1993). 일반적 등교거부 사례를 조사한 경우에도 26.6%는 정신 장애 진단준거에 부합하지 않는다고 밝혀졌다(Kearney & Silverman, 1996). 그러나 이런 수치들은 여러 장애의 증상들을 가진 학생들이 진단을 받을 정도의 수준까지 증상을 보이지 않는다는 것만을 의미할 수 있다.

심각한 신체적 질병도 등교거부 행동을 초래할 수 있다. 예를 들면 천식은 장기결석과 밀접하게 관련되어 있다(1장 참조). 이와타니 등(Iwatani et al., 1997)은 우울 및 불안으로 인한 등교거부 행동을 보이는 학생이 통제 집단에 비해 혈당 수치가 높았고, 이로 인해 당뇨 위험도도 높다는 것을 밝혔다. 토모다 등(Tomoda et al., 1997)은 등교거부 학생들이 특히 체온과 수면과 관련하여 바이오리듬 이상을 나타낸다고 밝혔다. 물론 외상으로 인한 뇌손상이나 반복적인 복통을 야기하는 소화기계 문제 등의 심각한 질병도 장기간 동안 출석을 못하게 만드는 원인일 수 있다(Kearney, 2000; Rubenstein & Hastings, 1980; Stein, 1996).

지능과 학업성취도

지능과 학업의 문제가 등교거부 행동을 촉발하는지에 대해서는 계속 논란이 되어 오고 있다. 학습의 문제는 정서적 고통을 야기하게 되고 이것이 등교거부로 이어지는 사례들이 있지만(O'Brien, 1982), 경험적 연구 결과를 통해 지능과 학업의 문제가 등교거부 행동을 예언한다고 결론내리기는 어렵다. 몇몇 예외가 있긴 하지만(Thompson, 1948; Torma & Halsti, 1975), 등교거부 학생들은 대부분 평균 또는 평균 이상의 지능을 가지고 있었고, 등교거부 이전에 괜찮은 성적을 보여 주었다(Berg, Collins, McGuire, & O'Melia, 1975; Chazan, 1962; T. B. Goldberg, 1953; Hampe, Miller, Barrett, & Noble, 1973; Hersov, 1960a; Jacobsen, 1948; Jarvis, 1964; Leton, 1962; Rodriguez et al;, 1959; S. L. Smith, 1970; Talbot, 1957; Van Houten, 1948; Waldron et al., 1975). 커니와 실버만(Kearney & Silverman, 1996)도 등교거부 행동과 학습장애가 동시에 나타나는 사례를 발견하지는 못했다. 이러한 결과들은 학습부진은 등교거부의 결과로 초래된 것일 뿐 등교거부 행동의 촉발요인이거나 계기일 가능성이 적음을 보여 준다.

한 가지 예외가 있다면, 등교거부 행동의 이력을 가진 우울증 입원환자의 경우 등교거부 행동의 이력이 없는 다른 정신장애에 비해 학습 관련 문제를 더 가진다(Naylor, Staskowski, Kenney, & King, 1994). 전체 지능에서는 차이를 보이지 않지만, 등교거부 집단이 (a) 낮은 언어성 지능, 수학 · 읽기 · 쓰기에서 낮은 학업성취도와 (b) 높은 언어장애 및 학습장애 발현율을 보였다. 그러나 우울증 학생들의 경우 우울한 증상들이 등교거부 행동을 일으키고 그로 인해 학습에서 문제가 발생했을 가능성이 높다.

성격적 특성

등교거부 학생들의 성격적 특성에 대한 연구는 전통적으로 두려움, 분리불안, 기타 정신적 상태와 관련된 증상들을 중심으로 이루어졌다. 그러나 다른 성격적 특성들도 평가되어 오고 있는데, 예를 들면, 등교거부 학생 중 52.0%가 "지나치게 수동적이고, 의존적이고, 내성적인" (Hersov, 1960a, p. 135) 성격임이 밝혀졌다. 또한 11~15세 등교거부 학생들 중 특히 여학생들은 미성숙하고 비사교적인 것으로 나타났다(Berg & McGuire, 1971). 그리고 그 이유는 다양한 생활 과제와 관련하여 부모에게 과도하게 의존하고 있고 두려움에 대한 이야기를 꺼려하기 때문인 것으로 나타났다. 또한 학교공포증을 보이는 학생에게서 양성애적 갈등의 증거도 확인되었다(Adams, McDonald, & Huey, 1966).

다른 연구들은 등교거부 학생들이 특별히 부적응적인 성격 특성을 가지고 있지 않다는 것을 밝히고 있다. 예를 들어, 학교공포증을 가진 11~15세 학생들을 다른 장애를 가진 동일 연령 학생들과 비교한 결과, 반항 행동이나 의도된 문제 행동에서 차이가 나타나지 않았다(Berg & Collins, 1974). 마찬가지로 니콜스와 버그(Nichols & Berg, 1970)가 급성 및 만성 등교거부 학생과 다른 품행장애 및 신경증 장애를 가진 학생의 자기평가 및 자기존중감을 비교한 결과, 두 집단은 차이를 보이지 않았다(Nichols & Berg, 1970). 이러한 결과에 근거하여 니콜스와 버그는 학교공포증의 일차적 원인이 과장된 자기평가에 있다는 주장(Leventhal & Sills, 1964; Leventhal, Weinberger, Stander, & Stearns, 1967)을 반박했다. 등교거부 학생들이 미성숙하고 의존적이라는 연구 결과들도 있지만, 어떤 특정한 성격적 특징을 지지하는 일관된 자료는 아직 없는 상태다(Trueman, 1984).

등교거부 행동의 단기적 및 장기적 결과

단기적 결과

등교거부 행동은 발달시기 동안 아동과 가족이 함께 싸워 나가야 할 가장 어려운 상황 중 하나다. 등교거부 행동의 흔한 단기적 결과는 아동이 겪는 심한 고통, 숙제와 낮은 성적의 문제, 사회적 소외, 법적 문제의 발생 가능성 상승, 가족 갈등, 가족 일상의 심한 혼란, 금전적 비용, 아동학대 및 방임 가능성 등이다. 이런 단기적 결과들은 이 책 전체를 통해 보다 깊이 있게 다루어지고 있다.

장기적 결과

초기 등교거부-학교공포증 추수 연구

등교거부 행동의 장기적 결과는 여러 추수 연구를 통해 확인되어 오고 있다. 41명의 등교거부 학생에 대해 치료기관을 방문한지 평균 3년 후에 다시 조사한 결과(Rodriguez et al., 1959), 대부분(70.7%)은 학교를 규칙적으로 등교하고 있었다. 이러한 성공은 나이에 따라 달라서 11세 이하인 경우 88.9%가 등교를 하고 있었던 반면, 11세를 넘는 학생의 경우 35.7%만이 등교를 하고 있었다. 또한 등교를 하고 있는 학생들 중 79.3%는 학습이나 대인관계에서도 만족할 만한 향상을 보였다. 성공하지 못한 학생들의 경우, 좋지 못한 결과는 가족문제(33.3%), 정신분열증(25.0%), 부적절한 치료

(25.0%), 잘못된 약물치료(16.7%) 등이 원인(p. 543)인 것으로 나타났다. 연령과 정신병리의 심각성이 장기적 결과에 있어 가장 중요한데, 병원을 찾은 16명의 등교거부 청소년을 추적조사한 결과(Warren, 1960), 62.5%가 심한 공포증이나 신경증을 갖는 성인으로 성장했음이 확인되었다.

학교공포증을 가진 학생 47명을 추적 조사한 결과 주로 세 집단으로 구분됨을 확인(Coolidge, Brodie, & Feeney, 1964)했는데, 첫 번째 집단(27.7%)은 '어려움이 없는 사람' 들로 정상적인 학업성취를 보이면서 더 독립적이 되었다. 두 번째 집단(42.6%)은 '약간 어려운 사람' 들로 조금 나아지긴 했지만 여전히 대인관계 문제나 학습문제를 가지고 있었다. 세 번째 집단(29.8%)인 '심각하게 어려운 사람' 들은 심리적 장애, 성격장애, 기타 장애 등을 가지고 있고 이로 인해 모든 삶의 영역에서 어려움을 겪고 있었다. 나머지 두 집단과는 달리 세 번째 집단은 주로 남자들이었다.

학교공포증으로 병원에 입원한 적이 있는 16명의 학생을 5~10년 후 조사한 결과(Weiss & Burke, 1967)를 살펴보면, 대부분(75%)은 우수하거나 좋은 것으로 평가되었고 나머지는 보통인 것으로 나타났다. 거의 대부분이 학교로 돌아갔지만, 대부분 여전히 불안하고, 우울하고, 두렵고, 소외되어 있었다. 흥미롭게도 대부분의 학생이 '치료 환경' 덕분에 학교로 돌아갈 수 있었다고 밝혔으며, 연구자들은 "단지 몇 명만이 자신의 문제를 학교에 대한 두려움이라는 말로 표현했다."(p. 295)고 보고하고 있다.

버그의 등교거부-학교공포증 추수 연구

버그(Berg)는 학교공포증으로 인해 평균 9개월간 입원을 했던 21명의 학생(평균 연령 13.7세)을 추적 조사한 것(Berg, 1970)을 비롯하여 수차례 추수 연구를 수행하였다. 평균 추적 기간은 13개월이었다. 대부분의 조사 대상자들은 학교(15명 중 12명, 80%)나 직장(6명 중 4명, 67%)에 잘 다니고 있었는데, 가정(33.3%)이나 또래관계(33.3%)에서의 적응문제를 여전히 갖고 있는 경우가 적지 않았다. 학교공포증으로 입원치료를 받았던 100명의 학생을 평균 퇴원 3년 후 추적 조사한 결과, 문제의 심각성에 따라 4개 집단으로 분류되었다(Berg, Butler, & Hall, 1976). 또한 좋지 못한 예후의 예언변인은 퇴원 당시의 임상적 상태와 높은 지능인 것으로 밝혀졌다.

- 첫 번째 집단(17%)은 학교에 전혀 다니지 않고 있었고, 광장공포증, 우울, 기타 아무 일도 할 수 없는 상태 등의 심각한 증상을 보이는 경우도 있었다.
- 두 번째 집단(18%)은 조금 나아진 집단으로 반 정도는 아직도 등교 문제를 가지고 있었고 몇몇은 다양한 정신질환 관련 치료를 받고 있었다.
- 세 번째 집단(38%)은 중간 집단으로 11명은 50% 이하의 시간을 출석하고 있어 조금 개선되었고 27명은 50% 이상의 시간을 출석하고 있어 더 많이 개선되었다. 반 정도는 등교하는 것에 문제를 가지고 있었다.
- 네 번째 집단(27%)은 신경증적 증상은 가지고 있지만 치료가 더 필요하지는 않은 상태였다. 일부(20%)는 등교 문제를 여전

히 가지고 있었다.

버그와 잭슨(Berg & Jackson, 1985)은 등교거부로 입원치료를 받은 143명의 학생을 대상으로 평균 10.1년 후 추적조사를 실시하였다. 많은 학생들(44.8%)이 다른 문제로 이후 치료를 받았는데 대부분 우울, 대인관계 문제, 직장적응 문제를 가지고 있었다. 조사대상 중 43.6%만이 많이 나아졌다고 얘기했고, 이런 좋은 결과를 가져온 원인은 14세 이전의 지능과 치료인 것으로 나타났다.

기타 등교거부-학교공포증 추수 연구

6~16세에 학교공포증으로 치료를 받았던 16~24세의 67명을 조사한 결과, 대부분(85.1%)은 직장이나 학교에 잘 다니고 있었다(Baker & Wills, 1979). 학교를 빠진 사람들의 경우도 이후 정신과적 치료나 더 심한 진단을 받지는 않았고 성별에서도 차이를 보이지 않았다. 반면, 학교공포증이 이후 성인기의 분리불안으로 이어진다는 보고가 있었다(Butcher, 1983).

등교거부로 입원했던 34명의 학생을 퇴원 후 평균 7.2년 후 추적조사한 결과(Valles & Oddy, 1984)에 따르면, 거의 반 정도(47.1%)는 퇴원 후 학교로 돌아가 잘 적응하였지만, 나머지는 등교에 있어 계속 문제를 겪었다. 두 집단을 비교해 본 결과, 학교에 나가지 않는 학생들은 나이가 더 많고, (법적으로) 유죄판결을 받고, 미혼인 상태로 가족들과 갈등하고 있고, 대인관계에서 문제를 보이고, 여러 번 재입학하고, 불안해하고, 다른 치료를 필요로 하는 경향이 있었다. 그러나 현재 직업적 상태나 어린 시절 관련 요인(예: 분리불안 문제, 학생 또는 가족의 정신병 이력, 등교거부의 심각도, 또래관계, 등교거부의 계기)에 있어서는 차이를 보이지 않았다.

팀버레이크(Timberlake, 1984)는 6~11세에 학교공포증으로 정신분석에 기초한 사회사업 개입을 6개월에서 2년간 받은 64명의 학생을 조사하였다. 10~20년 후 추적조사 결과 대부분(96.9%)은 교육을 마쳤거나 마쳐 가고 있었고, 64.1%는 더 이상 출석 문제가 나타나지 않았고, 98.4%가 사회봉사 활동을 하고 있었다. 90.6%는 시간제 일을 포함하여 일에 종사하고 있었고 일과 관련된 문제를 가진 사람은 아무도 없었다. 회귀분석 결과 긍정적인 기능을 예언하는 유의미한 변인들이 다음과 같이 밝혀졌다.

> 종결에 대한 사회복지사와 학생 사이의 합의, 접수면접 당시 낮은 가족갈등, 어머니의 규칙적인 치료 참여, 접수면접 당시 조부모와의 적은 접촉, 치료기간 중 학교로 돌아갈 때까지 걸린 시간(짧을수록), 부모의 공포증 또는 두려움 이력의 부재, 아버지의 규칙적인 치료 참여, 접수 당시 여러 가지 문제에 대한 학생의 걱정이 적음(pp. 16-17)

청소년기에 등교거부 치료를 받았던 40명의 일본 성인을 대상으로 조사한 결과에서는, 평균 14년 후의 추후조사 결과 세 집단으로 분류되었다(Ohtaka et al., 1986). 47.5%는 대인관계 면이나 직장생활에서 잘 적응하고 있었고, 17.5%는 비교적 잘 적응하고 있었으며, 35.0%는 잘 적응하지 못하고 있었다. 부적응 집단은 가족 문제와 정신과적 문제를 더 많이 가지고 있었다. 7~12세에 등교거부 치료를 받았던 35명의 스웨덴 학생을 15~20년 후 조사하여 특성이 유사한 통제 집단과 비교해 본 결과, 등교, 신체적 건강, 사회적 적응, 범죄, 입원치료 등에서 유의미한 차이가 나타나지 않았다(Flakierska, Lindstrom, & Gillberg, 1988). 그러나 등교거부 집단은 자녀의 수가 더 적고 우울과 분리불안장애로 외래진료를 더 많이 받은 것으로 밝혀졌다.

불안 및 우울 관련 등교거부로 치료를 받은 25명의 학생을 조사한 결과, 5년 후 52.0%는 여전히 불안, 우울, 품행, 기타 장애 등의 준거에 해당되었다(Buitelaar, van Andel, Duyx, & van Strien, 1994). 여전히 증상을 보이고 있는 학생들은 증상을 보이지 않는 학생들에 비해 대인공포, 우울, 불만족한 대인관계에서 유의미하게 높은 수준을 보였다. 또한 초기 분리불안은 형제나 자녀의 등교거부와 관련되지만, 등교거부의 병력이 성인의 공황장애를 예언하는 것은 아니라는 점도 밝혀졌다(Silove & Manicavasagar, 1993). 마지막으로 과테말라에서 수행된 20년간의 종단연구에서는 학교에 보다 오래 남아 있었던 학생은 열악한 건강 상태와 낮은 부모 교육의 위험 요인의 영향력에 대해 인지적 완충력을 가진 것으로 나타났다(Gorman, & Pollitt, 1996).

무단결석 추수 연구

이 책에서 단순한 결석으로 정의되는 무단결석의 예후에 대해 살펴본 연구들도 많이 있다. 좋지 못한 출석상황은 이후 잦은 이직과 실직 등 직장 적응 곤란의 예언변인이라는 것은 오래전부터 일관되게 밝혀져 오고 있다(예: N. Cherry, 1976; Farrington, 1980;

Gray, Smith, & Rutter, 1980). 또한 초기 결석이 학교 중도탈락, 이른 독립, 이른 결혼과 부부문제, 무단결석 자녀, 다양한 정신과적 · 폭력적 문제와 관련된다는 연구 결과들도 있다(Kandel, Raveis, & Kandel, 1984; Robins & Ratcliff, 1980).

11세, 16세, 또는 두 시기 모두 무단결석을 했던 학생들의 성인기에 대한 조사 결과(Hibbett & Fogelman, 1990; Hibbett, Fogelman, & Manor, 1990)를 살펴보면, 먼저 교사를 포함한 10,640명의 평가에서, 0.4%가 11세에 무단결석이 있었던 반면, 19.4%는 16세에 무단결석이 있었던 것으로 나타났다. 23세에 무단결석이 없었던 사람들과 비교했을 때, 무단결석이 있었던 사람들은 불안정한 고용 이력을 보이고, 재직기간이 더 짧고, 가계수입이 더 낮고, 실직 가능성이 더 높았다. 또한 무단결석을 했던 사람들이 부부문제와 심리적 문제도 더 많이 겪고 있었다. 이 집단이 결혼생활이 어렵고, 자녀도 더 많고, 술과 담배를 시작한 나이도 더 어렸다. 이러한 결과는 성별과는 관련이 없었다.

요약

이 추수조사에 참여한 청년의 1/3 정도가 이후 삶에서 심각한 적응문제를 보이는 것으로 나타났다. 나머지 1/3 정도는 어느 정도 적응해 나가고 있었다. 많은 학생들이 다시 학교로 돌아왔지만, 문제가 되는 결석의 효과는 지속되는 경향이 있었다. 그러나 이러한 다양한 결과는 등교거부 학생들 또한 장기결석 이후에도 잘 적응할 수 있다는 것을 보여 준다. 긍정적인 예후는 일반적으로 낮은 연령, 여성, 빠른 개입, 치료 후 좋은 기능, 등교거부 행동의 낮은 심각도, 부모-자녀의 심리적 병변 등과 관련된다.

등교거부 학생이 있는 가족

가족역동 - 상호작용 양상

초기 연구

등교거부 학생이 있는 가족의 특징은 학생 개개인의 특징만큼이나 이질적이다. 많은 심리역동지향적 연구자들은 초기에는 이러한 가족들이 역기능적인 모-자 관계에 과도하게 융해되어(enmeshed) 있거나 영향을 받는다고 설명하였다(1장 참조; A. M. Johnson et al., 1941). 이러한 가정의 자녀에 대한 공통적인 설명은 의존적이고, 적개심이 많고, 우유부단하고, 남을 착취하고, 범죄를 저지를 가능성이 많다는 것 등이다(W. B. Frick, 1964). 덧붙여, 이러한 가족의 아버지는 대개 소극적이고 다른 가족 구성원의 생활에 간섭하는 것을 좋아하지 않는 것으로 묘사되었다. 여러 사례연구에서, 등교거부 행동은 적개심이 많고 자신을 무능하다고 지각하는 어머니와 주로 연관이 되는데, 그 어머니는 자기 자녀를 거부하거나 과잉의존과 장기결석을 조장하였다.

허소브(Hersov, 1960b)는 이러한 역동이 보다 실증적이고 잘 알려진 등교거부 학생의 부모-자녀관계의 세 가지 주요 유형으로 규정되는 것으로 평가하려고 했다. 이 유형은 초기의 심리역동 문헌들과 어느 정도 일치하였다.

- 대개 소심하고 집을 떠나 사람들과 어울려 본 적이 없는 자녀와 가정에서 제멋대로 하고, 고집부리고, 무엇이든 요구하도록 놔두는 방임적인 어머니 그리고 무능하고 소극적인 아버지.
- 소극적인 남편의 도움을 거의 받지 않고 자녀를 관리하는 엄격하고 통제적이고 지나친 요구를 하는 어머니. 이러한 자녀는 대개 소심하고 집을 떠나는 것을 두려워하고 소극적이고 집에서는 복종적이지만 사춘기가 되면 고집 세고 반항적인 경향을 나타낼 수 있다.
- 가정관리에서 큰 역할을 하는 완고하고 통제적인 아버지와 집을 나가서는 민첩하고 상냥하고 사교적이지만 집안에서는 제멋대로 하고, 고집 세고, 무엇이든 요구하는 자녀에게 꽉 잡혀 좌지우지되는 방임적인 어머니.

이러한 모집단(population)에서의 가족역동에 대한 초기 연구들이 다소 비과학적인 방법론을 사용했다 하더라도, 융해(enmeshment)라는 개념은 강력한 기술어로 남았다. 예를 들어 버그와 맥과이어(Berg & McGuire, 1974)는 학교공포증을 가진 학생의 어머니는 통제 집단 어머니보다 더 과도하게 자기 자녀에게 애정을 쏟고 의사소통에 관여한다고 밝혔다. 그들은 이러한 어머니들이 과보호적이고 자기 자녀들을 지나치게 의존적인 아이가 되게 하는 경향이 있다고 결론지었다. 이에 더하여, 월드론 등(Waldron et al., 1975)은 학교공포증이 있는 학생의 가족과 다른 신경증을 지닌 학생의 가족을 비교하였다. 학교공포증 집단은 자녀-어머니 분리의 문제, 자녀의 분리 욕구를 인정하는 양육의 실패, 자녀의 요구에 대한 분노, 자녀의 책임전가 그리고 어머니-아버지 연대보다 더 밀접한 어머니-자녀의 연대를 유의미하게 더 많이 갖고 있었다. 일반적으로, 이러한 문제들에서 아버지보다는 어머니에 의한 영향이 더 큰 것으로 나타났다. 팀버레이크(Timberlake, 1984)는 학교공포증이 있는 74명의 학생을 대상으로 한 연구에서 68.9%의 부모가 대체적으로 자기의 자녀에게 과보호적인 태도를 취한다고 밝혔다.

최근의 연구

최근의 연구자들은 보다 심리측정학적인 측정도구를 사용함으로써 이러한 모집단에 대해 좀 더 넓은 범위의 가족역동을 평가해 왔다. 예를 들어, 번스타인 등(Bernstein et al., 1990)은 가족평가척도(the Family Assessment Measure: FAM; Skinner, Steinhauer, & Santa-Barbara, 1983)를 사용하여 학교공포증이 있는 학생 76명의 가족을 조사하였다. 가족평가척도는 과업완수(task accomplishment: TA), 역할수행(role performance: RP), 의사소통(communication: C), 정서적 표현, 정서적 연루, 통제 그리고 가치규준(values and norms: VN)의 하위 척도들로 구성되어 있다. 처음에는 아무런 역기능적 양상들이 보이지 않았지만, 일반가정(62%)과 한부모 가정(38%)의 비교에서는 한부모 가정의 경우 역할수행에 더 많은 문제가 나타났다. 이것은 역할채택, 규정 및 통합에서의 문제를 반영한다. 학생진단을 넘어선 심층 분석에서 불안장애만 있는 집단에서는 아무런 역기능적 양상도 나타나지 않았다. 이것은 우울장애만 있는 집단이 과업완수, 역할수행, 가치규준의 세 양상에서, 불안과 우울장애를 동시에 가지고 있는 집단이 과업완수, 역할수행, 의사소통, 가치규준의 네 양상에서, 불안이나 우울장애가 없는 집단이 일곱 가지 양상에서 역기능이 나타난 것과 비교되었다. 연구자들은 불안장애만 있는 집단의 학생이 문제가 적은 것을 그 학생들의 "조용하고, 고분고분하고, 즐기고 싶은"(p. 29) 본성 탓으로 돌렸다.

번스타인과 보샤드(Bernstein & Borchardt, 1996)도 등교거부 학생 가족을 평가하였고, 두 개의 주요 유형, 즉 어머니만 있는 가족(n=40)과 친부모가 모두 있는 가족(n=61)을 비교하였다. 이 집단들의 비교에서 어머니만 있는 가족은 의사소통과 역할수행에서 더 많은 문제점을 드러내는 것으로 나타났다. 등교거부 모집단에서, 역할수행의 문제는 집안일과 학교 책임 사이의 경계를 세우는 데 어려움이 있다는 것을 나타내는 것일 수 있다. 이에 더해, 번스타인 등(Bernstein, Warren, Massie, & Thuras, 1999)은 불안-우울 학교공포증이 있는 46명의 학생을 조사했는데, 다수의 학생(50%), 아버지(38.1%), 어머니(24.4%)가 자신의 가족을 극단적(예를 들어, 빈약한 유대와 적응성)이라고 분류한다는 것을 밝혔다. 그러한 극단성은 청소년기의 우울과 관련되어 있었다.

커니와 실버만(Kearney & Silverman, 1995)은 이 분야에서 역사적 문헌과 최근의 증거들에 대한 개요를 제공했고 여섯 가지 유형의 가족역동이 등교거부 학생이 있는 가족에게 일반적으로 고루 나타나고 있다고 주장했다. 융해된(enmeshed) 가족은 가족 간에 의존적이고 비독립적일 뿐만 아니라 자녀에 대해 부모가 과보호적이고 방임적인 것으로 특징지을 수 있다. 가족환경척도(FES; 4장 참조) 자료에 기초해서, 이 연구자들은 모집단 내에 있는 가족 표본 중 32.8%가 독립성 하위 척도에서 규준점수보다 유의미하게 낮게 나타난다고 보고하였다. 융해가 일부 가족, 특히 막 등교거부를 시작하는 어린 학생이 있는 가족의 지표임에도 불구하고, 그 역동은 이 모집단 내에서 이전에 생각했던 만큼 산재해 있는 것은 아니다.

다른 유형은 갈등(conflictive)가족인데, 적개심, 폭력 그리고 강제적인 과정으로 특징지어진다(Patterson, 1982). 이 양상은 본질적으로 오래 지속되는 것이 결코 아님에도 불구하고 많은 등교거부 학생의 가족에게 산재해 있다. 가족환경척도에 기초해서 커니와 실버만(Kearney & Silverman, 1995)은 23.4%의 가족이 '갈등지향적' 이라고 분류될 수 있다고 보고하였다. 다른 연구자들도 등교거부 행동을 보이는 자녀가 있는 갈등적 · 폭력적인 가족 하위 유형이 존재한다는 것을 확인하였다(Honma, 1986; Mihara & Ichikawa, 1986).

분리(detached)가족은 서로의 삶에서 가족 구성원 간에 관련성이 빈약한 것으로 특징지을 수 있다. 그러한 사례 중 많은 경우에, 학생의 비행은 극단적일 때까지 다루어지지 않는다. 고립(isolated)가족은 가족 구성원의 편에서는 가족 외 사람들과는 아무런 접촉이 없는 것으로 특징지을 수 있고 다른 가족유형들에 비해 치료가 거의 제공되지 않는 것으로 보인다. 커니와 실버만(Kearney & Silverman, 1995)이 보고한 가족환경척도 자료에서는 지적-문화적 지향과 활동적-오락적 지향의 하위 척도에서 각각 28.1%와 31.3%의 가족이 아주 낮은 점수가 나왔다고 지적했다.

건강한(healthy) 가족은 문제를 효과적으로 해결하는 응집력이 있고 적절히 표현할 줄 아는 구성원들로 특징지을 수 있다. 커니와 실버만(Kearney & Silverman, 1995)이 보고한 가족환경척도 자료에서는 39.1%의 가족이 지지적이고 표현적이고, 응집력이 있다고 지적했다. 마지막으로 모집단 내의 많은 가족이 혼합가족 프로파일, 즉 두 개 이상의 가족양상의 특징을 보여 준다. 커니와 실버만(Kearney & Silverman, 1995)은 이러한 가족양상이 다른 기능의 등교거부 행동과 어떻게 관련되는지를 개관했다(4장 참조).

다른 가족요인

이 모집단에서 간헐적으로 연구된 다른 가족요인은 출생 순위, 가족 규모, 배우자 문제와 지위 그리고 부모의 정신병리 등이다. 예를 들어, 스미스(S. L. Smith, 1970)는 그의 연구표본 중 46.0%가 막내이고 대부분의 등교거부 학생(34.9%)은 두 자녀 가족에게서 나타난다고 발견했다. 이와 유사하게, 버그 등(Berg, Butler, & McGuire, 1972)은 학교공포증을 가진 100명의 학생 표본 중 55.0%가 외동이나 막내이고 이 가족의 평균 가족 수는 2.93명임을 발견했다. 토마와 할스티(Torma & Halsti, 1975)도 등교거부와 무단결석을 하는 73명의 표본 중 43.8%가 외동이나 가족 중 막내이고 전체 표본의 32.9%가 두 자녀 이하의 가족에게서 나타난다는 것을 발견했다. 마키하라 등(Makihara et al., 1985)은 91명의 등교거부 학생 표본 중 1/3이 외동이라고 밝혔다. 그러나 다른 연구자들은 등교거부 행동 표본 중에서 맏이가 더 많다는 것을 발견했다(예를 들어, Baker & Wills, 1978; Warnecke, 1964). 일반적으로, 등교거부 학생은 외동이거나 맏이 또는 막내인 경향이 있다.

배우자 문제에 관해서 팀버레이크(Timberlake, 1984)는 학교공포증이 있는 학생의 부모 중 52.7%가 명백하거나 어느 정도 분명한 부부간의 문제가 있었고, 79.7%의 가족이 의사소통의 문제가 있었고, 55.4%의 가족이 한 가지 이상의 스트레스원을 가지고 있었다고 보고했다. 이 연구에서는 모든 부모가 결혼한 상태에 있다는 것이 흥미롭다. 토마와 할스티(Torma & Halsti, 1975)는 표본 중 45.2%만이 부모와 같이 살고 있었고, 16.4%의 학생이 엄마가 21세 이하일 때 태어났다고 보고했다. 올렌딕(D. G. Ollendick, 1979)도 177명의 4학년 표본에서 한부모 가정의 소년이 양 부모가 모두 있는 가정의 소년보다 유의하게 더 많이 결석한다고 보고했다. 이러한 경향은 소녀에게서도 나타났다. 일반적으로 한부모 가족은 등교거부 학생들 사이에서 과잉묘사되는 경향이 있다(Bernstein & Borchardt, 1996; Bernstein, Svingen, et al., 1990; Makihara et al., 1985; Reid, 1984; Sommer, 1985).

일부 연구자들은 또한 등교거부 학생 부모의 정신 건강을 평가해 왔다. 버그, 버틀러와 프리차드(Berg, Butler, & Pritchard, 1974)는 학교공포증을 가진 100명의 학생 중 44.0%의 어머니와 13%의 아버지가 '정신과적으로 병들' 었는데(p. 466), 주로 정서장애(29%의 어머니)를 가지고 있음을 발견했다. 토마와 할스티(Torma & Halsti, 1975)도 등교거부와 무단결석을 하는 학생의 어머니 80.8%와 아버지 47.9%가 적어도 상당히 심각한 신경증 또는 미성숙한 인격을 가지고 있음을 발견했다. 정신병, 알코올중독 또는 반사회적 행동에서의 심각한 장애도 15.1%의 어머니와 21.9%의 아버지에게서 나타났다. 버그(Berg, 1976) 또한 학생 중에서 학교공포증 발생률은 어머니가 광장공포증을 가진 경우 14%까지 상승했다고 밝혔다. 게다가 팀버레이크(Timberlake, 1984)는 학교공포증이 있는 학생의 부모 자신이 의학적 문제나 신체의 병(62.2%), 두려움이나 공포증의 병력(59.5%), 또는 사회적 비활동성(67.6%)을 가지고 있다는 것을 발견했다. 라스트 등(Last et al., 1987) 또한 학교공포증을 가진 학생 표본에서 많은 어머니들이 불안장애(57.1%), 정서장애(14.3%) 또는 장애 없음(35.7%)의 준거를 충족한다는 것을 발견했다.

번스타인과 가핑클(Bernstein & Garfinkel, 1988)도 심각한 학교공포증을 가지고 있는 6명 학생의 직계가족과 친족들과 정서적 불안장애를 가진 5명 학생의 직계가족과 친척들을 비교하였다. 학교공포증 집단의 82명의 친척 중에서 41.5%가 불안장애나 우울장애, 또는 둘 모두를 가지고 있었던 것에 비해 통제 집단에서는 57명의 친척 중 24.6%만 장애를 가지고 있었다. 이 학생들의 부모와 형제 중에서는 72.7%가 불안장애나 우울장애를 가지고 있었던 것에 비해 통제 집단에서는 20.0%만 장애가 있었다. 게다가 학교공포증을 가진 학생의 부모들은 통제 집단에 비해 더 높은 비율의 약물남용을 하고, 역할수행, 의사소통, 정서표현 그리고 통제에서 더 큰 문제를 가지고 있었다. 마지막으로, 마틴 등(Martin, Cabrol, Bouvard, Lepine, & Mouren-Simeoni, 1999)은 불안으로 인한 등교거부 행동을 보이는 51명의 학생을 분리불안장애 집단과 공포증 집단으로 나누어 평가하였다. 분리불안장애 집단 학생의 어머니와 아버지(16.0%와 8.0%)는 공포증 집단의 어머니와 아버지(50.0%와 30.8%)에 비해 단순공포증 또는 대인공포증이 유의미하게 적었으나 공황장애나 광장공포증은 유의미하게 많았다(56.0%와 27.3% 대 19.2%와 0.0%).

등교거부 행동의 병인

가족요인은 많은 경우의 등교거부 행동에 명백하게 영향을 주지만 이 모집단의 완벽한 병인은 매우 복잡하고 다양하며 솔직히 말하자면 종종 알 수 없는 경우가 많다. 등교거부 학생에 대한 철저한 평가 후에도 이 문제를 야기한 제일 중요한 원인이 무엇인지에 대한 질문에 대답하기는 매우 어렵다. 특히 어려운 질문은 (a) 스트레스를 주는 생활사건, 외상 또는 우울과 품행장애와 같은 정신적 장애가 등교거부 행동뿐 아니라 다른 문제를 유발하였는지, (b) 공존증상이 등교거부 행동과 동시에 발달하였고 지금의 등교거부 문제가 지속되도록 돕는지, (c) 최초의 등교거부 행동이 일반적인 반항이나 학업의 실패와 같은 다른 문제를 이끌어 내는지에 대한 것이다. 본질적으로, 고전적인 '닭과 달걀' 의 딜레마가 이 모집단에도 적용된다.

특수한 사례의 등교거부 행동이 왜 시작되는지에 대해 완전한 답을 아는 것이 처치를 시작하는 데에 불필요한 경우가 종종 있다. 그러나 선도적인 등교거부 행동의 촉발요인에 대해 일부 연구되고 있는 지식뿐 아니라 그 문제에 밀접히 관련되어 있는 최근의 통합적 구인 모형은 유용할 수 있는데 이와 관련된 내용을 다음에 제시하고 있다.

촉발요인

앞에서 설명했듯이, 학교공포증-등교거부는 원래 지나치게 의존적인 어머니-자녀관계를 위협하는 일부의 생활사건에 의해 촉진된다고 생각되었다(A. M. Johnson et al., 1941). 그러한 사건들은 많은 것 가운데서도 질병, 이사, 가족 또는 학교의 변화, 어머니의 입원, 부부싸움, 또는 학교에서의 혐오적인 사건 등을 포함한다고 생각되었다(Eisenberg, 1958; Hersov, 1960b). 최근의 연구는 이 모집단이 밀접하게 관련되어 있다는 것을 지지하지 않고 있지만, 분리에 대한 걱정을 포함한 특정 촉발요인이 많은 등교거부 행동을 확인할 수 있는 증거로 제시되었다.

예를 들어, 스미스(S. L. Smith, 1970)는 불안으로 인해 등교를 거부하는 학생 사례 63개에서 주요한 촉발요인이 학교에서의 낯섦이나 변화(42.9%), 학교와 관련된 무서운 사건(14.3%), 합법적인 결석(12.7%), 가족 사건(11.1%), 처음으로 등교하는 것(4.8%) 그리고 학교와 무관한 공포 등(1.6%)이라고 밝혀냈다. 12.7%의 학생에게는 등교거부 행동의 촉발요인이 없다는 것이 흥미롭다. 이와 유사하게, 토마와 할스티(Torma & Halsti, 1975)는 73명의 등교거부 및 무단결석 학생에 대한 중요한 촉발요인에는 교사, 학급 또는 학교의 변화(46.6%), 가족의 심각한 질병(34.2%), 새로운 곳으로의 이사(26.0%), 가족의 죽음(21.9%), 부모와의 이별 또는 이혼(21.9%), 부모간의 위기(19.2%) 등이 포함된다는 것을 발견했다.

월드론 등(Waldron et al., 1975)은 학교공포증이 있는 학생에 대한 중요한 촉발요인으로 학교에서의 위협적인 사건(37.1%), 학교에서의 복지에 대한 위협(33.3%), 실제적인 죽음의 위험이 없는데 그것을 지각하는 것(17.9%), 가족 구성원의 죽음(15.6%) 그리고 "부모의 부재, 질병, 분리 또는 우울"(21.7%, p. 806) 등이 포함된다는 것을 발견했다. 촉발요인이 확인되지 않는 비율도 42.4%나 되었다. 허소브(Hersov, 1960b)와 팀버레이크(Timberlake, 1984)도 등교거부-공포증이 있는 학생 표본 중 각각 34.0%와 41.9%에서 명백한 촉발요인이 없다고 보고했다.

촉발요인의 이질성은 이 모집단의 일반적인 증상의 이질성과 유사하다. 불안으로 인해 등교를 거부하는 학생에게, 학교, 가족 그리고 다른 생활 스트레스원은 위의 연구들에서 입증된 것처럼 거의 대부분 심각한 영향을 미친다. 그러나 다른 이유로 등교를 거부하는 학생에게 촉발요인은 덜 명확하다. 높은 비율의 학생이 명백한 촉발요인 없이 등교를 거부한다는 사실은 더 불길하다. 이것은 등교거부 행동의 많은 사례 중에서 병인을 결정하는 것이 왜 미칠 노릇인지를 설명하는 데 도움을 준다.

부정정서와 반사회적 행동의 병인적 모형

부정정서

등교거부 행동과 관련된 필수적인 구인 세트는 두려움-불안-우울 또는 부정정서다. 이 구인에 대한 전통적인 병인학적 이론들은 어디서나 상세히 설명되고(예를 들어, Eisen & Kearney, 1995) 심리역동적 관점, 고전적 · 조작적 조건형성, 2요인 이론, 접근-회피 이론, 관찰학습, 인지정서 이론, 심리사회적 스트레스원, 대처 이론 그리고 준비 이론 등을 포함한다. 문제가 있는 애착도 특수하게 학교공포증과 연계되어 왔다(Bowlby, 1980). 두려움-불안-우울의 병인학적 이론 또한 생물학적 요인들을 포함하는 데 호흡항진, 신경전달물질과 뇌역기능, 승모판 탈수 그리고 발생적 유전 등이 포함된다.

아동기 두려움과 불안에 대한 통합적 이론도 알바노 등(Albano et al., 1996; Barlow, 1988도 참조)에 의해서 제안되었다. 이 모형에 따르면, 학생은 일부 생물학적 취약성이나 스트레스 과민성 기질적 행동 억제를 가질 수 있다. 후속되는 혐오적 생활사건과 더불어, 이것은 뇌의 시상하부-부신피질 영역이 관여하는 일반적인 스트레스 반응을 활성화한다. 이러한 활성화는 개인의 환경에 대한 예측 불가능한 감정과 빈약한 통제력에 의해 두려움이나 심리적 취약성을 유발할 수 있다. 이러한 심리적 취약성은 다시 두려움이나 불안감을 이끌어 낼 수도 있고, 또는 가족 역동, 대처와 대인관계 기술, 사회적 지원, 또는 다른 변인에 의해 개선될 수도 있다. 다른 인지적 문제가 관여할 수 있을 것 같지만(Hammen & Rudolph, 1996), 이 모형 또한 아동기 우울을 설명하는 데 도움을 줄 수 있다.

이 모형은 일부 유형의 등교거부 행동에 적용될 수 있었다. 생물학적으로 쉽게 스트레스를 받는 학생은 부가적인 스트레스나 두려움을 유발하거나 촉발하는 학교의 혐오적인 사건을 경험하기가 쉽다. 이것은 까닭 모를 발작, 특수한 두려움 또는 사회적 불안과 같은 문제에 의해 나타날 수 있다. 자신이 스트레스원을 통제하거나 대처할 수 없다고 느끼는 학생은 이러한 경우에 학교를 회피하기 위한 다양한 행동을 나타낼 수 있다. 그러나 그러한 거부는 반을

옮기는 것과 같은 스트레스원의 제거나 대처 기술을 증진시키기 위한 초기 중재를 포함한 다수의 요인에 의해 즉각적으로 맞서거나 억누를 수 있다. 물론 이에 더하여, 학생의 불안은 어느 정도 관심을 받고 싶은 욕구와 상호작용할 수 있다. 이 경우에, 그 행동을 억누를 수 있는 가능한 매개변인은 확고하고 적절한 부모역할 또는 부적절한 행동에 대해 관심을 기울이지 않는 것이다.

반사회적 행동

반사회적이고 파괴적인 행동에 대해서, 병인은 부정정서보다 더 복잡하다고 말할 수는 없어도 비슷한 정도는 된다. 반사회적 행동의 원인이 되는 공통의 병인학적 요인은 그중에서도 특히 다음과 같은 것을 포함한다(P. J. Frick, 1998; Henggeler, Schoenwald, Borduin, Rowland, & Cunningham, 1998; Hinshaw & Anderson, 1996).

- 낮은 언어적 · 사회적 기술, 타인이 적대적이라는 믿음, 보상적 우월감, 반사회적 행동에 대한 긍정적인 태도, 남성성, 신경심리학적 변화, 주의력결핍 그리고 공존증상에 해당하는 정신병적 조건과 같은 개인요인
- 비효과적인 부모역할과 중재, 갈등, 학대, 부모의 정신병리, 이혼, 유전적 특질 그리고 분리와 같은 가족요인
- 비정상적인 또래와의 교제와 같은 또래요인
- 중도탈락, 낮은 학업성취 그리고 무질서한 학교환경과 같은 학교요인

- 무질서, 일시성(transience), 높은 범죄율, 지원의 부족 그리고 빈곤과 같은 이웃요인
- 폭력에의 노출과 같은 문화요인

보다 통합적으로, 모피트(Moffitt, 1993)는 반사회적 행동은 '청소년기 한정적' 또는 '생애 지속적'으로 개념화될 수도 있다고 지적했다. 모피트에 따르면 생애지속에 관해서 신경결함을 가진 어떤 유아들은 그중에서도 특히 까다로운 기질, 낮은 자기통제력 그리고 언어적 · 실행적 역기능과 같은 문제에 취약할 가능성이 있다. 이러한 결핍의 효과는 시간이 지나면서 그중에서도 특히 부적절한 양육 행동, 가족의 역기능, 사회적 · 학업적 기술의 부족 그리고 일반적 범죄학적 환경(p. 683)과 같은 변인에 의해 악화될 수 있다. 그러면 이러한 학생들 중 많은 이들이 그들의 인생에서 이후에 성공기회를 더 감소시키는 십대임신, 약물복용 등의 행동 병리를 경험하게 될 것이다. 학생의 특질과 환경 간의 계속되는 상호작용의 문제는 전생애에 걸쳐 반사회적 행동을 유지하는 데 기여하게 된다.

이 모형은 어쩌면 일부 사례의 등교거부 행동이 반사회적 행동이나 비행을 수반하는 것을 설명할 수 있다. 예를 들어, 어떤 학생들은 낮은 행동 억제력이나 심지어는 무감각하거나 무감정적인 대인적 양식의 경향성을 생물학적으로 타고날 수도 있다(P. J. Frick, 1998). 또한 이런 학생들에게는 충동적이고 무례한 학생의 행동방식에 대해 비일관되고 거친 처벌 또는 묵인과 같은 부적절하고 미숙한 반응을 보이는 부모나 가족배경이 있을 수도 있다. 예를 들

어, 많은 학생들은 학교에 돌아가는 대가로 부모가 보상을 제공하도록 유도하거나 거칠게 반항하거나 공격성을 나타냄으로써 학교에 가지 않으려는 자신들의 요구에 부모들이 굴복할 수밖에 없도록 만든다(Patterson, 1982). 또 다른 경우에, 부모들은 지나치게 허용적이거나 등교거부 문제와 학생을 쉽게 무시한다. 이러한 학생들이 문제 학생 또래 집단과 학교 밖에서 강화를 받게 된다면, 등교거부 행동은 더 증가하게 될 것이다. 사실, 많은 학생들이 학교 밖에서 쉽게 얻을 수 있는 강화 때문에 등교를 거부한다(Kearney & Silverman, 1996). 그렇게 되면 앞에서 언급했듯이, 장기결석은 미래의 성공 기회를 박탈하고 반사회적 행동을 유지하도록 만든다.

혼합된 병인

등교거부 학생은 앞에서 설명했던 촉발요인과 병인적 요인의 혼합을 보여 줄 수도 있다는 것을 명심해야 한다. 등교거부 학생의 특징은 다양하고 이질적이며, 매우 다른 인과 경로를 반영할 것으로 보인다. 예를 들어, 등교를 걱정하는 학생의 부모들 중 일부는 학교를 거부하고 집에서 재미있게 지내려는 학생의 요구를 묵인한다. 게다가, 어떤 학생들은 비행을 저지르는 또래와 더불어 학교 밖에서 쉽게 접할 수 있는 보상을 추구하고 장기결석 후에 학교로 돌아가는 것을 불안해한다. 앞에서 기술했듯이, 일부 특수한 사례의 등교거부 행동의 병인은 대개 복잡하고, 다요인적이고 확정짓기 어렵다.

요약

등교거부 행동은 그 역사만큼이나 다양한 양상을 가지고 있다. 장기 등교거부 행동이 비교적 일반적인 양상이고 그것이 많은 문제를 야기할 수 있지만, 동시에 이 모집단으로부터 임상적 징후의 어떤 일관된 결론도 아직 이끌어 내지 못하고 있다. 이러한 이질성은 3장에서 논의될 주제인 분류에 관한 문제와 관련된다.

제3장

분류 체제

브룩은 10세 소녀로 학업에 어려움을 겪고 있으며 학교에 갈 시간에 불안을 보인다. 학교 다니기 싫어 일주일에 최소 이틀은 결석한다. 부모와 교사가 이 문제로 여러 차례 상의를 했지만 원인을 찾지 못했다.

1장 2절에서 논의한 대로 등교거부 학생은 복합적인 특징을 보이므로 이들을 분류하는 이론도 매우 다양하다. 이 장에서는 등교거부 행동을 분류하는 주요 전략이 어떻게 변화되어 왔는지를 살펴보고 비판할 것이다. 이러한 전략들은 신경증적 무단결석 대 전통적 무단결석; 신경증 대 성격 그리고 급성 대 만성 등교거부 행동; 등교거부 행동의 경험적 · 진단적 · 기능적 하위 유형 등을 포함한다. 또한 이들을 보다 세분화시킨 임상연구가들의 제안도 소개할 것이다.

각 분류체계는 여러 기준에 의해 검토된다. 이 기준은 평가 방법, 포괄성, 변별타당도, 임상적 유용성, 예언타당도 등을 포함한다. 평가 방법(assessment methodology)이란 분류의 기초가 되는 연구를 가능하게 하는 타당하고 신뢰성 있는 척도의 사용을 의미한다. 포괄성(coverage)이란 특정 분류체계가 모든 등교거부 학생들에게 예외 없이 적용될 수 있는가를 의미한다. 변별타당도(discrimitive validity)란 각 집단을 보다 분명하고 배타적으로 분류하는가 하는 것이다. 임상적 유용성(clinical utility)이란 임상가와 교사가 평가와 처치 과정에서 편리하게 사용할 수 있는가에 관한 것이다. 예언타당도(predictive validity)란 예후나 처치결과에 대한 예측력을 의미한다.

신경증적 무단결석 대 전통적 무단결석

초기 분류

1장에 제시되었듯이 최초의 분류는 결석문제 학생을 (a) 신경증적 무단결석과 (b) 전통적 무단결석으로 구분하는 것이었다. 신경증적 무단결석은 신경증적이나 가정문제 혹은 이 두 가지 이유 모두 때문에 등교를 거부하는 학생의 경우를 나타낸다(Broadwin, 1932; A. M. Johnson, Falstein, Szurek, & Svendsen, 1941). 그러나 이 경우 이런 부류의 정서불안 학생을 기술하는 용어(즉, 강박적 신경증[Broadwin, 1932], 학교공포증[A. A. M. Johnson et. al., 1941])의 사용을 보편화시켰으나 보다 자세한 분류법을 제시하지는 않았다.

파트리지(Partridge, 1939)는 총 50건의 상습결석 사례를 평가한 후 주변인의 보고와 임상적 견해를 기초로 5개의 주요 집단을 구분하였다. 앞의 두 집단은 성격상 '단순' 한 것으로 간주되었고 나머지 세 집단은 보다 복합적인 것으로 간주되었다.

- 버릇없는(undisciplined) 집단(10%)은 부모의 훈육이 결여되어 '버릇없는' 행동으로 학교를 빠지는 학생들을 뜻한다.
- 히스테리(hysterical) 집단(8%)은 학교, 집, 치과 같은 특정 장소로부터 벗어나려고만 하는 학생들을 의미한다.
- 원망(desiderative) 집단(30%)은 관심과 같은 유무형의 뭔가를 얻어 내려는 학생들을 가리킨다. 이 집단에 속한 학생은 외톨이이거나 정서적으로 억제되고 성적이나 지능이 낮은 경향이 있다. 가정적 요인이 "만족스럽지 못한 환경"(p. 68)을 조성하여 이 집단의 등교거부를 초래한다고 여겨지며 학생은 "온정, 개인적 관심, 가정 내에서의 차별 금지, 합당한 표현의 자유, (그리고) 이러한 모든 것의 지속"(p. 57)을 추구한다.
- 반항(rebellious) 집단(26%)은 원망 집단에서 분화된 것으로, 여기에 속한 학생은 비행이 더 심하고 상습결석을 은폐하려고 한다. 일부는 부모 등 가정적 요소에 반감을 가진 반면, 일부는 학교에 반감을 가지기도 한다. 3명(6%)은 원망 집단과 반항 집단의 중간인 것으로 여겨진다.
- 신경증적(psychoneurotic) 집단(20%)은 학교적응은 문제가 없지만 "마음의 이상"(p. 68)과 부모의 정서적 과잉보호로 인해 상습결석을 하는 학생들을 지칭한다.

파트리지(Partridge, 1939)는 문제가 되는 모든 상습결석 사례에서 가정적 요인이 두드러진다고 주장하였다. "학교에 대한 거부" (p. 81)는 전체 사례의 8%에 불과하였다. 이 8% 중 신경증적 집단은 없었다. 방법론상의 결함에도 불구하고 파트리지의 연구는, 관심거리와 오락거리를 찾고 유해 사건으로부터 도피하는 등 학교 밖의 다양한 이유로 학생이 등교를 거부한다는 생각을 지지하였다.

초기의 이러한 연구가 비행이나 단순 결석과는 구분되는 것으로 여겨지는 일반적 증상을 주로 기술하고 있음에 유의해야 한다. 예를 들어, 브로드윈(Broadwin, 1932)은 이러한 형태의 무단결석은 "심층적 신경증" 혹은 "강박신경증적 특징"(p. 254)일 수 있다고 하였다. 또한 파트리지(Partridge, 1939)는 "무단결석의 신경증적 유형은 학생이 감당할 수 없는 정서적 문제 상황에 대한 하나의 방책으로 해석될 수 있다."(p. 80)고 하였다. 마지막으로 존슨 등(A. M. Johnson et al., 1941)은 학교공포증을 "심층적 신경증 장애"라고 칭하고 "다른 신경증의 공포 증상과 겹치므로 명확히 구분되는 것은 아니다."(p. 702)라고 하였다. 이러한 연구자들은 하나의 증상이 무단결석을 대표하는 것은 아니며 역기능적 가족역동과 학생 특성의 다양한 상호작용이 이러한 상황을 초래한다고 주장하였다.

후기 분류

이러한 연구를 바탕으로 학자들은 신경증적 무단결석과 전통적 비행 무단결석을 상세히 구분하려고 노력하였다. 워런(Warren, 1948)은 그 선구자 중 한 사람으로서 '등교를 거부하는 심각한 신경쇠약' 8사례와 '신경쇠약과 무관한 무단결석' 12사례를 비교하였다(p. 268). 심각한 신경쇠약 사례들은 가족 전체를 포함하여 불안, 우울, 공포, 공격성 그리고 불복종 등의 신경증적 특성을 보였다. 반면 신경쇠약과 무관한 무단결석 학생들은 신경증 증세가 없으며 훈육이 부족하고 반항적이며, 속이거나 훔치는 비행을 저지르며 이를 보완할 수 있는 '환경이 결핍된' 것으로 구분되었다.

워런(Warren, 1948)에 의하면 중증 신경쇠약 학생은 어머니의 행동통제가 심하거나 독자이거나 과의존적인 경향이 있는 반면 단순 무단결석 학생은 '가정이나 주변 환경이 좋지 않고' '과도한 교육적 압력' 을 받는다. 그러나 빈곤은 각 집단의 1/3 이상에서 그리 두드러진 요인은 아니었다. 두 집단 공통적으로 상당수(최소 각 집단의 40% 이상)가 정신장애가 있는 가까운 친척이 있으며 어머니 혹은 부모의 학대, 가정결손, "어머니의 부적절한 양육" "빈번한 가정 붕괴" (p. 268) 등이 존재한다.

중증 신경쇠약 학생은 섭식, 수면, 긴장, 불안, 우울 장애 등의 증상을 보이기 쉽다. 또한 단순 등교거부는 부모관계 문제, 거짓말, 절도, 무단가출 등의 행태를 보인다. 그러나 각 집단의 1/3 이상은 야뇨증, 심기증, 강박, 히스테리, '자위' '자기주장적 행동습관' , 피해망상 등의 증상은 보이지 않는다. 또한 상당수(각 집단의 40% 이상)가 어머니 혹은 형제와의 관계문제, 학교와 관련하여 갑작스럽게 생긴 어려움, 불복종 등을 보인다(Warren, 1948, p. 268). 작은 표집크기와 상당한 중첩에도 불구하고 워런은 "두 집단의 차이는 상당하다." 고 결론지었다.

유사한 방식으로 허소브(Hersov, 1960a)는 등교거부 학생 혹은 학교보다는 집에 있기를 고집하는 50명의 학생을 무단결석 학생 혹은 집에도 있기 싫어하거나, 무단결석하는 친구와 관련 있거나, 부모 몰래 결석하는 학생 50명과 비교하였다. 각 학생은 최소 2달 이상 이러한 행동을 보이며 일반 학생 50명의 통제 집단과 비교되었다. 허소브는 사례기록을 검토한 후 연령, 성별, 지능, 학교부적응 등에서 차이가 없음을 발견하였다. 그러나 무단결석 학생은 학교 성적이 크게 떨어졌으며 학교를 자주 옮겨 다녔다. 환경요인을 살펴볼 때 등교거부 학생은 부모의 과잉보호가 심했고, 무단결석 학생은 모성 혹은 부성 결핍이거나 일관성 없는 가정훈육 경험이 있었다.

틱, 말더듬, 오줌 싸기, 자위, 습관성 긴장, 공격성, 기물파손, 부적절한 성적 행동 등의 증상에서는 차이가 없었다. 등교거부 학생은 섭식장애, 수면장애, 위장장애와 공포증이 더 심했고 무단결석 학생은 야뇨증, 거짓말, 절도, 가출, 비행 등이 잦았다. 진단과 관련하여 등교거부 학생은 불안반응을 더 보였고, 무단결석 학생은 행동장애를 더 보였다. 그러나 우울 혹은 히스테리 반응이나 강박 혹은 성격장애, 혹은 '신경증을 수반한 반응성 행동장애' 에서는 별다른 차이가 없었다(Hersov, 1960a, p. 136).

허소브는 두 집단이 다음과 같이 대략적으로 구분된다고 결론지었다. 등교거부는 '신경증의 한 증상' 인 반면 무단결석은 "다른 비행과 동반되는 행동장애의 일종" 이다(1960a, p. 135). 여러 가지 이유로 이 연구는 의미가 있는데 특히 '신경증적 무단결석' 혹은 '학교공포증' 으로 불렸던 사례에 등교거부라는 명칭을 사용하는 계기가 되었다. 결과적으로 신경증적 무단결석, 학교공포증 그리고 등교거부는 '정서적 요인과 가정환경적 요인에 기인한 결석 학생' 이라는 사례를 지칭하는 다른 용어인 것이다.

토마와 할스티(Torma & Halsti, 1975)는 '뚜렷한 신경증적 발달 경향' 을 보이는 학생으로 정의되는 학교공포-등교거부(school-phobia refusal: SPR) 학생 39명과 '미성숙' 이 지배적 성격으로 나타나는 무단결석 학생 34명을 비교하였다(p. 210). 사례기록상으로는 SPR 학생은 무단결석 학생에 비해 신체적 불만이 더 많고, 응집력이 큰 가정, 나이 많은 어머니, 과잉보호 부모, 낮은 반사회성 등의 특징이 있다. 그러나 신체적 질병, 우울, 형제관계, 사회경제적 지위, 안정성, 부모관계, 학교 성적 등에서는 별다른 차이가 없었다.

토마와 할스티(Torma & Halsti, 1975)는 SPR과 무단결석 사이에 차이가 있다고 여겨졌던 18개 변인을 분석한 결과 그중 7개만이 유의미함을 발견하였다. 아버지/어머니와의 관계 특성(SPR 집단이 더 가까움), 아버지의 연령(SPR 집단이 낮음), 아버지/어머니의 정신건강(SPR 집단이 더 건강함), 아버지의 교체(SPR 집단이 더 오래감), 개념 형성(SPR 집단이 더 빈약함) 등이 여기에 포함되었다. 그러나 이러한 자료로부터 이론적 결론은 내리지 않았다.

갤로웨이(Galloway, 1983)는 무단결석 학생(결석 시 부모가 소재 파악을 거의 하지 못함) 31명을 기타 결석(결석 시에 부모가 학생의 소재를 파악하고 있음)으로 분류된 48명과 비교하였다(p. 607). 무단결석 학생은 절도, 거짓말, 늦은 귀가, 또래의 영향 등에서 기타 결석 학생보다 높은 수준을 보였다. 무단결석 학생에 비해 기타 결석 학생은 학업실패를 더 걱정하며, 부모에게 피해가 갈까 봐 더 두려워하고, 집을 벗어나는 것을 더 두려워하였다. 사회적 관계의 어려움, 섭식장애나 수면장애, 야뇨증에서는 어떤 차이도 없었다. 부모, 가족 변인에서는 기타 결석 학생 집단이 부모의 과잉보호, 의존성, 만족스러운 부모-자녀 관계, 읽기 가능 연령 등에서 무단결석 집단 학생에 비해 높은 수준을 보였다. 부모-자녀 관계 강도, 수동적-부적절한 양육, 통제적 양육, 지능, 전과, 출석률 등에서는 집단 간 차이가 없었다.

쿠퍼(M. Cooper, 1986)는 등교거부 학생 37명과 무단결석 학생 39명의 학교기록을 비교하여 차이를 찾아보았다. 19개의 가족 배경과 개인 특성에서 4개만이 차이가 있었는데, 이는 어머니의 과잉보호(등교거부 집단은 51%, 무단결석 집단은 15%), 가정붕괴(24% 대 59%), 반사회성(3% 대 59%), 와해 행동(disruptive, 0% 대 67%) 등이다. 대부분 겹치거나 혹은 관계 없는 변인은 아버지의 과잉보호, 부모-자녀 관계의 친밀성, 어머니 혹은 아버지의 무시, 어머니와의 취약한 관계, 체벌, 전과, 부모의 신경증, 왕따나 집단 괴롭힘 등 부정적인 또래관계, 공격성-폭력성 등이었다. 쿠퍼는 두 집단 간 기본적인 차이는 부모-자녀 관계에서의 의존성 정도(즉, 등교거부에서는 높은 비율, 무단결석에서는 낮은 비율)라고 결론지었다.

평가 방법

결석문제를 가진 학생을 분류하는 역사적 기준은 전통적으로 신경증적 무단결석(등교거부 또는 학교공포증) 대 전통적 비행으로서의 무단결석이었다. 이러한 구분과 관련된 논문은 지금도 여전히 인용되고 있다. 이러한 구분이 있지만 대부분의 연구자는 집단 간 차이를 검증하는 연구, 사례기록, 누적 자료, 임상적 관찰 등 자신만의 기준에 의거한다. 집단 차이 발견에 이용된 평가 방법들의 심리측정적 양호도를 지지하는 자료는 거의 없다. 최초의 사례인 허소브(Hersov, 1960a)의 연구는 등교거부와 무단결석을 구분하는 데 널리 사용되었지만 기록자료와 보고에만 의존하고 신뢰도와 타당도가 뒷받침되지 못하였다. 또한 여러 연구자들(즉, Hersov, 1960a; Torma & Halsti, 1975; Warren, 1948)은 우울과 같이 불확실한 진단 준거를 사용하였다. 이러한 비판은 사실 1980년 이전의 모든 등교거부 행동 연구에 해당된다. 결국, 등교거부나 무단결석에 대한 어떠한 표준적 정의도 없기 때문에 관련 연구 간 비교가 매우 어렵게 되었고, 평가의 양호도와 정의상 일관성 결핍은 이러한 유형분류와 관련된 연구결과들의 타당성을 제한하게 되었다.

포괄성

평가 방법의 부적합성처럼 초기 등교거부 행동 연구는 대부분 포괄성을 경험적으로 입증하지 못하였다. 허소브(Hersov, 1960b)의 연구만이 예외적으로 등교거부 학생을 2장에 소개된 세 가지 주요 유형(tripartite familial classification scheme)으로 범주화하였다. 그러나 연구 대상 가족의 60%만이 허소브의 세 가지 범주로 분류되었는데 이는 블래시필드와 드래건스(Blashfield & Draguns, 1976)의 분류 유용성 제한 기준인 50%에 가까운 수치라 볼 수 있다. 이후 논의될 경험적 연구에서 등교거부와 무단결석은 학교 출석문제를 가진 학생의 1/3만을 차지하는 것으로 나타났다. 등교거부-무단결석 구분은 보편적인 구분이긴 하지만 결석문제 행동을 보이는 학생의 일부 집단에만 적용되는 것 같다.

변별타당도

신경증적 무단결석(등교거부 또는 학교공포증) 학생과 단순결석 혹은 비행 무단결석 학생 사이에 분명한 차이가 있는가를 확인해 보자. 앞서 살펴본 연구의 자료에 의하면 이러한 구분이 상당히 중복된다는 것을 알 수 있다. 예를 들어 이러한 연구들에서 등교거부-공포증을 무단결석과 구분하는 변인의 총수는 45.7%(129개 중 59개)에 불과하다. 과반수의 변인(54.3%)이 두 범주에 걸쳐 있어 이러한 구분의 중복성을 증명하고 있다.

다른 연구 또한 등교거부/학교공포증-무단결석 이분법을 지지하지 않고 있고 사실상 이 구분에 대한 반대 증거를 제공한다. 예를 들어, 쿠퍼(M. G. Cooper, 1966a)는 문헌고찰을 통해 등교거부 행동 연구가 일반적으로 학교공포증 혹은 무단결석 학생에게 집중되었음을 확인하였으며, "두 큰 범주는 불가피하게 중첩된다."는 결론을 내렸다(p. 115). 하위 유형 간 공통점은 결석, 신체 증상 호소, 과잉의존성, 장애에 대해서 부모가 지식이 있다는 점 등이었다. 쿠퍼(M. G. Cooper, 1966b)는 학교공포증 학생 40명과 무단결석 학생 40명을 여러 학생변인, 가정변인, 학교변인을 가지고 비교하였는데 몇몇 미미한 차이가 발견되었지만—예를 들어 공포증 학생은 무단결석 학생에 비해 가정에 더 의존하고 양육환경도 과잉보호적이었다—사회적 회피와 기타 다른 변인(즉, 학교의 크기나 유형)에 대한 여러 척도에서는 차이가 없었다. 그는 "많은 정서적 배경이 두 유형의 등교거부에 공통적이다."(p. 229)라고 결론내렸다.

타이어만(Tyerman, 1968)은 철저한 고찰을 통해 정신분석 문헌에 잘 정의된 학교불출석 사례가 본질적으로 "극단적이고 희귀한 경우"(p. 103)임을 발견하였다. 타이어만은 '학교공포증' 이라는 개념이 여러 측면에서, 즉 경험적 근거가 부적절하다(즉, 평정자 간 신뢰도)거나 무단결석과 구분이 되지 않는다고 비판하였다. 타이어만은 학교공포증 학생과 무단결석 학생은 불안, 수줍음, 따돌림 등 많은 증상을 공유한다고 하였다. 마찬가지로 무단결석이라는 용어에 대해서도 "비행을 함의한다"(p. 33)는 이유로 비판하였다. 타이어만은 학교공포증의 진단은 단일 병인(病因)을 함의하여 다른 원인요소를 무시하게 만든다고 염려하였다. 그는 학교공포증과 무단결석이 서로 이어진 두 극단이며 둘을 구분하는 것이 "거의 불가능하며 바람직하지도 않다."(p. 24)는 결론을 내렸다. 루벤스타인과 헤이스팅스(Rubenstein & Hastings, 1980)는 학교공포증과 무단결석은 청소년기에는 구분이 아주 모호하다는 유사한 결론을 내렸다. 특히 신경증적 갈등이 양 집단에 공히 나타나 그 구분이 어려워진다고 하였다.

허소브(Hersov, 1985)는 무단결석 학생이 "정서장애보다는 비행을 많이 보이는" 반면 등교거부 학생은 "반사회적 행동 가능성은 낮고 정서장애 증세를 대부분 보인다."(p. 383)고 결론지었지만 많은 증거가 이를 부인한다. 일반적인 임상 학생 사례에 대한 연구에 의하면 불안-정서 그리고 행동-비행의 증상이 중복되어 두 개를 묶는 하나의 상위 영역이 존재하는 것으로 보인다. 울스톤 등(Woolston et al., 1989)은 사례 중 51%의 학생이 최소한 하나 이상의 정서-불안 증세(즉, 기분저하증)와 하나 이상의 행동증세(즉, 행동장애)를 보이는 것을 발견하였다. 상위영역 내에서의 공존증상(comorbidity)의 다른 경우가 보고되었는데(즉, Anderson, Williams, McGee & Silva, 1987; Biederman, Newcorn, & Sprich, 1991; Kashani & Orvaschel, 1990; Mitchell, McCauley, Burke, & Moss, 1988), 사실 공존증상의 '진짜' 비율이 과소추정되었을 수도 있다(Caron & Rutter, 1991).

정서-불안 그리고 행동문제 사이의 이런 이질성은 등교거부 행동 학생에 대한 연구에서도 나타난다. 예를 들어 테넌트(Tennent, 1969, 1971)는 무단결석 학생의 불안과 정서장애의 증상을 발견하여 허소브(1985)가 "학교결석으로 처벌된 소년이 신경증과 행동장애를 동시에 지니고 있다."(p. 383)고 제안하도록 만들었다. 더구나 후속연구(즉, Bernstein & Garfinkel, 1986; Kearney & Silverman, 1996)는 등교거부 행동을 보이는 학생 중 불안-정서 그리고 비행증세로 분류된 학생의 공존증상을 보고한다. 이러한 자료는 등교거부-무단결석의 동질성에 대한 논란을 부각시킨다.

등교거부, 학교공포증 그리고 무단결석 사이의 모호성은 이 집단을 이해하는 데 방해가 된다. 도서관에서 주제별로 검색할 때와 같은 정보 검색을 방해하며, 임상가들에게 상황에 대한 오염된 견해를 제공하고, 정신건강전문가와 연구자 사이의 의사소통을 방해하기 때문에 문제가 매우 심각하다. 학교직원이나 소아과의사가 임상심리학자에게 배설장애 학생에 대해 자문할 때, 심리학자는 문제를 빨리 파악하고 개념화하기 위해 상세한 분류기준(즉, 야뇨 대 주뇨, 일차 대 이차)을 적용한다. 학교에 대한 '공포' 혹은 '거부' 혹은 '무단결석'의 사례가 유사하게 제시될 때 심리학자는 여러 질문을 해서 다른 정보를 얻기 전까지는 아무런 자문을 하지 못한다. 등교거부-무단결석 기준에 의거하여 결석을 분류하는 방식은 단순하지도 정확하지도 않다.

신경증적 무단결석(등교거부 또는 학교공포증) 그리고 전통적 무단결석의 변별타당도를 증명하는 문제는 몇몇 학자로 하여금 미미한 차이에 집착하도록 하였다. 특히, 등교거부-학교공포증은 학생의 등교거부 행동을 부모가 인지하는 경우이고 무단결석은 부모가 인지하지 못하는 결석으로 구분되기도 한다(즉, Berg, Brown, & Hullin, 1988; Brulle, McIntyre, & Mills, 1985). 예를 들어 베리와 리자디(Berry & Lizardi, 1985)는 두 장애(무단결석과 학교공포증)는 '결석'이 공통점이지만 무단결석은 부모 혹은 학교의 허락이 없이 학교에 빠지는 것을 의미한다(p. 666)고 하였다.

부모의 인지 여부에 의해 등교거부와 무단결석을 구분하는 것은 경우에 따라 적절할 수도 있지만 일반적인 임상적 유용성 면에서는 지나치게 지엽적이라 할 수 있다. 이와 관련한 개선 프로그램 연구에서 이런 구분을 적용한 치료연구는 전무하고 어떤 임상가도 문제에 대한 부모의 초기인지 여부를 치료의 기본 자료로 사용하지는 않는다. 일단 학생이 교정을 받는 순간 부모는 문제를 인지하기 마련이다. 등교거부와 무단결석을 하나의 지엽적 사실에 기초하여 구분하고 두 경우에 혼재된 모든 변인을 무시하는 것은 이분법의 오류를 범하는 셈이 된다.

임상적 유용성

대부분의 등교거부 행동 관련 학생을 기술하는 데 있어 등교거부-무단결석 기준이 한계가 있고 두 개념이 상당부분 중복된다면 이러한 구분에 기반한 상세한 평가-처치 프로토콜은 생성될 수 없음이 당연하다. 대신, 집단을 구분하는 한두 변인에서 이러한 구분의 임상적 유용성을 찾아볼 수는 있을 것이다. 예를 들어, 과잉의존적인 학생-부모 관계는 무단결석 집단보다 등교거부 집단에 더 일반적인 것 같으며 따라서 이 집단에 대한 보다 일반적인 가족분류를 위한 기초자료를 제공할 수도 있다. 특히, 가족 간 융합은 등교거부 학생이 있는 가족의 핵심 특징이며 이러한 가족 역동을 다루는 처방이 제안되어 왔다(Kearney & Silverman, 1995). 그러나 현재 등교거부-무단결석 구분의 임상적 유용성은 여전히 만족스럽지 못하다.

예언타당도

등교거부-무단결석 구분에 기초한 구체적인 치료 지침으로 설명된 것이 없어 예언타당도 또한 제시될 수 없다. 처방과 처방 결과에 관한 몇 가지 제안이 있었으나(즉, Warren, 1948), 이 가설을 검증한 경험연구가 전무하다. 임상가들은 학교결석을 등교거부와 무단결석의 핵심 특성으로 해석하면서 양자의 차이는 심각하게 고려하지 않았을 수 있다. 두 부류의 결석 학생, 예를 들어 아예 아침에 집을 나서기가 싫은 학생과 중간에 조퇴하는 학생에 대해 임상

가는 '등교거부' 나 '무단결석' 과 같은 분류와 관계없이 공통적으로 불복종, 학생과 부모의 기술 그리고 양 사례에 공통된 변인들을 다루려고 할 것이다.

'학교공포증' 이라는 용어의 사용과 강조에 대한 의견

등교거부-무단결석 이분법의 개발 이후 결석문제를 가진 학생을 기술하는 구인으로 두려움이 점점 더 많이 사용되게 되었다. 1~2장에서 논의했던 것처럼 두려움이 대부분의 등교거부 행동사례의 전반적인 특성이 아닌데도 왜 이렇게 되었을까? 아마 학교공포증이라는 개념이 시간에 따라 변해 왔기 때문일 것이다.

학교공포증이 원래 아동기 형태의 정서적 고통, 문제 가족, 기타 다른 문제 등이 얼기설기 연결된 일반적인 증상 혹은 증상군을 의미하는 것이었음(A. M. Johnson et al., 1941)을 상기해 보자. 창시자(A. M. Johnson, 1957)조차 부적절하다고 폐기한 학교공포증은 1950년대 신경증적 무단결석이라는 어색한 표현의 대안으로서 널리 사용되었다. 더구나, 학교공포증은 허소브(Hersov, 1960b), 칸과 너스텐(Kahn & Nursten, 1962)의 논문이 나온 이후 등교거부와 동의어가 되었다. 이러한 동의성은 다른 형태로 지속되었다. 예를 들어, 버그(Berg, 1983)는 자신만의 학교공포증 기준을 사용하여 등교거부를 구분하였다. 앳킨슨 등(Atkinson, Quarrington, Cyr, & Atkinson, 1989)은 등교거부 학생을 버그 등(Berg, Nichols, & Pritchard, 1969)의 학교공포증 기준을 이용하여 분류하였다. 학교공포증 학생과 등교거부 학생은 흔히 하나의 진단 연구 집단으로 함께 묶였다(예를 들어, Torma & Halsti, 1975).

원래 학교공포증은 일반적 증후군으로 인식되었지만 이를 특정 공포증이나 증세로 본 몇몇 학자(즉, Suttenfield, 1954)에 의해 그 의미가 보다 축소되었다. 이러한 의미축소는 1960년대와 1970년대 초의 행동주의 연구자들이 학교 관련 자극에 대한 특정공포를 지닌 학생에 대해 감감법을 적용하여 성공을 거두면서 더 촉진되었다(예를 들어, Garvey & Hegrenes, 1966; Lazarus, Davison, & Ploefka, 1965; P. M. Miller, 1972).

임상아동심리학의 획기적인 진보에도 불구하고 이 분야의 연구들은 '학교공포증' 의 원래 개념을 학교에 대한 두려움과 회피라는 매우 특정한 영역으로 제한하는 데 큰 영향을 미쳤다. 이러한 제한은 등교거부 행동을 포함한 심리현상을 더 큰 조작적 정의로 변화시키려는 시대적 열망에 비추어 볼 때 반드시 나쁘거나 그리 놀랄 만한 것도 아니었다. 등교거부 행동의 다양성과 단순이분법에 대한 역사적 지지의 결여로 인해 연구자들은 이 집단에서 흔히 관찰되는 무형의 정서적 고통에 대한 두려움 혹은 회피를 나타내는 명칭을 찾으려 할 수밖에 없었을 것이다. 아마 두려움과 회피는 모든 종류의 결석문제 학생을 간단하게 확인할 수 있는 질병특유 증상(pathognomonic signs)으로 간주되었을 것이다.

학교공포증 연구를 두려움과 회피로 한정할 때의 위험은 연구자와 임상가가 원래 그 구인을 구성했던 전체 의미를 잃어버리는 것이다. 즉, 두려움과 회피와 다른 많은 증상이 '신경증적 무단결석-학교공포증' 에 포함된다고 초기 임상연구가들은 생각하였다. 이 문제의 기제를 설명하려는 이후 연구자들은 두려움과 회피를 결석

문제의 기본 내용으로 과도하게 강조해 왔다. 즉, 역사적으로 학교 관련 두려움에 주의가 쏠려 버린 것이다(Graziano & DeGiovanni, 1979).

1장에서 논의되었듯이 학교공포증, 등교거부 그리고 등교거부 행동 등의 용어를 많은 전문가와 비전문가들이 혼용하였다(Elliott, 1999; M. Pritchard, King, Tonge, Heyne, & Lancaster, 1998). 이는 각 용어가 다양한 학생에게 적용되는 방식에 대한 혼돈을 반영하는 것일 수도 있다. 이러한 혼돈으로 인해 DSM(American Psychiatric Association, 1980, 1987, 1994)이 더욱 폭넓게 활용되었는데 여기서는 일반적인 등교거부 행동을 "임상적으로 유의미한 행동 혹은 심리 증상"으로 여기지 않는다(American Psychiatric Association, 1994, p. xxi). 대신 학생이 등교를 회피하지만 이것이 유일한 증상이라면(비록 그 학생은 달리 분류되지 않을 경우 불안 혹은 분열성 행동장애로 진단될 수는 있지만) 분리불안이나 행동장애로 진단되지 않는다. 대신 정서적 고통을 겪고 학교를 회피하는 학생에게 가장 적절한 DSM 범주는 학교에 대한 특정공포증일 것이다. 두려움이나 회피는 금방 진단될 수 있기 때문에 이러한 진단구조는 신뢰성 있는 평가과정에 적절할 수도 있지만 등교거부 행동의 유지요인이나 다른 병인을 인지하거나 변별해 내는 데에는 실패한다. 예를 들어 학교를 가기 싫어하지만 정서적 어려움도 없는 학생은 도대체 어떻게 설명하는가?

학교공포증을 일반적인 등교거부 행동의 주요인으로 강조하게 됨으로써 대부분의 문제 있는 결석이 두려움 혹은 회피에 기반하고 있다는 잘못된 생각이 널리 퍼지게 되었다. 학교결석문제에 대한 논의는 등교거부와 학교공포증에 편중되었으며 이는 임상가들로 하여금 두려움-회피 증상이 결석 집단의 일반적 특성이라고 잘못 인식하게 만든다. 두려움과 회피는 전반적인 등교거부 행동 사례의 중요한 측면이긴 하지만 다양한 증상의 두가지 요소에 불과한 것이다.

결과적으로 학교공포증이라는 개념은 보다 객관적이고 임상적으로 적확한 개념을 위해 폐기되어야 한다. 그래야 정신건강전문가와 교육자 간의 혼돈이 완화될 수 있고, 표준 정의와 용어로의 길이 열리게 된다. 또한 임상가와 연구자의 작업을 비교할 수 있게 되고 상습결석 학생의 진단과 처방 과정의 개선에 가속도가 붙을 수 있다.

신경증적 등교거부 행동 대 성격학적 등교거부 행동

등교거부, 학교공포증, 무단결석의 구분처럼 연구자들은 신경증적-성격학적(neurotic-characterological) 그리고 급성-만성 유형에 대해 초점을 맞추기 시작했다. 신경증적-성격학적 구분은 쿨리지 등(Coolidge, Hahn, & Peck, 1957)이 주로 제안한 것인데 학교공포증 학생 27명을 신경증적 집단(18명)과 성격학적 집단(9명)으로 나누었다. 성격학적 집단은 일반적으로 남자가 많고 연령대가 높은데 비해 신경증적 집단은 주로 여자가 많고 연령대가 낮았다. 또한 각 사례들의 과거사에 기초한 기술분석 결과 신경증적 집단은 “극단적으로 건전한 성격"(p. 305), 밀착된 또래 관계, 과도하게 의존적인 모자관계 그리고 발작적 퇴행반응 등의 특징을 가진다. 반대로 성격학적 집단은 "중증 성격불안"(p. 297), 고질적인 문제, 긴 잠복기 등의 특징을 가진다.

케네디(Kennedy, 1965, 1971)는 쿨리지 등(1957)의 신경증적-성격학적 구분을 확장하여 학교공포증 학생을 1유형(신경증적 위기[neurotic crisis]) 집단 그리고 2유형(생활 방식 공포증[way-of-life phobia]) 집단으로 나눌 것을 제안하였다. 각 집단에 속하는 10개 항목 중 7개 항목을 기초로 하여 두 집단을 구분하는 진단이 제시되었다. 그러나 1유형과 2유형 학생이 직접적으로 비교되지는 않았다. 1유형의 학생은 다음과 같은 특징이 있다.

- 처음으로 학교공포증 사건 발생
- 목요일이나 금요일에 아팠다가 그다음 주 월요일에 발병
- 갑작스럽게 나타남
- 낮은 성적
- 죽음에 대한 걱정 표현
- 어머니의 실제 또는 지각된 질병
- 부모와의 의사소통 양호
- 일반적으로 잘 적응한 부모
- 가사분담에 대한 부모의 갈등
- 부모가 이 사례에 나타난 역동을 이미 이해하고 있음

2유형의 학생은 다음과 같은 특성을 지닌다.

- 두 번째, 세 번째, 혹은 네 번째 학교공포증 사건
- 월요병이나 사전 징후 없음
- 만성 질환
- 높은 성적
- 죽음에 대한 걱정 없음
- 어머니의 실제 혹은 지각된 질병 없음
- 부모와의 의사소통 취약
- 어머니의 신경증과 아버지의 성격장애
- 자녀나 가사에 대한 아버지의 무관심
- 부모와의 상호작용에 어려움이 있음

다른 학자들도 쿨리지 등(1957)의 신경증적-성격학적 구분과 유사한 이론을 개발했다. 사례관찰을 통해 스펄링(Sperling, 1967)은 일상적 학교공포증과 유발된 학교공포증을 구분하였는데 각각 급성과 만성으로 나타날 수 있다. 일상적 학교공포증은 일반적으로 이전의 학교공포증, '외상적 신경증,' 불안 등의 전력이 없고 하나의 명확한 촉발사건이 존재한다. 반면 유발된 급성 학교공포증은 명확한 촉발사건이 없고 인식되지 않은 채 진행되기 쉽다. 그러나 두 유형은 공통적으로 재학기간 중 언제든지 발병할 수 있고, 가족관계에 문제가 있으며, '남근기 이전의 고착' 증상이 있다(p. 390). 두 유형의 만성적 형태는 '심각한 성격장애'를 포함하는 것으로 생각된다(p. 389). 이 분류에 의거한 치료사례(Goldberg, 1977)가 있다.

유사한 방식의 사례연구를 통해 마린(Marine, 1968)은 등교거부

의 네 가지 범주를 제안했는데 부분적으로는 문제의 지속기간을 기초로 하였다.

1. 단순 분리불안: 어린 아동이 어머니로부터 처음 떨어지는 경우를 의미한다. 울음, 달라붙음, 버릇없는 행동을 포함하는 증상이 일주일 내에 사라진다.
2. 경증 급성 등교거부: 이는 쿨리지 등의 신경증 그리고 케네디의 1유형에 해당하는 것이다.
3. 중증 만성 등교거부: 이는 케네디의 2유형과 아주 유사한데, 문제가 인식되지 않은 채 진행되다가 발병하며 보다 복합적인 정신병리와 관련된 아동기 후기 학생에게서 주로 나타난다.
4. 등교거부 증상을 보이는 아동기 정신병: 이는 학생의 등교거부를 초래하는 우울, 사회적 퇴행, 신체화 반응, 공포증, 반복적인 행동 등의 심각한 정신병리를 의미한다.

다른 학자들(예를 들어, Shapiro & Jegede, 1973) 또한 학생들을 양극의 등교거부 유형으로 분류하였다. 한 극단은 공포증, 불안, 집착, 신체화 증상 등을 포함하는 자아소외적(ego alien) 행동이며 다른 극단은 교사에 대해 불만이 있는 부모가 강요한 무단결석을 포함한 자아친화적(ego syntonic) 행동이다. 그 중간에 게으름을 피워 지각하는 행동이 있다.

급성 등교거부 행동 대 만성 등교거부 행동

몇몇 연구자는 신경증적-성격학적 분류보다 더 근본적인 수준에서 등교거부 행동에 대한 상세한 급성-만성 이분법의 타당성 평가를 시도하였다. 예를 들어, 버그 등(Berg et al., 1969)은 학교공포증 학생 29명을 1장에 소개된 정의(즉, 심각한 출석문제, 정서적 고통, 부모가 묵인한 결석, 반사회적 행동 결여)에 의거하여 평가하였다. 급성 학교공포증 집단(19명)은 증상발병 전 최소 3년간 출석에 아무 문제가 없었다(p. 124). 만성 학교공포증 집단(10명)은 이런 특성이 없었다.

여러 변인을 비교한 결과 만성 집단이 급성 집단에 비해 더 어리고, 보다 의존적이며 감정적이고, 혼자 행동하기를 더 좋아하며, 학교에서 더 위축되어 있고 부적응적이며, 부모와 친구를 상대적으로 더 우선시한다(Berg et al., 1969). 그러나 사회경제적 지위; 어머니의 나이 혹은 분리 여부; 형제의 수; 부모의 허락 없는 결석; '중학교 진학에 대한 신체화 증상, 제 증상의 발병 혹은 악화' ; 출산합병증 빈도, 심각한 질병, 사고, 수술 등의 측면에서는 차이를 보이지 않았다(p. 127). 또한, 여가활동, 자녀와 부모의 내향성 및 외향성, 학생 '불순종' (p. 131), 일반 지능 등에서도 차이가 없었다.

버그 등(1969)과 동일한 구분준거를 사용하여 베이커와 윌스(Baker & Wills, 1978)는 학교공포증을 경험하는 63명의 급성 사례와 36명의 만성 사례 등 총 99명의 학생을 평가하였다. 만성 집단 부모의 정신질환이 더 많았으며 형제수도 많았다. 급성 집단의 경우 막내가 더 많았으며, 더 위축되어 있고, 학교공포증 발병 이전에 '정상적 성격 구조'를 지니고 있었으며, 갑작스레 문제를 일으킨 요소를 알고 있으며, "증상 발생 3개월 이내에 발견" 되었다(p. 495). 그러나 전반적인 사회경제적 지위, 부모의 신체 질환, 어머니의 연령, 가족환경(즉, "범법, 입양, 부모의 죽음, 부모에 의한 유기, 재혼 등"; p. 494), 학생 연령, 지능, 정신질환, 다른 신경증 혹은 치료 경험 등에서는 차이가 없었다. 버그 등(1969)처럼 그들은 조사 결과에 대한 이론적 결론은 제시하지 않았다.

등교거부/학교공포증-무단결석 이외에 문제가 되는 장기결석에 대한 이분법으로는 신경증적-성격학적 혹은 급성-만성 등이 포함된다. 이런 후기 구분은 여러 방식으로 재명명되었지만(즉, 1유형-2유형, 일반적인-유도된) 보통 등교거부/학교공포증-무단결석과 밀접하게 연관되어 있다. 일반적으로 등교거부 행동의 두 하위 유형은 (a) 정서적 위축 혹은 공포증을 포함하는 등교거부 행동의 급성 발병을 나타내는 하급생과 (b) 문제 행동 보이기, 품행 문제를 포함하는 등교거부 행동의 만성적 특성을 보이는 상급생으로 구분될 수 있다.

평가 방법

등교거부-무단결석 구분을 평가했던 이전 연구와 마찬가지로 등교거부 행동을 신경증적-성격학적 그리고 급성-만성으로 구분하는 것을 평가할 수 있는 신뢰성 있고 타당한 평가 기법이 별로 없다. 예외적으로 버그 등(1969)이 학교공포증을 급성-만성으로 구분하는 데 있어 89.7%의 평정자 간 일치도를 보였다. 그러나 대부분의 다른 연구들은 평정이나 과정의 일관성을 언급하지 않았다.

포괄성

평가과정처럼 신경증적-성격학적 등교거부 행동에 대한 연구는 경험적으로 포괄성의 쟁점도 해결하지 못했다. 문제기간에 따라 구분하는 단순한 급성-만성 구분은 포괄성 측면에서 더 우월하다고 할 수 있으며, 등교거부 행동을 보이는 모든 학생들을 분류할 수 있다(예를 들어 3년 이상과 미만). 이 구분은 급성과 만성을 구분하는 기준점에 문제가 있다. 버그 등(1969)은 3년을 적용했지만 몇몇 임상가와 연구자들은 이를 지나치게 엄격하다고 지적하였다. 예를 들어 커니와 실버만(Kearney & Silverman, 1996; 1장 참조)은 등교거부 행동의 만성적 사례를 1년 이상인 경우로 규정한 반면, 다른 학자(Bernstein & Garfinkel, 1986)는 2년의 기준을 적용하였다. 신경증적-성격학적 진단에 기초한 이러한 집단 구분의 포괄성 확보시도는 대부분 성공적이지 못했지만 분류수단으로서 문제기간에 의한 단순 구분은 장점이 있으며 장기결석의 심각성(Hansen, Sanders, Massaro, & Last, 1998)이나 치료효과(Kearney, 1995)를 잘 예언하는 듯하다.

변별타당도

신경증-성격학적 등교거부 행동의 변별타당도는 처음부터 의문시되었다. 예를 들어 존슨(A. M. Johnson, 1957)은 이 구분이 기존 이론에 아무 도움이 되지 못한다고 생각했다. 더구나 쿨리지 등(Coolidge et al., 1957)은 스스로 집단 간 차이가 거의 없음을 인정했다. 특히 "연속선상에 있으며 성격학적 집단에 속하는 학생이 신경증적 집단에 속한 학생과 아무런 차이가 없을 수도 있다는 가능성을 고려해 볼 수 있다."(p. 298)고 말했다.

변별타당도에 대한 의문은 케네디(Kennedy, 1965)의 1유형-2유형 구분에도 적용될 수 있다. 케네디는 이 구분을 위해 임상적 관찰을 의지했지만 1유형-급성 학교공포증을 완화하기 위해 신속하고도 강압적인 출석 처방 절차를 선호했다. 그리고 부모에게 학생을 학교로 데리고 와 하루 종일 교실에 있도록 하라고 권했다. 비록 다양한 요인이 영향을 미쳤겠지만, 케네디는 100%의 성공률을 보고했다. 예를 들어 어머니가 교실 바깥 복도에서 지키는 것이 허락되었다. 케네디는 자기 모형의 타당성에 다음과 같이 의문을 제기한다. "1유형 학교공포증으로 불리는 증상은 심각한 공포 반응이 전혀 아니라 며칠 내로 저절로 없어지는 과도기적 성격을 지닌 꾀병류일 뿐"이며 "사례 대다수가 어떤 방식의 처치를 하든 학교로 점차 돌아간다는 것은 의심의 여지가 없다."(p. 289)고 하였다.

케네디(Kennedy, 1965)는 '자기교정적' 등교거부 행동을 보이는 학생(1유형)과 등교거부가 본질적으로 급성 혹은 만성이면서 치료를 필요로 하는 학생(2유형)을 기술했을 수도 있다. 나의 임상적 경험과 기존 연구 자료는 이러한 가설을 지지한다. 내가 언급한 초기 등교거부 학생 중 1/4~1/3 정도는 문제가 금방 사라져 진단이나 (일주일 후의) 상담을 취소하였다. 더구나 가짜약을 받은 연구

참여자들의 출석 상황을 조사(즉, Bernstein, Garfinkel, & Borchardt, 1990)해 보니 별 처치 없이도 절반 정도가 학교로 복귀한 것으로 나타났다. 이러한 관찰결과와 자료는 1장에서 제안되었던 자기-교정적 · 급성 · 만성 등교거부 행동 구분을 지지한다.

이러한 문제로 인해 다른 학자들은 급성-만성 구분에만 초점을 두어 왔다. 이 구분 또한 문제가 있다. 많은 학자들이 초기의 이러한 구분에 상반되는 연구 결과를 보고하였다. 예를 들어 버그 등(Berg, et al., 1969)과 베이커와 윌스(Baker & Wills, 1978)는 쿨리지 등(Coolidge et al., 1957)의 연구와는 반대로 급성 학교공포증이 있는 학생이 만성 학교공포증 학생보다 연령이 높음을 발견하였다. 버그 등은 또한 만성 등교거부 학생보다 급성 등교거부 학생이 부모 몰래 학교를 빠지는 비율이 더 높음을 지적했다. 이 점은 만성 무단결석 학생이 몰래 학교를 빠질 가능성이 더 높다는 초기 연구와도 반대되는 것이다. 콜빈 등(Kolvin, Berney, & Bhate, 1984)은 또한 급성-만성 구분을 지지하는 경험적 연구가 매우 적다는 것을 발견하였다. 또한 이 구분과 관련한 의뢰 편파성(referral bias)이 일반적으로 고려되지 않았다. 예를 들어 부모가 진단이나 치료에 학생을 의뢰할 때 인구학적 변인이나 다른 변인이 영향을 미칠 수 있고, 이것이 누가 급성으로 또는 만성으로 나타날 것인지에 영향을 줄 수 있는 것이다.

임상적 유용성

등교거부-무단결석 이분법과 반대로 급성-만성 구분은 임상가와 교육자들에게 있어 임상적 유용성 면에서 더 우수하다 할 수 있다. 예를 들어, 등교거부 행동의 기간은 그 심각성을 잘 나타내 준다. 장기간, 특히 한 학기 이상 결석한 학생은 공존증상을 나타낼 가능성이 높으며 따라서 단기간 결석한 학생보다는 치료하기가 힘들다(Kearney, 1995).

예언타당도

이러한 잠재적 유용성에도 불구하고 급성-만성 구분의 예언타당도는 문제가 있다. 예를 들어, 베이커와 윌스(Baker & Wills, 1978)는 급성 혹은 만성 학교공포증 학생에 대해 다양한 처치를 했는데 치료효과는 거의 동일했으며(86%대 83%) 집단 간 복학률도 동일했다(89%). 학생이 급성이나 만성이냐를 안다고 해도 그에 맞춘 최선의 처치 기법을 처방할 수 없다. 대신 만성적 등교거부 행동을 보이는 학생에 대해 보다 장기적인 처치에 유용한 모호한 처방만 가능할 뿐이다(예를 들어, A. M. Johnson, 1957; Shapiro & Jegede, 1973; Sperling, 1967).

등교거부 행동에 대한 경험적 분류

등교거부 행동에 대한 기본 하위 유형만 확인한 초기 연구 이후 이 집단의 하위 유형을 보다 경험적 · 통계학적으로 구분하려는 시도가 있었다. 이 경험적-통계학적 연구는 다음의 두 전략에 초점

을 두었다: (a) 과잉통제-통제부족 혹은 내재화-외현화 차원으로 학생을 구분하기 위한 문제 행동의 분석, (b) 등교거부 행동의 보다 대표적인 특징 분석. 이들을 각각 살펴보는 편이 명확한 이해에 도움이 될 것이다.

학생의 일반적인 문제 행동 분석

아켄바흐와 에델브록(Achenbach & Edelbrock, 1978)은 아동 정신병리를 분류하는 경험적 연구를 살펴보면서 부모, 교사, 심리상담가들의 보고를 기초로 실행된 요인분석으로 과잉통제와 통제부족 요인이 추출되는 것에 주목하였다(1장 참조). 또한 학생 행동에 대한 다변량분석에 기초한 평가 방법이 부족하다는 점을 지적하고 연구자들이 대부분의 임상가들에게 유용한 평가도구를 개발하지 못했다고 주장하였다. 결국 그들은 학생에 대한 부모, 교사의 평정 자료를 요인분석하여 몇 개의 증상 혹은 상호 관련된 문제 행동 집단들을 구분하였다. 이러한 분석을 기초로 학생의 118가지 행동과 사회적 유능성에 대한 부모의 평정도구인 아동행동 체크리스트(Child Behavior Checklist: CBCL; Achenbach, 1991a), 비행에 대한 교사의 평정도구인 교사보고설문지(Teacher's Report Form: TRF; Achenbach, 1991b), 비행에 대한 학생 자신의 평정도구인 청소년 자기보고설문지(Youth Self-Report; Achenbach, 1991c) 등이 개발되었다. 광범위 요인(내재화-과잉통제 그리고 외현화-통제부족)과 몇 개의 협소범위 요인(예를 들어, 배척, 신체화, 불안-우울, 비행, 공격 행동)이 2~3, 4~11, 12~18세 남녀 집단에서 확인되었다.

이러한 이분법과 관련하여 문제 있는 학교 결석 학생을 '내재화된 등교거부 장애'와 '외현화된 무단결석 장애'로 구분하는 것은 '시험적인 분류'로 여겨졌다(Young, Brasic, Kisnadwala, & Leven, 1990). 내재화된 등교거부 장애 학생은 '갈등, 불안, 이로 인한 고통 그리고 기타 정동장애 증상 등의 증거'를 보인다. 공포증, 분리불안, 우울, 신체화 증상 학생이 여기에 포함된다. 반면 외현화된 무단결석 장애 학생은 "충동, 반항, 기만, 불복종 행동, 품행장애나 거리낌 없이 학교를 빠지는 행동을 포함한 비행의 여러 증상을 보인다"(p. 202).

등교거부에 관련된 문제 행동의 분석

등교거부에 보다 적합한 하위 행동유형을 경험적-통계학적으로 규명하려는 적극적인 시도가 있었다. 예를 들어 콜빈 등(Konvin et al., 1984)은 우울이 있거나 없는 학교공포증 학생 51명을 평가하였다. 배경특징과 증상 10개를 포함한 판별기능분석을 한 결과 학교공포증에 대한 5개의 차원이 발견되었다. 여기에는 급성-만성, 남-여, 아동-청소년, 출석-불출석 그리고 우울-정상 등이 포함되었다. 그러나 변별요인 중 상당수(5개)가 오로지 '우울-우울하지 않음' 구분에만 관련되는 것으로 나타났다. 이러한 변별요인에는 생물학적 편부모, '신체 특징' 등이 있으며, 우울 집단에 더 빈번한 것으로 나타났다(p. 351). 콜빈 등은 학교공포증 학생은 기본적으로 '우울'과 '기타 등교거부 증후군'이라는 두 집단으로 구분될 수 있다(p. 355)고 결론지었다.

보다 광범위한 변인을 포함시킨 버그 등(Berg et al., 1985)은 심각한 출석문제를 가진 학생 64명의 부모가 평정한 점수를 이용하여 요인분석을 실시하였다. 무단결석 요인 하나가 전체 변량의 20%를 차지했는데 여기에는 '집에 있지 않거나 부모와 같이 있지 않은 학생' '학생이 누구와 같이 있는지 혹은 언제 결석했는지를 부모가 모름' '학교의 연락을 받고서야 부모가 결석사실을 알게 됨' '학교가 대책논의를 위해 부모를 호출' 등의 항목이 포함되어 있다. 등교거부 요인은 전체변량의 15%를 차지하였는데 여기에는 '학교 가기를 거부' '집에 머무름' '출석시키려는 부모에 저항' '복지기관과 상담' '아침에 학교 가기 싫어 욺' 등의 항목이 포함되었다. 전체적으로 무단결석만으로 분류된 학생은 31.3%, 등교거부만은 18.8%, 둘 다인 경우는 14.1%, 어디에도 해당하지 않는 경우는 35.9%로 나타났다. 이러한 모호성에도 불구하고 버그 등은 출석 거부로 청소년 법정에 기소된 학생은 무단결석 증상 혹은 등교거부 증상을 보일 수 있다(p. 163)고 결론내렸다.

앳킨슨 등(Atkinson et al., 1989)은 등교거부 학생 100명의 임상적 자료(Berg et al., 1969의 학교공포증 기준을 사용)를 통계분석하였다. 1차 요인분석에서 다음과 같은 네 집단이 추출되었다.

- 일반적 두려움과 광범위한 장애: 일반적 두려움과 광범위한 장애, 우울, 연령, 심각한 분리-상실, 학업 실패, 어머니의 우울, 어머니의 무능감(변량의 17.3%)
- 상호분리불안: 분리불안, 모의 과잉보호, 부모가 함께 있을 때보다 늦게 일어남, 자녀-어머니 간 상호의존성(변량의 12%).

- 완벽주의와 실패에 대한 두려움: 학생의 완벽주의-실패에 대한 두려움, 우울, 어머니의 지배성 그리고 어머니의 아동기 정서결핍(변량의 9.4%)
- 기만(manipulative): 기만, 일년 이상의 유급(변량의 8.5%)

요인점수로 군집분석을 한 결과 분리불안(학생의 15%), 완벽주의(28%), 광범위한 장애(29%) 등의 세 집단이 추출되었다. 마지막 집단은 케네디(1965)의 2유형과 대응하는 것으로 간주되었는데 연령이 높으며, 우울하고 두려움이 지배적이며, 학업 문제, 문제 어머니, 조부모나 부모의 상실 등의 특징이 있다. 많은 학생(28%)이 어디에도 속하지 않았다.

마지막으로 불즈 등(Bools, Foster, Brown, & Berg, 1990)은 심각한 출석 문제를 가진 100명의 학생을 군집 분석하여 비임상적(68%), 거부(21%), 무단결석(11%) 등의 세 집단을 추출하였다. 거부 집단의 경우 '아침에 나타나는 증상'과 '일반적 신경증 장애'가 더 많은 반면, 무단결석 집단은 남학생이 많았으며 반사회적 행동이 많았다(p. 175). 연령이나 가족 변인에는 차이가 없었다.

평가 방법

아켄바흐(Achenbach, 1991a, 1991b, 1991c)의 경험적 분류 모형은 임상장면이나 학교에서 매우 유용한데 특히 유연성, 반복 가능성, 시간경과에 따른 발달적 변화의 반영, 높은 신뢰도, 높은 구인타당도, 높은 준거타당도 등을 지니고 있다. 또한 대부분의 아동기 정신병리에서 나타나는 내재화, 혼합 그리고 외현화 증상의 연속성이 잘 반영되어 있다(Achenbach & McConaughy, 1997). 그러나 영 등(Young et al., 1990)은 이 모형에 기반하여 등교거부 행동을 분류하는 체제를 제안하면서 이러한 신뢰도와 타당도를 입증하는 자료를 제시하지 않았다.

특정 등교거부 행동을 통계적으로 분류하는 연구의 심리측정적 양호도는 그리 명확하지 않다. 이러한 연구에서는 비구조화된 면접(Berg et al., 1985; Bools et al., 1990)이나 축적된 자료(Atkinson et al., 1989; Kolvin et al., 1984)를 사용하는데 그 신뢰도나 타당도가 제시되지 않았다. 더구나 이 분석에 투입된 변수의 정의도 잘 되지 않았고 따라서 이러한 연구의 결론도 의심스러운 것이다.

포괄성

아켄바흐(1991a, 1991b, 1991c)의 경험적 분류는 학생기의 잠재적 문제 행동을 광범위하게 포함하고 있다. 다양한 등교거부 행동에 대한 포괄성은 잘 언급되지는 않았지만 훌륭하다고 볼 수 있다. 2장에 소개되었듯이, 등교거부 학생은 내재화 또는 외현화된 여러 가지 증상을 보이며 이러한 행동은 아켄바흐의 체제로 잘 설명된다.

그러나 특정 등교거부 행동을 통계적으로 분류하려 할 때는 설명되지 않은 변량이 많기 때문에 포괄성 면에서 완전하지 못하다는 점을 고려하여야 한다. 예를 들어 버그 등(Berg et al., 1985)과 불즈 등(Bools, et al., 1990)의 연구에 따르면 등교거부 학생 중 65~68%

는 통계적으로 '등교거부' 나 '무단결석' 으로 분류될 수 없었다. 즉, 특정 등교거부 행동을 경험적으로 분류하는 것은 이러한 집단의 다양성을 기술한 초기 연구를 재확인한 것일 뿐이다.

변별타당도

등교거부 행동과 관련한 아켄바흐의 체계가 가진 중요한 문제는 변별타당도다. 특히 각각의 단위 요소는 여러 전통적인 등교거부 행동과 관련된 행동들을 포함한다. 예를 들어 4~11세 남자아이들을 대상으로 한 CBCL에는 다음과 같은 행동들이 포함된다: (a) 불행한, 슬픈, 우울한; (b) 위축된, 다른 사람과 어울리지 않는; (c) 숨기는, 나누지 않는; (d) 두통, 복통, 경련; (e) 크게 소리 지름; (f) 완벽해야 한다고 생각함; (g) 불안한, 매우 긴장한, 어색한; (h) 너무 무서워하거나 불안해하는; (i) 걱정하는; (j) 어른에게 매달리거나 너무 의존적인(Achenbach, 1991a). 이런 행동들은 위축, 신체적 질병 호소, 불안-우울 장애, 사회적 문제 등 여러 가지 내재화되거나 혼합된 요소들을 나타내는 것들이다. 또한 '학교 가기를 무서워함' 항목은 이런 요소들에 포함되지 않고 기타 문제 요소에 별도로 포함되어 있다.

이와 비슷하게 전통적인 등교거부와 관련된 행동에는 다음과 같은 행동들이 포함된다: (a) 학교에서의 낮은 수행; (b) 다른 사람에게 매달려서 문제를 일으킴; (c) 거짓말하기; (d) 무단결석, 학교 가지 않음; (e) 많이 다툼; (f) 많이 주목받고 싶어 함; (g) 학교에서 불순종함; (h) 기분이나 감정이 갑자기 변함; (i) 불끈하기, 울화

(Achenbach, 1991a). 이런 행동들은 주의 집중 문제, 비행 행동, 공격적 행동 등 여러 다른 혼합된 요인들 또는 여러 다른 외현화된 요인들의 대표적 행동들이다. 내재화된 등교거부 행동들과 외현화된 등교거부 행동들은 이와 관련되는 교사 척도와 자기보고 척도를 통해서도 명백히 알 수 있다(Achenbach, 1991b, 1991c).

등교거부 학생들의 CBCL과 TRF 자료를 제시한 연구(Kearney & Silverman, 1996)에 의하면 학생들은 두 척도에서 임상적 수준의 내재화 또는 외현화된 행동을 보이지 않았고, 다만 어린 학생들의 점수가 내재화 문제의 임상적 범위에 겨우 포함되는 정도였다. 그러나 남녀 모두 그리고 모든 연령에서 외현화된 행동보다는 내재화된 행동을 더 많이 보였다. 이 결과는 이 집단을 구분할 수 있는 것은 아동기부터 청소년기에 이르기까지 과잉통제 점수와 통제부족 점수 간의 줄어든 간격이라는 점을 나타낸다. 부모와 교사의 자료를 함께 보아도 등교거부 학생들에게 어떤 명백한 임상적 모습이나 구분이 드러나지 않는다. 여러 요소 척도들을 종합하여 평가해 보아도 혼합된 임상 프로파일이 나타난다. 이는 내재화 점수와 외현화 점수 간의 의미 있는 상관($r = .59$)에서도 확실히 증명된다(Kearney & Silverman, 1996).

여러 학자들이 등교거부 학생과 같이 정신병리의 범위가 넓을 때 내재화 행동과 외현화 행동 간에 높은 상관관계가 있음을 언급하였다(예를 들어, Hinshaw, 1992). CBCL-TRF를 활용한 경험적 모델(Kearney & Silverman, 1996)은 등교거부 행동에 대한 변별력 있고 타당한 하위 유형을 제공할 수 있다는 것을 보여 주지 못했다. 사실, 학생의 행동 문제를 요인분석하면 별도의 학교 회피 요소가 나오기도 하는 등(Lambert, Weisz, & Thesiger, 1989), 이 집단은 이질성이 너무 커서 과잉통제 또는 통제부족과 같이 광범위하게 유형화하는 것조차 불가능하다는 것을 알 수 있다.

등교거부 학생은 거의 모든 요소를 지니고 있기 때문에 어느 것도 이 집단을 가장 잘 대표하거나 특징적일 수 없다. 혼란스러운 임상적 모습만 있는 것이다(Kearney & Silverman, 1996). 이는 '내재화된 등교거부 장애'와 '외현화된 무단결석 장애'의 구분을 제안한 연구(Young et al., 1990)에서 밝혀졌는데, 이를 보면 증상들이 혼합되어 나타나는 것을 알 수 있다. 예를 들어 내재화된 등교거부 학생들도 학교에 가지 않으며, 외현화된 무단결석을 보이는 학생들도 대개 부정정서를 보인다.

구체적인 등교거부 행동에 대한 경험적 분석의 변별타당도에서는 실제적인 내용의 이질성이 문제다. 예를 들어 콜빈 등(Kolvin et al., 1984)은 "우울 집단과 학교공포 집단으로 나눠지기보다는 심각성의 정도를 기준으로 나눌 수 있다."(p. 355)고 말하였다. 그러나 이들의 연구도 비판을 받고 있는데 이는 우울 집단 중에 심각한 대뇌 손상이 있는 학생이 포함되어 있으며(Kearney, 1993), 연구 대상자 수가 적은데도 불구하고 통계 절차를 엄격하게 적용하지 않았기(Atkinson, 1986) 때문이다. 그래서 학교공포증에 대한 우울 하위유형의 타당성은 대체적으로 의심스러운 상태다(Weinberg, Emslie, & Wilkes, 1986).

이 분야의 다른 통계적 연구도 유의미한 이질성을 보여 준다. 예를 들어 주성분 요인분석 결과 표집 집단 중 54.7%가 등교거부와 무단결석을 모두 보이든가, 아니면 등교거부와 무단결석을 아예 보이지 않았다(Berg et al., 1985). 일반적으로 '등교거부 집단과 무단결석 집단'은 하나의 유형에만 속한 학생들에 비해 더 문제가 많고, 등교거부 집단과 무단결석 집단 간의 차이가 발견되지 않았다. 또한 분리불안 집단과 실패공포 집단 간의 행동 척도에서 차이가 발견되지 않았으며(Atkinson et al., 1989), 비행과 관련한 세 집단 간에 아무 차이도 발견하지 못했다. 결국 군집분석을 통해 이 표집의 68%가 '출석 문제를 지닌 학생 집단'으로 분류될 수 있다는 것이 밝혀졌다(Bools et al., 1990). 이 집단에는 등교거부 학생, 무단결석 학생, 둘 다 보이는 학생, 둘 다 보이지 않는 학생이 섞여 있다. 그러므로 일반적으로 학교에 가지 않는 문제를 보이는 학생에 대한 통계적 분석은 양호한 변별타당도를 보이지 않는 혼합된 하위 유형들만을 만들어 낸다.

임상적 유용성

등교거부 학생들을 경험적으로 나타나는 하위 유형으로 나누려는 노력이 직관적으로는 타당해 보이지만 이 집단의 이질성이 매우 크기 때문에 유형화를 하려고 하면 반드시 문제가 생긴다. 등교거부 학생 중 상당수는 여러 증상들, 가족 문제들, 기타 다른 문제들을 복합적으로 보인다. 그래도 학생이 등교를 거부할 때 보이는 행동의 여러 유형을 모두 아는 것은 중요하기 때문에, 이 집단을 평가하기 위해 일반적으로 아켄바흐의 평가도구를 사용한다(5장 참조). 아쉽지만 구체적인 등교거부 행동에서 통계적으로 추출된 하위 유형들에서 임상적으로 도움이 될 만한 상세한 지침을 발견할 수는 없다.

예언타당도

등교거부 행동에 대한 경험적 모델의 예언타당도 역시 아직 논쟁의 여지가 있다. 즉 차이에 기초해서 어떻게 치료 방법을 선택할 것인가에 대한 지침이 주어지지 않았다(Burke & Silverman, 1987, p. 357). 이는 내재화-외현화 모델과 구체적인 등교거부 행동에 모두 해당되는데, 어느 모델도 상세한 치료 방법이나 치료의 예후와 연관되어 제시되지 않았다.

등교거부 행동에 대한 진단적 분류

등교거부 행동의 경험적 모델과 연관하여 이 집단에 대한 진단적 모델도 제안되어 왔다. 등교거부 학생에 대한 진단적 분류는 1980년대 이전까지 실시되었으나, 명료한 개념 정의가 부족하고 다른 연구에서 유사하게 명명된 증상과 비교되기 어렵다는 문제가 있었다. 그러나 더 상세한 DSM(American Psychiatric Association, 1980)의 출현으로 등교거부 학생을 비롯한 학생의 하위 집단을 유형화하기 위해 더 일관성 있고 확장적인 진단 체계를 활용할 수 있게 되었다. 이 절에서는 이 집단을 진단적으로 유형화하기 위한 시도를 가장 잘 보여 주는 연구를 살펴보고자 한다.

DSM을 활용하여 학교공포-거부의 유형을 분류하고자 하는 시도 중에 학교공포증이 있는 학생을 다음 네 하위 집단으로 분류한 연구가 있다(Bernstein & Garfinkel, 1986, 1988).

1. 정서장애만 있는 학생
2. 불안장애만 있는 학생
3. 정서장애와 불안장애 둘 다 있는 학생
4. 정서장애와 불안장애 둘 다 없는 학생

학교공포증이 있는 학생 중 50.0%는 정서장애(우울 등)와 불안장애(분리불안장애, 과잉불안장애)의 기준 모두, 19.2%는 정서장애 기준에만, 11.5%는 불안장애의 기준에만 해당되었고, 19.2%는 두 가지 기준 모두에 해당되지 않았다(Bernstein & Garfinkel, 1986). 또한 학교공포증이 있는 학생은 일차적으로 불안장애나 정서장애의 기준에 해당하는데, 이는 그 가족에게서도 많이 발견된다(Bernstein & Garfinkel, 1988). 그러나 연구자들은 이 자료에 기초하여 결론을 내리기 어려운 몇 가지 문제점을 발견했는데 여기에는 작은 표집 크기, 진단된 집단 내의 이질성, 1차적 증상과 2차적 증상을 구별하기 어려움, 심각한 불안장애를 지닌 학생과 우울 증상이 있는 학생 간에 임상적으로 구분되지 않는 증상들, 만성적인 등교거부와 불안-우울의 불명확한 원인과 결과 등이 있다.

이런 진단적 분류를 지지하는 연구들도 있다. 예를 들어 학교에 대한 공포장애를 지닌 학생은 다른 불안(52.6%), 정서장애(31.6%), 장애 없음(36.8%)의 기준에 해당하는 경향이 있으며(Last, Francis, et al., 1987), 이와 유사하게 학교공포증을 보이는 학생은 불안장애, 주요 우울증 및 경도 우울증, 반항적 성향, 또는 정신장애가 없음 등의 추가 진단을 받는다(Last, Strauss, et al., 1987; Last & Struss, 1990). 그리고 이 연구들은 분리불안과 공포가 불안에 기초한 등교거부를 보이는 학생에 대한 1차 진단 분류라고 결론지었다.

DSM-III와 후속 진단 체계의 출현으로 인해 구조화된 면담 등의 평가 기법이 더 일반화되고 점차 신뢰성 있고 타당하게 되었다(5장 참조). 앞서 제시된 연구에서 사례를 찾아보면 학생용 진단면접계획(Diagnostic Interview for Children and Adolescents; Herjanic & Campbell, 1977), 아동용 면접계획표(Interview Schedule for Children; Last, Francis, et al., 1987), 학령기 아동용 정서장애 및 정신분열증 대처계획표(Schedule for Affective Disorders and Schizophrenia for school-aged Children-Epidemiologic version; Puig-Antich, Orvaschel, Tabrizi, & Chambers, 1980) 등이 있다. 학생의 자기보고와 부모-가족의 평가를 위한 척도도 많이 사용되었는데 여기에는 아동외현불안척도-개정판(Revised Children's Manifest Anxiety Scale: RCMAS; C. R. Reynolds & Paget, 1983), 벡 우울검사(Beck Depression Inventory; Beck, Rush, Shaw, & Emery, 1979), 가족평가척도(Family Assessment Measure; Skinner, Steinhauer, & Santa-Barbara, 1983) 등이 해당된다. 등교거부 행동에 대한 진단 연구에서 사용한 평가 방법론은 최근 들어 대체로 강화되었다.

포괄성

등교거부 행동에 대한 진단적 분류의 포괄성은 계속 문제가 되어 왔다. 이는 연구자들이 불안으로 인해 등교를 거부하는 학생을 특별히 강조한 결과 불안과 무관한 다른 집단을 염두에 두지 않게 되었기 때문이다. 예를 들어 '불안과 우울 척도에서 높은 점수를 보이는' 참여자만을 선정한 연구(Bernstein & Garfinkel, 1988, p. 70), 분리불안장애나 학교공포증을 보이는 학생만을 조사한 연구(Last, Francis, et al., 1987) 등이 있다. 불안으로 인한 등교거부 행동이 없는 학생이 이 등교거부 집단의 최소한 반이 된다는 사실에도 불구하고 이들은 대개 이 영역의 연구에서 제외되어 왔다.

게다가 일반적인 등교거부 행동을 보이는 학생 표집 내에서 1/4 이상이 어떤 정신장애 기준에도 해당하지 않았다(Kearney & Silverman, 1996). 앞서 언급했듯이 DSM은 등교거부 행동만을 보이는 학생에 대하여 충분한 진단을 내리지 않기 때문에 이 학생들은 분류의 진단적 모델에서 일반적으로 제외된다. 그러므로 등교거부 학생을 대상으로 하는 진단의 적용 범위는 현재로서는 불완전하다.

변별타당도

등교거부 학생들은 분명 다양한 병리 증상을 보인다. 불안으로 인해 등교를 거부하는 학생들에게 가장 일반적인 것은 단순-구체적이고 사회적인 공포, 분리불안장애, 우울 등이다. 그러므로 이 집단에 대한 모든 분류체계는 학교와 관련한 대상이나 상황에 대해 실제로 공포를 느끼는 학생을 대상으로 하는 진단적 하위 체계와 협력해야 하는데, 일부 연구들은 그렇게 하였다(예를 들어, Kearney & Silverman, 1996).

그러나 더 일반적인 등교거부 행동을 보이는 학생을 조사해 보면, 명확한 진단이 어려워진다. 예를 들어 급성 등교거부 행동을 보이는 64명의 학생에 대한 연구에서 진단들이 상당히 중복되어 나타났다(Kearney & Silverman, 1996). 특히, 상당수의 학생들이 중다 불안장애뿐만 아니라 우울, 적대적 반항과 행동 장애 등의 기준에 해당하였다. 이 표집에 대한 명확한 진단 프로파일은 없었다.

진단과 관련된 연구는 다시 한 번 이 집단의 이질성을 보여 준다. 등교거부 학생들은 정신장애를 갖고 있지 않거나 아니면 불안, 정서, 행동과 관련하여 중복된 증상을 보인다. 이런 학생이 더 불안하거나, 더 우울하거나, 더 파괴적이거나, 또는 이 모든 특성을 전혀 나타내지 않을 수도 있지만 어느 특정한 등교거부 학생에 대해 하나의 진단적 프로파일을 제시하는 것은 어렵다. 그러므로 진단에 기초하여 이 집단에 대하여 변별력 있게 타당한 유형화 체계를 제시하는 것은 어려운 일이다.

임상적 유용성

진단적 하위 체계를 만드는 목적은 그것을 대중적으로 활용하고, 임상가들이 일관성 있게 사용하며, 특정 장애에 대하여 내담자를 교육하는 것을 도와주고, 보험 지급을 원활하게 하기 위해서다. 그러나 DSM 등의 진단체계를 사용하게 되면 다음과 같은 여러 문제들이 생길 수 있다. "낙인찍기와 친구들의 놀림, 학생에 대한 부모의 부정적인 양육태도 강화, 명료성 부족, 신뢰도와 타당도 부족, 편견, 차별, 기회의 제한, 결함이 있는 행동에 대한 강조, 학생의 개별적 특성 무시"(Kearney & Sims, 1997, p. 377). 또한 일반적으로 사용되는 진단 체계로부터는 평가, 치료, 문제의 진행 과정, 기타 중요한 임상적 변인 등에 대한 정보들을 얻을 수 없다. 그러므로 이 체계의 임상적 유용성은, 특히 등교거부 행동과 관련하여서 논란의 여지가 있다.

예언타당도

등교거부 행동을 진단하는 모형과 관련하여 다음 언급을 주목할 필요가 있다. "학교공포가 있는 학생을 대상으로 한 심리사회적 · 정신병리학적 연구들에서 진단을 통해 이들을 구분하려는 시도는 실패하였으며, 따라서 치료 개입이 진단과 연관되는지 여부를 결정하지 못했다."(Last & Strauss, 1990, p. 35) 등교거부 학생에 대한 일반적 진단을 안다고 해서 적절한 치료 전략이 제시되는 것은 아니다. 일반적으로 진단적 하위 유형에 기초한 불안장애와 등교거부 행동의 예언타당도는 낮았다(Kearney & Sims, 1997).

요약

등교거부 학생을 대상으로 한 많은 분류 전략이 제시되어 왔는데 이들은 대개 이분법적이거나 인구 통계학적이거나, 증상, 가족 변인에 따른 분류였다. 불행히도 이 영역의 분류체계는 다음 사항을 이루지 못했다: (a) 임상가들이 이들에 대한 정보를 얻을 수 있는 신뢰할 만하고 동질적인 장애 하위 유형에 대한 설명을 제공하기, (b) 합의된 분류체계를 제공하여서 정신 건강 전문가들의 의사소통을 원활하게 하기, (c) 임상적으로 유용하고 심리 측정 측면에서 양호한 평가 기법을 통합하기, (d) 치료에 대한 개인적 반응이나 예후를 제공하기(Kearney & Silverman, 1996). 이런 분류학의 실패는 평가도구, 적용 범위, 변별타당도, 임상적 유용성, 예언타당도 등의 문제에서 기인한다.

이런 문제점으로 인해 현장에서는 모든 사람들을 위한 일반적인 치료 전략에 근거하여 등교거부 행동 사례에 대한 임상적 판단을 활용한다. 이 집단에게 필요한 것은 등교거부 학생의 여러 유형을 증상에만 의존하지 않고도 명확하게 구분해 주는 분류체계다. 더 중요한 것은 전문가들이 적절한 치료 전략을 선택하거나 처방할 수 있도록 돕는 의사 결정 전략과 평가의 효율성을 높일 수 있는 하위 체계가 필요하다는 것이다(Burke & Silverman, 1987; Paccione-Dyszlewski & Contessa-Kislus, 1987). 등교거부 행동을 기능 중심으로 유형화하는 분류체계가 이러한 요구를 충족시킬 수 있다. 이 모델을 4장에서 상세히 설명하겠다.

제4장

기능의 이해

에반은 7세의 남자아이인데, 매일 아침 학교에 들어가기 전에 운동장에서 운다. 에반은 엄마에게 달라붙어서 학교에 가고 싶지 않다고 하고 '아프다' 고 투덜거린다. 에반은 학년 초에 괴롭힘을 당했고 그 이후로 1/3 정도의 기간을 결석했다. 괴롭히던 아이가 전학을 가서 상황이 해결되었는데도 에반은 엄마와 집에서 머물면서 놀 수 있게 해 달라고 고집을 피운다.

연구자들은 수십 년 동안 에반과 같은 사례를 분류하기 위해 노력해 왔다. 등교거부 학생을 분류하기 위한 전통적인 체제(3장 참조)는 일반적으로 범주나 차원 모형과 관련되어 왔다. 행동 분류의 범주 모형은 각각의 현상을 별개의 부분이나 범주로 분할한다. 이 범주들은 전형적으로 '존재 또는 부재' (말하자면, 한 사람이 그 행동을 하거나 그렇지 않은 것)로 되어 있고 비교적 서로 간에 분리된 것(예를 들어, 우울증 대 정신분열증)으로 되어 있다. 등교거부 행동에서, 제안된 범주의 예는 등교거부/학교공포증–무단결석, 신경증적–성격적, 급성–만성 그리고 다양한 진단을 포함한다. 이른바 범주적 접근의 장점은 기본적인 문제가 규정되고(예를 들어, 만성적 무단결석-행동장애) 그다음에 그것을 다룬다는 것이다. 그러나 3장에서 설명했듯이, 등교거부 학생을 분류하기 위한 범주 모형은 개념 정의와 변별타당도에서 심각한 문제가 있다는 특징이 있다. 왜냐하면 많은 학생들이 제안된 범주들에서 상당히 중첩된 증상을 가지기 때문이다.

이에 비해, 분류의 차원 모형은 현상을 연속성 또는 프로파일을 가진 것으로 본다. 예를 들어, 우울증은 우울하지 않은 사람, 경미한 우울 증상이 있는 사람, 일상적 기능을 저해하는 중도우울 증상을 가진 사람 그리고 자살충동과 시도를 가진 사람을 모두 포함하는 기능의 연속선상에서 볼 수 있다. 차원적 접근의 예는 내재화-외현화 모형(Achenbach, 1991a)과, 등교거부 행동과 더 밀접히 관련된 내재화된 등교거부-외현화된 무단결석(Young, Brasic, Kisnadwala, & Leven, 1990)을 포함한다. 차원적 접근의 장점은 특별한 사람에 대해 강점과 약점 프로파일을 추정할 수 있다는 점이다. 그러나 3장에서 논의했듯이, 현존하는 차원 모형은 등교거부 학생에게 제대로 적용되지 못했다.

기능 중심 범주적-차원적 접근

커니와 실버만(Kearney & Silverman, 1996)은 등교거부 학생을 분류하는 데 더욱 효과적인 접근은 범주적 모형과 차원적 모형의 두 측면 모두와 관련되어 있다고 주장했다. 이 접근에서, 기본적인 문제는 처치 중에 다루어질 수 있는 다른 문제들의 프로파일에 의거하여 확인하는 것이다. 예를 들어, 어떤 사람이 학생의 기본적인 문제는 우울이며, 품행 문제, 불안 행동 그리고 가족갈등은 학생의 일상적 기능을 방해하는 2차적 문제임을 발견할 수 있다.

그러나 이 범주적-차원적 모형이 무엇을 중심으로 하는지에 대한 의문은 남아 있다. 커니와 실버만(Kearney & Silverman, 1996)은 등교거부 행동의 형식에 기초한 분류체계는 많은 문제점이 있기 때문에 등교거부 행동의 기능에 초점을 맞추는 것으로 대체하는 것이 더 좋을 수 있다고 주장했다. 기능은 무엇이 학생의 등교거부 행동을 유지하는지 또는 무엇이 학생에게 계속해서 등교거부를 하도록 동기화하는지와 관련되는 것이다. 이것을 달리 설명하는 방식은 학생을 등교거부 행동에서 빠져나오게 하는 것이 무엇인지, 즉 어떤 강화나 보상이 학생의 행동을 지속시킬 수 있는지에 대해 질문하는 것이다. 학생들의 등교거부 행동의 유형은 매우 다양하지만, 학생들이 이러한 행동을 나타내는 원인과 이러한 문제 행동의 기능은 비교적 단순할 수 있다. 따라서 기능에 기초한 분류체계는 형식에 기초한 이전의 체계보다 더 다루기 쉽고 유용할 수 있다.

커니와 실버만(Kearney & Silverman, 1990, 1991, 1993, 1996, 1999)은 특정 증상보다는 문제 유지변인과 동기화 조건에 더 초점을 맞추어서 등교거부 행동에 대한 기능적 모형의 개요를 그렸다. 특히, 그들은 학생들이 네 가지 이유나 기능 중 한 가지 이상 때문에 등교를 거부한다는 것을 주장했다. 이러한 기능들은 부적 강화와 정적 강화의 영역 속에 넓게 포함될 수 있다. 부적 강화는 일반적으로 혐오적인 사건의 종결을 의미하는 반면, 정적 강화는 일반적으로 가시적 또는 비가시적인 보상을 적용하는 것을 의미한다. 둘 중 하나 또는 둘 모두에서 강화는 등교거부 행동을 동기화하고 유지할 수 있다.

앞에서 논의했듯이, 어떤 학생은 분명히 학교의 불쾌하고 혐오적인 사건에서 벗어나기 위해 등교를 거부한다. 그들이 그러한 사건이나 자극을 회피하면, 그 상황의 불쾌함과 후속되는 부정정서는 사라진다. 물론, 이러한 불쾌함으로부터의 구원은 큰 보상이 되고 부적 강화의 형태가 된다. 그 결과, 학생들은 학교에서의 불쾌한 상황이나 감정을 피하기 위해 계속해서 등교를 거부할 수 있다. 등교거부 행동에 대한 기능적 모형에서, 부적 강화를 얻기 위해 등교거부를 하는 학생은 특히 (a) 일반적인 부정정서 상태나 신체적 증상을 일으키는 자극을 회피하고, (b) 혐오적인 사회적 · 평가적 상황을 회피하고 또는 (c) 둘 모두를 위해서 그렇게 행동하는 것으로 간주된다.

많은 학생들은 또한, 학교 안에 있는 것보다 훨씬 강력한 학교 밖의 가시적 또는 비가시적인 보상을 얻기 위해 등교를 거부한다. 비가시적인 보상에는 언어적 관심 또는 안심과 같은 것이 포함되는 반면, 가시적인 보상에는 늦잠, 약물 사용 그리고 친구들과 놀기와 같은 것이 포함될 수 있다. 등교거부 행동에 대한 기능적 모형에서, 정적 강화를 얻기 위해 등교를 거부하는 학생은 특히 (a) 부모나 중요한 타인으로부터의 관심, (b) 학교 밖의 가시적인 강화 또는 (c) 둘 모두를 얻기 위해서 그러한 행동을 하는 것으로 추정된다.

뒷부분에서 네 가지로 제안된 등교거부 행동의 기능에 대한 개요가 제시될 것이다. 앞의 두 가지는 부적 강화에 기초하는 반면,

뒤의 두 가지는 정적 강화에 기초한다. 그러나 이렇게 나누는 것이 학생들이 이러한 조건들 중 반드시 하나의 이유 때문에 등교를 거부한다는 것을 의미하지는 않으며 한 개 이상의 기능이 등교거부 학생에게 적용될 수 있다.

각 기능의 논의에 대한 개요는 166명의 등교거부 학생 표본으로부터 나온 자료를 바탕으로 제공될 것이다(Tillotson & Kearney, 1998). 특수클리닉에 위탁된 이 학생들은 등교거부평가척도(school refusal assessment scale: SRAS; 여기서 설명한 모든 평가척도에 대한 자세한 설명은 5장을 참조할 것)의 아동용과 부모용을 사용하여 기능에 따라 분류되었다. SRAS는 기초기능의 기술적 식별 또는 특수아동의 등교거부 행동의 유지변인의 기술적 식별을 가능하게 한다. 166명의 학생 중에서, (a) 56명은 일반적인 부정정서를 유발하는 자극을 회피하기 위해 등교를 거부하는 것으로 분류되었고, (b) 13명은 혐오적인 사회적 · 평가적 상황에서 달아나기 위해 등교를 거부하는 것으로 분류되었고, (c) 39명은 관심을 끌기 위해 등교를 거부하는 것으로 분류되었고, (d) 58명은 학교 밖에서 가시적인 보상을 얻기 위해 등교를 거부하는 것으로 분류되었다.

학생의 자기보고 척도는 SRAS의 학생보고와 관련되었고, 부모 척도는 SRAS의 부모보고와 관련되었고, 『정신장애진단통계편람』의 여러 판본(DSM-III-R[American Psychiatric Association, 1987]; DSM-IV[APA, 1994])을 바탕으로 내린 진단은 SRAS의 종합적 보고와 연관성이 있었다. 어떤 학생은 하나 이상의 진단을 받았다. 달리 상술할 수 없는 장애의 진단은 여기서 배제될 것이다. 또한 실례가 되는 사례의 표본도 제시될 것이다.

부적 강화

일반적인 부정정서 유발자극의 회피

어떤 학생들은 분명히 학교나 학교 근처에 있는 불쾌한 자극을 피하기 위해 등교를 거부한다. 어떤 경우에 이러한 학생들은 버스, 화재경보기, 교사, 또는 교실 안에 있는 동물 등 자신을 괴롭히는 것들을 쉽게 지목한다. 그러나 불쾌함 때문에 등교를 거부하는 대부분의 학생들은 구체적인 불안 관련 자극을 밝힐 수 없다. 대신에 이러한 학생들은 자신들이 왜 학교를 싫어하는지가 확실하지 않다고 말한다. 단지 학교에 있을 때 '불안감' 이나 '고통' 이 따른다고 한다. 이 학생들은 부정정서 유발자극(SPNA; 부정정서에 대한 설명은 2장을 참조할 것)을 회피하기 위해 등교를 거부하는 아이들이다.

전형적으로 이러한 특징을 보이는 많은 어린 학생들은 일반적으로 불안, 슬픔 그리고 신체적인 통증 등의 증상들을 보고한다. 부정정서 유발자극을 회피하기 위해 등교를 거부하는 학생들은 정적 강화를 얻기 위해 등교를 거부하는 학생에 비해서 아동외현불안척도-개정판(C. R. Reynolds & Paget, 1983), 아동용 상태-특질 불안검사(Spielberger, 1973) 그리고 일상생활 스트레스원 척도(DLSS; Kearney, Drabman, & Beasley, 1993)의 점수가 유의미하게 높게 나타나는 것을 알 수 있다. 게다가, 아동우울검사(CDI; Kovacs, 1992)에서 우울 증상이 유의미하게 나타나는 경향이 있는데, 일반적으로 부적 강화, 특히 부정정서 유발자극을 회피하기 위해 등교를 거부하는 학생은 정적 강화를 얻기 위해 등교를 거부하는 학생에 비해 CDI 점수가 더 높은 경향이 있다. 마지막으로, 전반적인 두려움에 대한 큰 차이가 없다 하더라도, 부정정서 유발자극을 회피하기 위해 등교를 거부하는 학생은 다른 기능 때문에 등교를 거부하는 학생에 비해 아동용 공포설문계획표 개정판(Fear Survey Schedule for Children-Revised)의 학교 관련 항목에서 더 많은 두려움을 보고하고 있다.

아동행동 체크리스트(CBCL; Achenbach, 1991a)의 부모 자료를 보면, 부정정서 유발자극을 회피하기 위해 등교를 거부하는 학생은 다른 기능 때문에 등교를 거부하는 학생에 비해 내재화 요인 점수가 유의미하게 높지는 않은 것으로 나타났다. 그러나 부정정서 유발자극을 회피하기 위해 등교를 거부하는 학생들은 가시적 강화를 얻기 위해 등교를 거부하는 학생에 비해 주의집중 문제, 비행, 공격적 행동이 유의미하게 낮게 평정되었다.

가족환경척도(FES; Moos & Moos, 1986)의 자료에서는 부정정서 유발자극을 회피하기 위해 등교를 거부하는 학생은 비교적 정상적인 수준의 성취지향, 활동적-오락적 지향, 통제, 표현, 지적-문화적 지향, 도덕적-종교적 강조 그리고 구조화를 보이는 가족을 가진다는 것을 보여 준다. 그러나 독립변인의 수준은 평균보다 1표준편차가 낮다. 반면에, 이러한 학생들의 가족은 다른 기능 때문에 등교를 거부하는 학생들의 가족에 비해 훨씬 강한 응집력을 가진다. 전체적으로 이러한 자료에서 부정정서 유발자극을 회피하기 위해 등교를 거부하는 학생은 대부분 건강한 가족 출신이라는 것을 보여 준다(Kearney & Silverman, 1995).

다음은 주로 부정정서 유발자극을 회피하기 위해 등교를 거부하는 학생에 대한 종합적인 DSM-III-R/DSM-IV 진단들이다. 이 자료들은 많은 학생들이 심각한 학교 관련 두려움, 공황, 일반적인 불안, 우울의 증상 그리고 전반적인 스트레스의 혼합 때문에 등교를 거부한다는 아이디어를 지지하는 데 도움을 준다.

- 과잉불안-일반화된 불안장애, 35.7%
- 장애 없음, 28.6%
- 우울-기분저하증, 21.4%
- 분리불안장애, 19.6%
- 학교공포-불안장애, 17.9%
- 공황장애, 10.7%
- 특수공포증, 10.7%
- 회피장애, 8.9%
- 광장공포증, 5.4%
- 주의력결핍과잉행동장애, 5.4%
- 반항장애, 5.4%
- 외상후스트레스장애, 5.4%
- 야뇨증, 1.8%

한 예로, 조수아는 7세 소년으로 2달 동안 등교거부 행동을 보였다. 이 아이는 9월 이후 단지 3일을 학교에 결석했지만, 아이의 부모는 조수아가 월요일과 화요일 아침에 학교에 가는 것을 부쩍 어려워한다고 보고한다. 대부분의 일요일 밤에, 조수아는 시무룩해지고 부모에게 자기를 학교에 보내지 말라고 요구한다. 왜 그러냐고 물으면, 조수아는 울면서 무엇 때문인지는 모르겠고 "나는 그냥 학교에 돌아가고 싶지 않아."라고 말한다. 최근에 소아과에 갔을 때 아무 문제가 없었는데도, 아침에는 복통과 설사로 투정을 부린다. 그 아이는 홈스쿨링을 요구해 왔고, 부모는 그것을 고려하고 있다. 조수아의 선생님은 조수아가 대개는 조용하고 가끔 수업시간에 우는데 특별히 조수아를 속상하게 만든 것을 찾을 수가 없다고 말한다. 조수아의 친구들은 대개 우호적인데, 조수아의 스트레스와 신체적 증상은 시간이 지나도 약해지지 않는다. 조수아의 시무룩함과 퇴행은 성적까지 떨어뜨리기 시작하고 있다.

혐오적인 사회적 상황 또는 평가적 상황의 회피

어떤 학생은 부정정서 유발자극을 회피하기 위해 등교를 거부하는 학생들이 처한 상황보다도 더 특수한 상황에서 벗어나기 위해 등교를 거부할 수 있다. 특히, 많은 학생들은 학교에서의 혐오적인 사회적 · 평가적 상황을 회피하기 위해 등교를 거부한다. 이러한 상황은 매우 다양하지만, 공통적인 예로는 사람들 앞에서 말하기, 타인과 상호작용하기, 학교 안에서 걸어 다니기, 시험 및 평가 상황, 칠판에 쓰기, 수업시간에 이름 불리기, 타인 앞에서 무엇인가를 수행해야 하는 수업(체육 · 합창 · 자동차운전 등)이 있다(Beidel, Turner, & Morris, 1999). 게다가, 이런 학생들은 그곳에 있는 교사, 또래, 군중 또는 타인과 같은 특정 사람들을 피하기 위해 등교를 거부할 수도 있다.

그렇지 않은 경우도 있지만, 이 집단의 많은 학생들이 일반적 · 사회적 불안, 전반적인 스트레스, 우울의 증상 그리고 부분적인 신체 증상의 수준이 상승되는 것을 보여 준다. 혐오적인 사회적 · 평가적 상황을 회피하기 위해 등교를 거부하는 학생은 정적 강화를 얻기 위해 등교를 거부하는 학생에 비해 아동외현불안척도-개정판과 아동용 상태-특질 불안검사에서 유의미하게 점수가 높다. 게다가, DLSS와 CDI에서의 우울의 증상에서 유의성 쪽으로 향하는 경향이 있는데, 일반적으로 부적 강화, 특히 혐오적인 사회적 · 평가적 상황을 회피하기 위해 등교를 거부하는 학생은 정적 강화를 얻기 위해 등교를 거부하는 학생에 비해 DLSS와 CDI 점수가 더 높은 경향이 있다. 이 집단의 학생은 정적인 가시적 강화를 얻기 위해 등교를 거부하는 학생에 비해서 사회적 불안 수준도 다소 높다.

CBCL의 부모 자료를 보면, 혐오적인 사회적 상황 또는 평가적 상황을 회피하기 위해 등교를 거부하는 학생은 예상할 수 있듯이 다른 기능 때문에 등교를 거부하는 학생에 비해 위축과 신체 증상 요인에서 유의미하게 높은 점수를 보여 준다. 이 집단은 불안-우울요인에서도 더 높은 점수가 나타나는 경향성을 나타낸다. 그리고 혐오적인 사회적 · 평가적 상황을 회피하기 위해 등교를 거부하는 학생은 정적 강화를 얻기 위해 등교를 거부하는 학생에 비해 더 낮은 비행 행동 점수를 보이는 경향이 있다(Tillotson & Kearney, 1998).

FES 자료에서 혐오적인 사회적 · 평가적 상황을 회피하기 위해 등교를 거부하는 학생은 가족적 성취지향, 갈등, 통제, 표현, 지적-문화적 지향, 도덕적-종교적 강조 그리고 구조화 등의 항목에서 비교적 정상적인 수준의 점수를 나타낸다. 그러나 이 집단의 활동적-오락적 지향, 응집변인과 독립변인의 평균 점수는 1표준편차가 낮다. 이 자료에서 혐오적인 사회적 · 평가적 상황을 회피하기 위해 등교를 거부하는 학생 집단의 대부분은 분리 가족의 특징이 있음을 알 수 있다(Kearney & Silverman, 1995).

다음은 주로 혐오적인 사회적 상황 또는 평가적 상황을 회피하기 위해 등교를 거부하는 학생에 대한 종합적인 DSM-III-R/DSM-IV 진단들이다. 이 자료들은 많은 학생들이 학교 관련 사회적 · 일반적 불안과 우울의 혼합된 증상 때문에 등교를 거부한다는 아이디어를 지지하는 데 도움을 준다.

- 과잉불안-일반화된 불안장애, 61.5%
- 사회공포-불안장애, 61.5%
- 우울-기분저하증, 53.8%
- 회피장애, 46.2%
- 반항장애, 23.1%
- 특수공포증, 15.4%
- 행동장애, 7.7%
- 분리불안장애, 7.7%

한 예로, 사만다는 13세의 8학년 소녀로 3개월간 등교거부 행동을 보였다. 특히, 사만다는 전체 조례시간이나 체육수업처럼 많은 학생이 모여야 하는 날에 등교하는 것을 한사코 거부한다. 사만다는 4일간은 결석을 했고, 18번이나 지각 또는 조퇴를 했다. 사만다는 정확하게 무엇 때문인지 확실하게 밝히지 못하면서도, 이런 상황에서 큰 불안을 보고한다. 사만다의 부모는 자기 딸이 쉽게 친구를 사귀지 못하며, 과체중이고, '혼자 있기 좋아하는 아이' 라고 설명한다. 사만다는 종종 '남과 어울리지 않고' 자신을 다른 사람들에게 소개하기보다는 책을 읽거나 구석에 서 있는 것을 더 좋아한다. 불행히도, 사만다의 등교거부 행동은 학년이 올라가고 더 많은 사회적 · 평가적인 학업수행이 요구될수록 더 나빠지고 있다. 사만다의 선생님은 그 아이가 보통의 아이인데 현저하게 위축되고 약간 우울한 아이라고 보고한다. 사만다는 자기에게 말을 거는 어른들에게 잘 반응하지만 때로는 어른들에게 과도하게 의존적인 모습을 보인다.

정적 강화

관심 끌기 행동

학생들은 학교 밖의 정적 강화, 즉 부모나 타인(예를 들어, 조부모, 손위형제, 이웃)의 관심이나 공감과 같은 비가시적인 보상을 얻기 위해 등교를 거부할 수 있다. 이 집단에는 아침에 관심을 끌고 학교보다는 집에 있기 위해 다양한 이상 행동을 보여 주는 어린아이들이 포함된다. 이상 행동에는 짜증내기, 비명지르기, 매달리기, 방문이나 차문 걸어 잠그기, 확인받기, 죄책감을 유발하는 행동하기, 과장된 신체 증상 보이기, 불복종하기 그리고 (대개 일시적으로)

도망하기 등이 포함된다. 이 학생들은 또한 분리불안을 가질 수 있는데, 이러한 분리불안은 종종 관심을 끌어내기 위해 만들어진 조작되고 통제된 행동을 나타낼 수 있다.

관심을 끌기 위해 등교를 거부하는 학생은 다른 기능 집단에 속한 학생과 거의 차이점이 없다. 사실, 높은 수준의 전반적인 두려움과 사회적 불안이 이 집단에서 가끔 나타난다(Tillotson & Kearney, 1998). 이러한 결과는 이 집단의 어린 나이의 학생(평균 9.6세)에게서 나타나고, 이 학생들은 실제보다 더 역기능적으로 보이기 위해서 내재화된 증상을 과장한다는 것을 반영한다. 이 학생들은 다른 기능 집단의 학생에 비해 DLSS의 전반적인 스트레스가 가장 낮은 수준으로 보고된다는 것이 흥미롭다. 현 시점에서 단지 추측일 수도 있지만, 측정에서의 그러한 가변성은 이 집단 학생의 조작 가능성을 어느 정도 반영할 수 있다.

CBCL의 부모 자료를 보면, 관심을 끌기 위해 등교를 거부하는 학생은 위축과 신체 증상에서는 상당히 낮게 평정되었고, 불안-우울에서는 중간의 점수를 보인다. 후자의 결과는 진짜 불안 수준을 반영할 수도 있고 단순히 학생의 주장에 대한 부모의 믿음일 수도 있다. 중간 수준보다 낮은 외현화된 행동도 나타난다. 그러나 '더 많은 관심에 대한 요구'라는 외현화된 CBCL 문항에서는, 관심을 끌기 위해 등교를 거부하는 학생은 다른 기능 집단의 학생보다 부모로부터 상당히 높은 평정을 받는다.

FES 자료에서는 관심을 끌기 위해 등교를 거부하는 학생은 일반적으로 정상적인 성취지향, 활동적-오락적 지향, 갈등, 통제, 표현, 지적-문화적 지향, 도덕적-종교적 강조 그리고 조직 점수를 보이는 가족을 가진다는 것을 보여 준다. 그러나 가장 두드러진 것은 이 가족들이 낮은 수준의 응집력과 아주 낮은 수준의 독립성을 보인다. 후자의 결과는 이러한 기능을 가진 많은 가족들이 서로를 얽어맨다는 주장을 지지한다(Kearney & Silverman, 1995).

다음은 주로 관심을 끌기 위해 등교를 거부하는 학생에 대한 종합적인 DSM-III-R/DSM-IV 진단들이다. 이 자료들은 많은 학생들이 어느 정도 수준의 분리불안을 가질 뿐만 아니라 어느 정도 수준의 반항을 나타내거나 아무런 장애를 가지지 않을 수도 있다는 것을 나타낸다.

- 분리불안장애, 66.7%
- 과잉불안-일반화된 불안장애, 33.3%
- 장애 없음, 20.5%
- 회피장애, 12.8%
- 반항장애, 12.8%
- 특수공포증, 12.8%
- 주의력결핍과잉행동장애, 5.1%
- 사회공포-사회불안장애, 5.1%
- 광장공포증, 2.6%
- 야뇨증, 2.6%
- 공황장애, 2.6%
- 야경증, 2.6%

한 예로, 나탈리는 6세 소녀로 한 달 동안 등교거부 행동을 보였다. 거의 매일 아침, 나탈리는 침대에서 빠져 나오지 않으려 하고, 부모가 옷을 입히려 하거나 등교 준비를 해 주려고 할 때 도망간다. 나탈리는 학교를 좋아하지 않는다고 말하지만, 부모나 교사는 나탈리가 학교에 일단 오게 되면 재미있어 한다고 말한다. 나탈리는 올해까지 일곱 번 정도 부모에게 집에 있게 해 달라고 고집을 피웠고 아이의 버릇없는 행동은 점점 심각해져 갔다. 전업주부인 나탈리의 엄마는 나탈리가 집안일을 돕고, 점심을 준비하고, 쇼핑하러 가는 것을 즐긴다고 말한다. 나탈리는 오전 6시에서 8시까지의 시간 말고는 아무런 행동문제가 없으며 훌륭한 아이이고 학생이다. 그러나 그 아이의 부모는 특히 나탈리가 학교에 안 가고 집에 있으려는 시도를 하는 동안 최근에 아빠를 걷어찬 일에 대해 걱정하고 있다.

학교 밖의 가시적인 보상의 추구

많은 학생들은 학교 밖에서 가시적인 보상을 얻기 위해 등교를 거부할 수도 있다. 이 집단에 속하는 많은 학생들은 학교에 있는 것보다는 더 강력한 강화물을 찾아서 일부 수업 또는 오후 수업 전체를 빼먹거나 결석한다. 물론 학교 밖의 강화물은 여러 가지인데, 공통적인 예로는 TV 보기, 비디오 게임 또는 스포츠 하기, 인터넷 접속하기, 늦잠 자기, 친구와 전화하거나 직접 만나기, 학교 밖에서 군것질하기, 약물 사용에 관여하기, 낮 파티에 가기, 쇼핑하기, 카지노 출입하기 또는 일하기 등이 있다.

학교 밖에서 가시적인 보상을 얻기 위해 등교를 거부하는 학생은 다른 기능의 학생에 비해 더 낮은 수준의 일반적 · 사회적 불안, 우울, 두려움 그리고 전반적인 스트레스를 보인다(Tillotson & Kearney, 1998). 따라서 이 집단은 불안과 무관한 등교거부 행동의 가장 좋은 예다. 그러나 이것은 이 학생들이 부정정서의 증상을 전혀 가지지 않는다는 것을 함의하지는 않는다. 사실, 많은 학생들이 오랫동안 학교 밖에서 머문 후에 부정정서 증상을 보인다. 따라서 그러한 증상은 다른 집단에 비해 이 집단에서 다소 덜 나타날 것 같다는 것을 함의하는 것이다.

CBCL의 부모 자료를 보면, 학교 밖에서 가시적인 보상을 얻기 위해 등교를 거부하는 학생은 부적 강화를 얻기 위해 등교를 거부하는 학생들에 비해 더 많은 주의집중의 문제, 비행과 공격적 행동을 보인다. 또한, 이 학생들은 다른 기능적 조건이 학생에 비해 외현화, 불안과 무관한 문제를 더 많이 가지는 경향이 있다(Tillotson & Kearney, 1998).

FES 자료에 따르면 학교 밖에서 가시적인 보상을 얻기 위해 등교를 거부하는 학생은 비교적 정상적인 수준의 성취지향, 활동적-오락적 지향, 통제, 표현, 지적-문화적 지향, 독립, 도덕적-종교적 강조 그리고 조직 점수를 보이는 가족을 가지는 경향이 있다. 그러나 이 가족들은 다른 집단에 비해 유의미하게 더 갈등적이고, 낮은 수준의 응집을 보여 준다(Kearney & Silverman, 1995).

다음은 주로 학교 밖에서 가시적인 보상을 얻기 위해 등교를 거부하는 학생에 대한 종합적인 DSM-III-R/DSM-IV 진단들이다. 이 자료들은 많은 학생들이 반항이나 아무런 장애를 가지지 않는다는 것을 나타낸다.

- 과잉불안-일반화된 불안장애, 27.6%
- 반항장애, 25.9%
- 장애 없음, 25.9%
- 품행장애, 10.3%
- 우울-기분저하증, 10.3%
- 분리불안장애, 8.6%
- 특수공포증, 8.6%
- 회피장애, 6.9%
- 사회공포증, 6.9%
- 주의력결핍과잉행동장애, 3.4%
- 야뇨증, 3.4%
- 광장공포증, 1.7%
- 공황장애, 1.7%

한 예로, 사울은 15세 소년으로 7개월간 등교거부 행동을 보였다. 사울은 지금까지 출석해야 하는 많은 수업에 빠졌을 뿐 아니라 20일을 결석했다. 사울은 점심을 먹거나 야구경기를 하기 위해 학교 캠퍼스를 떠날 때 대개 '친구들과 시간을 보낸다' 고 말한다. 사울은 현재 한 과목에서 낙제를 하고 있는데, 다른 과목에서는 C학점이나 그 이상의 성적을 받는다. 이런 상황은 사울로 하여금 왜 그렇게 많이 출석해야만 하는지를 궁금해하게끔 한다. 사울의 부모는 아이의 전반적인 반항과 학교 출석거부에 대해 매우 불만스러워하고 있으며, 보고에 의하면 이 문제와 관련해서 아이와 수없이 싸워 왔다고 한다. 다행히, 사울은 아직 어떤 심각한 비행에 관여하지는 않았는데, 사울의 부모는 친구들이 아들에게 나쁜 영향을 끼치지는 않을까 걱정한다. 사울의 선생님은 사울이 교실에서 조용하고 다소 위축되어 있지만 어떤 식으로든 수업에 지장을 주지는 않는다고 말한다. 그러나 부모와 선생님은 사울의 출석이나 보충과제가 곧 개선되지 않는다면 10학년을 낙제할 위험이 있다고 확신하고 있다.

등교거부 행동의 기능

앞에서 언급했듯이, 앞의 두 가지 기능조건은 학교에 있는 혐오적인 것으로부터 도망치기 위해 등교를 거부하는 학생에 대해 언급하고 있는데, 이러한 학생들은 부적 강화를 얻기 위해 등교를 거부한다. 뒤의 두 가지 기능조건은 학교 밖에서 강화를 주는 것을 추구하기 위해 등교를 거부하는 학생에 대하여 언급하고 있는데, 이러한 학생들은 정적 강화를 얻기 위해 등교를 거부한다. 물론, 어떤 학생들은 다양한 이유 때문에 등교를 거부하기도 한다. 예를 들어, 아이가 처음에 학교에 출석하면서 부정정서를 가질 수 있고 부모에게 집에 있게 해 달라고 요청할 수 있다. 하루 동안 집에 있으면서 TV보기나 늦잠 자기와 같이 보상이 주는 편리함을 즐길 수 있다. 예를 들어, 이 장의 서두에서 언급했던 에반과 같은 아이는 그 경우에 학교를 피하고 집에서의 즐거움을 추구하기 위한 두 가지 이유 때문에 등교를 거부할 수 있다.

요약 및 이점들

셀 수 없을 정도의 등교거부 행동의 형태들 때문에, 다소 간편한 기능에 기초한 분류, 평가 그리고 처치가 선호될 수 있다. 이렇게 발전하는 기능 모형의 이점은 1장에서 보았던 자기교정적, 급성 및 만성의 차이뿐 아니라 등교거부 행동의 명확한 정의와 연결된다는 것이다. 게다가, 이 모형은 학교 출석을 거부하는 모든 학생들을 포괄하고, 강화 차원들 간의 변별타당도를 보여 왔다(Kearney & Silverman, 1991, 1993). 기능 모형의 다른 이점은 5장에서 더 깊이 다루어질 형식적 평가 전략과 연결된다는 것이다. 이것은 SRAS를 포함하는데, 이는 네 가지 기능조건의 상대적 강점을 평가하는 측정 방법이다(Kearney & Silverman, 1993). 앞에서 지적했듯이, SRAS에서 가장 높은 점수 조건은 특정 학생의 등교거부 행동의 초기 유지변인을 고려하는 것이다.

아마도 기능 모형의 가장 강한 이점은 처방적 처치와 처치결과의 예측과 직접 연결된다는 것이다. 이 모형은 등교거부 행동을 하는 학생을 평가하고 스트레스 없이 학생이 학교에 돌아올 수 있게 하는 가장 좋은 처치 패키지를 부과할 수 있도록 치료자와 다른 사람들에게 체계적이고 객관적인 진단 전략을 제공하도록 만들어졌다. 나와 나의 동료들(Kearney & Albano, 2000; Kearney & Silverman, 1990, 1996, 1999)은 처방적 치료 옵션을 등교거부 행동의 각 기능에 공식화해 왔다. 첫 번째 결과평가는 기능 모형을 사용하는 모집단에서 처치가 성공적으로 예측되고 이행될 수 있다는 것을 보여 왔다(예를 들어, Chorpita, Albano, Heimberg, & Barlow, 1996; Kearney & Silverman, 1990, 1999).

- 일반적인 부정정서를 회피하기 위해 등교를 거부하는 학생에게 필요한 처방적 처치에는 학생 중심 심리교육, 신체적 통제 연습 그리고 학교상황에 재노출하기가 포함된다.
- 혐오적인 사회적 · 평가적 상황을 회피하기 위해 등교를 거부하는 학생에게 필요한 처방적 처치에는 학생 중심 심리교육, 모델링과 역할연기, 인지적 재구조화 그리고 행동 노출이 포함된다.
- 관심을 끌기 위해 등교를 거부하는 학생에게 필요한 처방적 처치에는 부모 중심 수반성 관리 훈련 그리고 가능할 경우 강제 등교가 포함된다.
- 학교 밖에서 가시적인 보상을 얻기 위해 등교를 거부하는 학생에게 필요한 처방적 처치에는 가족 중심 행동계약치료, 의사소통 기술 훈련, 또래에 대한 거절 기술 훈련 그리고 학생과 학교 또는 교실까지 동행하기가 포함된다.

등교거부 행동의 기능적 모형에 대해 계속되는 설명은 이 책의 나머지 부분에서 제시된다. 보다 구체적으로 5장에서는 평가 기술과 학생의 등교거부 행동의 초기 기능을 확인하는 전략에 대해 설명한다. 6~9장에서는, 이 장에서 개관한 네 가지 기능 중심 처치 전략이 상세하게 기술된다. 10장에서는, 기능 모형에 잘 부응하는 극단적인 사례와 예방과 재발 방지 전략이 논의된다.

제5장

등교거부 학생에 대한 평가

16세 소녀인 자스민은 아침에 일어나지 못해 학교에 가지 않는 날이면 오후 시간을 친구들과 함께 보낸다. 등교하는 날에도 공부에는 관심이 없고 조퇴해 버리곤 한다. 학교관계자는 자스민의 가족에게 소년법원에 자스민의 문제를 의뢰하려 함을 알리고, 상담도 받으라고 강력하게 얘기하였다.

자스민의 경우와 같이 다양한 요인들이 행동에 영향을 미치는 것처럼 보이는 사례에서는 체계적이고 철저한 평가 과정이 요구된다. 이 장에서는 등교거부 행동을 보이는 학생을 평가하는 기본적인 방법들을 살펴본다. 이러한 방법에는 면접, 학생의 자기보고, 부모-교사의 평가, 직접 관찰, 일상 모니터링, 학교 공식 보고서, 그 밖의 다양한 평가 기법들이 포함된다. 등교거부 학생들은 이질적인 집단이기 때문에 이론적으로 이들에게 적용될 수 있는 모든 평가 방법을 철저히 검토하는 것은 이 장의 범위를 넘어서는 것이다. 사실, 거의 모든 평가도구가 등교거부 학생과 가족에게 적용될 수 있다. 따라서 관련성이 높고 도움이 되거나, 등교거부 학생들을 대상으로 이전에 사용되었거나, 심리측정학적으로 신뢰성 있고 타당하거나, 기능적 평가 모형에 부합하는 평가도구들이 이 장에서 다루어질 것이다.

등교거부 행동에 대한 기능적 모형에서 평가의 일반적 목표는 (a) 주된 행동 양상을 확인하고, (b) 이 행동의 주된 기능을 확인하며, (c) 최선의 개입 대안을 선택하는 데 도움이 되는 모든 정보들을 통합하는 것이다. 그러므로 이 장에서 소개하는 주요 평가 방법들 각각에 대해 평가의 형태와 기능이 무엇인지 알아볼 것이다. 그 다음에는 평가에서 얻은 정보를 종합하여 개입 대안을 선택하는 전략과 사례를 소개할 것이다. 등교거부 행동에 대한 공식적 평가 과정을 살펴보기 전에, 잠재적인 등교거부 행동의 사례들을 어떻게 선별할 것인가에 대해 알아보도록 하자.

잠재적 등교거부 학생 선별

잠재적 등교거부 행동을 보여 의뢰된 학생을 선별할 때, 등교거부를 의심할 만한 문제가 있는지를 확인할 질문을 신중하게 하는 것이 최선이다. 얼마간의 결석은 일시적이거나 오랫동안 지속되지 않는 경우가 많으므로, 이에 대한 즉각적인 공식적 평가는 불필요하다. 그러므로 이 시점에서 중요한 질문은 새 학년이 시작하자마자 등교를 거부했는지 아닌지 여부다. 많은 부모들은 자녀들이 학교에 가지 않겠다고 하면 바로 상담자나 학교관계자에게 연락을 취하지만, 등교거부 행동을 스스로 교정하는 학생도 많다. 즉, 몇 번 학교에 가지 않고 집에 있어 보다가 스스로 학교로 돌아간다. 특히 긴 방학 직후 2주 이하로 지속되는 등교거부 문제의 경우, 학생이 정말로 급성 등교거부 행동을 한다는 것이 명확해질 때까지 공식적 평가는 미룰 수 있다.

그러나 이것이 2주 이하로 지속되는 모든 등교거부 사례에 대해 공식적 평가를 미루어야 한다는 것을 의미하는 것은 아니다. 예를 들어 학생이 등교거부를 위해 자해와 같은 매우 심각한 행동을 보인다거나, 가족이 학생의 등교거부로 인해 심각한 갈등이나 혼란 속에 있거나, 등교거부 행동의 전력이 학생에게 있는 경우, 공식적 평가는 바로 실시되어야 한다. 그런 경우 명백히 임상적 판단이 요구되는데, 조금은 지나칠 정도의 주의가 필요하다. 즉, 의심스럽다면 바로 공식적 평가를 수행하여야 한다.

두 번째의 중요한 선별 질문은 학생의 주된 행동 문제와 관련된다. 학생의 등교거부 행동이 (a) 주요한 혹은 유일한 문제인지, 아니면 (b) 다른 문제와 관련되어 있거나 그 문제의 하위 문제인지를 확인하여야 한다. 예를 들어, 학생의 등교거부 행동은 공황장애 또는 사회불안장애, 우울 혹은 자살 행동, 학습장애, 적대적 반항장애 또는 품행장애, 약물중독, 모든 활동에서의 동기부족 등과 같은 더 큰 문제의 징후일 수 있다. 등교거부 행동이 주된 문제인지 다른 문제의 한 징후인지를 확인하는 것은 학생에게 언제 공식적 평가를 실시할 것인가를 정하는 데에도 중요할 뿐만 아니라, 학생에게 맞는 평가 방법(예를 들어, 절망검사, 지능검사, 약물중독검사)을 선정하기 위해서도 필요하다. 또한 학생의 등교거부 행동이 주된 증상인지 아니면 다른 문제의 한 부분인지를 아는 것은 필요한 개입의 범위를 초기에 계획할 수 있도록 돕는다. 그러나 학생의 전반적인 문제와 상관없이 부모와 학생이 가장 우선적으로 다루기를 원하는 문제가 장기결석이라면, 이런 지침은 중요하지 않을 수 있다.

학생의 등교거부 행동에 대한 초기 탐색에서 많은 부모들은 반항이나 가출과 같은 외현화된 행동은 과장하고 불안과 우울 같은 내재화된 행동은 간과한다. 그러나 관련된 행동은 모두 다루어져야 하고, 필요하다면 추가 정보를 제공할 수 있는 교사를 비롯한 다른 사람들도 접촉해야 한다. 선별 과정 동안 일부 부모와 학교관계자들은 흥분하고 문제의 심각성을 부풀리기도 한다(Kearney & Sims, 1997). 이런 상황에서는, 상담자는 침착한 역할 모델로 기능하면서 절차에 따라 선별 과정을 수행해야 한다.

세 번째의 중요한 선별 질문들은 학생의 등교거부 행동에 영향을 미치는 다른 질병이나 가족변인들과 관련된다. 예를 들어, 천식, 동통, 궤양 등과 같은 중요한 신체적 상태에 대해서는 심리적 평가 전 또는 심리적 평가 동안이라도 즉시 의학적 검사를 의뢰해야 한다. 어떤 사례에서는 덜 심각한 신체적 불편감이나 다른 건강 문제가 등교거부 행동과 공존한다. 학생의 신체 증상이 정말 실재하는 것인지, 건강염려증 때문이거나 과장된 것인지, 관심을 끌려고 하는 것인지를 판단하기 위해 의사와 협력해야 한다. 또 어떤 사례에서는 주의력결핍과잉행동장애나 심한 불안이나 우울과 같은 질병 상태를 다루기 위해 소아정신과 의사와 협력하는 것이 필요하다. 그리고 1장과 2장에서 언급했듯이, 부모가 학생을 등교시키지 않을 때, 상담자와 교사는 학생의 자퇴에 대해 경계해야 하며 학생의 등교거부 행동에 영향을 미칠 수 있는 다른 주변적 가족문제를 신중하게 검토해야 한다.

마지막으로 등교거부 행동과 관련된 중요한 요인들에 대한 초기 가설을 세우기 위해 학생의 연령을 파악하여야 한다. 먼저, 학생이 등교를 거부하는 이유가 파악해야 할 요인 중 하나다. 아동들은 일반적 부정 정서와 신체적 불편함을 피하기 위해, 혹은 관심을 얻기 위해 등교를 거부하는 경향이 더 큰 반면, 청소년들은 또래들로부터 혐오적인 평가를 받는 상황을 피하기 위해 혹은 학교 밖의 손쉬운 강화물을 추구하기 위해 등교를 거부하는 경향이 있다(4장 참조). 그러나 아동이라고 해도 청소년과 같은 이유로 등교를 거부할 수 있고, 많은 등교거부 학생들은 복수의 이유를 가진다는 점에서 이런 가설이 항상 옳은 것은 아니다. 나아가 학생의 연령을 아는 것은 개입 방법을 선택하는 데 상당한 도움이 된다. 예를 들면, 어린 아동에게는 등교를 강제하는 것이 더 적절하거나 바람직한 반면, 좀 더 나이 든 아동이나 청소년에게는 대화를 통한 인지적 기반의 상담이 더 효과적인 경향이 있다.

등교거부 학생에 대한 공식적 평가

선별 과정 후 공식적 평가가 정말로 적절한 것으로 고려될 수 있다. 등교거부 학생에 대한 공식적 평가를 실시할 때는, 이 집단의 다양성을 상정하고 다양한 평가 방법과 다양한 정보원을 활용하는 것이 매우 중요하다. 앞서 언급한 것처럼, 공식적 평가는 학생의 등교거부 행동의 형태와 기능 모두를 충분히 평가할 수 있도록 구성되어야 한다. 물론 특정 사례에 가장 적절한 가족, 학교 관련 변인들과 그 밖의 다른 변인들 또한 충분히 다루어져야 한다. 이 절에서는 등교거부 학생을 위한 가장 널리 알려진 평가 방법들, 즉 가장 관련이 깊고, 도움이 되며, 예전부터 사용되어 왔고, 심리측정학적으로 타당하고 적절한 방법들을 등교거부 행동의 형태 및 기능과 관련하여 소개할 것이다.

면접

등교거부 행동의 형태

면접은 상담자와 교사에게 매우 일반화된 평가 방법으로, 면접을 통해 학생의 등교거부 행동의 형태에 대한 정보를 수집할 수 있다. 면접은 여러 사례에 걸쳐 얼마나 일관되고 엄격한가에 따라 상대적으로 구조화되거나 비구조화된다. 등교거부 학생과 가족에 대해 연구용으로 사용된 구조화된 면접에는 다음과 같은 것들이 대표적인데 편의상 영어의 알파벳순으로 나열하였다. 아동 · 청소년용 진단면접계획(Diagnostic Interview for Children and Adolescents; Herjanic & Campbell, 1977), 가족사 연구진단기준(Family History Research Diagnostic Criteria; Endicott, Andreasen, & Spitzer, 1975), 아동용 면접계획표(Interview Schedule for Children; Last, Francis, et al., 1987; Last, Strauss, & Francis, 1987 참조), 학령기 아동용 정서장애 및 정신분열증 대처계획표(Schedule for Affective Disorders and Schizophrenia for school-aged Children-Epidemiologic version; Puig-Antich, Orvaschel, Tabrizi, & Chambers, 1980), 국립정신건강

연구소 아동용 진단면접목록(National Institute of Mental Health Diagnostic Interview Schedule for Children; Shaffer, et al., 1996) 등이 있다. 그 외 자주 사용되는 구조화된 면접에는 아동 · 청소년 정신진단평가(Child and Adolescent Psychiatric Assessment; Angold & Costello, 2000), 아동평가계획표(Child Assessment Schedule; Hodges, Kline, Stern, Cytryn, & McKnew, 1982), 정신과적 증상에 대한 아동면접계획(Children's Interview for Psychiatric Syndroms; Weller, Weller, Fristad, Rooney, & Schecter, 2000), 도미니크-개정판(Dominic-R; Valla, Bergeron, & Smolla, 2000), 아동 · 청소년용 그림검사도구(Pictorial Instrument for Children and Adolescents; Ernst, Cookus, & Moravec, 2000) 등이 있다.

등교거부/학교공포증-무단결석이라는 전통적인 이분법(1장, 3장 참조)에 기초한 학교결석질문지(School Absence Questionnaire; Huffington & Sevitt, 1989)는 등교거부 학생의 부모를 면접하기 위해 사용되어 왔다. 다음과 같이 '예-아니요'로 응답하는 7문항으로 질문한다.

- 당신은 당신의 자녀가 등교했는지 아닌지에 대해 항상 알고 있는지요?
- 당신은 당신 자녀의 결석이 정당하다고 생각하는지요?
- 당신 생각에, 당신 자녀는 학교에 등교하는 데 어려움을 겪고 있나요?
- 당신 자녀가 등교하지 않을 때 당신은 당신 자녀가 어디에 있는지 알고 있나요?

- (앞 질문에 대한) 대답이 '그렇다' 라면, 당신 자녀는 집에 머무나요?
- 당신 자녀는 학교에 간다는 생각을 하면 감정적으로 크게 혼란스러워하나요?
- 당신 자녀는 심각한 반사회적 행동을 보인 적이 있나요?

대부분의 구조화된 면접이 가진 단점은 등교거부 행동에 대한 구체적 고려가 부족하다는 것이다. 한 가지 예외는 아동용 불안장애 면접계획표(Anxiety Disorders Interview Schedule for Children; Silverman & Albano, 1996)로, 아동과 부모를 대상으로 하는 구조화된 진단면접이 아동용(ADIS-C)과 부모용(ADIS-P)으로 따로 마련되어 있다. 이 목록에 의한 보고서는 불안, 우울, 반항 및 품행장애, 약물남용, 야뇨증, 주의력결핍과잉행동장애 및 그 외 다른 증상을 보이는 장애들과 관련하여 종합적으로 진단한다. ADIS-C와 ADIS-P는 충분한 평정자 간 신뢰도 및 재검사 신뢰도를 보여 왔으며(Silverman & Eisen, 1992; Silverman & Nelles, 1988), 두 목록을 통합한 불안장애 전반에 대한 평정자 간 카파 계수는 .75였다(자녀와 부모가 각각 평정한 불안장애에 대한 카파 계수는 Rapee, Barrett, Dadds, & Evans[1994] 참조).

ADIS-C와 ADIS-P는 학교에서의 행동과 등교거부 행동 모두에 대한 하위 목록을 포함하며 이 중 일부는 〈표 5-1〉과 〈표 5-2〉에 정리하였다. 학교에서의 행동에 대한 질문들은 과거와 현재의 등교상황, 학업성적, 가정교사에 대한 과거의 요구, 불안 때문에 등교하지 못한 날짜 등을 포함한다. 등교거부 행동에 대한 질문은 자녀에게 등교 관련 문제가 있는지, 등교하는 것과 관련한 불안과 두려움이 있는지, 불안과 두려움으로 인해 집에 머무는지, 학교에서 보건교사를 찾거나 질환에 대한 불편함을 호소하는지 등을 포함한다. 무엇이 자녀가 등교하는 데 어려움을 주는지, 자녀들이 집에 머물기를 더 선호하기 때문에 학교에 가지 않는지, 평일에 학교에 가지 않을 때 무엇을 하는지, 등교를 설득하려는 가족들의 반응이나 부모의 대처는 무엇인지, 등교거부 행동 때문에 자녀가 복용하는 약은 무엇인지, 등교거부 행동의 기간은 얼마인지 확인하는 질문도 포함되어 있다. 더불어, 등교거부 행동을 일으키는 다양한 변인들에 대해 느끼는 공포와 혼란의 정도를 0~8점의 심각 수준 척도를 통해 평정하도록 한다.

ADIS-C와 ADIS-P는 등교를 거부하는 아동과 그들의 부모를 평가하기 위해 흔히 사용되지만(예: Kearney & Silverman, 1990), 이 목록들은 학교에 가지 않는 것과 관련하여 정서적 문제를 가진 아동들에게 초점을 맞추고 있다는 중대한 제한점이 있다. 예를 들어, 공포와 회피에 대한 평정은 등교거부 행동 하위 목록에서 이루어지지만 반항, 행동화 및 그 밖의 관련 문제들에 대한 평정은 이루어지지 않는다. 면접자는 등교거부 행동이 『정신장애진단통계편람 4판(DSM-IV)』 분류의 맥락 안에서 충분히 탐색되어야 함을 인식하지만 불안과 관계된 이유 이외의 다른 이유로 학교에 가지 않는 날짜에 대해서는 묻지 않는다.

〈표 5-1〉 ADIS-C의 등교거부 행동 하위 목록

첫 질문들

1. 학교에 가야만 한다는 것에 대해 매우 걱정스럽거나 무서운지요?
□예 □아니요 □기타
2. 걱정스럽거나 무섭기 때문에 학교에 가지 않고 집에 머무르는지요?
□예 □아니요 □기타

만약 그렇다면, 올해에 그런 일이 몇 번이나 있었나요? ________
올해에 등교하지 않은 날의 백분율 ________
작년에는 그런 일이 몇 번이나 있었나요? ________
작년에 등교하지 않은 날의 백분율 ________

3a. 학교에 있을 때 매우 걱정스럽거나 무서운가요? □예 □아니요 □기타
아동이 그렇다고 대답하면 3b와 3c를, 그렇지 않다면 4를 질문한다.
3b. 학교에서 무서움을 느낄 때 보건교사나 상담교사를 찾아가나요?
□예 □아니요 □기타
만약 그렇다면 얼마나 자주 찾아가나요?
3c. 학교에서 무서움을 느낄 때 스스로 혹은 보건교사와 같은 학교의 누군가가 어머니나 아버지에게 전화하나요? □예 □아니요 □기타
만약 그렇다면 올해에는 그런 일이 얼마나 자주 있었나요?

질문 3a, 3b, 3c에 대해 하나라도 그렇다고 답한다면 아동에게 그와 관련하여 충분히 생각해 보도록 지시한다. 확인받기 행동 유형에 관해 질문한다.

주: From the *Anxiety Disorders Intervew Schedule* for DSM-IV: *Child version*. San Antonio, TX: The Psychological Corporation.

일반적 등교거부 행동을 보이는 학생들과 그들의 가족을 면접할 때 다른 많은 질문들이 이루어져야 한다. 특히, 모든 유형의 등교거부 행동의 이력과 일화들(심각도와 기간을 포함하여), 대인관계 및 학업기능, 건강과 신체적 기능, 발달 및 정신병적 이력, 정신적 상태, 모든 관련된 외현적 행동과 부차적인 변인들에 대한 보고서를

작성해야 한다. 그리고 부모나 전문가의 이전 개입시도들, 가족의 일상생활, 일상의 기능에 대한 영향, 사회적 지지와 현재의 자원들, 관련된 문화적 변인들, 이 문제에 대한 가족 구성원의 지각 및 반응, 긴급한 문제나 위기, 결혼 및 가족 이력과 역동에 대한 내용

〈표 5-2〉 ADIS-P의 등교거부 행동 하위 목록

이 하위 목록에서는, '전형적인' 아동의 학교 관련 불안을 반영하는 응답들과 지나치게 문제가 되지는 않은 것처럼 보이는 응답들(예: '시험 전에는 약간 예민해진다.' '자녀가 과제를 잊었을 때 약간 걱정스럽다.' 등)은 '아니요'로 기록한다.

1. 당신의 자녀가 등교하거나 학교에 머무르는 데 어려움이 있는가?
□예 □아니요 □기타

2. 당신의 자녀는 등교해야만 하는 것에 대해 매우 걱정스러워하거나 두려워하는가? □예 □아니요 □기타

3. 당신의 자녀는 (자신의) 걱정이나 두려움 때문에 학교에 가지 않고 집에 머무르거나 머무르려 시도하는가? □예 □아니요 □기타

4. 당신의 자녀는 (자신이) 학교에 있을 때 걱정스럽거나 두렵다고 당신에게 말한 적이 있는가? □예 □아니요 □기타
만약 '예'라면, 당신의 자녀는 이 때문에 학교를 조퇴하거나, 수업시간에 당신에게 전화하거나, 혹은 당신의 자녀를 대신해서 학교의 다른 누군가가 수업시간 중 전화한 적이 있는가? □예 □아니요 □기타
만약 '예'라면 그런 일이 올해 중 몇 번이나 있었는가?

5. 당신이 아는 한, 당신의 자녀는 학교에 있는 동안 자주 보건교사와 면담하거나 아픈 것 같다는 불평을 하는가?

주: From the *Anxiety Disorders Intervew Schedule* for DSM-IV: *Child version*. San Antonio, TX: The Psychological Corporation. Copyright © 1996 by Graywind Publications. 출판권자인 Psychological Corporation의 허락에 의해 게재되었으며 저작권이 보호되는 내용임.

이 가족과 관련된 정보도 보고서에 포함되어야 한다. 지금 가족이 도움을 구하는 이유와 상담에 끝까지 참여하려는 동기 또한 평가되어야 한다. 마지막으로 등교거부 행동의 각 사례들은 매우 독특하기 때문에 면접에서 유연성을 가져야 하며 적절할 수 있는 다른 많은 질문들이 이루어지는 것이 바람직하다.

등교거부 행동의 기능

학생의 등교거부 행동에 대해 학생, 부모, 학교관계자, 그 밖의 관련자들과 면접할 때, 그 행동의 기능을 파악할 수 있는 구체적 질문을 해야 한다. 이 질문들은 4장에서 기술하였던 네 가지 기능을 포함하지만, 기능에 대한 보다 보편화된 면접도 활용할 수 있다 (Lee & Miltenberger, 1996 참조). 다음 질문들은 각 기능에 대해 개별적으로 제공되는 것인데, (a) 특별히 중요하지 않은 기능을 제외시키고, (b) 학생이 둘 혹은 그 이상의 기능 때문에 등교거부를 하고 있는 것인지를 살펴보기 위해 각 질문이 주어지는 것이 가장 바람직하다. 또한 이 장 말미의 사례에서 보면, 어떤 기능이 가장 두드러지는지를 파악할 수 있는 질문이 필요하다.

부정정서 유발자극 회피라는 첫 번째 기능과 관련된 면접 질문들은 다음과 같이 다양한 측면들을 포함한다.

- 구체적으로 얼마나 자주 학교에 대한 전반적인 고통이나 분노 때문에 등교를 거부하나요?
- 학생은 동년배의 대부분의 아이들보다 훨씬 더 심하게 학교에 대해 화가 나 있나요?

- 학생이 회피하려 하는 학교와 관련된 대상이 있나요? (예를 들어, 버스, 교실의 물품, 학교환경, 교사, 비상벨)
- 학생은 누군가에게 최근 부정적인 생활사건에 대해 알리거나, 혹은 어떤 방식으로든 자신의 행동을 갑자기 변화시켰나요?
- 등교하는 것과 관련하여 학생이 특정 정서를 보이거나 어떤 신체적 증상을 보였나요?
- 이런 문제들은 대개 거의 매일 일어나나요, 아니면 주로 등교해야 하는 날 일어나나요?
- 특정 대상이나 활동이 없다면 학생은 학교에 기꺼이 가려 하나요?

혐오적인 사회적 · 평가적 상황 회피라는 등교거부 행동의 두 번째 기능을 파악할 수 있는 면접 질문들은 다음과 같은 다양한 측면들을 다룬다.

- 구체적으로 얼마나 자주 학생은 자신이 평가받는 사회적 상황 혹은 학교 상황을 회피하고 싶어 등교를 거부하나요?
- 학생은 또래 대부분의 학생들보다 훨씬 더 심하게 그런 상황을 피하려 하나요?
- 학생은 어떤 사회적 상황이나 평가적 환경을 피하기를 원하나요? (예를 들어, 타인들 앞에서 말하거나 쓰기, 모르는 사람을 만나기, 또래와의 상호작용, 낭독하기, 시험, 체육활동에서의 경쟁, 사람들이 모여 있는 곳에 함께 있거나 그들에게 접근하기)
- 학생은 누군가에게 최근 부정적인 사회적 · 평가적 사건들에

대해 알리거나, 혹은 어떤 방식으로든 자신의 사회적 행동을 갑자기 변화시켰나요?

- 사회적 · 평가적 상황에서의 상호작용과 관련하여 학생이 특정 정서를 보이거나 어떤 신체적 증상을 보였나요?
- 이런 문제들은 모든 사회적 · 평가적 상황에서 일어나나요, 아니면 학교 관련 상황에서 주로 일어나나요?
- 특정인이나 특별한 평가적 상황이 없다면 학생은 학교에 기꺼이 가려 하나요?

관심 끌기라는 등교거부 행동의 세 번째 기능과 관련된 면접 질문에서는 다음과 같은 다양한 측면들을 다룰 수 있다.

- 구체적으로 얼마나 자주 부모나 의미 있는 타인들의 관심을 끌기 위해 등교를 거부하나요?
- 학생은 또래의 대부분의 아이들보다 훨씬 더 많이 관심받고 싶어하나요?
- 학생이 관심을 끌기 위해 하는 특정한 행동은 무엇인가요? (예를 들어, 매달리기, 반복하여 확인받기, 움직이기를 거부하기, 전화하기, 저항하기, 언어적으로 떼쓰기, 죄의식을 초래하는 행동하기, 학교에서 집으로 달아나기)
- 학생은 최근 부정적인 생활사건을 경험하거나, 혹은 어떤 방식으로든 자신의 행동을 갑자기 변화시켰나요?
- 타인과의 상호작용이나 혹은 그 사람과 떨어져 있는 것과 관련하여 학생이 특정 정서를 보이거나 어떤 신체적 증상을 보

였나요?

- 이런 문제들은 대개 거의 매일 일상적 상황에서 일어나나요, 아니면 주로 학교와 관련된 상황에서 일어나나요?
- 의미 있는 타인(예를 들어, 부모나 형제)이 함께 학교에 가 줄 때 학생은 학교에 기꺼이 가려 하나요?

학교 밖의 가시적 보상 추구라는 등교거부 행동의 네 번째 기능과 관련하여 면접 질문들은 다음과 같은 다양한 측면들을 다룰 수 있다.

- 구체적으로 얼마나 자주 학생은 학교 밖의 어떤 자원으로부터 주어지는 분명한 무엇인가를 추구하기 위해 등교를 거부하나요?
- 학생은 또래 대부분의 아이들보다 훨씬 더 많이 학교 밖의 가시적 보상을 추구하나요?
- 학생이 학교를 떠나 추구하고자 하는 특별한 것은 무엇인가요? (예를 들어, 친구들과 시간 보내기, 알코올 등의 약물 사용, 집에서의 TV 시청 혹은 게임 하기, 자전거 타기, 쇼핑센터나 도박장)
- 학생은 최근 부정적인 생활 사건을 경험하거나, 혹은 어떤 방식으로든 자신의 행동을 갑자기 변화시켰나요?
- 학교에 머무는 것 혹은 학교를 떠나 있는 것과 관련하여 학생이 특정 정서를 보였나요?
- 학생은 대개 거의 매일 일상적 상황에서 분명한 보상을 추구하나요, 아니면 주로 학교와 관련된 상황에서 추구하나요?

- 만약 학교가 더 재미있거나 학교 밖의 어떤 즐거움들이 더 이상 주어지지 않는다면 학생은 학교에 기꺼이 가려 하나요?

등교거부 학생의 가족을 면담할 때, 부모나 다른 가족 구성원보다 학생과 먼저 면접하는 것이 일반적으로 가장 바람직하다. 이를 통해 '문제아'로 지목되기 쉬운 학생과 상담관계 및 신뢰를 형성할 수 있고, 상담자가 자신의 비밀보장 정책을 즉시 설명할 수 있게 된다. 또한 이 단계에서의 면담은 모든 사람의 합당한 관점은 수용되며 가능한 한 전체 수업에, 그것이 어렵다면 일부 수업만이라도 참여하는 것이 다가올 상담의 핵심 목표가 될 수 있음을 학생에게 전달하는 토론의 장으로 활용될 수 있다.

학생 자기보고식 평가도구와 부모-교사 질문지

다양한 학생 자기보고식 평가도구와 부모-교사 질문지가 등교거부 학생과 그 가족을 평가하기 위해 사용되어 왔다. 이 평가도구들은 시간 부족, 정보 공유의 의지결핍, 부정확한 기억, 기타 다른 이유로 인해 면접을 통해 충분한 정보들을 얻지 못할 때 특히 유용하다.

등교거부 행동의 형태

학생 자기보고식 평가도구 학생 자기보고식 평가도구는 특히 양호한 언어 및 읽기 기술을 가진 나이 든 학생 그리고 문제를 내재화한 학생들에게 적용할 수 있다. 등교거부 학생을 평가하기 위한 자기보고식 평가도구 중 가장 널리 알려진 것들을 영문 알파벳순으로 정리하면 다음과 같다.

- 아동우울검사(Children's Depression Inventory: CDI; Kovacs, 1992)의 27문항은 지난 2주간의 우울 증상들에 대해 측정한다. CDI는 등교거부 행동에 대해 우울이 주된 문제인지 부차적인 문제인지를 판단하는 데 유용하다. 이 척도는 일반적인 부정정서 회피 또는 혐오적인 사회적·평가적 상황 회피를 위해 등교를 거부하는 학생을 평가할 때에도 유용하다. 많이 사용되는 유사한 측정도구로는 아동우울척도(Children's Depression Scale; Tisher & Lang, 1983), 캔들 우울척도(Kandel Depression Scale; Kandel & Davies, 1982), 레이놀즈 아동·청소년 우울척도(Reynolds Child/Adolescent Depression Sclae; Reynolds, 1986, 1989) 등이 있다. 자기보고가 아닌 검사자가 평정하는 도구인 아동우울 평정척도-개정판(Children's Depression Rating Scale-Revised; Poznanski, Freeman, & Mokros, 1985)도 이들을 대상으로 사용될 수 있다(예: Bernstein et al., 1997).
- 일상생활 스트레스원 척도(Daily Life Stressor Scale: DLSS; Kearney, Drabman, & Beasley, 1993)의 30문항은 학생이 일상적인 생활사건으로부터 경험할 수 있는 고통에 대해 측정한다. 부적 강화나 관심 또는 둘 모두를 얻기 위해 등교를 거부하는 학생에 대해 DLSS를 사용할 때는 오전시간의 일상과 학교 관련 사건들에 대해 특별히 초점이 맞추어진다. 많이 사용되는

유사한 측정도구로는 아동괴롭힘척도(Children's Hassles Scale; Kanner, Feldman, Weinberger, & Ford, 1987)가 있다.

- 아동용 공포설문계획표-개정판(Fear Survey Schedule for Children-Revised; Ollendick, 1983)은 일반적인 공포를 측정하는 80개의 문항으로 되어 있다. 등교거부 학생 대부분이 학교와 관련된 특정공포를 보이는 것은 아니지만, 특정공포를 보이는 학생들에게는 유용한 검사다. 길을 잃는 것, 어리석게 보이는 것, 학교에 가야만 하는 것, 낮은 성적 혹은 성적표를 받는 것, 교장에게 보내어지는 것, 구두보고를 하는 것, 다른 사람들에게 괴롭힘을 받거나 비판받는 것, 시험을 보거나 낙제하는 것, 다른 사람들 앞에서 암송하는 것, 따돌림 받는 것, 싸움에 휘말리는 것, 학교에서 아픈 것, 방과후 남겨지는 것, 새로운 일을 해야 하는 것, 실수하는 것, 사람들을 만나는 것, 거친 놀이를 하는 것, 교사에게 호명되는 것, 자동차나 버스를 타는 것, 집단 안에 있는 것, 폐쇄된 공간에 있는 것, 커다란 소음 속에 있는 것 등과 같은 학교 관련 문항들에 특별한 관심을 두어야 한다(Kearney, Eisen, & Silverman, 1995). 많이 사용되는 유사한 측정도구에는 아동용 공포설문계획표 II(Fear Survey Schedule for Children-II; Gullone & King, 1992)와 루이빌 공포설문계획표(Louisville Fear Survey Schedule; Miller, Barrett, Hampe, & Noble, 1972) 등이 있다.
- 아동용 다면불안척도(Multidimensional Anxiety Scale for Children: MASC; March, 1997)의 45문항은 신체적 불안, 위험회피, 사회적 불안 및 분리불안에 대해 측정한다. MASC는 부

적 강화와, 일부 사례에서는, 관심을 끌기 위해 등교를 거부하는 학생을 평가할 때 가장 유용하다.

- 부정정서 자기진술질문지(Negative Affect Self-Statement Questionnaire: NASSQ; Ronan, Kendall, & Rowe, 1994)는 일반적인 불안과 우울을 반영하는 자기진술의 강도를 측정한다. 7~10세용과 11~15세용이 개발되어 있다. NASSQ는 부정정서를 피하기 위해 등교를 거부하는 학생을 평가할 때 가장 유용하다. 많이 사용되는 유사한 검사에는 아동용 부정적 인지왜곡질문지(Children's Negative Cognitive Error Questionnaire; Leitenberg, Yost, & Carroll-Wilson, 1986)가 있다.
- 아동외현불안척도-개정판(Revised Children's Manifest Anxiety Scale: RCMAS; Reynolds & Paget, 1983)는 '예/아니요'로 응답하는 37개 문항으로 구성된 검사로 생리적 불안, 걱정, 주의집중곤란 등을 측정한다. 그러나 이 척도는 불안보다는 우울을 더 잘 예측하는 듯하다(March & Albano, 1998). 이 척도는 부적 강화를 얻기 위해 등교를 거부하는 학생을 평가할 때 가장 유용하다. 다른 관련된 측정도구로는 학교불안질문지(School Anxiety Questionnaire; Morris, Finkelstein, & Fisher, 1976)가 있다. 검사자가 직접 평정하는 척도인 아동용 불안평정척도-개정판(Anxiety Rating for Children-Revised; Bernstein, Crosby, Perwien, & Borchardt, 1996) 또한 이 집단을 대상으로 사용되고 있다.
- 아동용 사회불안척도-개정판(Social Anxiety Sclae for Childeren-Revised: SASC-R; La Greca & Stone, 1993)의 22개 문항은 부정적

평가에 대한 공포, 만연된 사회적 회피 및 고통, 낯선 상황 혹은 낯선 또래와 관련한 사회적 회피 및 고통 등의 하위 요인으로 구성되어 사회불안을 측정한다. SASC-R은 혐오적인 사회적·평가 상황을 회피하기 위해 등교를 거부하는 학생을 평가할 때 가장 유용하다. 많이 사용되는 관련 검사로는 사회적 상호작용 자기진술검사(Social Interaction Self-Statement Test; Johnson & Glass, 1989), 청소년용 사회공포 및 불안검사(Social Phobia and Anxiety Inventory for Adolescents; Clark et al., 1994), 아동용 시험불안척도(Test Anxiety Scale for Children; Sarason, Davidson, Lighthall, Waite, & Ruebush, 1960) 등이 있다.

- 아동용 상태-특질 불안검사(State-Trait Anxiety Inventory for Children: STAIC; Spielberger, 1973)의 40문항은 특성적인 불안뿐 아니라 보다 개별 상황으로 인한 불안도 측정한다. STAIC는 부적 강화를 위해 등교를 거부하는 학생을 평가하는 데 가장 유용하다. 많이 사용되는 관련 검사로는 인지화·신체화 특성/상태 불안검사(Cognitive and somatic Trait/State Anxiety Inventory; Fox & Houston, 1983)가 있다.
- 불안시각화표시척도-개정판(Visual Analogue for Anxiety-Revised; Bernstein & Garfinkel, 1992)은 학생이 연속 척도의 한 점에 표시하도록 함으로써 불안을 측정하는 11문항으로 구성되어있다.
- 청소년 자기보고설문지(Youth Self-Report: YSR; Achenbach, 1991c)는 청소년에게 스스로 내재화한 그리고 외현화한 행동문제를 평가하게 하는 118개 문항의 검사다. YSR은 11세에서

18세의 청소년을 위해 고안되었으며 등교를 거부하는 모든 학생에게 유용하다. 많이 사용되는 관련 척도는 코너스 웰스 청소년 자기보고척도(Conners Wells' Adolescent Self-Report Scale; Conners, 1997)가 있다.

내재화된 증상에 대한 척도들은 비록 심리측정적으로 잘 검증되었지만 정확히 어떤 구인들이 측정되고 있는지에 대한 논란이 남아 있기 때문에 이 척도들을 사용할 때 항상 유의해야 한다(Perrin & Last, 1992 참조). 통제된 조사연구 이외의 목적으로 이 척도들을 사용할 때는 더욱 유의해야 한다. 하지만 특정 사례에 대한 정보를 모으거나, 부정정서에 대한 전반적 수준을 측정하거나, 또는 둘 모두를 위해 이 질문지들 중 몇몇을 사용하는 것은 유용하다.

부모-교사 질문지들 등교거부 학생을 평가할 때 자기보고검사가 유용하지만, 더 어린 학생들은 종종 검사를 끝내지 못하는 경우가 많고, 불복종 행동이나 다른 외현화된 행동 문제를 측정할 수 있는 도구는 거의 없다. 따라서 부모와 교사가 응답하는 검사가 학생의 등교거부 행동에 영향을 미치는 관련 가족변인 및 학급변인뿐 아니라 학생에 대한 정보를 끌어내는 데 흔히 사용된다. 등교거부 학생을 평가하는 대표적인 부모 및 교사용 검사를 영문 알파벳 순으로 정리하면 다음과 같다.

- 아동행동 체크리스트(Child Behavior Checklist: CBCL; Achenbach, 1991a)는 부모가 평정하며 등교거부 행동과 관련

된 행동들을 포함한 내재화된 행동과 외현화된 행동들에 대한 증상 프로파일을 제공하는 118개 문항으로 구성된다. 이 행동들은 경험적으로 추출된 몇몇 요인들에 걸쳐 목록화 되었는데, 즉, 사회적 문제(위축, 신체 증상, 불안/우울), 사고의 문제, 주의집중 문제 등으로 명명된다. 많이 사용되는 관련 척도들로는 ACQ 행동 체크리스트(ACQ Behavior Checklist,; Achenbach, Howell, Quay, & Conners, 1991), 아동행동 평가체계(Behavior Assessment System for Children; Reynolds & Kamphaus, 1992), 아동증상검사(Children' s Symptom Inventory; Gadow & Sprafkin, 1995), 포괄적 아동행동 평정척도(Comprehensive Behavior Rating Scale for Children; Neeper, Lahey, & Frick, 1991), 아이버그 아동행동검사(Eyberg Child Behavior Inventory; Eyberg, 1992), 루이빌 행동 체크리스트-개정판(Louisville Behavior Checklist-Revised; Miller, 1984), 아동용 성격검사-개정판(Personality Inventory for Children-Revised; Lachar & Gruber, 1991), 행동문제 체크리스트-개정판(Revised Behavior Problem Checklist; Quay & Peterson, 1987)이 있는데 이 중 일부는 학교 결석에 관한 문항을 포함하고 있다.

- 부모용 코너스 평정척도-개정판(Conners Rating Scales-Parent Version Revised: CRS-PVR; Conners, 1997)도 다양한 아동 및 청소년의 내재화된 행동과 외현화된 행동들을 측정하지만, CBCL과 비교하여 조금 더 간명하다(일반형 80문항, 단축형 27문항). 하위 요인들은 반항적, 과잉 행동적-충동적, 완벽주의, 신체화, ADHD 지표, 인지문제, 불안-수줍음, 사회성 문제,

DSM-IV 증상 하위 요인, 전반적 지표 등을 포함한다. CRS-PVR은 CBCL와 마찬가지로 모든 등교거부 학생의 평가에 유용하다.

- 교사용 코너스 평정척도-개정판(Conners Rating Scales-Teacher Version Revised: CRS-TVR; Conners, 1997)은 CRS-PVR의 측정 범위와 비슷하며 유사한 하위 요인들을 포함한다(신체화 척도는 포함하지 않음; 일반형 59문항, 단축형 28문항).
- 가족 적응 및 응집성 평가척도(Family Adaptability and Cohesion Evaluation Scale: FACES II; Olson, Bell, & Portner, 1982; cf. Bernstein, Warren, Massie, & Thuras, 1999)는 30문항으로 응집성(상호 간섭-상호 유리)과 적응성(유연성-경직성)이라는 두 가지 차원에서 가족을 평가한다. 더불어 전반적인 가족유형(균형, 중간, 극단)에 대한 정보도 얻을 수 있다.
- 가족평가척도(Family Assessment Measure; Skinner, Steinhauer, & Santa-Barbara, 1983)는 가족의 기능을 평가하는 50개 문항으로 구성되어 있으며, 하위 요인은 과업성취, 역수행, 의사소통, 정서표현, 정서적 관여, 통제, 가치와 규준 등이다.
- 가족환경척도(Family Environment Scale: FES; Moos & Moos, 1986)는 90개의 문항으로 응집성, 표현, 갈등, 독립성, 성취지향, 지적-문화적 지향, 활동적-오락적 지향, 윤리-종교 강조, 조직화, 통제 등 10개의 하위 요인에 걸쳐 가족의 기능을 평가한다. 일부 하위 요인이 등교거부 행동의 기능과 관련되어 있다(Kearney & Silverman, 1995; 4장 참조).
- 부모의 양육 행동을 평가하는 앨라배마 부모양육 행동검사

(Alabama Parenting Questionnaire; Shelton, Frick, & Wootton, 1996)와 부모의 기대를 평가하는 부모기대척도(Parental Expectancies Scale; Eisen, Spasaro, Kearney, Albano, & Barlow, 1996)도 등교거부 학생의 가족과 관련되어 있다.

- 의존성 자기점검질문지(Self-Administered Dependency Questionnaire; Berg, 1974)는 모성의존과 과보호를 정서, 의사소통, 조력, 여행 등의 하위 요인들을 통해 측정한다. 분리불안 관련 체크리스트로는 부모용 분리불안 평정척도(Parent Anxiety Rating Scale-Separation; Doris, McIntyre, Kelsey, & Lehman, 1971), 교사분리불안척도(Teachers' Separation Anxiety Scale; Doris et al., 1971), 교사분리불안 평정척도(Teacher Rating of Separation Anxiety; Hall, 1967; cf. Barrios & Hartmann, 1997) 등이 있다. 애착 관련 체크리스트로는 부모재회척도(Parent Reunion Inventory; Marcus, 1997)가 있다.
- 간이정신진단검사-개정판(Symptom Checklist-90-Revised: SCL-90-R; Derogatis, 1994)은 90문항의 자기보고 증상검사로 신체화, 강박증, 대인민감성, 우울, 불안, 적대감, 공포불안, 편집증, 정신증 등 9개 요인으로 구성되어 있다. 자주 사용되는 관련 검사로는 벡 불안/우울검사(Beck Anxiety/Depression Inventory; Beck, Brown, Epstein, & Steer, 1988; Beck, Rush, Shaw, & Emery, 1979), 공포질문지(Fear Questionnaire; Marks & Mathews, 1979), 해밀튼 우울검사(Hamilton Depression Inventory; W. M. Reynolds & Kobak, 1995), 밀론 다축임상검사(Millon Multiaxial Clinical Inventory; Millon, Millon, & Davis,

1994), 미네소타 다면인성검사(Minnesota Multiphasic Personality Inventory; Hathaway & McKinley, 1989) 등이 있다. 등교거부 학생의 경우 때로 부모의 정신병리에 대한 검사도 매우 중요하다.

- 교사보고설문지(Teacher's Report Form; Achenbach, 1991b)는 CBCL과 측정 영역이 유사하지만 교사, 학교상담자 혹은 심리학자 또는 특정한 등교거부 학생과 가장 친숙한 다른 공적 근무자로부터 평정을 구한다.

부모-교사 평정도구들은 등교거부 학생에 대한 평가에서 거의 빠지지 않는다. 그러나 편견이 발생할 수 있는 경우나 상황에 따라 학생의 행동 변화가 클 때, 혹은 두 경우 모두에 해당할 경우에는 주의가 요구된다. 예를 들어 등교거부 학생 중 상당수는 집에서 여러 가지 행동문제를 보이지만 학교에서는 행동문제를 보이지 않기도 한다. 앞서 소개한 검사들을 통해 이런 미묘한 행동 경향들을 파악하지 못할 수 있다. 그럼에도 불구하고 내재화된 행동, 외현화된 행동, 가족기능의 전반적 수준을 평가하는 것을 목적으로 하거나 특정 사례의 정보들을 모으기 위해 이 질문지 중 몇 가지를 실시하는 것은 효과적이다.

등교거부 행동의 기능

등교거부 행동의 기능을 평가하는 것은 여전히 발달되어야 할 분야이지만 학생용 자기보고검사와 부모평정검사들은 등교거부 행동의 기능 평가에 유용하다. 이와 같은 기술적 기능분석은 학생이 등교를 거부하는 이유에 대해 학생과 부모에게 평정을 요구하고 이 평정결과들을 다른 출처(예를 들어, 면접, 직접 관찰, 교사 보고서)의 정보들과 통합하는 것을 포함한다. 이런 통합은 어떤 처치를 할 것인가를 결정하는 데 도움이 된다.

커니와 실버만(Kearney & Silverman, 1993)은 등교거부 행동에 대한 체계적인 기술적 기능분석을 고안하였다. 그들은 등교거부평가척도(School Refusal Assessment Scale: SRAS)를 개발하였는데, 이 척도의 원래 형태는 등교거부 행동의 네 가지 기능의 상대적 영향에 대해 측정하는 16문항이었다(Kearney & Albano, 2000). 각 항목은 4문항씩으로 구성되었고 문항들은 '전혀 그렇지 않다' 에서 '항상 그렇다' 까지의 0~6점 척도로 평정된다. 아동용(SRAS-C; 〈표 5-3〉 참조)과 부모용(SRAS-P; 〈표 5-4〉 참조)이 개발되었고, 이 척도의 개정판이 개발 중이다(Kearney & Tillotson, 1998). SRAS는 자해와 다른 비적응적 행동의 기능을 추적하기 위해 사용되는 척도인 동기평가척도(Motivation Assessment Scale)에 기반하고 있다. SRAS는 높은 신뢰도와 타당도를 보인다.

네 기능이 잠재적으로 학생의 등교거부 행동을 유지시킨다고 가정되어 왔음을 떠올려 보자. 부정정서 유발자극의 회피라는 첫 번째 기능과 관련하여, SRAS의 문항 1, 5, 9, 13은 통상적으로 공포나 불안 때문에 등교와 관련하여 경험하는 곤란을 측정한다. SRAS의 개정판에서 이 문항들은 공포보다는 부정정서를 더 반영할 것이다. 혐오적인 사회적 · 평가적 상황 회피라는 두 번째 기능과 관련하여 SRAS 문항 2, 6, 10, 14는 포괄적으로 학교에서의 사회적 상호작용 혹은 친구 사귀기에서의 어려움을 다룬다.

관심 끌기라는 세 번째 기능과 관련하여 SRAS 문항 3, 7, 11, 15는 일반적으로 자신의 부모를 괴롭히기(조종하기) 그리고 학교에 가기보다는 부모와 함께 있고 싶은 열망을 다룬다. 마지막으로 학교 밖의 가시적 보상추구라는 네 번째 기능과 관련하여 SRAS 문항 4, 8, 12, 16은 일반적으로 학생이 학교 밖에 있는 것이 더 즐겁기 때문에 얼마나 자주 학교를 벗어나는지를 다룬다. SRAS의 개발은 여전히 진행 중이므로 독자들은 미래의 개정판에 대해 숙지하여야 한다.

〈표 5-3〉 등교거부평가척도(학생용)

이름 ____________________

날짜 ____________________

다음 문항의 가장 적합한 답에 동그라미 표시를 하시오.

1. 당신은 학교 건물 안의 무엇인가(예를 들어, 화재경보기, 교실 등)를 두려워하기 때문에 학교에 가는 데 어려움을 겪는 일이 얼마나 자주 있나요?

전혀 그렇지 않다		가끔 그렇다	절반 정도	대개 그렇다		항상 그렇다
0	1	2	3	4	5	6

2. 당신은 학교에서 다른 학생들과 이야기를 나누는 것이 어려운가요?

전혀 그렇지 않다		가끔 그렇다	절반 정도	대개 그렇다		항상 그렇다
0	1	2	3	4	5	6

3. 당신은 자주 당신의 가족을 당황하게 하거나 괴롭히나요?

전혀 그렇지 않다		가끔 그렇다		절반 정도		대개 그렇다		항상 그렇다
0	1		2	3	4		5	6

4. 주중(월요일에서 금요일까지)에 학교에 가지 않을 때 당신은 얼마나 자주 집 밖으로 나가나요?

전혀 그렇지 않다	가끔 그렇다	절반 정도	대개 그렇다	항상 그렇다

0 1 2 3 4 5 6

5. 당신은 학교의 교사나 다른 사람들을 두려워하나요?

전혀 그렇지 않다	가끔 그렇다	절반 정도	대개 그렇다	항상 그렇다

0 1 2 3 4 5 6

6. 당신은 학교에 있을 때 다른 사람들 앞에서 당황하거나 두려움을 느끼나요?

전혀 그렇지 않다	가끔 그렇다	절반 정도	대개 그렇다	항상 그렇다

0 1 2 3 4 5 6

7. 당신은 학교에 가는 것보다는 부모와 함께 있는 것이 더 좋다고 얼마나 자주 느끼나요?

전혀 그렇지 않다	가끔 그렇다	절반 정도	대개 그렇다	항상 그렇다

0 1 2 3 4 5 6

8. 당신은 주중(월요일에서 금요일까지)에 학교에 가지 않을 때 다른 사람들과 이야기하거나 만나곤 하나요?

전혀 그렇지 않다	가끔 그렇다	절반 정도	대개 그렇다	항상 그렇다

0 1 2 3 4 5 6

9. 당신은 학교 이외의 장소(예를 들어, 파티나 집)에서보다는 학교에서 친구들에게 더 신경질적인가요?

전혀 그렇지 않다		가끔 그렇다	절반 정도	대개 그렇다		항상 그렇다
0	1	2	3	4	5	6

10. 당신은 친구를 사귀기 어려운가요?

전혀 그렇지 않다		가끔 그렇다	절반 정도	대개 그렇다		항상 그렇다
0	1	2	3	4	5	6

11. 당신은 학교에 있거나 혹은 부모나 가족과 떨어져 있을 때 그들에 대해 생각하곤 하나요?

전혀 그렇지 않다		가끔 그렇다	절반 정도	대개 그렇다		항상 그렇다
0	1	2	3	4	5	6

12. 당신은 주중(월요일부터 금요일까지)에 학교에 있지 않을 때 색다른 일을 하는 것을 좋아하나요?

전혀 그렇지 않다		가끔 그렇다	절반 정도	대개 그렇다		항상 그렇다
0	1	2	3	4	5	6

13. 토요일과 일요일에 학교에 대하여 생각할 때 당신은 두려움을 느끼나요?

전혀 그렇지 않다		가끔 그렇다	절반 정도	대개 그렇다		항상 그렇다
0	1	2	3	4	5	6

14. 당신은 종종 누군가에게 알려야 하는 장소로부터 벗어나 있나요?

전혀 그렇지 않다		가끔 그렇다	절반 정도	대개 그렇다		항상 그렇다
0	1	2	3	4	5	6

15. 당신은 부모와 함께 있기 위해 등교를 거부하곤 하나요?

전혀 그렇지 않다		가끔 그렇다	절반 정도	대개 그렇다		항상 그렇다
0	1	2	3	4	5	6

16. 당신은 학교에 가지 않는 것이 더 재미있기 때문에 학교에 결석하곤 하나요?

전혀 그렇지 않다		가끔 그렇다	절반 정도	대개 그렇다		항상 그렇다
0	1	2	3	4	5	6

부정정서 유발자극 회피 (ANA)		혐오적인 사회적 · 평가적 상황 회피(ESE)		관심 끌기(AGB)		학교 밖의 가시적 보상 (PTR)	
1.		2.		3.		4.	
5.		6.		7.		8.	
9.		10.		11.		12.	
13.		14.		15.		16.	
전체 점수=							
평균 점수=							

주: From *When Children Refuse School: A Cognitive-Behavioral Therapy Approach-Therapist Guide* (pp. 166-171). Copyright © 2000 Graywind Publications. 출판권자인 The Psychological Corporation, a Harcourt Assessment Company의 허락에 의해 게재되었으며 저작권이 보호되는 내용임.

〈표 5-4〉 등교거부평가척도(부모용)

이름 ______________________

날짜 ______________________

다음 문항의 가장 적합한 답에 동그라미 표시를 하시오.

1. 당신의 자녀는 학교 건물 안의 무엇인가(예를 들어, 화재경보기, 교실 등)를 두려워하기 때문에 학교에 가는 데 어려움을 겪는 일이 얼마나 자주 있나요?

전혀 그렇지 않다		가끔 그렇다	절반 정도	대개 그렇다		항상 그렇다
0	1	2	3	4	5	6

2. 당신의 자녀는 학교에서 다른 학생들과 이야기를 나누는 것이 어려운가요?

전혀 그렇지 않다		가끔 그렇다	절반 정도	대개 그렇다		항상 그렇다
0	1	2	3	4	5	6

3. 당신의 자녀는 자주 당신의 가족을 당황하게 하거나 괴롭히나요?

전혀 그렇지 않다 가끔 그렇다 절반 정도 대개 그렇다 항상 그렇다

0 1 2 3 4 5 6

4. 주중(월요일에서 금요일까지)에 학교에 가지 않을 때 당신의 자녀는 얼마나 자주 집 밖으로 나가나요?

전혀 그렇지 않다 가끔 그렇다 절반 정도 대개 그렇다 항상 그렇다

0 1 2 3 4 5 6

5. 당신의 자녀는 학교의 교사나 다른 사람들을 두려워하나요?

전혀 그렇지 않다 가끔 그렇다 절반 정도 대개 그렇다 항상 그렇다

0 1 2 3 4 5 6

6. 당신의 자녀는 학교에 있을 때 다른 사람들 앞에서 당황하거나 두려움을 느끼나요?

전혀 그렇지 않다 가끔 그렇다 절반 정도 대개 그렇다 항상 그렇다

0 1 2 3 4 5 6

7. 당신의 자녀는 얼마나 자주 학교에 가는 것보다는 부모와 함께 있는 것이 더 좋다고 느끼나요?

전혀 그렇지 않다 가끔 그렇다 절반 정도 대개 그렇다 항상 그렇다

0 1 2 3 4 5 6

8. 당신의 자녀는 주중(월요일에서 금요일까지)에 학교에 가지 않을 때 다른 사람들과 이야기하거나 만나곤 하나요?

전혀 그렇지 않다 가끔 그렇다 절반 정도 대개 그렇다 항상 그렇다

0 1 2 3 4 5 6

9. 당신의 자녀는 학교 이외의 장소(예를 들어, 파티나 집)에서보다는 학교에서 친구들에게 더 신경질적인가요?

전혀 그렇지 않다		가끔 그렇다	절반 정도	대개 그렇다		항상 그렇다
0	1	2	3	4	5	6

10. 당신의 자녀는 친구를 사귀기 어려워하나요?

전혀 그렇지 않다		가끔 그렇다	절반 정도	대개 그렇다		항상 그렇다
0	1	2	3	4	5	6

11. 당신의 자녀는 학교에 있거나 혹은 부모나 가족과 떨어져 있을 때 그들에 대해 생각하곤 하나요?

전혀 그렇지 않다		가끔 그렇다	절반 정도	대개 그렇다		항상 그렇다
0	1	2	3	4	5	6

12. 주중(월요일부터 금요일까지)에 당신의 자녀는 학교에 있지 않을 때 색다른 일을 하는 것을 좋아하나요?

전혀 그렇지 않다		가끔 그렇다	절반 정도	대개 그렇다		항상 그렇다
0	1	2	3	4	5	6

13. 토요일과 일요일에 학교에 대하여 생각할 때 당신의 자녀는 두려움을 느끼나요?

전혀 그렇지 않다		가끔 그렇다	절반 정도	대개 그렇다		항상 그렇다
0	1	2	3	4	5	6

14. 당신의 자녀는 종종 누군가에게 알려야 하는 장소로부터 벗어나 있나요?

전혀 그렇지 않다		가끔 그렇다	절반 정도	대개 그렇다		항상 그렇다
0	1	2	3	4	5	6

15. 당신의 자녀는 부모와 함께 있기 위해 등교를 거부하곤 하나요?

전혀 그렇지 않다		가끔 그렇다	절반 정도	대개 그렇다		항상 그렇다
0	1	2	3	4	5	6

16. 당신의 자녀는 학교에 가지 않는 것이 더 재미있기 때문에 학교에 결석하곤 하나요?

전혀 그렇지 않다		가끔 그렇다	절반 정도	대개 그렇다		항상 그렇다
0	1	2	3	4	5	6

부정정서 유발자극 회피 (ANA)		혐오적인 사회적 · 평가적 상황 회피(ESE)		관심 끌기(AGB)		학교 밖의 가시적 보상 (PTR)	
1.		2.		3.		4.	
5.		6.		7.		8.	
9.		10.		11.		12.	
13.		14.		15.		16.	
전체 점수=							
평균 점수=							

등교거부 행동에 대한 기술적 기능분석을 하는 동안, 학생과 그 부모들은 따로 떨어져 각각 SRAS-C와 SRAS-P에 응답한다. 이 과정은 10분 정도가 걸린다. 읽기를 갓 배운 어린 학생들에게는 SRAS 문항들을 직접 읽어 줄 수 있으며 학생들은 자신의 생각대로 응답할 수 있다. SRAS 평정은 학생, 어머니, 아버지로부터 모두 얻는 것이 가장 좋다(만약 그것이 어렵다면, 최소한 한 사람의 성인이 포함된 평정이라면 어느 것이라도 활용된다). 교사용 SRAS는 개발되었지만 출간되지는 않았다. 학생의 결석을 관찰하기 힘들 수도 있고,

오전 중 가정에서 잘못된 행동을 저지르면서도 학교에 와서는 크게 잘못된 행동을 하지 않을 수 있기 때문에 등교거부 행동의 기능과 관련한 교사 자료는 종종 완성도가 떨어진다.

각 SRAS가 완성된 후, 각 기능의 문항평균을 구하는데, SRAS-C 1판 및 각 SRAS-P에서 각 기능별 점수는 해당 문항들의 점수를 합산하여 산출한다.

- 문항 1, 5, 9, 13(첫 번째 기능)
- 문항 2, 6, 10, 14(두 번째 기능)
- 문항 3, 7, 11, 15(세 번째 기능)
- 문항 4, 8, 12, 16(네 번째 기능)

이 네 기능의 총점은 각 기능요인별 문항수인 4로 나누어진다. 예를 들어 학생의 전체 평정점수가 각 기능에 따라 다음과 같다면 문항평균은 4로 나눈 몫이다.

- 첫 번째 기능요인 총점이 10이면 문항평균은 2.50(10/4)
- 두 번째 기능요인 총점이 13이면 문항평균은 3.25(13/4)
- 세 번째 기능요인 총점이 22이면 문항평균은 5.50(22/4)
- 네 번째 기능요인 총점이 3이면 문항평균은 0.75(3/4)

이 과정은 학생, 어머니, 아버지로부터 얻은 평정에 대해 각각 수행된다. 그다음에 각 기능상태에 대한 이 평균 문항점수들의 평균 점수는 시행된 모든 SRAS 검사에 걸쳐 계산된다. 예를 들면 다음과 같다.

- SRAS-C로부터의 학생의 평균 문항점수가 2.50, 3.25, 5.50, 0.75
- SRAS-P로부터의 어머니의 평균 문항점수가 3.75, 4.00, 5.50, 1.00
- SRAS-P로부터의 아버지의 평균 문항점수가 3.50, 4.00, 4.75, 1.25

- 첫 번째 기능에 대한 전체 평균은 3.25(2.50+3.75+3.50/3)
- 두 번째 기능에 대한 전체 평균은 3.75(3.25+4.00+4.00/3)
- 세 번째 기능에 대한 전체 평균은 5.25(5.50+5.50+4.75/3)
- 네 번째 기능에 대한 전체 평균은 1.00(0.75+1.00+1.25/3)

이 특정 사례에서 기능 프로파일은 3.25-3.75-5.25-1.00이다. 이 프로파일에 대해 세 가지 주요 기술이 가능하다.

1. 가장 높은 점수의 기능이 특정 학생이 등교를 거부하는 주요 이유로 간주되기 때문에 이 학생은 주로 관심을 끌기 위해 등교를 거부하고 있는 것처럼 보인다(앞의 사례에서, 5.25, 기능 3). 그러나 이것은 직접 관찰을 통해 다른 정보를 얻어 확인해야만 하는 가설이다.
2. 학생의 등교거부 행동에 가장 약한 영향을 주는 것은 학교 밖의 가시적 보상인 듯하다(앞의 사례에서, 1.00, 기능 4). 따라서

이것은 주요 처치의 대상이 될 필요는 없다.

3. 두 기능은 관심 끌기 다음의 고려요인이 될 것이다. 기능 1과 2(부정정서 유발자극 회피와 혐오적인 사회적 · 평가적 상황 회피)는 각각 3.25 및 3.75의 평균 점수를 보이고 있다. 이것은 개입하는 동안 학교에 대한 학생의 염려가 결국 중요한 요인이 될 수도 있음을 의미한다. 만약 관심 끌기 요소가 다루어졌다면 이런 가설은 특히 중요할 수 있다. 또한 이 두 기능(1과 2)은 그 정도가 비교적 비슷한 것으로 생각된다. 과거 SRAS의 사용에서, 각 기능이 0.5 이하의 점수 차이를 보인다면 본질적으로 동등한 것으로 간주되었다(Kearney & Silverman, 1990, 1999).

SRAS는 학생의 등교거부 행동의 기능에 대한 가설을 이끌어 내기 위한 하나의 도구로만 고려되어야 한다(Daleiden, Chorpita, Kollins, & Drabman, 1999). 만약 시간이 부족하거나 경험적 분석이 수행될 수 없다면, 이런 기술적 과정에 근거하여 처방된 처치를 적용하게 된다. 그러나 이것은 매우 신중하게 수행되어야 한다. 이상적으로는, 다음 절에서 소개할 관찰 과정을 통해 기술적 분석결과를 확인해야만 한다.

직접 행동 관찰

등교거부 행동의 유형과 기능을 측정하는 바람직한 방법은 직접 학생의 행동을 관찰하는 것이다. 직접 행동 관찰은 이상적으로는

(a) 학생이 스스로 등교를 준비하고 학교 건물에 들어서는 이른 아침에 (b) 학교 등교일 동안 이루어져야 한다. 부모들은 종종 자녀가 오후 혹은 저녁때와 비교하여 아침에는 '전혀 다른 사람'이라고 주장하므로, 저항적이면서 불안에 바탕을 둔 학생의 행동뿐 아니라 가족 구성원과 학교관계자의 반응에 대한 선명한 심상을 이끌어 내려면 직접 관찰이 효과적이다. 또한 등교일 동안 학생을 가까이에서 관찰하는 것은 학생이 언제 학교를 떠나는지, 언제 가장 괴로워하고 회피적인지를 정확히 파악하는 데 도움이 된다. 많은 행동 관찰 체계가 장기결석과 관련된 상황을 파악하기 위해 개발되어 왔지만(예: Active and Passive Behavioral Avoidance Tests; Lang & Lazovik, 1963; Murphy & Bootzin, 1973; Child's Game-Parent's Game, Forehand & McMahon, 1981; Family Interaction Coding System, Patterson, 1982), 이 절에서는 학생의 구체적 등교거부 행동을 관찰하고 평가하기 위해 제안된 방법을 기술할 것이다.

등교거부 행동의 형태

학생과 가족의 아침 활동에 대한 구조화된 조사는 개입목표에 대한 의견을 형성하는 데 도움이 될 수 있다. 이와 같은 관찰을 위한 일반적 제안은 다음과 같다.

- 관찰 전 학생과 부모와 함께 평정척도에 대해 논의한다(예를 들어, 0~10점 척도). 이런 평정척도는 가장 두드러진 어떤 행동에 대해서도 사용될 수 있다(예를 들어, 침대 밖으로 나오는 것에 대한 거부, 학생의 괴로움, 빈둥거리기). 아침 일상의 서로 다

른 시점에 그리고 학생이 학교에 들어설 때 평정하도록 요청한다.

- 오전 중 예정된 시간에 대상 가족의 집에 도착하여, 정시에 학교에 출석하기 위해 필요한 어떤 활동에 대해서든 학생이 저항하는 시간의 양을 기록한다. 침대에서 일어나기, 옷 입기, 씻기, 아침 먹기, 학교에서 필요한 준비물 챙기기, 자동차나 버스에 타기 등이 여기에 포함될 수 있다. 저항도 다양한 형태로 나타는데, 움직이지 않기, 반항하기, 화내기, 빈둥거리기, 매달리기, 물건 집어던지기, 논쟁하기, 울기, 방문 걸어 잠그기, 달아나기, 공격성 등이 있다. '나 그냥 학교는 내일 가면 안 돼요?' 와 같이 등교거부 행동을 말로 직접 표현하는 것도 기록해야 한다.
- 부모 혹은 가족 구성원의 반응, 특히 학생의 등교거부 행동에 대한 부적응적 반응을 기록한다. 예를 들어, 학생의 잘못된 행동에 대한 부적절한 관심두기, 암묵적으로 수용하기, 학대 행동 등이 여기에 포함된다.
- 관찰한 것, 면접한 내용, 다른 검사에서 가족 구성원이 보고한 것 사이의 불일치는 무엇이든 기록한다.
- 학교에 들어서는 것에 대한 학생의 언어적 저항이나 신체적 저항도 기록한다. 많은 학생들은 아무 문제없이 등교를 준비하지만 학교 건물 바로 앞에서 들어서기를 거부한다.
- 학교 일정이 종료될 때 학생의 교사, 학교 출석관리자, 다른 학교관계자 등에게 학생이 수업을 빠진 시간을 확인하여 기록한다.

직접 관찰을 하는 동안 특정 행동과 다른 변인들에 면밀한 주의를 기울여야 한다. (a) 행동적 회피(예: 매달리기, 학교에 가라는 요구에 반항하기, 가출하기 등), (b) 불평의 신체화, (c) 인지왜곡과 언어화, (d) 학생이나 부모의 갑작스러운 행동 변화, (e) 관찰을 중단하고 집으로 돌아가겠다는 요청, (f) 가족갈등의 증가, (g) 학교에서의 잘못된 행동에 대한 교사의 보고 등이 그러한 변인에 속한다. 그러나 면접처럼 관찰도 특정 사례의 등교거부 행동에 적합하도록 맞추어 조절될 수 있다.

등교거부 행동의 기능

기술적 기능분석으로부터 얻은 정보를 재확인하기 위해 서로 다른 환경에서 학생, 가족, 관련된 사람들(예를 들어, 조부모, 학교관계자)을 관찰하는 것이 가장 바람직하다. 이것은 지금까지 논의한 일반적인 관찰과는 조금 다르다. 등교거부 행동의 기능에 대한 가설을 검증하기 위해 특정한 환경이 설정된다는 점이 차이점이다. 이 관찰은 학생에게 다소간 우호적인 환경에서의 학생 행동과 전형적인 등교일의 학생 등교거부 행동을 비교하는 것으로 수행한다. 즉, 부모-자녀가 요구하는 환경이나 상담자-교육자가 기대하는 환경이 학교 출석을 강화하는지 아니면 오히려 방해가 되는지를 관찰한다. 예를 들어, 만약 등교일의 일상적인 상황과 '개선된' 상황에서 학생의 행동이나 출석이 상당한 변화를 보였다면, 특정한 기능과 관련한 가설에 대한 증거가 확보될 것이다. 이 절에서는 각 기능에 대해 제안된 관찰법에 대해 알아볼 것이다.

신체적 불편함과 부정정서를 유발하는 자극을 피하기 위해 등교를 거부하는 것으로 의심되는 학생에 대해 일상적인 날의 등교거부 행동과 표면적으로는 보다 우호적인 상황에서 등교하도록 요청받은 날의 행동을 비교하는 것은 유용하다. 예를 들어, 스트레스가 없는 것으로 알려진 시간(점심시간, 운동장에서의 자유시간) 동안이나 특정 과목(예를 들어, 체육)이 없는 날 학교에 가도록 요구할 수 있다. 다른 상황이 아닌 이런 상황에서 학생이 기꺼이 등교한다면, 학생이 확실히 부정정서나 어떤 신체적 불편함을 일으키는 특정 자극 때문에 학교를 회피하는 것이라는 증거일 수 있다. 이 관찰은 또한 다른 기능을 제외시키는 데 도움이 된다. 예를 들어 아동이 지지적인 성인(예를 들어, 부모) 없이 또래와의 점심에 기꺼이 함께 한다면, 이는 혐오적인 사회적 · 평가적 상황에서 벗어나기 위해 혹은 학교 밖의 가시적 보상이나 관심을 받기 위해 등교를 거부한다는 가설을 기각하는 데 도움이 된다.

혐오적인 사회적 · 평가적 상황을 회피하기 위해 등교를 거부하는 것으로 생각되는 학생의 경우, 일상적인 날의 등교거부 행동을 소수의 사람만 학교에 있거나 혹은 한 사람도 학교에 없는 시간(예를 들어, 학교의 일과가 끝난 후)에 등교하도록 요구받을 때의 행동과 비교하는 것은 유용하다. 이런 시간에 학생이 보다 기꺼이 스스로 학교에 들어가 있다면 학교의 사회적 측면이 가장 큰 문제일 것이다. 더불어 학생에게 시험, 구두발표, 체육이나 다른 수행 등이 요구되지 않는 특정한 날 등교하기를 요청할 수 있다. 예를 들어, 많은 학생들의 관심을 받지 않고 사라질 수 있도록 허용된다면 그들은 어려움 없이 등교할 것이고, 이것은 등교거부 행동이 명백히 혐오적인 사회적 · 평가적 상황을 회피하려는 욕구에 의해 유지되고 있는 것임을 보여 주게 된다. 혐오적이지 않은 상황에서는 별 문제 없이 스스로 등교한다면 이를 통해 다른 기능과 관련된 가설들은 기각될 수 있다.

관심을 끌기 위해 등교를 거부하는 것으로 생각되는 학생들에 대해, 일상적인 날들의 등교거부 행동을 (a) 부모와 함께 동반하여 교실에 있을 때나 (b) 학교에 있는 동안 언제라도 부모와 접촉하거나 집으로 갈 수 있음을 허락하는 상황에서의 행동과 비교하는 것은 유용하다. 정말로 관심받기 위해 등교를 거부하는 학생은 이런 상황에서는 보다 기꺼이 등교하지만, 부모와 직접적 혹은 간접적으로 접촉할 수 없다면 등교하지 않는다. 사실 이 학생들은 대개 그들의 부모가 학교에 있다면 비록 다양한 스트레스 상황과 사회적 상호작용이 있더라도 등교한다. 더불어 이 학생들은 때로 혼자 등교하는 것에 대해 큰 대가가 반드시 주어진다 하여도 혼자 학교에 가려 하지 않는다. 특정 사례에서 학생이 혼자 등교하지 않으려 한다면 이를 통해 부적 강화나 가시적 보상에 대한 욕구 때문에 등교거부 행동을 한다는 가설을 기각할 수 있다.

학교 밖의 가시적 보상을 위해 등교를 거부하는 것으로 의심되는 학생이 평상시에 보이는 등교거부 행동을 일시적으로 등교하는 것에 대해 매우 큰 보상(예를 들어, 특혜, 금전)이 주어졌다가 제거될 때의 행동과 비교하는 것은 유용할 것이다. 만약 보상이 주어지는 기간에는 기꺼이 등교하다 그것이 철회된 후에는 다시 등교를 거부한다면 이를 통해 외부의 보상이 분명히 학교에서 주어지는 보상보다 더 강력하다는 것을 알 수 있다. 이 기간 동안의 등교는 또한 높은 수준의 불안과 관심 끌기와 관련된 가설을 기각할 수 있게 한다. 다른 흥미로운 관찰 중 하나는, 만약 학교에 등교하지 않을 경우 정적 강화를 매우 심하게 감소시키는 것이다. 예를 들어, 저녁식사 후 사회적 활동을 못하게 할 수 있다. 만약 학생이 학교 밖에서 가시적 보상을 얻기 위해 등교를 거부한다면, 이 관찰 기법이 수행될 때 정적 강화의 감소를 제거하기 위해 출석은 증가할 것이다. 그러나 이 전략은 상당한 가족 내 갈등을 유발할 수 있으므로 주의 깊게 사용되어야만 한다.

마지막으로, 다수의 원인에 의해 등교를 거부하는 것으로 생각되는 학생을 대상으로는 복잡한 관찰이 필요하다. 예를 들어 학생이 관심을 끌고 학교 밖의 가시적 보상을 얻기 위해 등교를 거부하는 것으로 여겨진다면, 부모나 보호자가 학교에 함께 있는 것과 강력한 보상이 잘 조합된 관찰이 이루어져야 한다. 한 방법은 2일 동안은 부모나 보호자와 함께 있기만을 확대하고, 다음 2일 동안은 확실한 보상만을 증가시키며, 그다음 2일 동안은 둘 모두를 증가시키는 것이다. 일반적인 부정정서 유발자극을 회피하기 위해 혹은 혐오적인 사회적 · 평가적 상황 회피를 위해 등교를 거부하는 것으로 생각되는 학생의 경우에는, 위의 경우처럼, 며칠 동안 각각 다양한 학교 관련 환경(예를 들어, 서로 다른 학급, 서로 다른 집단의 사람들)에서의 출석을 관찰하여야만 한다.

어떤 사례에서는 사례의 심각성, 시간제한, 다른 한계들 때문에 형식을 갖춘 실험적 분석이 적합하지 않다. 그럴 경우에도, 상담자와 학교관계자는 회기 중 학생이 등교를 거부하는 이유를 확인하는데 도움이 될 핵심적 행동을 분석할 수 있다. 물론 이런 간단한 관찰은 등교거부의 기능과 관련한 일반적인 가정만을 가능하게 할 뿐이며 가능한 다양한 공식적 평가 수단들과 통합되어야 할 것이다.

- 부정정서 유발자극 때문에 등교를 거부하는 것으로 의심되는 학생은 평가를 하는 동안 울음 섞인 모습, 수동성, 위축된 모습 등을 보일 수 있다. 그러나 이 기능은 상담실이 학교에 있는 것이 아닌 한 상담실 환경의 단순 관찰로는 평가하기 어렵다.
- 혐오적인 사회적 · 평가적 상황을 벗어나려 등교를 거부하는 것으로 생각되는 학생은 임상적 혹은 상담실 상황에서 다른 사람들과 상호작용할 때 불편함을 보일 수 있다. 그러나 이 집단의 많은 학생들은 또래보다는 성인들과 더 기꺼이 상호작용하므로 이에 대해 고려하여야만 한다.
- 관심을 끌기 위해 등교를 거부하는 것으로 의심되는 학생은 부모와 분리되는 데 어려움을 겪거나 성질을 부리거나 혹은 상담자나 학교관계자와 홀로 이야기하는 것을 피하기 위하여 부정적 행동을 보일 수 있다.
- 학교 밖의 가시적 보상을 얻기 위해 등교를 거부하는 것으로 여겨지는 학생은 자신의 사회적 삶의 형태에서의 변화에 저항하기 위해 부모와 격렬한 언쟁을 벌이기도 한다. 이들은 지금까지의 우호적인 상황에 대한 잠재적 변화 가능성 때문에 상담에 오거나 치료에 참여하는 것을 꺼린다.

일상생활에서의 등교거부 행동 관찰

객관적인 관찰뿐만 아니라, 어느 정도까지는 등교거부 행동의 형태와 기능을 매일 또는 매주 간격으로 학생과 성인이 함께 모니터링할 수 있다. 실제적인 정서적 고통을 수반하는 등교거부 학생의 경우, 두려움과 불안을 매일 척도화하는 형식이 개발되어 있다. 대표적인 예는 다음과 같다.

- 일기(Beidel, Neal, & Lederer, 1991): 하루 동안 시간, 장소, 특정한 불안 유발사건, 그 사건에 대한 행동반응, 불안 유발사건 발생과 관련된 상황적 변수를 평가한다(p. 508). 일기는 부적 강화를 얻기 위해 등교를 거부하는 청소년에게 가장 유용하다.
- 두려움 체온계는 여러 연구에서 다양한 형식으로 활용되어 왔다(예: Kelley, 1976; Lang & Lazovik, 1963; Melamed, Yurcheson, Fleece, Hutcherson, & Hawes, 1978). 두려움 체온계는 실제 온도계처럼 1~5 또는 1~10의 눈금이 그려져 있어서 학생들이 두려움의 정도를 가리킬 수 있도록 되어 있다. 이런 기법은 일반적으로 유용하지만, 학교와 연관된 특정 공포를 가진 일부 학생들에게 보다 유용하게 사용되어 질 수 있다.
- 고통/혼란의 주관적 범위 척도(Subjective Units of Distress/Disturbance: SUDS; Wolpe, 1969)는 일반적인 고통을 0~100까지의 범위로 측정하는 것인데, 등교거부 행동을 보이는 청소년들의 정서적인 고통을 평가하기 위해 사용된다(Kearney & Silverman, 1990, 1991). SUDS는 특히 학교에 있는 동안 정서적 고통이 변화하는 학생들을 시간 간격에 따라 평가하는 데 유용하다.

이 세 가지 측정 기법은 등교거부 행동을 보이면서 정서적인 스트레스를 어느 정도 나타내는 청소년들에게 적절하다. 다만, 학교 출석 자체는 측정되지 않는다. 저자와 동료들은 여러 가지 증상을 포함한 일반적인 등교거부 행동을 보이는 학생과 부모를 위한 간단한 일지를 고안해 왔다(Kearney & Albano, 2000; Kearney & Silverman, 1990). 이 일지는 불안, 우울, 전반적인 고통-부정정서, 불순종, 가족 일상생활의 붕괴, 다른 아이의 행동문제, 학교에 결석한 시간 등 학생의 상태를 매일 평가하도록 하고 있다. 척도는 0~10의 범위로 만들어졌는데 0은 '전혀 그렇지 않다' 이고 10은 '매우 그렇다' 이다. 학생과 부모에게 일지 작성법을 간단히 안내하고 질문을 주기적으로 발송한다. 한 치료성과 연구에서, 불안과 우울에 대한 학생과 부모의 평가자 간 신뢰도가 .62인 것으로 나타났다($p < .01$; Kearney & Silverman, 1999).

등교거부 행동의 형태는 매우 복합적이고 다양하기 때문에 매일 모니터링하고 주기적으로 검토해야 한다(예를 들어, 각 치료 회기마다). 이러한 모니터링은 과제를 완수하기 위한 동기 수준을 측정하고, 학생의 행동에 대해 가족들의 각성 수준을 높여 주고, 진전도를 평가하기에 아주 좋은 방법이다. 등교거부 행동을 보이는 학생의 기능은 시간에 따라 변화하기 때문에 SRAS의 주기적인 실시와 관찰이 필요하다.

학교관계자와 접촉하는 것

대부분의 등교거부 행동 사례에 있어서 학생과 부모는 평가의 근간이 된다. 하지만 학교관계자들 또한 간과해서는 안 되는 풍부한 정보출처다. 정규교사 및 임시교사, 학교심리학자, 사회복지사, 생활지도 상담자, 교장, 간호사, 도서관 사서, 학교 출석조사관, 기타 인물 등이 학교관계자에 포함된다. 이들로부터 평가와 치료 회기 동안 특정한 종류의 정보들을 제공받을 수 있다. 예를 들면, 과거와 현재의 실제 학교 출석일수, 학생의 고통과 불복종을 비롯한 기타 비행 행동, 학생과 타인들과의 상호작용, 학업계획과 과제, 학생의 학교복귀 절차 · 기한 · 장애물, 장기결석에 대한 정책과 규율, 대안교육 프로그램, 개입절차의 효과성에 대한 피드백, 등교거부 학생의 부모에 대한 조언제공, 부모와 학교의 갈등 등의 정보를 확보할 수 있다. 물론, 등교거부 학생과 관련된 기타 정보가 정기적으로 파악되어야 할 필요가 있다.

평가과정 동안 치료자는 학교관계자와 긴밀하고 긍정적인 협력관계를 형성하고 발전시켜야 한다. 여러 분야에 걸친 협력은 등교거부 행동을 해결하는 데 핵심적인 부분이라고 할 수 있는데, 부모, 교육관계자, 치료자, 기타 전문가들 사이의 불화는 등교거부 문제의 해결에서 가장 큰 불행이 될 수 있다(Will & Baird, 1984). 치료자-학교관계자 사이의 긴밀한 연계 형성은 치료기간 동안 부모에게 좋은 역할 모델로 작용할 수 있다.

평가의 다른 방법들

다른 몇몇 평가 방법들은 등교를 거부하는 아동 중 일부에게 적합하다. 예를 들어 호흡의 형태에 대한 생리학적 평가, 심장박동과 혈압, 땀 흘리는 것 등은 아동의 정서적 고통을 측정하기 위해 과거에 주로 사용되어 왔다. 나아가 지능검사와 같은 객관적인 심리평가 방법들은, 인지적 결손이나 학습장애를 가려내거나 치료를 위해 아동의 언어능력을 평가하는 데 유용하다(Eisen & Kearney, 1995). 마찬가지로 투사검사들은 학교에 관련된 것들을 말로 표현하기 어려워하는 학생들에게 유용하다. 사회성 평정, 역할연기검사, 사고목록과 생각 말하기 절차 등 기타 측정법들 또한 등교를 거부하는 청소년을 평가하는 데 사용되어 왔다.

평가정보 통합과 처방적 치료 배치

특정한 등교거부 행동 사례를 해결하기 위해서는 다양한 정보원과 다양한 측정 방법으로부터 수집된 모든 관련 정보들을 모으고, 일차적 치료목표와 학생의 등교거부 행동의 기능을 파악하기 위해 이 자료들을 종합해야 한다. 이 과정은 SRAS를 통해 도출된 최종 측정치에서부터 시작하는 것이 가장 좋다. 즉 기능적 프로파일을 먼저 그려 본 다음, 관찰을 통해 도출된 정보들이 해당 프로파일에 부합하는지 확인해 본다.

만약, 이 내용들 가운데 비교적 잘 부합되거나 확정할 만한 것들이 발견되면 면접을 통해 도출된 정보를 평가한다. 여기에는 가족 구성원들의 일상적 보고와 아침 및 일과시간에 학생이 한 행동에 대한 기술(예를 들어, 거부하며 울기, 속임수 쓰기, 학교에서 도망치기 등)뿐만 아니라 진단적 정보도 포함된다. 특히, 이러한 진단과 처방은 가장 영향력이 큰 것과 가장 영향력이 적어 보이는 것에 따라 조절될 필요가 있다. 예를 들어, 등교거부의 주요 원인이 관심을 끌기 위한 것이라면 그 아동은 반항적으로 거부하며 아침에 엄마의 다리를 붙잡고 늘어질 것이다. 하지만 학교에서 또래와 이야기하는 것을 거부하거나 사회적 불안장애를 나타내지는 않을 것이다. 면접 정보에 따라, 모든 정보원으로부터 도출된 자료, 특히 아동의 자기보고와 부모 및 교사가 평정한 내용과 심리검사 프로파일 등의 항목과 전체 점수를 평가할 필요가 있다. 이러한 자료들을 통틀어 수렴되는 정보들, 또한 정보들 가운데 일치하지 않는 부분들까지도 기록할 필요가 있다.

검사자료들을 평가하는 것에 있어서, 특정 기능을 담당하는 것으로 보이는 행동 패턴을 살펴볼 필요가 있다. 기능적 프로파일에 적합한 기록 양식은 4장에 소개되어 있다. 여러 사례에서 몇몇 전반적인 패턴이 드러났다. 종종 이러한 패턴은 상당히 일반적이다. 예를 들어, 학생은 학교에 있는 무엇인가 혐오스러운 것을 피하려고 등교를 거부하는 것이 확실하지만 이것이 어떤 사회적 상황과 관련된 것 때문인지 혹은 기타 다른 자극들 때문인지는 명확하지 않다. 대부분의 경우에 명확한 그림이 드러나기도 하는데, 예를 들어, 학교 밖의 가시적인 보상을 얻기 위해 등교를 거부하는 학생의 경우가 그렇다.

가시적인 보상이나 관심을 끌기 위한 등교거부 행동과 비교해 볼 때, 부적 강화에 의해 유지되는 등교거부 행동은 명확한 패턴이 잘 드러나지 않는 경우가 대부분이기 때문에 보다 면밀한 조사가 요구된다. 특히, 복합적 기능에 의한 등교거부 사례는 가장 면밀한 조사가 필요하다. 이러한 사례에서는, 각각의 기능적 조건에 들어맞지 않는 논리적 증거들을 제외시켜야 한다. 강력하거나 미약한 기능과 연관시켜 차원에 따른 프로파일을 그려 볼 필요가 있다. 이 장의 마지막 부분에 복합적 기능의 사례가 제시되어 있다.

지금까지의 시나리오는 여러 결과들이 일치하는 것을 전제로 하고 있지만, 등교거부 행동의 기능적 측면에서 볼 때, 여러 평가측정치들 사이에 불일치가 드러날 수도 있다. 이러한 불일치는 다음의 두 가지 또는 몇 가지 요인에 기인할 수 있다. 하나는, 평가자 내 불일치인데, 한 평가자의 보고내용과 평가결과가 불일치하는 것을 말한다. 예를 들어, 면접에서는 학생의 등교거부가 불안 때문이라고 보고했지만, SRAS에서는 학생의 등교거부 원인이 관심을 끌기 위한 것이라고 표시하는 부모도 있다. 또는 학생은 자신의 등교거부가 학교에서의 사회적 상호작용 문제라고 했지만 관찰결과는 대인관계의 질과 양이 모두 양호한 것으로 나타나는 경우다. 이러한 경우, 불일치들을 명확히 하기 위해 보다 면밀한 평가가 필요하다. 예를 들어, 어머니의 경우 자녀의 불안에 대해 확신이 없는 것, 학생의 경우 무엇이 적절한 사회적 관계를 형성하는지 알지 못하는 것일 수 있다.

다음으로, 평가 불일치의 보다 일반적인 형태는 평가자들 사이에서 발생하는 것이다. 예를 들어, 부모는 십대 자녀의 등교거부가 단순히 학교 밖의 재미를 얻기 위한 것이라고 주장하지만, 십대 자녀는 등교를 하지 못하는 것은 실질적인 불안 때문이라고 주장할 수 있다. 이 시나리오에서는 몇 가지 설명이 가능하다. 첫째, 두 가지 기능 모두가 등교거부 행동에 기여했을 수 있으며, 두 가지 모두 적용될 필요가 있다. 둘째, 어느 한쪽이 별도의 목적을 위해 등교거부 원인에 대해 거짓 규정을 하고 있는 것이다. 예를 들어, 이 시나리오에서 부모는 십대 자녀가 게으르고 학교에 흥미가 없다고 규정함으로써 비난의 화살을 돌리고 자신의 죄책감을 완화하려고 할 수 있다는 것이다. 한편 십대 자녀의 경우, 불안이 문제라고 거짓된 주장을 하면서 가능한 한 오랫동안 현상을 유지하려고 할 수 있다.

세 번째 가능성은, 단순하게 한쪽이 다른 쪽의 행동에 대해 모르고 있는 경우다. 몇몇 부모들은 자녀가 왜 학교에 빠지는지에 대해 별로 아는 바가 없고 다만 일반적인 가설들만 가지고 있는 경우가 있다. 이는 어린 자녀들에게도 또한 적용된다. 이러한 경우, 보고 내용들의 신뢰도를 결정하기 위한 임상적 판단이 필요하다. 부가적인 독립된 정보(예를 들면 더 많은 임상적 관찰, 교사의 보고 등)는 또한 어떠한 기능적 패턴이 일차적으로 학생의 등교거부 행동을 유지시키는지를 결정하는 데 도움이 될 것이다. 몇몇 사례들에서 명백한 주요 기능에 관련된 증거의 경우에는 그 증거의 우월성이 충분히 확보되어야 한다.

등교거부 행동의 주요 기능에 대한 파악을 마치면, 동의 절차와 함께 처방적 치료가 정해진다. 처방적 치료는 등교거부 행동의 주요 기능에 대한 개별적 치료 프로토콜이라고 정의할 수 있다. 4장에서 언급했듯이, 학생의 각각의 기능적 조건에 따른 특수한 치료가 개발되어 왔고, 이러한 치료법들은 6장과 9장에 걸쳐 보다 자세하게 소개되어 있다. 복합적인 이유로 등교를 거부하는 청소년은 이 기능적 모델 내에서 처방적 치료를 병행해서 다룰 수 있다.

평가와 치료에 대한 사례 소개

부모와 학교상담교사는 12살 소년인 타일러를 등교거부 행동 청소년을 위한 전문클리닉에 의뢰하였다. 타일러는 학기가 시작되고 11월 초 이후로 12번의 결석, 9번의 지각 또는 조퇴를 했고 수업을 거의 듣지 않아 의뢰되었다. 게다가 아침에 학교 가는 것과 때때로 생활지도교실에 늦는 여러 가지 문제들을 가지고 있었다. 타일러의 출석은 9월 초 첫 2주가 특히 문제였고, 10월 중순이 지나 조금씩 개선되었으나 지난 3주 동안 상당히 나빠졌다. 실질적으로는 지난 10일간의 출석일 중, 5일을 완전히 결석했고 다른 4일 동안 최소 하나 이상의 수업을 빼먹었으며, 4번이나 지각했다.

초기면접 동안에, 타일러는 무뚝뚝하고 종종 안절부절못하고 한숨을 쉬긴 했지만 대체로 협조적이고 공손했다. 타일러는 학교를 좋아하지 않고 대신 홈스쿨링을 원한다고 했다. 특히 타일러는 중학교를 마치고 새로운 학교의 7학년으로 진학한 뒤 붐비는 학생들, 달라진 수업방식, 어려운 숙제들이 싫다고 하였다. 타일러는 학교는 '최악의 장소' 이고 '다시 돌아갈 이유가 없다' 고 말했다. 학교에 있는 동안의 두려움을 평가하는 면접(ADIS-C)에서 점수는 낮은 것에서 중간 정도로(0~4) 나타났지만, 최근에 영어시간에 발표하는 것에 대해 불평을 했다. 또한 이웃에 있는 친구와 시간표가 달라서 친구를 자주 볼 수 없는 것을 불평했다. 타일러는 다른 행동문제나 부모님과의 어려움은 없다고 보고했다.

타일러 부모와의 접수면접 과정에서 그들이 현재 상황에 대해 매우 긴장하고 지쳐 있다는 것이 명확하게 드러났다. 부모는 타일러의 아침 등교거부 행동이 가장 두드러진 문제라고 했다. 타일러는 아침마다 침대에서 나오려 하지 않고, 꾸물거리고, 계속 격려해 주어도 학교 가는 것을 거부한다. 더 나쁜 것은 때때로 타일러가 허락 없이 학교에서 나가 버린다는 것이다. 부모는 타일러의 지속적인 반항에 이제 걱정하는 것도 지쳤을 뿐만 아니라, 현실적으로 볼 때 그들에게는 학령기에 접어든 또 다른 아이와 관심을 쏟아야 할 갓난아기도 있다고 했다.

타일러의 부모는 타일러가 왜 등교를 거부하는지 확신하지 못했지만 지난 1, 2학년과 6학년 때도 비슷한 문제가 있었다고 말했다. 학교 가기를 거부하는 시간이 잦아지면서 부모가 법률상의 문제에 직면하게 되어 결국 타일러를 학교에 물리력으로 끌고 오는 일이 두 번이나 있었다. 하지만 부모들은 더 이상 타일러를 억지로 학교에 끌고 오는 방법은 취하고 싶지 않다고 했다. 그들은 아들과 좋은 관계를 갖고 지내길 원했고 오랫동안 누군가에게 상처를 남기는 것을 원치 않았다. 부모는 장기결석에 의해 학교 밖에서 발생할 수 있는 비행 행동들을 인식하고는 있었지만, 타일러는 일반적으로 수줍어하고 학교에서 다른 사람들 앞에 나서는 것을 두려워한다고 말했다. 결론적으로 그들은 타일러가 원하는 대로 홈스쿨링을 심각하게 고려하고 있지만 먼저 그 전에 치료자의 의견을 듣고 싶다고 했다.

몇 개의 검사를 타일러와 부모에게 실시하였다. 두려움과 일반적인 불안을 측정한 타일러의 점수는 비록 FSSC-R에서 '발표하는 것' '바보처럼 보이는 것' '괴롭힘 당하는 것' '선생님에게 호명되는 것' '시험을 망치는 것' '방과후에 학교에 남는 것' 등에서 다소 높게 나타났지만 대체적으로 정상범위인 것으로 나타났다. 부가적으로 살펴보면, CDI에서 16점이 나왔는데 이 점수는 높긴 하지만 임상적으로는 의미 있는 점수는 아니며, SASC-R의 다음 몇몇 항목, 즉 '나는 놀림을 당할까 봐 두려워요.' '나는 다른 친구들이 나를 어떻게 생각할까 두려워요.' 그리고 '친구들이 나를 놀리는 것 같아요.' 등에 대해서는 강하게 찬성한 것으로 나타났다. 타일러의 SRAS-C의 기능적 프로파일은 2.50-4.00-2.25-4.75로 나타났다.

타일러의 부모도 CBCL, FES, SRAS-P 검사를 받았다. 검사결과는 비록 불안-우울과 공격 행동에서 약간의 상승을 보이긴 했지만 CBCL 요인들에서 폭넓은 상승이나 감소는 나타나지 않았다. 모든 당사자들이 면접에서 특히 가족 간의 갈등이 적다고 주장했는데도 FES에서 상승된 갈등 점수를 나타낸 것이 주목할 만하다. 타일러 부부의 기능적인 프로파일은 각각, 2.50-3.75-3.75-2.00, 1.00-5.00-5.00-1.75로 나타났다. 타일러의 SRAS 점수와 합산한 결과 최종적으로 2.00-4.25-3.67-2.83의 기능적 프로파일이 산출되었다.

치료자는 학교 등교시간에 가족들의 일상적이고 일반적인 사항들을 직접 관찰했다. 예상한 대로, 타일러가 침대에서 일어나기까지는 오랜 시간이 걸렸고 6시 45분부터 7시 55분까지 꾸물거렸다. 심지어 치료자 앞에서도 타일러와 부모 사이에 고함이 오갔다. 특히 타일러는 학교 갈 준비를 하는 대신 TV를 보려 했다. 갈등은 고조되었지만 타일러 부부가 타일러를 모른 체하고 어린 자녀들을 돌보면서 갈등은 눈에 띄도록 감소했다. 타일러는 아버지가 일하러 나갈 때까지 방문을 걸어 잠그고 있다가 아버지가 나간 후에 나와서, 그 후에는 어머니와 함께 아기 돌보는 일을 도우며 시간을 보냈다. 타일러의 학교 출석을 설득하려는 어머니의 온화한 애원에도 불구하고 타일러는 용케도 집에서 나머지 시간을 보냈다.

타일러를 가르치는 두 명의 교사는 면접에서 타일러는 수업불참 및 시험과 과제 불이행 때문에 낙제하게 될 것이라고 말했다. 두 교사 모두 타일러가 조용하고 예의바른 학생이지만 다른 사람들 앞에서 매우 긴장하는 것 같다고 했다. 예를 들어, 영어선생님은 지금까지 타일러가 한번 구술발표를 한 적이 있는데 목소리가 떨렸고 제대로 하지 못해서 몇몇 학우들이 비웃었기 때문에 타일러가 엄청나게 긴장했었다고 말했다. 게다가 수학선생님은 타일러가 수업시간에 몇 번가량 칠판에서 문제를 푸는 것을 거부하였다고 말했다. 흥미로운 것은 두 교사 모두 타일러가 때때로 수업 전이나 후에 학업 외의 이야기로 귀찮게 할 때가 있다고 했다.

이러한 평가 내용들을 종합하여, 치료자는 먼저 SRAS로부터 산출된 기능적 프로파일을 조사한다(앞서 제시했던 2.00-4.25-3.67-2.83). 이러한 프로파일은 타일러가 학교에서의 혐오스러운 사회적 평가적 상황을 피하기 위해서 등교를 거부한다는 것을 분명히 나타내 준다(기능 2). 이것은 (a) FSSC-R와 SASC-R에서 나타난 타일러의 우울증 증상과 우울증 항목, (b) 타일러가 다른 사람들 앞에서 긴장한다는 면접 내용, (c) 학교에서 친구들과 함께 있고 싶어하는 타일러의 바람, (d) 다른 사람 앞에서의 수행을 요구하는 수업을 빼먹는 경향(앞서 언급했던, 영어, 수학, 체육) 등과 일관되는 결과다.

하지만 치료자는 이 기능적인 프로파일에서 몇몇 일치하지 않는 정보에 주목했다. 예를 들어 (a) 타일러는 실제로 부모와 심한 갈등이 있었다(그렇지 않았다는 처음의 보고서에도 불구하고), (b) 타일러는 다른 사람들 앞에서 수행하는 것이 적거나 없는 날에도 등교를 거부했다, (c) 타일러는 학교에서의 요구사항에 큰 변화가 없었음에도 불구하고 9월 말과 10월 초에는 등교를 거부하지 않았다. 다시 말하면, 타일러가 지난 3주 동안 돌발적으로 등교거부 행동을 보인 것에 대한 설명이 더 필요하다.

이러한 불일치를 해소하기 위해서, 치료자는 타일러와 부모의 면접 자료와 각각의 SRAS 프로파일을 면밀히 재검토하였다. 타일러의 기능적 프로파일(앞서 언급했던 2.50-4.00-2.25-4.75)에서는 타일러가 등교를 거부하는 주된 이유는 학교 밖에서 가시적인 보상을 얻기 위해서임을 나타내고 있다(기능 4). 면접에서 타일러는 집에 머물고 싶고 TV를 보고 비디오 게임을 하고 늦잠을 자고 동네에서 자전거를 타는 것을 좋아한다고 말했다. 타일러의 어머니 또한 이 사실을 인정했고, 집안에 타일러를 묶어 두기 위해 하는 일은 거의 없다고 말했다. 그러나 흥미로운 것은 타일러 부부 두 사람 모두 관심 끌기(기능 3)와 혐오적인 사회적 · 평가적 상황 회피(기능 2)를 가장 두드러진 이유로 표시했지만 기능 4는 강하게 평정하지 않은 것으로 나타났다. 두 부부 각각의 기능적 프로파일(2.50-3.75-3.75-2.00, 1.00-5.00-5.00-1.75)을 보면 알 수 있다. 면접에서 부모는 타일러가 얼마나 홈스쿨링을 원하는지, 얼마나 이 방 저 방 부모를 따라다니는지, 앞으로 다가올 일(병원에 가는 것 등)에 대해 얼마나 안심을 시켜 줘야만 하는지에 대해서 언급했다. 이러한 점은 교사가 수업 전후 타일러가 교사의 관심을 끌기 원한다고 말한 것과 일치하는 것처럼 보인다.

평가자료들을 재평가한 후, 치료자는 타일러가 세 가지 기능의 조합, 즉 혐오적인 사회적 · 평가적 상황을 피하기 위해서, 관심을 끌기 위해서, 학교 밖의 가시적인 보상을 얻기 위해서 등교를 거부하고 있는 것으로 결론내렸다.

이것은 타당해 보이는데, 9월에 있었던 타일러의 등교에 대한 초기불안은 부모의 지지와 묵인을 통해 그 당시 타일러가 집에 성공적으로 머물도록 해 주는 역할을 하였다. 하지만 전년도처럼 타일러 부부가 어떤 행동을 취하도록 학교로부터 압력을 받았기 때문에 타일러는 부모의 강제에 의해 학교로 돌아가게 되었다. 하지만 결국에는 타일러의 불안과 등교거부가 다시 불거지고 악화되자 타일러 부부는 '한풀 꺾여서' 타일러가 집에 있는 것을 점점 더 묵인하게 되었다. 결국 타일러는 집에 머물면서 여러 가지 재밋거리들을 찾게 되었고(예를 들어, 텔레비전 시청, 자전거 타기 등), 부모는 타일러가 자신들의 관심을 끌기를 원한다고 느끼게 되었다.

가족을 위한 후속 자문에서 치료자는 타일러의 등교거부 행동을 지속시키고 있는 세 가지 기능에 근거한 세 가지의 치료접근을 제안했다. 세 가지 치료적 접근은 다음과 같다: (a) 다른 사람 앞에서 발표할 때의 불편감을 통제함으로써 타일러의 불안 관리하기와 학교에서 동네친구들과 함께 수업을 들을 수 있도록 시간표 조정하기; (b) 부모로서 적합한 행동을 하기 위해 우발적 상황에 대처하는 법 훈련하기, 부적절한 행동 무시하기, 꾸물거리는 것에 대한 벌을 포함하는 규칙적인 아침 행동 형성하기; (c) 타일러가 등교했을 때 제공할 수 있는 가족 상황에 맞는 인센티브 개발하기와 타일러가 낮시간 동안 집에 머무는 동안 제공되는 강화물 제거하기.

요약

학생의 등교거부 행동에 대한 평가 과정에서 최적의 치료 방법과 마찬가지로 등교거부 행동의 형태와 기능에 대한 정보들을 다양한 정보원으로부터 수집하는 것이 필요하다. 실제로 타일러의 경우에서 보았듯이 여러 정보원들로부터 수집된 정보를 참조하는 것이 중요하며 각각의 특정 기능을 지지하거나 반박하는 여러 증거들을 조합하여 추론하는 것이 필요하다. 그렇게 하기 위해서는, 각 개인의 기능적 프로파일을 검토한 세부자료, 관찰자료, 면접보고서, 기타 다른 정보들이 필요하다. 이러한 과정을 거쳐야만 적합한 치료가 시행될 수 있다. 등교거부 행동의 기능에 근거한 다양한 치료 패키지는 6장과 9장에 걸쳐 소개되어 있다.

제2부

기능 중심 처방

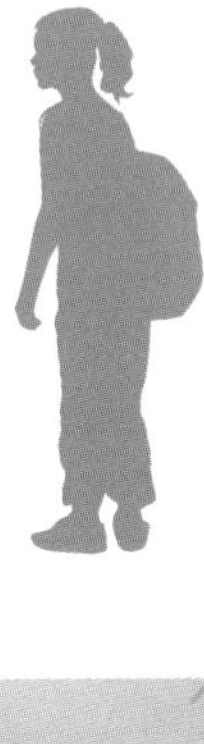

제6장

부정정서 유발자극을 회피하는 학생

7살 된 안젤리나는 평소 아침이 되면 운다. 매일 학교에 가기는 하지만 학교에서 복통과 두통을 호소한다. 아침에 가끔 설사와 메스꺼운 증상을 보이기도 한다. 안젤리나는 학교에서는 조용하고 위축되어 있으며, 수업에 참여하는 데 어려움을 보인다. 최근 부모에게 홈스쿨링을 하면 더 잘 배울 수 있다고 조르고 있다.

이번 장에서는 부정정서 유발자극(stimuli that provoke negative affectivity: SPNA)을 회피하고자 등교를 거부하는 학생에 대한 초기 치료 전략을 살펴보고자 한다. 이 기능적 조건은 불안으로 인한 등교거부 행동이나 학교공포증에 대해 전통적으로 생각해 온 것과 유사하지만 공포, 불안, 우울, 두려움, 신체적 불편을 회피하는 수단으로서의 부적 강화와 같은 다양한 요소를 포함하고 있다는 것을 기억해 보자. 이 장에서는 우선 불안으로 인한 등교거부 행동을 다루기 위한 약물과 인지-행동 처방을 간략하게 살펴볼 것이다. 다음으로 부정정서 유발자극을 회피하고자 학교를 거부하는 학생을 위한 처방에 필요한 치료적 요소를 설명할 것이다. 바로 위에 관련 사례를 하나 제시하였다.

불안으로 인해 등교를 거부하는 학생에 대한 치료

약물치료

불안으로 인해 등교를 거부하는 학생을 치료하기 위해 몇몇 초기의 연구자들은 주로 항우울제와 불안완화제를 사용한 약물치료를 제안하였다(Abe, 1975; D'Amato, 1962; Frances & Petti, 1984; Frommer, 1967; Kraft, Ardali, Duffy, Hart, & Pearce, 1965; Nice, 1968). 또한 일부 연구자들은 이런 약물을 공황 발작이 있는 등교거부 학생에게 사용할 것을 제안하기도 하였다(예를 들어, Ballenger, Carek, Steele, & Cornish-McTighe, 1989; Black & Robbins, 1990; Garland & Smith, 1990; Lepola, Leinonen, & Koponen, 1996; Tiihonen, Lepola, & Kuikka, 1997). 뚜렛 증상이 있는 등교거부 학생에게 핼페리돌(halperidol)이 사용되기도 하였다.

등교거부 학생들에 대한 대규모의 약물치료 연구가 수행되기도 하였다. 어떤 연구는 이미프라민(imipramine; 25~200mg/일)이 불안으로 인해 등교를 거부하는 16명의 학생 중 13명(81.3%)의 등교행동을 개선하는 데 도움을 주었다고 보고하였다(Gittelman-Klein & Klein, 1971). 그러나 분리불안장애가 있는 등교거부 학생들에게 이미프라민과 플라시보가 같은 효과를 보인다는 보고도 있다(Klein, Koplewicz, Kanner et al., 1992). 또한 '신경증적' 등교거부 행동을 보이는 학생들에게 클로미프라민(clomipramine; 40~75mg/일)을 처방하여, 세 가지 불안 관련 척도에서 평균 63.1% 정도 개선되었음을 보고한 연구도 있다(Berney et al., 1981).

또한 불안완화제 알프라졸람(alprazolam; 0.75~4.0mg/일)이나 이미프라민이 불안으로 인해 등교를 거부하는 학생 15명에게 미치는 효과를 조사한 연구에 따르면 2/3가 보통 또는 아주 많이 개선되었다(Bernstein, Garfinkel, & Borchardt, 1990). 연구자들은 알프라졸람이나 이미프라민을 처방받은 다른 16명의 학생도 연구하였는데, 두 가지 불안 관련 척도에서 평균 50.0%의 개선을 보고하였다. 번스타인 등(2000)도 이미프라민(3mg/kg/일)과 인지-행동치료를 8주간 병행했을 때 학교 등교 행동을 늘리고 우울을 감소시키는 데 플라시보보다 효과가 있었음을 보고하였다. 그러나 활동적인 치료집단에서는 평균 70%의 출석률만 보고되었다. 다양한 집단에 대한 다른 연구에서 항우울제 투약이 학교 관련 불안 및 연관 문제들을 감소시키는 데 효과가 있음이 보고되었다(예를 들어, Gammon & Brown, 1993). 그러나 실제 등교비율이 항상 개선되는 것은 아니다(예를 들어, Emslie et al., 1997).

커니와 실버만(Kearney & Silverman, 1998)은 불안한 학생을 대상으로 한 약물치료에 대한 연구들을 검토한 결과 많은 연구들이 학생들의 학교 출석을 높이기 위해서 이차적인 치료를 하였다는 것을 지적하였다. 이런 이차적인 전략에는 학교 출석에 대한 부모의 확고한 태도, 학교사회복지사가 가족을 만나는 것, 가족 중 한 명이 학생을 학교까지 데려가기, 다양한 입장의 치료와 심리치료, 학교에서의 지원 등이 포함된다. 이런 전략들이 학생의 학교 복귀에 크게 영향을 미치기 때문에 이들에 대한 약물치료의 효과는 논란의 여지가 있다. 그러나 학생의 불안 수준이 극단적으로 높고, 우울장애나 강박장애 등의 중복장애가 있거나 학생이 심리사회적 치료에 반응하지 않는다면 약물치료가 가장 적합할 수 있다(N. J. King, Ollendick, & Tonge, 1995; Simeon & Wiggins, 1995; Tonge, 1998). 그러나 등교거부 학생의 부모들은 선택할 수 있는 여러 치료 방법 중 약물치료를 별로 선호하지 않으며(Gullone & King, 1991), 잠재적인 심각한 부작용을 고려해야 한다(Werry & Aman, 1999).

인지-행동치료

불안장애 학생에 대한 효과적인 심리사회적 치료 방법이 여러 성과 연구에서 제시되었다. 예를 들어 일반적 · 사회적 불안 또는 분리불안이 있는 학생과 학생에게 인지-행동치료가 크게 효과적이라는 것을 보여 준 연구들이 있다(Kendall, 1994; Kendall & Flannery-Schroeder et al., 1997). 또한 일반적 · 사회적 불안이 있는 학생에 대하여 규범적 · 개인적 · 집단적 인지-행동치료를 성공적으로 실시한 연구들도 있다(Eisen & Silverman, 1998; Silverman, Kurtines, Ginsburg, Weems, Lunpkin, & Carmichael, 1999; Silverman, Kurtines, Ginsburg, Weems, Rabian, & Serafini, 1999). 이 치료 접근의 인지적 요소에는 (a) 불안에 대한 신체적 반응과 불안 감정을 인식하기, (b) 불안을 일으키는 상황에서 생기는 비현실적이거나 부정적인 기대 또는 불안을 일으키는 사고를 명료화하기, (c) 대처하는 자기대화나 대처 행동을 향상시킴으로써 대처 계획을 개발하기, (d) 수행 정도를 평가하고 자기강화를 실시하기 등이 포함된다(Kendall, Flannery-Schroeder et al., 1997; Kendall, Panichelli-Mindel, Sugarman, & Callahan, 1997). 행동적 요소에는 상상 또는 실제 노출, 모델링, 역할연기, 이완 훈련, 부수적인 사회적 강화, 연습 등이 포함된다(Silverman, Kurtines, Ginsburg, Weems, Lumpkin, & Carmichael, 1999; Silverman, Kurtines, Ginsburg, Weems, Rabian, & Serafini, 1999).

등교거부 학생이 학교에 대해 느끼는 공포를 치료하기 위해 체계적 감감법 및 이와 관련된 절차들이 자주 사용되었다(예를 들어, Blagg, 1987; Chapel, 1967; Croghan, 1981; Garvey & Hegrenes, 1966; Lazarus, 1960; Lazarus & Abramovitz, 1962; Lazarus, Davison, & Polefka, 1965; Luiselli, 1978; McNamara, 1988; Mehta & Praveenlal, 1987; P. M. Miller, 1972; O'Reilly, 1971; R. E. Smith & Sharpe, 1970). 이 연구들은 대개 하나 또는 몇 개의 사례를 분석하는 방식을 취하고 있다. 그러나 1980년대 중반부터 연구자들은 불안으로 인해 등교를 거부하는 학생에 대한 인지-행동치료 접근을 평가하기 위해 더 큰 집단을 연구하기 시작하였다.

예를 들어 버그 등(Berg, Nichos, & Pritchard, 1969)의 기준에 따라 학교공포로 인한 거부 증상으로 진단된 66명의 학생들을 조사한 연구가 있다(Blagg & Yule, 1984). 학생들은 행동치료 집단, 입원 치료 집단, 홈스쿨링-심리치료 집단 중 하나에 배정되었다. 각 집단의 치료 회기 평균은 각각 2.5, 72.1, 45.3이었다. 행동치료는 학생의 문제를 명료화하기, 학생, 부모, 교사의 걱정에 대해 토론하기, 부모 교육, 실제 상황에서의 홍수 기법, 추수지도 등으로 구성되었다. 연구 결과 행동치료 집단의 학교 복귀율(93.3%)이 입원 치료 집단(37.5%)과 홈스쿨링-심리치료 집단(10.0%)보다 월등하게 높았다. 이 결과는 대체적으로 1년여 동안 유지되었다. 연구자들은 거의 모든 사례에서 행동치료는 '빠르고 성공적인 결과'를 보였다고 결론지었다(p. 127).

킹 등(N. J. King et. al, 1998; N. J. King, Tonge, Heyne, & Ollendick, 2000도 참조)은 평균 연령 11.0세의 학생 34명을 무선으로 대기 집단과 인지-행동치료 집단에 배정하였다. 등교거부는 버그 등(1969)의 기준에 따라 정의되어 '심각한 정서적 혼란'을 보이는 학생만이 포함되었다. 등교거부의 심각한 정도가 다양했는데, 29.4%는 전혀 학교를 나가지 않았고, 50.0%는 약간씩 결석하였으며, 20.6%는 불안과 저항적 행동을 보이며 등교하고 있었다. 이들은 단순사회공포뿐만 아니라 분리불안, 적응장애, 과잉불안장애 등의 기준에도 해당하였다. 각 집단의 크기는 17명이었으며 집단은 4주간 지속되었다. 6회기 동안의 인지-행동적 학생 및 부모 치료는 켄달 등(Kendal, Flannery-Schroeder, et al., 1997)의 접근을 사용하였다. 이 접근의 구체적 요소들은 다음과 같다.

- 치료의 근거, 개인별 목표 수립, 라포 형성
- 불안한 상황과 그 불안에 대한 학생의 반응을 규명하기
- 불안한 상황에 대처하는 적응 기술 훈련
- 긴장이완 훈련
- 불안한 상황에서 불안을 일으키고 줄이는 자기대화 인식하기
- 자기주장 훈련, 자기평가, 자기보상

- 노출과 감감법
- 행동관리 기술에 대한 부모, 교사 훈련
- 진전과 문제해결에 대한 토론

연구 결과 인지-행동치료 집단의 학생들은 대기 집단의 학생 집단에 비해 등교, 두려움, 불안, 우울, 일반적인 내향화 행동, 전반적인 임상 척도에서 유의미한 변화를 보여 주었고 이 성과는 3개월간 유지되었다. 연구자들은 "인지-행동치료는 등교거부 학생 치료에 있어서 효과적이며"(p. 401) 이 과정에서 몇 가지 요소가 중요하다고 결론지었다. 이 요소들에는 빠른 학교 복귀와 치료 기간 중 학생과 부모의 참여가 포함된다.

라스트, 한센과 프란코(Last, Hansen, & Franco, 1998)는 유사한 연구에서 학교공포증을 보이는 56명의 학생을 인지-행동치료 집단(평균 연령 11.7세)과 관심과 플라시보 중심 통제 집단(평균 연령 12.4세)에 무선배정하였다. 불안으로 인한 등교거부 증상을 보이고, 1달에 10% 정도는 결석을 하는 수준의 학생들이 이 연구에 참여하였다. 이 집단의 등교거부 행동 지속 기간은 2주부터 260주에 이르기까지 다양했다. 이들의 진단명에는 분리불안, 회피, 과잉불안장애, 공황장애, 단순사회공포 등이 있었다.

학생들은 인지-행동치료 집단과 관심과 플라시보 통제 집단에 12주간 배정되어 주당 1회기를 진행하였다. 인지-행동치료 집단은 '점진적인 실제 상황 노출과 적응적 자기 진술 훈련' 을 받았다. 실제 상황 노출은 학생을 학교에 점진적으로 한 걸음씩 다시 가게 하는 것이다. 관련된 요소로는 공포 회피의 위계, 숙제 등을 개발하고 가족과 정기적인 전화 접촉을 하는 것이다. 인지적 자기 진술 훈련은 노출 회기 이전과 도중에 활용되었다. 여기에서 학생들은 불안을 일으키는 상황에서 발생하는 잘못된 생각을 밝히고 이를 대치할 '적응적인 자기진술'을 생각하도록 하였다(p. 405). 관심과 플라시보 통제 집단의 학생들은 학교에 대한 걱정을 토론하고 그들의 상황에 대한 질문에 대답하는 교육적 지지 치료를 받았다. 매일 일기쓰기가 활용되었으나 전형적인 인지-행동치료는 사용되지 않았다.

연구 결과 두 집단 모두 시간이 지나면서 학교 출석 비율, 전반적 진전 척도, 공포, 불안, 우울, 치료 후 진단 등에서 실질적인 개선을 나타내었다. 이 결과는 4주간의 추수지도 기간과 이후의 학년도에 계속 유지되었다. 라스트 등(1998)은 "인지-행동, 노출 기반 치료와 교육적 지지 집단 간에 차이가 없으며"(p. 410), 더 오랫동안 등교거부를 하였던 학생이 가장 많은 진전을 보였다고 결론 내렸다. 연구자들은 "이는 등교거부에 대한 치료가 처방적이고, 각 학생들은 다른 치료적 접근에 대해 각자 다른 방식으로 반응하기 때문"이라고 부연 설명하였다.

이런 처방적인 치료 접근을 활용하여 커니와 실버만(Kearney & Silverman, 1990, 1999)은 부정정서 유발자극을 회피하기 위해 등교를 거부하는 몇몇의 학생 사례를 성공적으로 치료하였다. 특히 우리는 처방적 치료 접근이 이런 집단의 학교 출석을 증가시키고 스트레스를 줄이는 데 효과적이라는 것을 발견하였다. 등교거부 사정 척도(School Refusal Assessment Scale; Kearney & Silverman, 1993)의 자료가 다른 평가도구와 함께 처방적 치료에 활용되었다.

이 기능적 치료적 접근의 요소는 다음에 제시된다.

그 외의 치료적 접근

불안으로 인한 등교거부 행동을 치료하기 위해 대체로 학교 자문에 근거하여 학교 행정가와 상담자들에게 상세한 권고를 하기, 교육적 개입 그리고 이 책과 다른 곳에서 기술된 원리 등의 다른 치료법이 제안되어 왔다(R. E. Brown, Copelamd, & Hall, 1974; A. Fowler, 1978; Gresham & Nagle, 1981; S. R. Harris, 1980; Kolko, Ayllon, & Torrence, 1987; LeUnes & Siemsglusz, 1977; McAnanly, 1986; Sugar & Schrank, 1979; Wade, 1979; Want, 1983; Wataru, 1990; Weinberger, Leventhal, & Beckman, 1973). 가정 중심 교육(Knox, 1989), 또래 지지와 상담 집단(Contessa & Paccione-Dyszlewski, 1981; Diamond, 1985), 최면(Lawlor, 1976) 등의 전략들도 이 집단을 다루는 방법으로 제기되어 왔다.

입원 또는 기숙형 치료도 불안에 기반한 문제가 있는 등교거부 학생을 성공적으로 다루는 데 사용되었다. 예를 들어 학교공포증이 있는 32명의 학생들을 입원 병원 단위에서 3개월 혹은 6개월간 치료한 사례가 있다(Berg & Fielding, 1978). 이 치료에는 지지적 환경 치료, 사회적 기술 훈련, 가족 치료, 단위별로 학교에 출석하기 등이 포함되었다. 그러나 1년 후에 결과를 확인해 보니 17명(53.1%)만이 괜찮거나 많이 향상된 수준으로 평정되었다. 낮 병원 치료, 입원 치료 또는 거주형 치료와 프로그램의 사례도 쉽게 찾아볼 수 있다(Barker, 1968; Beitchman, 1981; Berg, 1985a; Church &

Edwards, 1984; Weiss & Cain, 1964). 일반적으로 이런 프로그램들은 이런 사람들이 마지막으로 오는 곳이었고, 매우 심각하고 만성적인 등교거부 행동을 보이는 청소년과 극단적이고 확산적인 중복증상을 보이는 사람들에게 적합한 것이었을 것이다.

부정정서 유발자극을 회피하기 위해 등교를 거부하는 학생에 대한 치료

부정정서 유발자극을 회피하기 위해 등교를 거부하는 학생을 위한 핵심적인 치료 요소로는 심리 교육, 부정정서 회피 위계를 만들기, 신체 통제 훈련, 상상의 또는 실제 상황에서의 감감법, 자기강화 등이 있다.

심리교육

심리교육에는 학생들이 느낌의 특성(예를 들어, 신체질환에 대한 불평), 부정적이고 비합리적인 사고, 불안을 구성하는 행동(회피) 등을 이해하도록 돕는 활동이 포함된다. 심리교육은 자기관찰을 강화하며, 학생의 문제를 평가하는 기준을 명확하게 하기 때문에 중요하다. 예를 들어 학교에 있을 때, 또는 학교에 가까이 갈 때 나타나는 신체적 문제, 사고, 행동에 대한 기록일지를 만들 수 있다. 또한 불안과 부정정서에 대한 교육은 학생에게 치료 기법을 사용하는 근거를 상세하게 알려 주므로 치료가 더욱 효과적으로 이루어지도록 한다. 구체적으로 신체적 증상, 혐오적인 사고, 회피 등의 경험들을 이완, 자기강화, 노출 등의 치료 기법에 연결시킬 수 있다.

심리교육에서는 학생 안에서 일어나는 불안 요소들의 상호작용도 다룬다. 등교거부 학생의 경우 불쾌한 느낌이 끔찍한 생각을 만들고, 이에 따라 회피와 여러 부적응적인 행동이 나온다. 그러나 다른 학생들은 단순하거나(생각에서 행동으로), 대안적인 양상(생각에서 느낌을 통해 행동으로)을 보인다. 학생의 느낌, 사고, 행동 간의 구체적인 상호작용을 알아내기 위하여 학생이 가장 큰 스트레스를 느끼는 다른 시나리오에 대한 토론도 실시한다. 이런 시나리오에는 학교 가기 전날 밤 보내기, 아침에 학교 갈 준비하기, 학급에 들어가기, 학교에서 이곳저곳 다니기 등이 포함된다. 이런 것에 대해 학생이 말하는 것을 통해서 그의 불안 요소들이 상호작용하여 스트레스와 회피반응을 일으키는 과정이 상세하게 밝혀질 수 있다.

마지막으로 심리교육은 학교에 점진적으로 다시 가는 개념을 가르친다. 장기적인 목표는 학교에 계속 출석하는 것이지만 여기에는 한 단계 한 단계 접근하는 방법을 사용한다. 학교에 출석하여 학급에 앉아 있게 되기까지의 진행 속도는 대체적으로 치료자가 정하지만 학생, 부모, 학교 행정가 등의 보고 등을 활용한다.

부정정서 회피 위계 만들기

심리교육을 하게 되면 최소한 5~10개의 항목과 상황들의 위계가 만들어지는데, 이것들은 시간이 지나면서 다루어져야 할 치료 대상을 보여 주는 것이다. 이 위계는 공식적인 평가 정보, 심리교육 과정, 인터뷰 정보, 또는 이들의 조합 등을 통해 만들어진다. 그리고 이 위계에서는 불안의 정도에 따라 점수가 부여된다. 이 상황을 분류하는 일반적인 방법은 학생이 각 상황에서 경험하는 부정정서나 스트레스, 회피 등을 평정하도록 하는 것이다. 평정에는 5장에 제시된 두려움 온도계나 0~10점 척도의 스트레스 회피 척도를 사용할 수 있다. 〈표 6-1〉에 위계표의 예가 제시되어 있다.

이 위계는 치료과정에서 여러 번 변경되고 재정돈될 수 있다. 어떤 학생은 모든 스트레스 상황을 다루기 위해 여러 개의 위계표가 필요하기도 하며, 어떤 학생은 높지 않은 낮은 위계의 상황들을 금방 해결하기도 한다. 예를 들어 많은 학생들은 등교 준비는 문제없

〈표 6-1〉 불안 유발상황의 위계표 예시

위계 항목	스트레스 평점	회피 평점
부모와 말하지 않으면서도 하루 종일 학급에 머물기	9	9
부모 없이 오전 11시 이후에 종일 학급에 머물기	8	7
학교에서 대부분의 시간을 도서관에서 혼자 머물기	7	4
부모 없이 오후 1시 반부터 종일 학급에 머물기	6	7
학급으로 걸어 들어가기	6	6
점심만 먹기 위해 부모 없이 학교 가기	5	5
학교 버스를 혼자 타기	4	5
학교 마치고 부모가 데리러 오기를 기다리기	3	4
학교에 아무도 없을 때 과제를 받기 위해 학교 가기	2	2
아침에 등교 준비하기	1	1

이 하지만 학교 건물이나 교실은 들어가려 하지 않는다. 이런 경우 학교에 머무는 시간이나 교실까지의 거리 등을 활용하여 위계를 더 작은 단계로 나누는 것이 필요하다.

신체 조절 훈련

부정정서 유발자극과 혐오적인 신체 증상을 피하기 위해 등교를 거부하는 학생에게 이완 훈련과 깊은 횡경막 호흡법 등의 신체 조절 훈련이 효과적으로 사용된다. 이들에게 주로 긴장이완 훈련 모델이 사용된다. 여기에서는 20~30분간 학생들에게 손과 팔, 얼굴과 턱, 다리와 발, 기타 신체 부위의 여러 근육을 긴장시켰다가 이완시키는 것을 가르친다(T. H. Ollendick & Cerny, 1981). 이 기법을 사용하면 학생을 차분하게 만들 뿐만 아니라 학생이 근육 긴장, 스트레스의 감각과 이완, 안정의 감각을 구분할 수 있게 한다.

이완 효과를 지속시키기 위해 깊은 횡경막 호흡법이 사용될 수 있다. 코나 입으로 천천히 공기를 들이켜 횡경막으로 숨을 쉬도록 학생을 훈련시킨다. 이때 학생에게 횡경막이 어디 있는지 알려 주고 손을 대어 움직임을 느끼게 하는 것이 좋다. 숨을 내쉴 때에는 입을 통해서 천천히 숨을 쉬는데 이때 숫자를 천천히 세는 것이 도움이 될 수 있다. 어린 학생들에게 자신이 숨을 들이쉬면 커지고 숨을 내쉬면 작아지는 풍선이나 타이어를 상상하도록 하는 것이 도움이 될 수 있다.

감감법

감감법(desensitization)은 부정정서 유발자극을 회피하려고 등교를 거부하는 학생을 위한 치료에서 빼놓을 수 없는 요소다. 이는 단계별로 이완된 상태에서 학교 상황에 노출, 재노출되는 과정을 거치는 것이다. 처음에는 상상으로만 감감화를 진행하지만 그 뒤에는 실생활에서 또는 실제 상황에서 감감화를 실시한다. 집에서 수행하는 과제와 실천 또한 필요하다. 감감화는 학생에게 상세한 설명을 하면서 시작된다. 이 기법은 학생이 처음에는 불안했었지만 이제는 잘 하는 다른 기술—예를 들어 자전거 타기 등—과 비교해서 설명되기도 한다. 그 기술을 배우는 것과 연관되어 우선적으로 떠오르는 부정적인 신체적 느낌, 사고, 행동을 기억하게 한다. 그런데 연습을 통해 학생이 그 기술을 숙달하게 되었다. 이 과정은 부정적인 정서를 통제하는 기술과 비교될 수 있다. 이 과정이 처음에는 불안을 일으키고 고통스럽지만, 노출 중심의 연습을 통해서 학생이 자신의 스트레스를 통제하고 등교거부를 극복하게 된다.

상상을 통한 감감화

상상을 통한 감감화는 나중에 실제 상황에의 노출을 촉진하기 위해 문제 상황에 대해 생각하기를 연습하는 것이다. 이 과정에서 학생에게 부정적인 정서를 유발하는 학교와 관련된 장면들을 제시한다. 학생에게 낮은 단계부터 높은 단계 순으로 부정정서 위계를 설명해 준다. 여기에는 학생의 부정정서를 불러일으키거나 구성하는 장면, 소리, 냄새, 장소, 생각, 감정들이 포함된다. 일어날 수 있는 끔찍한 일도 함께 설명해 준다. 그 장면은 학생의 걱정과 학교 상황을 잘 반영할 수 있도록 현실적이고 구체적이어야 한다. 학생이 상상하지만 말하지 못했던 공포를 표현하기 위해서 과장된 수식어가 사용되는 경우도 많다.

> 네가 학교 본관 옆 건물에 있는데 다른 사람들이 막 왔다 갔다 하고 있어. 너는 네 교실에 들어가야 하는 데 2주 동안 가지 못했어. 교무실에서 어떤 분이 너에게 교실로 가라고 하셨는데 그 말을 들으니 갑자기 네 심장이 뛰고 배가 아파졌어. 너는 교실로 가기 위해 지나야 하는 두 개의 복도 중 첫 번째 복도를 걸어가기 시작했어. 다른 아이들과 어른들이 너를 쳐다보고 있는 것을 보니 그 사람들이 네가 어떻게 느끼는지를 틀림없이 알고 있을 거라는 생각이 드는 거야. 확 긴장이 되는 거지. 첫 번째 복도를 지나서 이제 네 교실로 이어지는 두 번째 홀로 갔어. 네 심장은 더 빠르게 뛰고 배는 더 쥐어짜듯이 아파. 교실에 가까이 가 보니 네가 제일 늦은 거야. 네가 교실에 들어가면 모두들 너를 쳐다볼 텐데 어쩌지? 선생님이 널 이상하게 쳐다보면 어떻게 하지? 네 짝꿍이 그 동안 네가 어떻게 지냈는지를 물어보면 어떻게 하지? 늦었다고 교장 선생님이 부르시면 어쩌지? 교실 문에 가까이 갈수록 이런 생각이 마구 떠오르고 심장은 쿵쾅거리며 배는 터져 버릴 것 같이 아파. 교실 문 손잡이를 잡아 문을 여는데 불안이 너무 커서 감당할 수가 없어. 교실 문의 창으로 보니 모두들 뒤돌아서서 너를 보고 있는 거야. 아, 이런! 그 아이들이 다 거기서 너를 기다리고 있었던 거라는 생각이 드는 거

> 야. 다시 손잡이를 잡아 문을 열고 교실로 들어갔어. 그 순간 너는 토해 버렸고 모두들 소리 지르고 난리가 났어. 너는 도와 달라고 했는데 애들과 선생님이 그냥 가 버리는 거야.

이 설명을 듣는 도중 학생은 어떤 부정적인 감정이 심각해지거나 불편할 정도가 되면 손을 든다. 아주 어린 학생은 기분이 좋을 때는 손을 들지 말고 기분이 '정말 나쁘거나' '죽겠다고 여겨지면' 손을 든다. 어린 학생들은 공포 측정기나 유사한 도구를 사용하기도 한다. 여기에서 불편함 스트레스는 0~8 척도에서 3 이상이 나오는 것으로 정의된다. 좀 더 나이든 학생들에게는 더 범위가 넓은 0~100 주관적 스트레스 장애 척도(Wolpe, 1969)를 사용할 수 있다. 여기에서는 40 이상이 불편한 스트레스로 정의된다. 어떤 것이든 학생이 가장 선호하거나 이해할 수 있는 도구를 사용한다.

학생이 스트레스로 불편함을 이야기할 때마다 이완, 정확한 호흡, 즐거운 장면 등을 제시한다. 불안이 감소하면 그 장면을 다시 제시한다. 학생이 신호를 보내기 전에 약간 더 높은 수준의 불편함을(예를 들어, 0~100 척도에서 60점) 참아 보라고 반복적으로 요구한다. 항상 이완이 가장 마지막 단계다. 상상을 통한 감감화 절차를 녹음해서 학생이 집에서도 연습하도록 한다.

상상을 통한 감감화를 시도하는데 학생이 손을 들지 않는다면 그가 아직 무엇을 해야 하는지를 모르고 있기 때문일 수 있다. 이때에는 절차를 더 간단하게 하거나 명료하게 하여야 한다. 또한 상상하는 장면의 시나리오가 부정정서를 일으킬 정도로 혐오적이지 않을 수도 있다. 학생과 더 이야기를 나눠 보거나 더 큰 불안을 일으킬 수 있는 장면에 대한 이야기를 만드는 것이 필요할 것이다. 마지막으로 시나리오는 불안을 유발하지만 학생이 그것을 감당해 나갈 수 있었을 수도 있다. 학생과 이야기를 나눠 보면 좀 더 심각한 결과를 초래할 수 있도록 더 잘 꾸며진 이야기가 필요하다는 것을 알 수 있을 것이다.

상상을 통한 감감화를 마치고 치료자, 부모, 학생이 그 과정에 대해 토론한다. 특히 학생이 노출기간 동안 자신의 불안이 변화된 과정을 이야기하도록 하여 그것을 그래프로 만든다. 학생은 자신의 불안이 왜 줄어들었는지를 설명해야 한다(예를 들어, 반복해서 노출을 하니 불안이 줄어들었다). 상상을 통한 감감화는 한두 회기로 끝날 수 있지만 사례의 심각성에 따라 더 길어지거나, 짧아지거나, 아예 생략될 수도 있다. 시나리오의 모든 위계장면이 혐오감을 일으키지 않게 될 때까지 연습을 한다. 이상적으로는 상상을 통한 노출이 끝날 때에는 불안이 0에 가까워져서 실제 상황에서의 감감화를 위한 준비가 되어야 한다.

실제 상황에서의 감감화

실제 상황에서의 감감화는 상상을 통한 감감화와 유사한 절차로 진행된다. 다만 여기서는 불안을 일으키는 실생활 경험이 이완과 함께 사용된다. 상상을 통한 감감화에서와 같이 실제 상황에서의 감감화에서도 부정정서 위계상 낮은 단계로부터 시작한다. 노출이 시작되면 학생이 자신의 혐오적 신체 증상을 관리할 수 있도록 신체 통제 훈련이 도입된다. 학생이 불편함을 느끼면 신호를 보내도록 하고, 이완이나 호흡을 하도록 노출을 잠시 중단한다. 학생이 주어진 상황을 견딜 수 있게 되면 다음 단계로 나아간다. 실제 상황에서의 감감화를 점차적으로 실시할 때 학생의 부정정서를 줄여가고, 학생이 어렵고 예측 불가능한 상황을 다루어 가는 훈련을 하며, 학생이 불안을 참고 통제하면서 사용하는 자신의 적응 기술과 자원에 대한 정보를 수집하도록 해야 한다.

가장 일반적인 노출은 학교 건물에 대한 점진적인 노출이며, 이는 오랫동안 학교를 가지 않은 학생에게는 필수적이다. 다른 학생들에게는 다음의 점진적 노출을 일반적으로 사용한다.

- 학교버스를 혼자 타는 시간을 늘리기
- 교실에 혼자 들어가는 횟수를 늘리기
- 특정 대상이나 상황에 접근하기
- 부모 없이 교실에 오랫동안 머물기
- 부모를 부르지 않고 오랫동안 교실에 머물기
- 양호실, 도서관 등 학교 내 다른 곳에 가지 않고 교실에 오랫동안 머물기
- 다른 사람들과 있으면서 심장박동 증가, 현기증, 과호흡 등 공황 증상 감각을 속으로만 경험하기
- 학교에서 나쁜 결과가 생길까 봐 걱정하는 학생을 예상치 못한 또는 심하게 변화하는 학교 환경에 노출하기(지나치게 완벽주의적이거나 겁먹은 학생에게 효과적임)

여러 차례에 걸쳐 더 어려운 실제 장면 시나리오가 구성된다. 이

중 어떤 것은 상담 회기 내에서 이루어지지만(예를 들어, 부모로부터의 분리), 더 적절한 노출은 상담 회기 이후에 학생이 학교에 가까이 가면서(부모와 함께 또는 혼자서) 이루어진다. 더 심화된 노출은 안전 표시 없이도 혐오적인 자극에 접근하는 것이다. 안전 표시란 주어진 상황에서 학생이 덜 불안해지기 위해서 의지하는 대상이나 인물을 의미한다. 등교거부하는 학생에게 일반적인 안전 표시로는 부모, 부모를 부를 수 있는 핸드폰, 특정 친구, 반복하는 질문 또는 안심시키는 말을 들으려 하기, 여러 학교 물건을 가져가기, 날씨를 확인하기 등이 있다. 실제 생활에서의 노출을 계속하면서 학교에 접근하는 것이 늘어 가고 안전 표시는 점차 없어진다.

실제 장면에서의 노출을 마치고 나면 그래프를 만들어서 수행에 대한 피드백을 제공한다. 대개 불안이 노출 초기에는 증가하였다가 감소한다. 불안이 계속 올라가거나 빠르게 감소하는 등의 그래프는 다른 노출을 사용해야 한다는 것을 나타낸다. 예를 들어 신체통제 훈련을 더 하거나, 문제가 되는 사고를 더 다루거나, 쉬운 노출을 계획하거나, 부모의 도움을 늘려 가거나 할 수 있다.

자기강화

이런 일련의 처방적 치료 과정 동안 학생이 신체통제와 노출 중심의 연습을 위해 노력하고 성공하는 것에 대해 스스로 칭찬하도록 한다. 부모나 교사 등 다른 많은 사람들이 치료 과정 동안 학생의 자기칭찬을 격려해 주어야 한다. 여기서 목표는 학생이 자신의 성취에 자부심을 갖고, 집에서 할 과제와 노출 과제 등을 잘 수행하며, 치료를 통해 좋아진 것을 유지하는 것이다.

학교의 일정을 유지하기

이러한 치료와 모든 기능적으로 설계된 치료 과정 동안 학생과 부모는 규칙적인 아침 일정을 유지하여야 한다. 일정 기간 이상 학교를 다니지 않은 학생은 늦게 자고 늦게 일어나며 식사나 옷 입기를 천천히 하며, 학교에 가야 할 날에 너무나도 재미있는 활동을 하는 생활에 익숙해져 있다. 학생들로 하여금 일어나서 학교 갈 준비를 하는 시간을 포함하여 정해진 아침 일정을 잘 지키도록 하는 것이 대개 치료를 촉진한다. 이는 실제 생활에서의 노출을 쉽게 할 수 있게 하며, 스트레스 없이 학교에 종일 있고자 하는 치료의 최종 목표를 가족에게 상기시켜 준다. 8장에서는 이런 아침시간 관련 사항을 다루는 절차를 기술하면서 정규적인 매일의 일정을 지켰을 때 보상하는 것과 빈둥거리기, 불순종, 등교거부 관련 행동을 하였을 때 처벌하기 등을 다룬다.

사례

에릭은 8살 된 남자아이로서 최근 등교 관련 문제가 생겨 외래 정신 건강 클리닉에 의뢰되었다. 학교에서 3월 초에 평가를 실시하였고, 에릭의 학교상담자는 전화통화를 통해 에릭이 3학년의 마지막 3주간을 다니지 않았다고 알려 주었다. 전화를 통해서 에릭이 다른 초등학교에서 전학 온 지 얼마 되지 않았다는 것을 알게 되었다. 새 학교에서 에릭은 겨우 이틀 동안, 그것도 단 몇 시간 동안만 교실에 있었다. 다른 시간에는 복도에 웅크리고 울던가 아니면 학교 밖으로 도망나오곤 했다.

첫 번째 평가 회기에 에릭과 어머니, 할머니가 참석하였다. 에릭을 우선 면담하였는데 그는 억지로 온 것 같았고 왜 클리닉에 왔는지 잘 모르고 있었다. 에릭에게 어떤 문제가 있느냐고 묻자 그저 어깨를 들어올리고는 말을 하지 않았다. 학교에 대해 묻자 에릭은 눈물을 글썽이며 고개를 떨구고, 작은 목소리로 자기가 학교를 싫어하며 교사가 자기에게 심술궂게 대한다고 말하였다. 어떻게 교사가 심술궂게 대하냐고 묻자 대답을 하지 못했다. 또한 에릭은 학교에서 불편한 구체적 상황(예를 들어, 화재 경보, 친구랑 같이 있는 것 등)을 하나도 말하지 못했다. 친구나 가족 등 다른 주제를 묻자 에릭의 기분이 상당히 좋아졌다. 그러나 학교에 대해서는 돌아갈 마음이 없으며 어머니가 홈스쿨링을 해 주었으면 좋겠다고 하였다. 그리고 학교 건물에 가까이 가면 배가 아파진다고 말하였다.

에릭의 어머니는 아들이 전에도 간간히 학교에 가지 않는 문제가 있었으며, 특히 유치원과 1학년 때 그랬다고 말하였다. 이런 문제들은 한동안 잠잠해져서 나머지 기간 동안은 문제가 없었다. 그런데 올해 들어 에릭의 가정생활에 변화가 생겼다. 에릭은 별 문제없이 학교를 다니고 있었으나, 부모가 이혼하고 어머니가 다른 학교 구역의 아파트로 이사하게 되면서 어쩔 수 없이 다니던 학교를 떠나야 했던 것이다. 게다가 에릭의 할머니가 생활비를 줄이기 위해 이들과 함께 살게 되었다. 새로운 학교로 전학하면서 에릭은 이

전의 생활을 그리워했고, 새 학교에 울면서 갔다. 어머니는 에릭이 교실에 들어가게 하기 위해 대화하고, 혼내고, 끌고 가기도 했지만, 결국 에릭은 이틀밖에 출석하지 못했다. 그리고 두 번 다 에릭은 교실을 뛰쳐나와 거리로 도망쳤다. 두 번째 경우에는 몇 시간 동안 행방불명이 되었었는데 결국 이웃집에 숨어 있는 것을 발견하였다. 다른 날에는 복도 끝에 앉아 울고 있었다. 에릭을 교실로 데려가려는 학교의 모든 노력이 실패했다.

인터뷰와 질문 자료들을 통해 에릭이 정말 일반적인 부정정서와 학교에 있을 때의 복통을 피하기 위해 등교를 거부하고 있다는 것을 알게 되었다. 그러나 에릭은 특정한 공포 유발자극이나 어떤 사회적 불안도 가지고 있지 않으며, 학교를 나와서 관심을 받기 위해 집으로 가지도 않으며, 학교 밖에서 실제적인 강화물을 추구하지도 않고 있었다. 치료자와 어머니, 할머니는 에릭의 복통을 경감시키는 프로그램을 실시하고(이미 의학적 설명은 제외되었음), 정기적인 학급 상황에 돌아가도록 하는 치료를 하기로 합의하였다. 이 치료는 원래 이 장에서 기술한 모든 기능적 치료 요소로 구성되었으나, 시급한 상황으로 인해 불가피하게 계획에 몇 가지 수정을 하게 되었다.

하나의 시급한 상황은 에릭이 첫 번째 치료 회기에 클리닉에 들어가지 않겠다고 하는 것이었다. 어머니와 할머니가 클리닉에 들어왔을 때 에릭은 차에 앉아 있었다. 치료자가 차로 가서 에릭을 안심시키고 참여하도록 설득해 보았으나, 그는 침묵으로 일관하며 움직이려고 하지 않았다. 치료자는 회기를 다음으로 미루기보다는 일단 에릭의 어머니와 할머니를 대상으로 상담을 진행하기로 하였다. 에릭이 점차적으로 접근할 상황의 위계가 만들어졌다. 이는 학교로 걸어가기, 학교 복도에 서 있기, 교실로 걸어가기, 교실에 한 시간 있기, 교실에 두 시간 있기, 아침 내내 교실에 있기, 하루 종일 교실에 있기 등으로 구성되었다. 그러고 나서 치료자가 차로 가서 에릭에게 이 각각의 상황에 평정점수를 부여해 달라고 하였다. 에릭은 처음에는 말도 하지 않고 가만히 있다가 결국 처음의 세 문항에는 10점 척도로 5, 7, 9에 표시하고 나머지 교실에 있는 것과 관련한 문항에는 10으로 표시하였다. 그에게 클리닉으로 와서 몇 가지 부가적 질문에 대답해 달라고 부탁하니 그렇게 하였다. 이 기회를 잡아 치료자는 에릭에게 불안의 특성을 교육하고, 횡경막 호흡을 가르쳐 주었는데 에릭은 쉽게 이것을 습득하였다.

치료자는 장기적 목표는 학교에 잘 가는 것이지만 한 단계씩 천천히 할 것이라고 이야기해 주었다. 그러나 이 말을 듣자 에릭은 울어 버렸고, 차로 돌아갔다. 게다가 이 일로 인해 에릭의 어머니는 홈스쿨링에 대해 고민하게 되었고, 결국 다음 두 회기를 오지 않았다. 2주간에 걸쳐 몇 번 치료자와 상의한 끝에 그녀는 외래 치료를 다시 시작하기로 하였다. 그러나 그녀는 에릭의 교사가 에릭의 불안의 근원이라고 확신하고 있었기에 그 교사가 교체되어야 된다고 주장하였다. 학교상담자와 상의하여 에릭의 반을 바꿔 주었다. 그리고 에릭의 아침 등교 일정을 다시 점검하였다.

상황의 급박함과 에릭의 어머니가 치료에 대해 확신이 적은 것을 고려하여 점진적으로 실생활에서 노출하는 것을 바로 시작하였다. 에릭이 실제 할 수 있는 일이 무엇이냐고 묻자 에릭은 '학교 문까지 가는 것' 이라고 대답하였다. 에릭에게 3일간 학교 정문까지

가서 호흡을 연습하고 돌아오도록 하였으며, 그러면 어머니와 할머니가 보상을 주도록 하였다. 그는 성공적으로 이를 수행하였다. 이는 에릭을 치료 계획에 들어오게 만들었고, 최소한 제한된 시간 동안만이라도 학교에 접근할 수 있게 하였기에 실질적인 성취라고 할 수 있다. 다음 주간 동안 에릭은 할머니와 복도에 3시간 정도 서 있을 수 있게 되었다. 불행하게도 한 학교 직원이 에릭을 교실로 데려가려 해서 에릭이 건물 밖으로 뛰쳐나가는 사건이 발생하였고 에릭은 몇 시간 동안 행방불명이 되었다. 그날 밤 치료자는 에릭에게 전화로 사과하였고, 앞으로는 학교 직원들에게 그의 치료 계획을 확실히 알려 주겠다고 말하였다. 에릭은 며칠 내로 치료를 다시 하기로 하였고, 2주 이상 도서관이나 상담실에 온종일 머무를 수 있게 되었다. 게다가 도서관에서 새로운 선생님과 친구들을 만나게 되어 에릭은 즐거운 시간을 보내게 되었다.

이제 에릭에게 잠시 동안 교실에 머물러 보라고 요구하였다. 처음 2일간은 2시간 동안 교실에 있고 나머지 시간은 도서관에서 보낼 수 있게 하였다. 그리고 거의 모든 아침시간을 교실에서 보냈는데, 교사가 반 아이들과 점심 먹으러 가라고 하자 건물 밖으로 도망쳐 나갔다. 결국 어머니가 에릭을 찾아 학교로 데리고 왔고, 나머지 반나절을 교장실에서 보내도록 하였다. 그날 밤 치료자는 가족과 이 경미한 퇴행에 대해 논의하였다. 그 결과 앞으로는 에릭이 학교에서 도망쳤을 때 에릭을 학교로 데려오기 위해 학교 경찰이 동원될 것이며, 에릭은 밤과 주말에 일정한 권리를 잃게 한다는 합의를 하였다. 치료자는 에릭에게 학교 건물에서 나가는 것은 용납될 수 없으며 다만 필요하면 도서관에서 잠시 쉬고 싶다고 요청할 수 있다고 말해 주었다. 다음 며칠 동안 에릭은 오전에는 교실에 있고, 오후에는 도서관에서 시간을 보냈다.

치료의 남은 부분은 에릭이 교실에서 점심을 먹으러 식당으로, 또는 교실에서 특별활동실로 이동하는 데 초점을 두었다. 이런 기능적 치료 집단에 속한 많은 학생들이 이런 다른 상황으로의 전환을 힘들어하므로, 이와 관련한 별도의 연습이나 노출이 치료 계획에 포함되어야 한다. 에릭은 첫 주에는 이 전환을 두 번 수행하고, 두 번째 주에는 월요일이 아닌 때에 네 번을 하고, 세 번째 주에는 매일 하도록 하였다. 그해 남은 기간 동안 에릭은 대체로 문제없이 학교를 다녔는데, 에릭의 어머니는 긴 방학 이후에 어떻게 해야 할지 모르겠다고 하였다. 어머니에게는 노출을 기반으로 한 프로그램을 유지하며, 새 학년을 시작하기 전에 에릭이 새로운 담임교사를 만나 보고 새 교실을 둘러보게 하라고 권해 주었다.

요약

불안으로 인해 등교를 거부하는 학생을 위한 기능 중심치료는 불안에 대한 지식을 증가시켜서 불안을 유발하는 상황에 대한 통제력을 키우는 데 초점을 둔다. 이는 효과적이기는 하지만 치료 진행을 원활하게 하고 학생의 노출을 향상시키려면 중요한 타인의 도움이 필요할 때도 있다. 또한 에릭의 사례에서 알 수 있듯이 급박한 상황으로 인해 실제 생활에서의 노출로 빠르게 진행하기도 한다(Hargett & Webster, 1996).

제7장

혐오적인 사회적 · 평가적 상황을 회피하는 학생

차드는 수줍음이 있고 약간 살이 찐 13세 소년이다. 학급에서 상대적으로 소외되어 있고 다른 급우들과의 상호작용도 피하는 것처럼 보인다. 최근에는 특정 수업, 특히 다른 사람 앞에서 발표를 하게 되는 합창, 영어, 체육 같은 수업에 빠졌다. 차드의 교사들 또한 차드와 보내는 시간을 기피하는 듯 보인다.

이 장에서는 혐오적인 사회적 · 평가적 상황을 회피하기 위해 등교를 거부하는 학생을 위한 우선적인 치료 전략을 고찰할 것이다. 이 전략의 기능적 프로파일은 부정정서를 불러일으키는 자극을 회피하기 위해 등교를 거부하는 학생의 것과 유사하다(4장과 6장을 보라). 그러나 혐오적인 사회적 · 평가적 상황을 회피하기 위해 등교를 거부하는 학생을 위한 개입은 보다 구체적으로 사회불안과 사회적 기술에 목표를 둔다. 사회불안과 기술 결함은 모두 이러한 기능적 조건하에서 흔하다. 그렇기 때문에 이 두 가지는 학생이 등교를 거부할 때나 그 이전에 광범위하게 확인되어야 한다. 사회불안이 있거나 사회적 기술이 결핍된 학생에 대한 처치가 이 장에서 간단히 고찰될 것이다. 그러고 나서 보다 구체적이고 기능 중심의 치료 구성요소가 기술될 것이다. 사례 또한 제시될 것이다.

사회불안이 있는 학생

사회불안이 있는 학생에 대한 최근의 처치는 6장에서 논의되었던 심리사회적 · 심리약학적 과정과 상당정도 유사하다. 사실, 6장에서 고찰한 많은 연구들 속에 사회불안 학생들이 포함되어 있다. 그러나 다른 연구자들은 구체화된 프로토콜을 개발하여 사회불안이 있는 학생들에게 시험했었다. 예를 들면 알바노와 동료들(Albano & Barlow, 1996; Albano, Detweiler, & Logsdon-Conradsen, 1999)은 심리교육, 모델링과 역할연기, 행동조형과 사회적 강화, 인지적 재구조화, 역할 전환과 타인 조망, 노출, 과제 그리고 재발 방지 훈련 등을 포함하는 16회기 프로토콜을 개발하였다. 그리고 일반화된 사회공포증을 가진 5명의 학생을 대상으로 이 프로토콜을 적용하여 성공적인 예비 지지 결과를 보고하였다(Albano, Marten, Holt, Heimberg, & Barlow, 1995). 이 치료적 패키지의 일반적인 목표는 자신의 사회불안의 촉발요인을 확인하고, 사회불안의 본질을 온전히 이해하며, 과도한 사회불안을 다루고, 정상 수준의 사회불안에 대처하는 것이다(Albano & Barlow, 1996).

알바노와 발로우(Albano & Barlow, 1996)의 인지-행동 프로토콜의 요소는 사회적 상황에서 불안을 갖는 다양한 학생들에게 성공적으로 사용되어 왔다(예: Esveldt-Dawson, Wisner, Unis, Matson, & Kazdin, 1982; Evers & Schwarz, 1973; Franco, Christoff,

Crimmins, & Kelly, 1983; Harris & Brown, 1982; Kandal, Ayllon, & Rosenbaum, 1977; Keller & Carlson, 1974; Matson, 1981; O'Connor, 1972). 가장 보편적인 요소들은 노출, 모델링 그리고 인지치료의 몇 가지 형태들을 포함한다. 이러한 요소들은 시험이나 공공 발표와 같은 평가 상황에 대해 두려움을 갖고 있는 학생을 다루는 데도 사용되어 왔다(예: Cradock, Cotler, & Jason, 1978; Leal, Baxter, Martin, & Marx, 1981; Little & Jackson, 1974; Mann, 1972; Raskind & Nagle, 1980; Ribordy, Tracy, & Bernotas, 1981; van der Ploeg-Stapert & van der Ploeg, 1986; Wilson & Rotter, 1986). 알바노와 발로우(Albano & Barlow, 1996)의 프로토콜보다 덜 복잡하지만 이러한 연구들은 각기 다른 반응 체계와 더불어 사회적 평가불안의 심각도를 밝히고, 학생들이 사회적·평가적 활동에서 요구되는 바람직한 행동을 하는 데 도움이 되었다.

사회적 기술 문제를 갖고 있는 학생

사회적 기술 문제를 갖고 있는 학생에 대한 최근의 처치 역시 대부분 행동적·인지적 요소들을 포함한다. 사회적 행동 기술에 대한 훈련은 보통 지시, 코칭, 모델링, 역할연기나 행동적 예행연습, 치료 회기와 실제 생활 상황에서의 연습, 피드백 그리고 사회적 강화와 그 밖의 강화를 포함한다. 이러한 요소들은 적절한 대화를 시작하고 유지하는 핵심 행동과 같은, 청소년들의 다양한 사회적 행동을 성공적으로 향상시키는 데 활용되어 왔다. 인지적인 접근 역시 아동의 사회적 기술을 향상시키는 데 사용되어 왔고, 다른 전략들 사이에서 사회적 문제해결, 분노 조절, 사회적 지각과 의미 해석 기술, 의사소통 기술과 공감을 훈련하는 것을 포함한다(Cartledge & Milburn, 1995; McFayden-Ketchum & Dodge, 1998). 청소년들에게 가정과 학교 중심의 보다 일반적인 개입뿐 아니라 얼굴 표정, 신체 언어와 다른 사람의 언어적 내용에 대해 가르치는 것과 같은 정서적 접근들 역시 사용되어 왔다. 이러한 접근들을 통합하는 것 역시 제안되고 있다(McFayden-Ketchum & Dodge, 1998).

혐오적인 사회적·평가적 상황을 회피하고자 등교를 거부하는 학생들을 위한 기능 중심 처치를 위해 우선적으로 제공되는 것은 이러한 상황에 대한 불안을 감소시키는 것이다. 그러나 몇몇 연구자들은 사회적 부적응과 온전한 또래 관계의 결핍이 등교거부 학생들에 대한 치료의 효과가 낮을 것임을 예측한다고 보고한다(예: Berg, 1980; Last & Francis, 1988). 따라서 학생의 등교거부 행동에 초점을 맞추기 전에 부족한 사회적 기술을 찾아내는 연습이 필요할 수도 있다. 그러나 다른 사례들에서는 사회적 기술에 대한 교육이 여기서 기술된 몇몇 치료 요소들, 특히 인지적 재구성과 모델링과 역할연기가 가미된 행동적 노출과 통합될 수 있다. 사회적 기술이 부족한 등교거부 학생에 대한 처치는 이와 같이 이루어질 수 있다.

혐오적인 사회적 · 평가적 상황을 회피하기 위해 등교를 거부하는 학생

몇몇 처치 요소들은 혐오적인 사회적 · 평가적인 상황을 피하기 위해 등교를 거부하는 학생들을 위한 기능 중심 처치를 구성한다. 이러한 요소들은 특별히 심리교육, 사회적 · 평가적 불안 회피 위계 세우기, 인지적 재구성 그리고 행동적 노출 등을 포함한다.

심리교육

사회적 · 평가적 불안의 본질과 관련한 심리교육은 6장에서 기술된 것과 유사하다. 학생들은 자신들의 상호작용뿐만 아니라 불안의 구성요소(느낌, 사고, 행동)에 대해서 배운다. 이러한 기능적 조건에서의 학생들이 보다 나이 든 학생이기 쉽기 때문에 불안을 유발하는 사회적 · 평가적 상황에서의 그들의 사고, 느낌, 행동에 대한 상세한 설명이 제공될 수도 있다. 이것은 또한 인지치료(이 장의 뒷부분에서 논의될)의 효과를 증진시킨다. 몇몇 학생들의 불안 반응 판단을 돕기 위해 잡지나 광고지에 나오는 사회적 장면(예: 대화하는 십대 무리)을 검토할 수도 있고, 어떤 사고, 느낌, 행동이 해당 장면의 각 사람에게 적용될 수 있는지를 말해 볼 수도 있다. 사회적 그림 위에다 말풍선을 그려 넣어서 사용할 수도 있다(Kendall, Chansky, et al., 1992).

학생이 특정 장면에서 어떤 일이 생겼는지 묘사하는 동안 치료자는 내담자의 사회적 · 평가적 불안의 유형, 사건에 대한 해석과 인지적 왜곡 그리고 불안을 유발하는 자극 등에 대한 정보를 찾아낸다. 이것들은 학생들에게 명확히 제시되어야 한다. 덧붙여 치료자는 다른 사람이 어떻게 그 학생들을 진정시키는지, 시간이 흐름에 따라 얼마나 사회적 · 평가적 불안이 감소하는지 설명하는 데 그 장면을 사용할 수도 있다. 혐오적인 사회적 · 평가적 상황이나 자신을 진정시키는 것에 대한 학생의 최근 대처 전략이 이러한 과정을 통해 탐색될 수 있다. 그러면 마침내 학생이 사회적 · 평가적 불안의 정상적인 본질과 이러한 불안은 개인이 상황에 좀 더 익숙해짐에 따라 대개는 사라진다는 것 그리고 처치의 궁극적 목표(예: 문제가 많은 사회적 · 평가적 상황에서의 적절한 기능을 증가시키고, 등교거부 행동을 감소시키는)를 이해하게 된다.

사회적 · 평가적 불안 회피 위계 세우기

평가와 심리교육 동안 모아진 정보로부터 치료자와 학생은 학교에서 가장 문제가 되는 사회적 · 평가적 상황에 대해 구체적으로 확인하게 된다. 이러한 5~10가지 정도의 상황은 주요 치료 목표가 되며, 상황들은 위계가 매겨져 치료 회기 동안 학생으로 하여금 상대적으로 쉬운 사회적 · 평가적 상황에서부터 좀 더 어려운 상황으로 진전해 가도록 한다. 특별히 위계는 학생과 성인의 고통과 회피 순서로 0~10 혹은 다른 척도로 정렬된다. 〈표 7-1〉은 사회적 · 평가적 위계의 예를 제시하고 이러한 기능적 조건에 처한 학생의 일반적 관심 영역을 제시한다.

몇몇 학생들은 처음에 빠르게 진전을 보이다가 요구되는 학교 출석이 점차적으로 증가함에 따라 그 진전이 보다 느려진다는 것을 명심하라. 덧붙여 위계의 세부사항이나 다중 위계는 회기 동안 다룰 필요가 있다. 위계는 치료 동안 학교 출석을 향상시키는 방향으로 가속화되어야 하므로, 각 항목들이 행동적 노출(추가적으로 논의될)과 연결되어야 한다. 이러한 재통합의 속도는 대부분 치료자에 의해 조정되나 학생, 부모, 학교 행정, 그 밖의 다른 사람들로부터의 보고서와 조화를 이루도록 한다. 학교를 많이 결석한 청소년을 위해, 침대에서 일어나, 학교를 가는 것처럼 준비하고, 다른 일상적인 행동을 수행하는 것 같은, 시간과 아침 의례가 마련되어야 한다. 이렇게 해서 학교에서의 이후 재통합이 촉진될 수 있다.

〈표 7-1〉 사회적 · 평가적 위계의 예시

위계 항목	고통 수준	회피 수준
반 전체 앞에서 발표하기	10	9
잘 알지 못하는 사람과 대화를 시작하기	8	8
체육 수업 하러 가기	7	5
친구없이 카페테리아에서 점심먹기	7	3
수업시간에 질문에 답하거나 질문하기	6	7
시험보기	6	6
교사에게 도움 청하기	5	2
잘 알지 못하는 사람에게 귀 기울이기	4	5
학교 복도에서 걷기	4	4
노래하거나 악기 연주하기	2	1

인지적 재구조화

혐오적인 사회적 · 평가적 상황을 피하기 위해 등교를 거부하는 많은 학생들은 학교의 주요 상호작용 상황에서 인지적 왜곡으로 인해 고통받는다. 예를 들어, 많은 학생들이 자신의 외모, 잠재적 부정적 사건들, 혹은 타인들이 그들에게 갖고 있는 신념들에 대해서 파국화한다. 이러한 학생들은 주어진 상황에 대한 현실적인 평가, 상황을 통제하기 위해 해야만 하는 자원에 대한 정확한 평정, 문제해결적 관점 그리고 적응적으로 사고하는 능력(예: 건강한 사고; Kendall, Chansky, et al., 1992)을 희생시켰던 부정적 사고와 신념에 대해서 지속적으로 집중한다. 학생의 사회적 불안이나 평가에 대한 불안은 주어진 상황에서 건강한 사고를 억제시키고, 학생을 압도하여 상황을 악화시키고 회피로 이끈다. 따라서 부정적인 사고 유형을 알아내고 학생에게 건강한 사고를 격려하는 것은 기능적 처치 패키지에서 큰 비중을 차지한다.

인지치료의 초점은 학생의 발달 능력에 맞춰져야 한다. 일반적으로 아동에게 행해질 때는 좀 더 구체적인 작업이 요구된다. 청소년에게는 좀 더 복잡하더라도 어른 같은 치료가 행해진다. 보다 어린 아동을 위해서는, 연구자들이 다양한 형태의 첫 글자를 이용하는 절차를 개발해, 이들이 자신의 부정적 사고를 발견하고, 다른 곳에 집중하고, 그렇게 했을 때 스스로를 강화하도록 돕는다. 대표적인 예는 FEAR이다(Kendall, Chansky, et al., 1992).

F: Feeling frightening? (두려움을 느끼나요?) (불안의 신체적

증상을 인식하는 것)

E: Expecting bad things to happen? (안 좋은 일이 일어날 거 같나요?) (혼잣말과 일어날까 봐 걱정되는 일에 대해 인식하는 것)

A: Actions and attitudes that will help (도움이 되는 행동과 태도들) (불안이 유발되는 상황에서 사용할 수 있는 문제해결적 행동과 대처의 말들)

R: Results and rewards (결과와 강화) (자기평가와 강화)

덧붙여, STOP 프로그램도 제안되었다(Silverman & Kurtines, 1996).

S: Are you feeling Scared and anxious? (두려움이나 불안을 느끼나요?)

T: What are your scary or anxious Thoughts? (두렵거나 불안한 생각은 무엇인가요?)

O: What Other coping thoughts and behaviors can you think of? (생각해 볼 수 있는 다른 적응적 생각과 행동은 무엇인가요?)

P: Praise yourself for using these steps and Plan for next. (이러한 단계를 사용한 자기 자신을 칭찬하고 다음 단계를 계획해 보세요.)

이러한 첫글자를 이용한 방법은 아동들이 부정적 사고에 대처하거나 긍정적 · 적응적 사고에 보다 의도적으로 집중하는 데 필요한 단계들을 미리 시행해 보도록 돕는 데 활용될 수 있다. 좀 더 구체적으로, 이것의 목적은 아동들이 문제 있는 사고를 인식하고, 그 사고에 대처하기 위한 해결 과정을 수행하고, 그들의 계획을 평가하고 그렇게 실행한 것에 대해 그들 스스로를 강화하도록 하는 것이다. 이러한 목표들은 회기 초반에 다루고 다음에는 학교와 같은 좀 더 자연스러운 장면에서 아동에 의해 좀 더 독립적으로 다뤄진다.

보다 나이 든 아동이나 청소년을 위해서는 보다 복잡한 인지치료가 적절하게 사용될 수 있다. 벡 이론의 지지자들(Beck, Rush, Shaw, & Emery, 1979)의 방식에 따르면, 청소년은 주어진 상황에 대해 잠재적으로 혼란을 초래하거나 아주 위험한 것에 집중하게 하는 자동적 사고나 왜곡을 확인하는 것을 배운다. 등교를 거부하는 청소년들에게 흔한 왜곡은 실무율적 사고, 파국화, 과일반화, 부정적 낙인, 무능이나 당위의 사용, 독심술, 예언하기, 긍정성의 취소 등이다. 청소년들은 자신들에게 흔한 이러한 혹은 또 다른 왜곡들의 본질에 대해서 교육받는다.

초기

아동과 청소년을 대상으로 하는 인지적 재구조화의 초기의 주안점은 불안 반응(예: FEAR와 STOP에서 F나 S단계)으로 이끄는 주요 촉발요인에 대한 자각을 증가시키는 것이다. 사회적으로 불안한 상황에 관한 촉발요인으로 가장 적절한 것은 부정적 · 왜곡적 사고다. 이러한 촉발요인을 명확히 하기 위해서 보다 어린 아동들은 자신을 불안하게 만드는 일반적인 사건과 상황에 대하여 그림을 그릴 수 있고, 보다 나이 든 아동들과 청소년은 일반적인 불안을 유발시키는 사회적 · 평가적 상황의 일상적인 일지를 꾸준히 기록할 수 있다. 청소년은 이러한 상황과 공존하는 신체적 · 인지적 · 행동적 행위를 열거해야 한다. 수업 시간 중 시험이나 낯선 사람과의 만남과 유사한 상황과 도표를 사용하는 것 역시 이러한 촉발요인을 확인하는 데 도움이 될 수 있다. 그러고 나서 청소년이 어떻게 부정적 사건을 예기하는지 그리고 불안 유발사건 중에 어떤 사고, 이미지 그리고 다른 문제들이 일어났는지를 알기 위해 토의가 열린다.

이와 관련해서 치료자는 청소년이 상황에 대해서 갖고 있는 구체적인 사고 유형에 대해 위계의 측면에서 심도 있게 탐색한다(예: FEAR와 STOP에서 E와 T 단계). 이러한 자동적 사고는 종종 일어날 수도 있으나, 아마도 일어나지 않을 결과를 반영한다. 부정적 사고와 같은 보다 낮은 위계의 항목들은 '다른 아이들이 나를 비웃는다면 어떤 일이 일어날까?' '내가 바보같이 보인다면 어떨까?' '내가 약하다면 어떨까?' 와 같은 것을 포함할 수 있다.

심화

기초 인지적 재구조화 단계 후에, 각각의 문제 있는 사고는 방법론적으로 분석되고 수정된다. 특별히 각 부분에서 좀 더 적응적이고 도움이 되며 정확하거나 혹은 상황에 적절하여 현실적인 사고를 찾는다(예: FEAR와 STOP에서 A와 O단계). 보다 형식적인 인지치료 과정은 보다 나이 든 아동과 청소년에게서 시작되고, 이러한 과정의 완전한 적용은 다른 곳에서도 활용할 수 있다(예: Beck et al.,

1979; Beck, Emery, & Greenberg, 1985). 여기서의 주요 목표는 청소년이 일상적으로 각각의 자동적 사고 혹은 문제 있는 사고를 평가하고 도전하도록 하는 것이다. 이렇게 하기 위한 한 가지 방법은 그들에게 주어진 사고에 대해 증거를 찾도록 하고, 부정적 사고를 합리적이고 현실적인 사고로 논박하는 것이다. 이어서 소개되는 질문들 혹은 논박(dispute handles)이 이렇게 사용될 수 있다(Kearney & Albano, 2000). 논박은 아동의 경우에는 FEAR나 STOP의 과정에서 문제가 되는 사회적 · 평가적 상황에 대해 활용해 볼 수 있고, 청소년에게는 공식적인 인지치료 과정 중에 사용될 수 있다.

- 이것이 일어난다고 내가 100% 확신할 수 있나요?
- 그 사람이 나에 대해 생각한다는 것을 정말로 알 수 있나요?
- 일어날 수 있는 가장 안 좋은 일은 무엇인가요?
- 이전에 이 같은 상황에 내가 놓인 적이 있었나요, 그게 그렇게 나쁜 일이었나요?
- 이렇게 끔찍한 일이 실제로 일어난 것은 몇 번이나 되나요?
- 그 상황이 완벽하게 되지 않으면 어떻게 될까요?
- 이 상황을 다뤄 봤던 사람은 오직 나뿐인가요?

인지적 절차들은 아동에게 그들의 사고를 평가하고 도전하게 하며, 불안한 상황을 다룰 수 있는 그들의 능력을 보여 줄 수 있는 기회를 더 많이 제공하는 많은 다른 역할연기나 행동 노출과 함께 활용될 수 있다. 치료가 진행됨에 따라 아동들은 인지 재구조화 기법을 비합리적이거나 부정적인 사고(F/S와 E/T 단계)를 드러내고 이를 보다 현실적이고 적응적인 대처 진술(A/O 단계와 논박의 사용)로 바꾸는 데 있어 보다 독립적으로 활용해야만 한다. 이렇게 행동하는 것에 대한 자기-포상과 기타의 강화 역시 확립되어야 한다(예: FEAR와 STOP으로부터 나오는 R과 P단계).

행동적 노출

행동 노출은 불안 반응을 유발하는 인지적 재구조화와 짝지어져서 인지적 과정을 연습할 기회를 제공하고 학교 출석을 증가시키며 학생들이 다른 불안 유발상황에 들어가서 이를 숙달해 내도록 돕는다. 따라서 이전에 학생이 생활화하고 숙달했던 것과 유사한 상황에 주의를 기울이는 것은 중요하다(자세한 내용은 6장 참고). 학생들은 불안한 경험(예: 학교에서의 대화) 그리고 이와 유사하지만 불안이 유발되지 않았던 상황(예: 대형 매장에서의 대화)을 비교해 보도록 요청받을 수 있다. 이러한 사례들은 학생으로 하여금 자신을 과민하게하고 괴롭히는 상황에 관하여 숙달할 수 있는 능력이 있다는 것에 대한 증거를 제공한다.

전형적인 행동 노출은 위계로부터 사회적 · 평가적 장면을 재창조하는 것을 포함한다. 어떤 노출은 회기 내에서 초기에 장려될 수 있지만(예: 시험, 대화, 다른 사람들 앞에서의 발표 등), 학교와 관련한(예: 교실 앞에서 교사에게 이야기하는 것 등) 구체적인 노출이 수행되어야 할 것이다. 후자는 종종 'show that I can(STIC)' 과제로 불린다(Kendall, Chansky, et al., 1992). 각 노출의 구체적인 목표가 이전에 확립되어야 한다. 이러한 목표는 학생의 힘이 미치는 범위 내에 있고, 관찰되는 학생의 잘 정의된 행동(예: 눈맞춤 유지하기, 복도를 내려가는 시간 늘리기 등)이 포함되어야 한다.

노출 회기 동안 학생은 자신의 불안을 관찰한다. 이것은 이후에 학생에게 피드백을 제공하고 진전을 평가하는 데 쓰인다. 보다 어린 아동들에게는 0~8 척도의 두려움 온도계(5장 참고)가 사용될 수 있다. 보다 나이 든 아동과 청소년에게는 0~100 척도의 광범위한 주관적 고통/불쾌 척도(Wolpe, 1969)가 적당할 수 있다. 이러한 평정은 8~10분간의 노출 동안 매 순간 최적으로 수행될 수 있는데 어떤 노출은 이보다 길 수 있고 따라서 평정이 좀 더 광범위할 수 있다. 목표는 노출하는 동안 청소년의 불안 유형을 알려 주는 자료를 충분히 확보하는 것이다.

어린데다가 공존병리 문제(예: 학습 문제)를 갖고 있거나 불안 수준이 아주 높은 아동들에겐 천천히 진행되는 노출이 바람직하다. 보다 연장된 노출은 이들로 하여금 인지적 노출 기술을 연습하고, 불안 유발사건에 익숙하게 될 수 있는 기회를 더 많이 제공한다. 아동들은 특별히 초기 노출 동안 조력자로 친구, 부모 등을 요구할 수 있고, 힘든 노출은 치료 후반에 요구할 수 있다. 나이 어린 내담자, 보다 심한 사회적 · 평가적 불안을 가진 아동, 노출을 연습하는 데 부추겨 주는 것을 필요로 하는 아동, 부모가 여러 상황에서 쉽게 사회적 · 평가적 각본을 짜는 아동들에게 특히 조력자가 필요하다. 치료자가 책임져야 하지만 이들 조력자가 노출 동안 아동이 상황을 경험하거나 다루는 것을 스스로 막지 못하도록 돕는다. 덧붙여 조력자가 어떻게 불안 유발상황에 대처하거나 적절하게 찾아내는지를 아동이 주목해야 한다. 마지막으로 아동은 최소한 몇몇 상황을 독자적으로 다루고 그러한 노출에 몰입한 자신을 칭찬하도록 해야 한다.

초기

초기 행동 노출은 학생의 사회적·평가적 불안의 위계에서 낮은 수준의 항목을 포함한다. 이러한 노출은 보통 회기에서의 역할연기를 포함하고 적절한 모델링 절차(예: 사회적 기술이나 위에 제시된 조건들을 가르치기 위한)와 결합될 수 있다. 노출은 어느 정도 불안이 유발될 수밖에 없으며 청소년으로 하여금 인지적 절차를 연습하도록 한다. 시간이 흐를수록 청소년은 더 많은 양의 고통을 참을 수 있게 되며 그들이 상황에 머무는 동안 불안이 경감될 것이라는 것을 발견하게 된다. 낮은 위계에 대한 노출의 예를 제시하면 다음과 같다.

- 모든 급우들 앞에서 이야기하기: 회기 동안 관심 없어 보이거나 일부러 킬킬거리거나 다른 부적절한 행동을 하는 모의 청중들 앞에서 읽기, 발음이 어려운 단어가 섞인 보고서를 읽기(그래서 아동은 어쩔 수 없이 실수를 할 수밖에 없다), 짧은 시간 동안 어려운 보고서 읽기, 실제 학교 교실에서 보고서 읽기
- 대화를 시작하거나 이어 가기: 이야기하고 있는 동료에게 물리적으로 가깝게 다가가기, 학교와 치료 회기 중에 누군가와 대화를 시작하기, 과제로 급우에게 전화하기, 이미 놀이를 하고 있는 아이들 집단에 참여하기, 필요할 때 '아니' 라고 얘기하기

- 체육 수업에 가기: 체육 수업에 참석하는 시간 늘리기, 체육 수업 동안 급우에게 다가가기, 괴롭히는 것에 적절하게 반응하기
- 친구가 없는 장소에서 식사하기: 사무실 환경에서 낯선 사람과 식사하기, 푸드 코트나 식당에서 혼자 식사하기, 학교 식당에서 친구 없이 식사하는 시간 늘리기, 학교 식당에서 친구와 대화를 시작하거나 대화에 참여하기
- 교실에서 대답하거나 질문하기: 회기와 교실에서 질문하기, 무언가 괴롭히는 행동을 멈추라고 누군가에게 요구하기, 최소한 한 수업당 하나의 질문에 대답하기(교사의 협조가 필요함)
- 시험 치르기: 시험에 대비하기, 시험에 참여하기, 회기에 예고되지 않은 모의시험 보기, 회기와 학교에서 객관식과 주관식 시험 치르기
- 학교 복도에서 걸어가기: 학교가 아닌 건물에서 크고 사람이 많은 복도를 가로질러 걷기, 학교 복도에 머무는 시간 증가시키기, 복도에서 최소한 5명과 눈맞춤하기
- 합창하기/악기 연주하기: 회기 중에 다른 사람들 앞에서 암송하기, 공연 준비하기, 다른 사람들 앞에서 공연 시간 늘리기, 공식적인 암송을 수행하기

노출 후에 내담자가 맞닥뜨린 불안의 수준과 그들의 불안을 촉발시키는 인지적 · 신체적 요인에 대한 논의가 있게 된다. 이러한 논의를 촉진시키기 위해 아동의 사회적 · 평가적 불안 평정치가 그래프로 그려져 습관화 혹은 비습관화되어 있는 다양한 유형을 분

석하게 된다(6장 참조). 얼마나 많은 목표를 달성했으며, 어떤 목표를 달성했는지에 대한 논의도 하게 되고, 달성한 목표의 수가 도표로 표시되어 시간에 따른 진전을 평가하게 된다. 달성한 목표가 거의 없는 사례에서는 아동이 초기에 믿었던 것처럼 결과가 파국적이지 않다는 것을 계속해서 보여 줘야 한다. 아동은 또한 다른 사람의 견지에서 자신의 수행을 고찰해 보도록 요청받고, 유사한 상황에서 다른 사람을 어떻게 평가하는지에 대한 질문을 받는다(예: 구두 보고 시간 동안 발음에 어려움을 겪는 다른 아동). 덧붙여, 다른 이들의 행동(예: 무례함)에 대한 대안적 가능성에 대해서도 탐색되어야 한다.

보고하기(debriefing)는 학생의 불안과 행동이 더 심화되도록 한다. 특히 높은 불안 수준에 대한 논의와 이러한 높은 불안 수준들이 노출의 목표를 저지하는지에 대한 논의가 따른다. 노출 동안 인지적 왜곡을 변화시키는 학생의 방법도 논의되어야 한다. 정보 얻기의 주요 측면은 학생에게 자신의 행동에 대한 피드백을 제공하는 것이다. 노출이 성공적이지 않았다면 그땐 학생이 어떻게 다르게 혹은 더 낫게 행동할 수 있겠는지에 대한 피드백이 제공되어야 한다. 작은 단계를 포함하도록 위계에 대한 조정이 필요할 수도 있다. 노출이 비교적 성공적이고 학생의 불안이 전체 상황 동안 참을 수 있을 만큼 줄어들었다면, 학생은 지속되는 연습, 인내 그리고 상황에 대한 직접적인 관심을 가지면 자연스럽게 불안 수준이 낮아진다는 추가적인 피드백을 받게 된다.

추가적인 절차

처치 동안의 추가적인 노출은 청소년의 사회적 · 평가적 불안 위계의 중간과 높은 수준의 항목을 포함한다. 따라서 보다 도전적이고 불안을 유발하는 상황을 찾아야 하고, 이전에 비해 효과는 좀 더 다양하다. 각 노출이 설계되고 수행됨에 따라 청소년은 계속해서 불안 유발사건과 기타 촉발요인들을 확인하고 왜곡들을 적절하게 바꿔 나가야 한다. 필요하다면 모델링과 역할연기 역시 지속되어야 한다. 성공적인 노출은 당연하게도 치료자, 부모, 아동 그리고 다른 사람들에 의해 자유롭게 강화되어야 한다. 덧붙여 아동은 어려운 노출을 완수한 것과 불안을 다루는 기술을 익힌 것에 대한 긍정적 느낌에 집중해야 한다.

행동적 노출이 점점 어려워짐에 따라 과제를 수행하는 어려움(예: 회피 또는 피하기)에 대해서 고찰하여야 한다. 어려움을 극복하기 위해 위계의 조정, 인지적 재구조화(논박에 대한 고찰)에 대한 재강조, 모델링과 역할연기, 강화조건 관리(8장 참조), 혹은 다른 처치 절차들이 고려되어야 한다. 더 길고 많은 불안을 유발하는 사회적 · 평가적 상황에 대한 내성이 개발됨에 따라 학교에서 보내는 시간이 늘어나게 된다. 한 번도 혹은 거의 학교에 오지 않는 학생을 위해서는 처음에는 하루 중 보다 수월한 시간 동안 부분적으로만 참여하도록 한다(예: 학교 시간의 끝부분 1시간). 덧붙여 보다 심각한 등교거부 행동을 갖고 있는 학생은 처음에는 부모나 다른 이가 등교에 동반하여 노출 수행을 돕도록 한다. 치료 회기 역시 학교에 맞게 구성할 수 있다.

사례

제이나는 학교에 출석하는 문제 때문에 최근에 외래 정신건강 클리닉에 의뢰된 14세 여학생이다. 평가는 11월 중순에 실시되었고, 제이나가 학교에 와야 하는 날들 중 60% 정도를 빼먹는다는 상담자의 전화가 뒤따랐다. 덧붙여 상담자는 제이나가 교실에서 위축되고 급우들과 상호작용하지 않는 것처럼 보인다고 하였다. 제이나가 우울한 것 같았고, 상담자는 개학한 이래 제이나를 3번밖에 만날 수 없었다.

초기 평가 회기에 제이나와 엄마가 참석하였다. 제이나는 새로운 급우들과 교사들 때문에 압도되어서 고등학교 생활을 시작하는 것이 어려웠다고 보고하였다. 분명히 그녀의 고등학교 생활은 중학교 생활과는 매우 달랐는데 고등학교에서 감정을 거의 내보이지 않고 더 많이 담아 두었다. 덧붙여 제이나는 학교 일이 너무 많고 어렵다고 불평했으며, 지난 학업적 분투를 보고하였다(그녀는 전형적으로 'C'를 받아 온 학생이었다). 무엇보다도 제이나는 학교에서 다른 사람들이 자신을 취급하는 방식 때문에 화가 났다. 특별히 그녀는 급우들이 떠드는 소리를 좋아하지 않았고, 학교에서 이미 잘 형성된 무리들로부터 소외되는 듯 느꼈다. 그녀는 점차 위축되어 갔고, 낮에 학교를 떠나 집으로 오게 되었다. 보통, 제이나는 오후 수업을 빼먹었는데 그것은 체육, 영어 그리고 음악 수업이었다. 이러한 과목들은 다른 사람들 앞에서 어느 정도 수행(예: 운동, 말하기, 노래하기)을 해야 하고 제이나가 완수하기 매우 어려웠다고 보고했던 과제들을 포함했다. 그녀는 점차적으로 엄마에게 학교를 그만두고 일을 하게 해달라고 부탁을 하게 되었다.

제이나의 엄마는 제이나가 학교에 남아야 한다고 주장했지만, 동시에 학교 당국도 딸이 처한 곤경에 책임이 있다고 비난했다. 특별히, 제이나의 엄마는 제이나가 최소한 반나절은 출석한 날에도 학교에서 '결석' 으로 처리한 것과 딸의 장기결석에 대해 그녀에게 즉각적으로 정보를 제공하지 않은 것, 교사가 불필요하게 제이나에게 힘든 과제를 제공한 것은 부당하다고 불만을 토로했다. 그러나 제이나의 엄마는 딸에 대한 학교의 변화를 주장하는 것을 짧게 끝냈다. (제이나의 고등학교는 집에서 걸어가기에 가까운 거리 내에 있었다.) 또한 제이나의 엄마는 제이나가 위축되어 보이며, 평소보다 친구들에 대해서는 덜 말하고 잠은 더 잔다고 하였다.

면담과 질문지 자료에 의하면 제이나는 주로 혐오적인 사회적 · 평가적 상황을 회피하기 위해 등교를 거부하는 것으로 나타났다. 이것은 오후 수업뿐만 아니라 식당에서의 점심시간에도 적용되었는데 거기는 시끄럽고 사람이 많아 앉을 곳을 찾기도 힘들었다. 본질적으로 제이나는 11시 30분부터 낮 시간이 끝날 때까지 학교에 있는 것을 힘들어했는데, 특별히 수행 중심의 과제에 참여하도록 기대되는 시간에 그러했다. 덧붙여 평가 자료에 의하면 제이나에게 준임상적 수준의 우울과 학습문제가 있음이 밝혀졌는데, 학습문제는 그녀의 장기결석과 과제를 완성하고자 하는 동기가 부족한 데서 오는 2차적인 문제인 것으로 보였다.

제이나의 우울증은 이번 회기 이후 악화되었는데 학교에 온전히 참여해야 한다는 논의 때문일 가능성이 있다. 제이나는 다음 두 번의 약속에 오는 것과 자살에 대해 개방적으로 얘기하기 시작하는 것에 대해 거절하였다. 제이나의 엄마는 병원의 위기 센터에 방문을 요청하고 제이나에 대한 평가를 받으라는 조언을 들었다. 그녀의 상황은 삶을 위협하는 것으로 판단되었으나 입원은 하지 않았다. 여전히 그녀의 엄마는 다음 수일 낮 동안 딸을 밀착해서 관찰하는 데 시간을 보냈다. 치료자 역시 제이나와 연락하여 그녀가 치료를 재개하기를 설득했다. 제이나는 자신에게 있어서 학교에 출석하는 것은 너무 힘든 일이므로 등교에 있어서는 조금도 진전이 없을 거라고 확신했다. 치료자는 치료적 과정이 학교에서의 사회적 · 평가적 불안뿐만 아니라 전반적인 슬픔을 경감시킬 것이라는 설명을 덧붙였다. 제이나는 다음 회기에 나오기로 약속하였고 그렇게 하였다. 그러나 휴일과 가족의 묵인 때문에 연속해서 4주 동안 학교를 결석했다.

첫 번째 회기에 치료자는 제이나가 학교에서 경험하는 불안과 우울의 순환에 대해서 탐색하였고, 제이나가 접근할 수 있는 상황의 위계를 개발하였다. 제이나는 다른 사람 앞에서 이야기해야 할 때 위에서 '혹' 이 느껴지기는 하지만 신체적 증상은 거의 없다고 보고하였다. 그 대신 그녀의 사고가 불안을 촉발하는 요인이 되어 혐오적인 사회적 · 평가적 상황으로부터 도망치고 싶어지게 하는 것 같았다. 특히, 제이나는 그녀의 수행에 대해서 다른 사람들이 헐뜯는다고 확신하였다. 그녀는 그녀의 과체중 상태가 체육 수업에서 조롱거리가 되고, '떨리는 목소리' 가 영어 시간에 비웃음을 가져오며, 합창 시간에 독창을 할 수밖에 없을 거라고 걱정하였다. 제이나는 또한 그녀의 급우들이 그녀를 적극적으로 거절하며, 거의 아무도 그녀의 관심이나 우정을 구하기 위해 접근하지 않는다고 확신하였다. 제이나는 어떻게 그녀의 생각이 직접적으로 불안과 회피를 초래하는지, 어떻게 그 생각을 사람들이 강조하는 긍정적인 대처로 바꿀 것인지에 대해 설명을 들었다. 제이나는 이러한 원리를 이해하고 수용하였다. 제이나의 사회적 · 평가적 상황의 위계는 일반적으로 아침에 학교로 가는 것, 아침수업과 점심식사에 참석하는 것, 수행을 기대하지 않고 오후 수업에 참여하는 것(예: 영어 시간에 구두 발표가 없는 것) 그리고 약간의 수행이 기대되는 오후 수업에 참여하는 것으로 구성되었다.

제이나의 엄마 역시 치료 계획의 원리를 이해하고 받아들였으나 학교 당국이 딸의 상황에 둔감했으며, 그녀의 가족을 교육에 대한 방임으로 청소년 법정에 의뢰한 것을 계속해서 비난했다. 치료자는 엄마의 학교에 대한 좌절이 제이나의 결석에 대한 더 깊은 묵인과 제이나의 동기 결핍을 초래할 수 있다고 인식하여 그녀를 다루었다. 제이나의 엄마는 치료자에 의해 참석하게 된 학교 행정부서와의 회의 대신 치료 과제를 완수하도록 제이나를 아주 많이 격려하였다. 그 회의에서 치료자는 학교 행정부서가 청소년 법정에 의뢰하는 것을 연기하고, 제이나가 2월 말까지 보강 과제를 하면 온전히 학점을 이수한 것으로 인정하기로 허락받았다. 이수 학점을 받는 절차가 제이나를 학교에 출석하도록 동기화하여 학교를 마치도록 하기 위해 설계되었다. 덧붙여 학교 당국은 낮 동안 제이나가 수업을 빼먹으면 학교의 출결계에서 즉각적으로 그녀의 엄마에게 연락하도록 하는 것에 동의하였다. 학교는 제이나가 한 번이라도 수업에 빠지면 이를 기록하기로 한 정책을 변경하는 것을 거절했다. 덧붙여, 그녀가 행동 면에서 좀 더 심각한 퇴행을 보일 경우 청소년 법정에 의뢰될 수 있음을 분명히 했다.

제이나는 이것에 대해 설명을 들었고 동의해서 아침에 학교로 갔다. 놀랍게도, 그녀는 도보로 집에 가기 전에(그렇게 해도 된다고 허락을 받았다), 학교에서 점심식사 시간에 참석하였다. 치료자는 일일 경과 기록을 통해 그녀의 기분과 불안 수준에 대해서 평가하였고, 제이나는 이 시점에서 일주일에 두 번씩 치료에 참석하는 것에 동의하였다. 새로워진 치료의 두 번째 주 동안 제이나는 다음에 추가할 수업을 선택하도록 요청받았다. 그녀는 합창을 선택했는데, 그녀가 온종일 학교에 남아 있어야 한다는 것을 의미했기 때문에 다행스러운 선택이었다. 그녀는 점심식사와 합창 사이에 두 번의 자습시간에 참석하였고, 독창은 요청받지 않았다. 덧붙여, 치료자는 제이나에게 우정을 쌓을 기회가 될 수 있는 학과 공부 외의 활동을 선택하라고 하였다. 또, 더 많은 에너지를 얻고 적절감을 느끼기 위해 운동 수업을 시도해 보라고 강조하였고 제이나는 동의하였다. 덧붙여 제이나가 제시간에 공부를 보충해 학점을 이수할 수 있도록 밤시간과 주말 과제 시간도 설계되었다. 과외 수업 역시 그녀에게 유용하였다.

치료자 역시 제이나와의 집중적인 인지적 작업에 열중했는데, 다른 사람 앞에서 놀림당하는 것에 대한 그녀의 걱정을 탐색하는 것이었다. 논박이 사용되었는데, 특별히 일어날 수 있는 가장 나쁜 것과 그것이 실제로 일어난다면 어떨 것인지에 관한 것이었다. 제이나는 가장 나쁜 가능성은 미묘한 당황스러움이라는 것을 깨닫게 되었고, 이러한 당황스러움에 대처하는 방법에 대해 말하였다(예:

과제를 지속하는 것, 친구들과 웃는 것). 아울러, 다른 사람들을 회피하면 제이나에게 접근하거나 따뜻함과 다른 긍정적인 것을 느낄 사람이 생길 가능성이 거의 없다는 것을 제이나도 깨닫게 되었다. 그녀의 몇몇 치료적 과제에는 아침과 운동 시간에 다른 사람과 상호작용을 시작하는 것이 포함되었고, 제이나는 좀 더 빨리 친구 몇 명을 사귈 수 있었다. 제이나가 새로운 친구들과 점심을 함께할 수 있도록 그녀의 시간표는 재조정되었다.

시간이 흐를수록, 제이나는 작업의 모든 것은 아니지만 거의 대부분을 완수했다. 제이나가 어떻게든 학교생활을 해 나갈 수 있음은 분명했다. 그녀는 영어 수업을 추가했고, 회기 내에서의 연습 이후에, 구두 발표를 완수할 수 있었다. 그런데 지속적으로 문제가 되는 영역으로 남는 것은 체육 수업이었다. 제이나는 그 수업엔 참여하기를 거절하였고, 제이나가 그 수업 시간 동안 공부방으로 가는 것(교사를 만나고 학교과제를 완수하기 위해서)을 허가할 학교 당국과의 다른 회의가 필요했다. 그리고 여름이 지나서 체육 수업을 다시 받았다. 결과적으로 그녀의 기분과 사회불안은 규칙적으로 학교에 출석할 정도로 향상되었다. 덧붙여, 정기적인 부모-학교 행정 회의가 열려 마찰과 오해를 감소시켰고, 제이나의 상태에 대한 자각을 증가시켰다. 등교거부의 많은 사례에서 부모와 학교행정 사이의 불화를 해결하는 것이 성공적인 해결에 있어서 매우 중요하다.

요약

혐오적인 사회적 · 평가적 상황을 피하기 위해 등교를 거부하는 학생에 대한 기능 중심의 처치는 불안을 감소시키고 그러한 상황에 대한 숙련감을 형성하기 위한 심리교육, 위계 발달, 인지 재구조화 그리고 행동 노출에 초점을 맞춘다. 이러한 절차는 우울이나 학습곤란 등의 공존증상이 있는 기능적 조건의 사례에도 해당되기 때문에, 이러한 문제들을 다루는 데에도 일반화될 수 있다.

제8장

관심을 끌기 위해 등교를 거부하는 학생

예나는 거의 매일 아침 등교 전에 짜증을 낸다. 어머니에게 달라붙으며, 목욕탕에 들어가 문을 잠그고, 때로는 집에 남아 있기 위해 형제들을 때리기까지 한다. 때로 예나가 학교에 가서 수업에 지장을 주면, 선생님은 그 벌로 그녀를 집에 늦게 보내고 있다.

이 장에서는 관심을 끌기 위해 등교를 거부하는 학생을 위한 주된 처치 전략들을 검토한다. 6장과 7장에서는 학생에게 더 많은 초점을 두고 논의하였는데, 그와 달리 여기에서는 부모와 부모 훈련에 더 많은 초점을 두고 관심 끌기를 시도하는 학생을 위한 기능 중심의 처치를 다룬다. 등교거부 학생이 있는 많은 가정에서, 학생은 부모를 무시하고 등교 여부를 제멋대로 결정하고 또 당연한 듯이 부모를 통제한다. 그러므로 처치의 일반적인 목표는 이 상황을 역전시켜서 부모가 학생과 학생의 등교를 확실하게 통제하도록 하는 것이다.

이를 위해 부모 훈련의 몇 가지 일반적인 원칙을 먼저 검토한다. 이어서 분리불안에 대한 논의를 하는데, 그 이유는 분리불안이 관심을 끌기 위해 등교를 거부하는 학생과 관련되기 때문이다. 그러나 관심을 끌기 위한 등교거부 행동은 부모를 조종하고 행동을 외현화하는 등 보다 넓은 함의점들을 암시하고 있다. 마지막으로, 기능적 모형에서 나온 처방 요소들을 사례와 함께 제시한다.

부모 훈련 개관

부모 훈련의 본질은 학생의 좋지 않은 행동에 기여하는 모든 부모 또는 가족의 역동을 바꾸는 것이다. 부모 훈련의 핵심적 목표는 부모들에게 현재와 미래의 비행과 갈등을 성공적으로 해결하는 데 필요한 기술을 가르치는 것이다. 부모에게 이런 기술을 가르치기 위해 교육, 모범보이기, 시연, 피드백, 구조화된 과제 부과 등의 다양한 방법이 사용되고 있다(Briesmeister & Schaefer, 1998). 구체적인 부모 훈련 모형도 개발되었다(예: 학생의 관계증진 프로그램; Guerney & Guerney, 1989; 부모-자녀 상호작용 치료; Eyberg & Boggs, 1998). 부모 훈련에는 부모역할 기술 증진과 부모-자녀 관계, 자녀의 생활에 대한 부모의 감독과 관여 증진, 치료 참여와 치료규칙 준수, 기술의 일반화, 다양한 가족 유형 및 상황에의 적용 등 몇 가지 매력적인 특징들이 있다(Briesmeister & Schaefer, 1998).

부모 훈련은 학생의 다양한 나쁜 행동을 수정하기 위해 부모들을 가르치는 데 효과적이고, 특히 관심을 끌기 위해 등교를 거부하는 학생들을 다루는 데 유용하다. 이런 학생들은 양육자의 관심사에 잘 맞춰 주면서 오랜 시간 함께 보내기를 원하기 때문이다. 게다가, 이런 기능적 조건을 가진 많은 부모들이 학생의 행동을 묵인해 주고 있고, 많은 가족들이 융해되어 있으며(enmeshed), 많은 학생들이 어리기 때문에, 부모 훈련은 학생에 대한 부모의 통제 방법을 재교육하고 적절한 부모-자녀 의사소통을 증진시키기에 가장 실용적이고 성공 가능성이 높은 접근이다. 다양한 측면의 유관계약 관리(contingency management)와 행동조성(shaping)이 학생의 등교거부 행동을 성공적으로 다루는 데 사용되었다(예: Ayllon, Smith, & Rogers, 1970; J. Cooper, 1973; Doleys & Williams, 1977; Hersen, 1970; Meyer, Hagopian, & Paclawskyj, 1999; Rines, 1973; Tahmisian & McReynolds, 1971).

분리불안이 있는 학생

분리불안은 다른 기능적 조건을 가진 학생보다 관심을 끌기 위해 등교를 거부하는 학생들에게 더 많다. 분리불안이 있는 학생에 대한 치료는 아직 많이 개발되지 않았고, 연구들의 초점이 대부분 사례보고나 단일-참여 연구 설계에 맞춰져 있다(Thyer & Showers-Hoag, 1988). 초기 연구들은 부모와 자녀 사이를 분리시키는 시간과 거리를 점차 증가시키는 몇 가지 노출 중심 감감법을 변형한 것에 집중되어 있다. 보다 최근의 연구들은 감감법에 다른 효과적인 치료적 요인들을 보태고 있다(Hagopian & Slifer, 1993; Kendall, 1994; R. G. Klein, Koplewicz, & Kanner, 1992; Montenegro, 1968; T. H. Ollendick, Hagopian, & Huntzinger, 1991). 이들 요인들에는 약물요법, 자기개념 수정, 긍정적인 자기강화, 문제해결 훈련, 심리교육, 이완 훈련(Mansdorf & Lukens, 1987), 그림치료(LeRoy, Derdeyn, 1976), 차별 강화, 자극 용암법(stimulus fading)(Neisworth, Madle, & Goeke, 1975) 등이 포함된다.

관심을 끌기 위해 등교를 거부하는 많은 학생들을 위해 진짜 분리불안으로 인한 걱정을 다루는 것은 필수적이다. 그러나 분리불안장애(separation anxiety disorder: SAD)에 대한 우리의 지식은 발달하는 중에 있고, 어떤 분리 '불안' 사례들은 실제로 학생이 통제하고, 조종하며, 관심을 끌기 위한 행동을 하고 있음을 반영한다. 예를 들어 나는 SAD 준거를 충족시키는 등교거부 행동을 보이는 24명의 학생에 대하여 보고한 바 있다(Kearney, 1997). 연구 대상 부모들은 DSM-IV(American Psychiatric Association, 1994)에 있는 SAD를 구성하는 준거와 관련 증상들 중 일차적으로 보다 외현화된 것들을 언급하였다. 예를 들어, 여기에는 과장된 신체적 불평(75%), 헤어질 때 성질내기(71%), 등교거부 행동(69%), 수면 거부(63%), 혼자 남기를 싫어하고 달라붙기(56%) 등이 포함된다. 다치는 것에 대한 부모의 걱정(44%), 다치는 것에 대한 학생의 걱정(31%) 그리고 분리에 대한 악몽(13%)과 같은 내재화된 문제들은 소수의 연구 대상에게서만 나타났다. 게다가 이 학생들은 다양한 공포와 일반적인 불안 측정치에서 정상 범위의 점수를 받았다. 이러한 기능적 조건을 가진 부모는 그들의 자녀가 많은 관심을 원한다고 토로하는 경우가 많다(4장 참조). 다른 연구들은 등교거부 학생에 대해 전통적인 분리불안 개념을 적용하는 것을 비판하기도 한다(예: Knox, 1989; Pilkington & Piersel, 1991).

분리불안의 개념은 양육자로부터 분리되는 것에 대하여 진정으로 불안한 학생, 양육자로부터 보다 광범위한 영역에 대한 관심을 원하는 학생 그리고 불안과 관심 끌기 성향을 모두 가진 학생의 세 하위 유형을 포함한다. 첫 번째 하위 유형에 대하여는 6장에서 기술된 절차들이 유용할 것이다. 주로 관심을 끌기 위해 등교를 거부하는 학생들에게는 이 장이 가장 유용할 것 같다. 복합적인 이유로 등교를 거부하는 학생에게는 여러 가지 처치가 필요할 듯하다.

분리불안과 관심 끌기로 인한 등교거부 행동에 성공적인 치료를 받은 학생의 사례보고들이 있다(Kearney & Silverman, 1990, 1991). 부모에게 적절한 행동에 주의를 기울이고 부적절한 행동은 무시하도록 조언함으로써 분리불안과 관심 끌기로 인한 등교거부 행동을 하는 10세 소녀를 치료한 사례도 있다(Chorpita, Albano, Heimberg, & Barlow, 1996). 이 사례에서는 역할연기가 일차적으로 사용되었다. 여러 가지 행동에 대한 중다 기저선 설계로부터 나온 연구 결과는 신체화 증상, 분노와 짜증 그리고 울음이 실제로 감소되었음을 보여 주었다. 관심을 끌기 위해 등교를 거부하는 학생을 위한 구체적인 요소들이 다음에 좀 더 상세하게 기술되어 있다.

관심을 끌기 위해 등교를 거부하는 학생

관심을 끌기 위해 등교를 거부하는 학생을 위한 기능 중심의 주요 처치는 부모가 자녀와 자녀의 학교 출석에 대하여 더 통제를 하도록 계획되었다. 이를 달성하기 위한 치료 요소들에는 부모의 지시를 재구조화하기, 사소한 부적절한 행동은 무시하기, 일관된 규칙을 수립하기, 학생의 행동에 대한 부정적 또는 긍정적 결과를 결정하기, 특정 조건하에서는 출석을 강요하기, 과도하게 달래지 않기 등이 포함되어 있다.

부모의 명령 재구조화

관심을 끌기 위해 등교를 거부하는 학생이 있는 많은 가족들에게 핵심적인 첫 단계는 아침시간과 그 외의 시간에 주는 부모의 명령을 재구조화하는 것이다. 종종 명령이 모호하여 학생과 긴 줄다리기를 하게 되기도 한다. 처치의 주요 목표는 이런 긴 신경전을 부모의 짧은 명령과 학생의 단순한 반응으로 바꾸는 것이다. 처음에 부모는 낮 시간 동안 했던 학생에 대한 명령을 일반적이고도 정확한 용어로 표현한다. 이것은 면접이나 회상에 의해 시행될 수도 있고 이러한 명령들이 문제가 있다고 판단된 이후에는 명령을 녹음하라고 미리 요청하기도 한다. 이것은 특히 등교거부 행동과 아침 일과에 관한 명령에 적용된다.

이 정보는 부모가 명령을 할 때 저지를 수 있는 핵심적인 오류들을 확인하기 위해 신중하게 분석된다. 오류에는 의문스럽고, 모호하고, 불완전하고, 말이 중간에 끊기고, 과도하게 어렵거나 길어서 결국 다른 사람이 떠안게 되는 명령들이 포함된다(Forehand & McMahon, 1981; Kearney & Albano, 2000). 치료기간 동안 이 명령들을 계속적으로 검토하고 문제가 되는 패턴에 대하여 건설적인 피드백을 제공하는 것이 중요하다. 적절한 명령을 구성하고 수행하도록 부모를 돕기 위해 모델링과 역할연기가 사용될 수 있다. 시간이 지나면서, 부모들은 무엇이 좋은 명령이고 덜 적절한 명령인지에 대한 이해력을 발달시켜야 한다.

특히 부모들은 학생에게 요구하는 바가 무엇인지, 과제가 언제 완수되어야 하는지에 대하여 명확히 해야 한다. 학생은 행동할 능력이 있고, 학생의 주의를 완벽하게 끌 수 있는 명령은 없다는 것을 강조해야 한다. 아울러 부모들은 비판, 냉소, 훈시를 하지 말아야 하고, 중립적인 어조를 사용해야 한다. 누구도 학생을 대신하여 명령을 수행할 수는 없고, 부모만이 명령의 대상인 학생과 함께 과제에 참여해야 한다. 명령에 순응하고 거부하는 정도에 따라 적절한 칭찬과 처벌이 있어야 한다.

부모들은 이 재구조화 과정 동안 적극적이어야 한다. 피드백에 반응하고, 서로 자주 이야기하며, 필요에 따라 그들의 명령을 수정하고, 명령의 효율성을 방해하는 요인들(예: 목소리 톤이 확고하지 않음)을 검토하며, 필요하면 학생이 순응하도록 신체적으로 개입해야 한다. 많은 학생들은 부모로 하여금 치료 과정을 포기하도록 하기 위해 잘못된 행동을 고의적으로 악화시킨다. 그래서 침대에서 나오지 않으려고 하거나 옷을 입지 않으려고 하는 등의 불복종을 부모들이 잘 극복하도록 해야 한다. 예를 들어, 부모들은 짜증내는 학생에게 강제로 옷을 입혀야 할 수도 있고, 아래층으로 데려가야 할 수도 있다. 어렵기는 하지만 이러한 행동은 부모가 잘못된 행동을 용납하지 않을 것이며 등교거부 행동에 대하여도 확고한 입장을 취할 것임을 학생에게 전달한다.

부적절한 행동 무시하기

부모들은 또한 학생의 부적절한 행동을 무시해야 한다. 어떤 부모들은 주로 학생이 잘못된 행동을 할 때만 관심을 보이고, 조용하게 노는 등 적절하게 행동할 때는 무시하는 오류를 범한다. 부적절한 관심으로는 잔소리하거나 소리 지르기, 협상하거나 달래려고 하기, 또는 신체적인 강제 등이 포함된다. 부모에게 학생의 비행에 대한 예를 제시하고 언어적으로 신체적으로 어떻게 반응해 왔는지, 반응하려고 했는지를 물어야 한다. 필요하다면, 부모가 학생을 무시하고, 눈맞춤을 피하고, 타임아웃을 사용하고, 잘못된 행동을 이겨 내고, 다른 자녀에게 보다 친밀하게 대하고, 다른 사람과 이야기하는 등 단발적인 부적절한 행동을 무시하기 위한 방법을 취해야 한다. 그러나 짜증 발작과 같은 보다 심하게 잘못된 행동들에는 처벌을 더 가해야 할 수도 있다.

무시는 관심을 추구하는 학생에게 종종 공통적으로 나타나는 두통, 메스꺼움, 배탈 등의 과장된 신체 증상에 가장 자주 적용된다. 진짜 아픈 것이 아니라면, 부모는 이러한 호소들을 무시해야 한다. 부모들은 자녀에게 열이 나거나 실제로 구토를 하거나, 설사, 충혈 등의 명백한 신체 증상이 없으면 학교에 가라고 할 수 있다. 자녀가 진짜 아프면서 집에 있다면, 언어적 · 신체적 관심을 최소로 주어야 하고, 자녀는 다른 특권 없이 하루 종일 침대에 머물러 있어야만 한다. 장례식과 같은 집안일로 학생이 합법적으로 학교에 가지 않고 집에 머물러 있는 상황이라도 집에 머무는 것은 그때뿐이며 가능한 한 빨리 학교에 다시 가야 한다고 알려 주어야 한다.

확고한 규칙을 수립하기

혼란스러운 아침, 낮 그리고 저녁 규칙을 재구조화하는 것은 관심을 끌기 위한 등교거부를 다루기 위해서도 필요하다. 재구조화는 학교와 직장을 위해 아침에 준비할 것을 간소화하고, 가정의 규칙을 준수하며, 부모가 학생의 규칙침해와 불복종에 명령을 통해 적절하게 반응하도록 해 준다. 처음에, 부모는 일상생활 규칙에 대하여 세부적인 지침을 준다. 이것은 특히 등교하기 전의 아침 규칙에 해당하며, 10분 단위로 일어나는 사건들을 포함하여 진술해야 한다(예: 오전 6시 30분부터 오전 9시까지). 규칙이 없는 것, 규칙이 날마다 바뀌는 것, 부모와 자녀를 위한 규칙을 세분화하는 것 그리고 규칙에 대한 앞으로의 수정 사항들에 관한 토의도 할 수 있다. 특히 자녀가 침대에서 일어나고 씻고, 옷 입고, 아침을 먹고, 예외적인 활동들(예: 놀기)을 하고, 학교 갈 준비를 하고, 집을 떠나는 시간들에 주목해야 한다. 오후와 저녁에 대한 것들을 포함하여 일상생활의 규칙들을 토의할 때는 시간이 촉박한 상황에서 부모가 자녀의 좋지 않은 행동에 어떻게 반응하는지를 살펴보고, 필요하면 이 반응들을 수정해야 한다. 수업을 마치지 않고 집에 왔을 때 부모가 묵인하지 않고, 학생의 행동을 반드시 짚고 넘어가도록 해야 한다.

규칙들을 완전히 검토하고 나면, 아침 규칙을 우선적으로 재구조화한다. 모든 아침 활동들에 대하여 그 활동이 이루어져야 할 시간을 정한다. 등교 준비를 하도록 가족에게 충분한 시간을 주고, 자녀가 꾸물거리는 등의 문제 행동을 하면 대처할 수 있도록 융통성 있게 규칙이 구성되어야 한다. 그러나 규칙들은 또한 학교로 자연스럽게 이동하도록 하기에 충분할 만큼 구조화되어 있어야 한다. 부모로 하여금 자녀를 학교 시작 90분이나 120분 전에 침대에서 일어나게 하도록 조언해야 한다. 덧붙여서, 학생이 잠에서 깬 후 10분 이상 침대에 누워 있지 않도록 해야 한다. 이것은 아침시간에 충분히 각성되어 다시 잠들고 싶은 유혹을 막기 위한 방안이다. 그러고 나서 나머지 아침 규칙이 설정될 수 있다.

- 오전 6시 30분: 자녀를 깨운다(자녀는 오전 6시 40분까지 침대 밖으로 나와야 한다).
- 오전 6시 40분~7시: 자녀가 화장실을 이용하고 씻는다.
- 오전 7시~7시 15분: 자녀가 옷을 입고 필요하면 치장을 한다.
- 오전 7시 15분~7시 35분: 자녀가 아침을 먹고 하루 일을 부모와 의논한다.
- 오전 7시 35분~7시 50분: 자녀가 등교 준비를 마친다(책, 겉옷, 점심을 챙긴다).
- 오전 7시 50분~8시 15분: 자녀가 부모와 함께 학교에 가거나 버스를 탄다.
- 오전 8시 30분: 자녀가 학교와 교실에 들어간다.

자녀가 등교하지 않을 때에도 이 규칙은 수립하고 시행한다. 자녀가 일찍 일어나는 습관을 들이고 늦잠이나 불평불만 같은 부적절한 아침 행동을 최소화함으로써 앞으로 학교에 잘 가도록 촉진하는 것이다. 비록 최종적으로는 모든 가족 구성원들에게 자연스럽고 편안하게 되어야 하지만, 치료기간 동안에는 필요할 때마다 아침 규칙이 구조화되고 재구조화된다. 또한 부모는 학생이 규칙을 지키는 방법에 반응해야 한다. 학생이 수월하게 아침 규칙을 지키면, 아침과 저녁에 칭찬을 해야 한다. 학생이 규칙에서 심각하게 이탈하거나 성질을 부리는 등의 나쁜 행동을 보이면, 그날 아침에 꾸지람을 하거나 저녁에 권리 박탈, 잔소리 등의 처벌을 할 수 있다(결과에 대한 이후 부분을 참조할 것).

아침마다, 자녀의 행동과 씨름하게 될 것을 예상해야 한다. 그러므로 부모는 자녀가 학교에 지각하는 것을 지나치게 의식해서는 안 된다. 9시 30분, 11시, 또는 오후 2시 등 그 어느 때라도 자녀를 학교에 지속적으로 보낸다면, 자녀에게 출석이 의무적인 것이며 아침에 수업이 시작된 이후에도 계속 재촉받을 것이라는 메시지를 전달할 수 있다. 그런데 이러한 과정은 분명 교직원과의 협조하에 이루어져야 한다. 치료 후반에, 학생은 아침 일과 후 즉시 학교에 출석해야 한다. 아침에 문제 행동을 한 후에 등교하는 학생이라도 출석은 계속해야 한다. 막 등교를 다시 시작한 학생의 초기 출석은 하루 종일이 아니어도 되며, 도서관 등의 대안적인 장소에서 시간을 보내기도 한다. 등교를 전면 거부하는 학생에게는 강제 출석이 고려될 수 있다.

일과시간 규칙과 결과

일과시간 규칙과 결과는 학생이 학교에 있고 강제 출석이 고려되지 않을 때 수립한다. 낮에 부모가 집에 없다면, 과외교육을 계획할 수 있다. 또는 부모가 자녀를 직장에 데리고 갈 수 있으며, 자녀에게 지루한 과제들을 할당하거나 다른 사람의 관심을 받지 못하면서 앉아 있게 할 수 있다. 하나의 대안은 학생이 동일한 일을 할 수 있는 친구나 친척집에 가는 것이다. 자녀가 학교에 있을 시간에 집에 있을 때 부모가 자녀를 지도할 수 있다면, 정규 수업이 있는 시간 동안(예: 오전 9시부터 오후 3시) 자녀에 대한 관심을 극도로 제한해야 한다. 학생은 혼자 앉아 있어야 하고, 지루한 잡일을 혼자 완성해야 하며, 학교 숙제를 마쳐야 한다. 여기에서 목표는 학생이 학교에 있어야 할 시간에 남들의 관심을 받지 않도록 제한하자는 것이며, 학생이 가족에게 어려움을 준 대가로 인하여 어떤 노력을 해야만 한다는 것이고, 아울러 이후에 학교에 다시 갈 것에 대비하여 학업 수행을 유지해야 한다는 것이다. 낮 동안 부모는 자녀가 학교에 잠깐 동안 이라도 출석하도록 촉구해야 한다. 예를 들어, 부모가 매 시간마다 학교에 가라고 명령하거나 필요할 경우 적절한 벌을 줄 수 있다.

저녁 규칙과 결과

부모는 등교를 거부하는 자녀에 대하여 저녁식사, 숙제, 취침시간 등 저녁 규칙을 세워야 한다. 여기에는 자녀가 그날 학교에서 부적절한 사유로 집에 왔을 때 자녀의 사회적 활동들에 약간의 제약(기본규칙 설정, 스포츠 이벤트 금지 등)을 가하는 것이 포함될 수 있다. 자녀는 교사에게 받은 숙제를 완성하면서 부모와 함께 적절하게 시간을 보내야 한다. 이것이 자녀에게 지나친 보상이 된다면, 다른 '개인교사들' 을 활용할 수도 있다. 등교거부에 대한 저녁 처벌은 저녁식사 전이나 후에 또는 저녁식사 전후 모두에 실행되어야 한다. 많이 통용되는 경험적 규칙은 그날 아침에 등교거부 때문에 학생이 소비한 시간의 두 배가 되는 시간 동안 처벌을 하는 것이다. 예를 들어 15분 동안 성질을 부렸으면, 30분 동안 계단에 앉아 아무와도 대화를 나누지 못하도록 벌을 내릴 수 있다. 심각한 등교거부 행동을 하는 학생은 부모에게 시간이라는 '빚'을 지고 있는 것이기 때문에 밤이나 주말에 과외의 잡일을 함으로써 갚을 수도 있다. 학교 출석에 대한 상 또한 시행되어야 한다. 예를 들어, 부모는 자녀와 함께 가외의 시간을 보내거나 자녀에게 많은 관심을 줄 수 있다. 저녁 결과의 핵심은 자신의 출석이 방과후 시간에도 신중하게 다뤄지고 있다는 점을 학생이 인지하도록 하는 것이다.

등교거부 행동에 대한 처벌

부모는 자녀의 불복종이나 등교거부에 대한 처벌을 수립해야 한다. 처음에는 처벌 방법들을 목록으로 만든다. 자녀의 잘못된 행동을 통제하거나 결과를 주기 위해 과거에 시도했던 것이 있을 수 있다. 예를 들어, 잔소리, 권리의 제한, 훈시, 벌금, 아끼는 물건 빼앗기 그리고 체벌 등이다. 각각의 처벌을 효과에 따라 순위를 매기고 어떤 처벌이 아직도 사용되는지를 확인한다. 덧붙여서 처벌의 일관성, 처벌 대상이 되는 잘못의 심각성, 처벌방식에 대한 부모 간 차이 그리고 자녀를 위해 새로운 규칙과 결과를 고려하려는 의지 등을 평가한다.

대개 다섯 가지의 구체적인 등교거부 행동이 처벌의 대상이 된다. 관심을 끌기 위한 등교거부 행동을 가장 문제가 심각한 것부터 가장 덜 심각한 순으로 나열하면, 움직이지 않기, 울기, 소리 지르기, 공격 그리고 과도한 확인받기(후에 논의됨) 등이다. 처음에는 한 가지 구체적인 처벌을 계획하고, 울기, 소리 지르기 등 심각성이 낮은 행동들 중 두 가지에 적용한다. 이렇게 하여 부모는 노력을 덜 들이고 성공 가능성이 더 높은 처벌을 구사할 수 있게 된다. 처벌은 실용적이고, 가족의 자원과 가치에 맞아야 하며, 아침과 저녁 모두에 주어질 수 있어야 한다. 자녀를 무시하기, 언어적 관심을 보이지 않고 잘못된 행동을 다루기 등이 포함된다. 더 강력하고 그럴듯한 처벌이 필요할 수도 있다. 처벌은 아침 일과 동안 명령에 불복하는 것뿐 아니라 구체적인 등교거부 행동에 대하여도 주어진다.

부모가 다양한 등교거부 행동에 대한 처벌을 어떻게 수행하는지를 계속적으로 검토해야 한다. 아울러, 처벌의 효과를 손상시키는 상황을 주시하고, 특히 부모가 비일관적인 처벌을 하는지도 눈여겨보아야 한다. 처벌이 성공적이지 못하면, 다시 행하고 새로운 방법을 시도해야 한다. 처벌이 성공적이면 보다 심각한 등교거부 행동에까지 점차적으로 확대해야 한다.

출석에 대한 보상

학생의 순종과 출석에 대하여는 보상이 마련되어야 한다. 부모가 과거에 자녀의 적절한 행동을 강화하기 위해 사용했던 보상이 무엇이었는지 평가한다. 그 효과에 따라 보상의 순위를 매기고 부모는 현재 사용되는 것들을 확인해야 한다. 칭찬이나 관심 주기,

부모와 놀거나 책읽기, 음식, 돈, 장난감 그리고 특권 등이 포함된다. 자녀에 따라 보상이 달라지는지, 보상에 대한 부모의 태도와 자원은 어떠한지, 그리고 새로운 유형의 보상제공 의지는 어떠한지 등을 평가한다.

보상은 처벌과 함께 수행되고, 특정 등교거부 행동이 나타나지 않을 때 제공된다. 처음에는 울거나 소리 지르기 등 두 가지 잘못된 행동이 나타나지 않는 것에 대하여 보상한다. 이 집단을 위한 최선의 보상은 관심이며, 부모가 자녀와 함께 활동하는 것이다. 그러나 더 그럴듯한 강화인자가 필요하고 적절할 수도 있다. 학생은 결과에 대하여 미리 듣고, 등교를 할지 처벌이나 보상을 받을지에 대하여 처음에 자신이 선택했다는 것을 확인받는다. 부모는 그들의 주장을 강화하고 가정에서의 통제력을 강화하기 위해 집에서 자녀에게 이것을 반복해야 한다.

부모의 명령 및 규칙 수립과 그 결과에 관한 문제

몇 가지 문제들이 지금까지 기술한 절차를 방해할 수 있으며, 이것들은 즉시 교정되어야 한다. 어떤 부모들은 학생의 잘못된 행동을 묵인하거나 명령, 규칙, 또는 결과를 일관성 없게 적용한다. 무엇을 해야 할지에 대하여 논쟁하고, 배우자에게 미루면서 방치한다. 이런 행동을 복합적으로 하는 부모도 있다. 이런 경우에는 부가적인 훈련이 필요할 수 있고, 부모의 직장 근무 시간을 변경할 수 있는지 탐색하고, 자녀를 학교에 보내는 방법을 변화시켜 부모의 짐을 덜 수도 있다. 또, 부모는 연합 전선을 유지하는 것이 필수적이라는 것을 알아야 한다. 어떤 부모들은 자녀의 잘못된 행동을 무시하는 것이 어렵고, 특히 과장된 신체적 통증을 무시하는 것은 어렵다는 것을 발견하기도 한다. 이것은 때로는 자녀에게 해가 되는 것에 대한 죄책감이나 두려움에 기인한다. 여기에서, 자녀에 대한 처치의 진정한 효과, 부모의 확고함과 과보호 사이의 차이, 처치의 근본적 목표 그리고 다른 방해요인들에 대하여 충분한 논의가 이루어져야 한다.

어떤 부모들은 자녀를 학교에 보내지 않고 집에 두는 몇 가지 이유를 스스로 찾기도 한다. 공통적인 이유들은 자녀가 해를 입는 것에 대한 과장된 공포, 자녀의 질병, 교사와 다른 교직원과의 문제, 또는 심지어 치료자와의 문제도 포함된다. 종종 이러한 부모들은 자퇴(1장 참조)를 포함하여 학생이 등교거부 행동을 하도록 자극한다. 만일 학생이 학교에 갈 준비가 되어 있지만 부모가 방해한다면, 부모의 불안정, 정신병리, 또는 다른 문제들을 표적으로 하는 광범위한 치료적 접근이 이루어져야 한다. 강력한 치료자-부모 관계를 발전시키는 것은 이러한 사람들에게 필수적이며, 치료 초기 단계에서 매우 필요하다.

강제 등교

강제 등교는 케네디(Kennedy, 1965)에 의해 알려지게 되었다. 그는 첫 등교거부 에피소드를 가진 학생을 대상으로 하여 100%의 성공률을 보고하였다. 케네디의 '속성 치료 절차'는 치료자와 교직원 간의 좋은 관계 수립, 부모로 하여금 신체적 불평을 대단치 않게 생각하거나 무시하도록 하기, 필요하면 강제로라도 자녀가 학교에 가도록 요구하기(pp. 287, 288) 등이다. 아버지는 자녀를 학교까지 데려다 주고, 교직원이 자녀를 학교에 잡아 둔다. 불행하게도 이 치료절차에서 어머니는 복도에 서 있도록 요청받는다. 이것은 관심을 끌고자 하는 자녀에게 강화자로 작용하거나 부정적인 정서를 감소시키는 안전 신호로 작용한다. 게다가 통제 집단이 없다는 것은 이 많은 학생들이 스스로 학교에 돌아갈 수도 있었음을 의미한다(자발적 회복)고 케네디는 인정하였다. 이러한 문제에도 불구하고, 강제 등교는 모두는 아니지만 몇몇 등교거부 사례들에서 유용한 대안으로 남아 있다.

강제 등교는 불안으로 인해 등교를 거부하는 학생들을 위한 노출 절차(flooding procedure)이고 조심스럽게 사용되어야 한다. 강제 등교는 등교를 끈덕지게 거부하는 학생에게 유용하며, 조심스럽게 특정한 상황 아래서만 사용되어야 한다. 강제 등교는 (a) 학생이 대부분의 시간 동안 등교를 거부할 때, (b) 학생이 단지 관심을 끌기 위해 등교를 거부할 때, 즉 스트레스나 불안이 거의 없을 때, (c) 부모가 학생을 기꺼이 학교에 데려다 주고 학생을 교실까지 안내하는 교직원에게 맡기며, 출석 상태를 면밀하게 감독할 수 있을 때, (d) 두 부모나 한쪽 부모 그리고 또 다른 어른이 학생을 학교에 데려다 놓고 올 수 있을 때, (e) 등교를 거부하면 어떤 일이 벌어지는지를 학생이 이해할 때, 학생이 11세 이하일 때(Kearney & Albano, 2000)만 사용되어야 한다.

초기에는 강제 등교를 잠재적 처치 대안으로 부모와 함께 의논

할 수 있으며, 그 절차에 대한 실행계획을 토의할 수 있다. 원래 강제 등교는 다른 절차들이 준비되어 있지만 효과적으로 작동되지 않을 때, 강제 등교를 해야 하는 상황일 때, 또는 양쪽 모두에 해당할 때 후속 조치로 사용할 수 있는 대안이다. 그러나 학생이 급박하게 학교에 돌아가야 한다면, 강제 등교가 조기에 사용될 수 있다. 부모의 죄책감이나 주저함, 이 절차에 참여하는 데 대한 자원과 역량을 충분히 검토하기 위해 부모와 의논해야 하지만 지체하는 것은 좋지 않다. 자녀에게 악용될 소지가 있고 장차 등교를 더욱 어렵게 만들 수 있기 때문이다. 부모가 흔들리거나 다른 장애물이 나타나면 대안적인 절차를 사용한다.

강제 등교는 비교적 직접적인 과정이다. 부모는 자녀가 아침에 등교 준비를 하도록 돕는다. 필요하면 신체적으로 돕는다. 그리고 자녀에게 학교로 가는 차에 타라고 명령한다. 자녀가 거부하면, 짧고 간결한 경고를 준다(지금 차로 가거라, 안 그러면 내가 데려다 주겠다). 만일 학생이 계속 거부하면, 부모가 직접 자녀를 차로 옮긴다. 일반적으로 한쪽 부모나 다른 학생이 이 일을 맡고 다른 한쪽은 자동차에서 뛰기 등 위험한 행동을 하지 못하도록 자녀와 함께 앉아 있는다. 이 과정에서 학대 행위를 하면 안 된다. 부모는 부적절한 행동을 무시하며 짜증과 다른 좋지 않은 행동에 잘 대처하고, 학생에게 말할 때 중립적인 태도와 말투를 유지한다. 학교에서, 부모는 학교 건물 안으로 들어가라는 명령을 반복하고 필요하면 경고를 한다. 자녀가 계속 거부하면, 부모는 강제로 자녀를 건물 안에 데려다 놓으며, 교직원이 적절하게 도울 수 있다. 많은 경우에, 관심 끌기를 하는 학생이 학교에서는 잘못된 행동을 그만두기도 한다.

그러나 학생이 집에 가기 위해 달아나거나 잘못된 행동에 가담하지 않도록 하기 위해, 교직원의 밀착 지도를 받아야 한다.

강제 등교는 학생이 정말 과도하게 불안하거나 부모가 그 과정을 참을 수 없거나, 교직원이 협조적이지 않거나, 보이지 않는 강력한 장애물이 나타나면 중간에 멈출 수도 있다. 그러나 이 절차를 중간에 그만두는 것은 치료의 진전을 위협한다. 등교를 거부하겠다는 학생의 결심이 강화를 받기 때문이다. 게다가 강한 의지를 가진 학생은 종종 부모의 묵인을 끌어내기 위해 오랜 동안 이 절차에 저항한다. 그렇기 때문에 강제 등교는 적절한 상황 아래에서 좋은 결과가 날 때까지 매우 조심스럽게 사용되어야 한다.

과도한 확인받기 행동

관심을 끌기 위해 등교를 거부하는 많은 학생들은 과도한 확인받기 행동도 한다. 이것은 다른 유형의 등교거부 학생들에게서도 나타날 수 있다(6장 참조). 여기에는 동일한 질문을 반복해서 묻는 것이 포함된다. 공통적인 질문 주제에는 집에서 공부하는 것, 교사나 수업시간 등 학교와 관련된 어떤 것을 바꾸는 것, 집에서 머무는 것이나 치료를 끝내는 것에 대한 거래, 신체적인 호소, 픽업 시간 등 부모와의 접촉 그리고 숙제 등이 포함된다. 그러나 확인받기는 또한 (a) 학교에는 가지만 일과 동안 부모에게 자주 전화하는 것, (b) 집에 보내 주도록 수업을 방해하는 것 등으로 나타날 수도 있다.

동일한 질문을 반복해서 묻는 학생들에게, 부모는 그 질문에 대하여 답을 한 번만 해 줘야 한다. 질문을 다시 받을 때 부모는 학생에게 그 질문에 대한 답을 알고 있음을 확인시켜야 한다. 다른 모든 시도들은 무시되어야 한다. 학생이 나중에 적절하게 행동하거나 또 다른 질문을 하면, 칭찬이나 다른 강화를 줄 수 있다. 어린 학생에게, 이런 유형의 과도한 확인받기 행동은 동일한 질문을 한 시간에 한 번 이상 자주 묻는 것으로 정의될 수 있다. 이 시간은 치료 과정 동안 점차 길어져 2시간마다 한 번까지가 될 수 있다.

학교에는 가지만 일과 시간 동안 부모에게 끊임없이 전화를 하는 학생이 하루에 1～2번만 전화하도록 제한하기 위해서는 교직원과의 협조가 필요하다. 덧붙여서 전화는 학교에서 학생의 적절한 행동에 대한 유관계약으로써 맺어져야 하며, 부모의 일과와 맞아야 한다. 너무 자주 전화를 하면 그날 밤에 처벌을 받아야 한다. 수업을 방해해서 집에 보내는 학생 또는 부모에게 전화가 오는 학생에게, 치료자와 교직원은 학생의 교실 내 행동에 대한 보상과 처벌 방침을 수립해야 한다. 예를 들어, 적절한 행동에 대한 보상으로 카드 체계가 사용될 수 있고, 나쁜 행동에 대하여 경고와 점점 심한 처벌을 줄 수도 있다. 그러나 가장 심한 벌은 교장실에 앉아 있기와 같은 어떤 형태로 학교에 출석하게 하는 것을 포함한다. 학생에게는 일과 보고 카드, 토큰, 방과후 남게 하기 그리고 여러 방법들이 사용될 수도 있다.

사례

루디는 최근 출석 문제 때문에 외래병동에 의뢰된 6세 남아다. 10월 중순에 평가를 받았고, 지난 수 주간 있었던 높은 지각률과 며칠 동안의 결석 때문에 교장으로부터 전화가 왔다. 게다가 교장은 8살인 루디의 누나 랜디도 자주 지각한다고 말하였다. 그러나 그녀가 가장 걱정하는 것은 루디의 행동이었다. 루디는 수업에 늦고, 표정이 어두우며, 교사에게 집에 보내 달라고 반복적으로 요청하였다. 게다가 혼자서 학교 건물을 떠나려고 하였다.

초기 평가 회기에는 루디의 부모, 루디, 랜디 그리고 그 가족의 다른 자녀인 3세 세라가 참여하였다. 대기실은 즉시 아수라장이 되었다. 아이들이 방을 이리저리 돌아다녔고, 물건들을 집어 들었지만 부모는 제재를 거의 하지 않았다. 루디는 첫 순서로 면접하였고, 학교가 싫다고 말하였으며, 엄마와 함께 집에 있겠다고 하였다. 학교생활에 대한 전체적인 대화를 통해 그 아이가 비교적 학교에서의 일에 걱정하지 않고 있으며, 사실은 학교를 대체적으로 좋아한다는 것이 드러났다. 그러나 그 아이는 집에 있고 싶으며, 어머니가 숙제를 도와줬으면 좋겠다고 반복하여 말하였다. 루디는 특히 엄마와 함께 책 읽는 것을 즐겼으며, 낮에 집에 있으면 숙제 시간에까지 독서를 할 수 있다고 믿는 듯하였다. 그는 또한 집에서 세라와 함께 있는 엄마를 돕고 싶어 하였다. 랜디와의 면접에서는 비록 아침에 루디가 꾸물거리고 우는 바람에 항상 학교에 늦기는 해도, 랜디는 부모의 주목을 받고 싶은 욕구가 덜하다는 것이 드러났다.

루디 부모와의 면접에서는 둘 사이에 심한 긴장이 명백히 드러났다. 아버지는 아들의 문제가 단순한 훈육의 문제이고 루디의 엄마가 아이들을 다룰 때 좀 더 '엄격해져야' 한다고 노골적으로 말하였다. 루디의 어머니는 그녀가 남편의 도움 없이 아침에 세 아이들 모두를 다루는 것이 너무 힘들다고 응답하였다. 루디의 아버지는 이 말에 화가 나서 씩씩 거렸으며 방어적이었고 남은 시간 내내 침묵하였다. 루디의 어머니는 아들이 학교 가기 전에 자주 꾸물거리며, 성질을 부리고, 울고, 학교에 가기 싫어서 침실 문을 잠가 버린다고 하였다. 이 문제들 중 어느 것도 주말이나 공휴일에는 나타나지 않았다. 결과적으로 루디와 랜디는 거의 매일 학교에 늦었고, 루디는 최근 9일 중 5일을 결석하였다.

다음 날에 루디 어머니와 별도로 실시한 전화 통화에서는 지금까지의 부부문제와 루디 아버지 쪽의 학대 행동이 더 드러났다. 특히, 그는 예전에 그녀에게 신체적인 학대를 하였으며, 가정폭력 문제로 얼마간 교도소에 수감되었었다. 문제들이 최근 몇 주 동안 잠잠해지긴 했어도, 직장문제와 루디의 문제가 그의 화를 돋우었으며, 그녀는 그가 더 심한 폭력을 저지를 위험이 있다고 생각하는 것 같았다. 치료자는 아직 한 번도 발생하지는 않았지만 학생에 대한 학대를 검토하였고, 루디 어머니에게 위기상황이 발생할 때 이용할 수 있는 의뢰처를 제공하였으며, 필요할 경우에 대비하여 그녀를 위한 도피계획이 있어야 한다고 반복하여 말하였다. 덧붙여 치료자는 지지를 해 주었고, 가정폭력의 주기를 탐색하였으며, 다음번 치료 회기에 남편과 함께 참석하도록 격려하였다. 한 번 미룬

후에, 가족은 치료를 받기 위해 다시 찾아왔다.

다음 회기에서 치료자는 대부분의 시간을 루디의 아버지와 보냈다. 특히 치료자는 가정폭력에 대하여 염려를 표현하였으며 약물 사용, 무기에 대한 접근, 분노 조절 기술 등 폭력이 재발할 수 있는 징후들에 대하여 부드럽게 평가하였다. 루디의 아버지는 그가 직장에서 심한 스트레스를 겪고 있고 직장을 유지하기 위해 오랜 시간 동안 일을 해야 한다고 하였다. 이것은 아침에 일찍 나가야 하기 때문에 부인을 도와줄 수 없다는 것을 의미하였다. 치료자는 루디의 아버지와 비폭력 계약을 체결하였고, 그녀가 희망하건대, 치료과정은 가족이 아침에 보다 부드럽게 생활하도록 해 주고 전체적으로 스트레스가 줄어들게 해 줄 것이라고 설명하였다. 루디의 아버지는 그것을 이해는 하지만 치료 회기에 더 출석하지는 않을 것이라고 하였다. 그래도 매주 치료자에게 전화를 걸어 대화하기로 합의하였다. 그러고는 떠났다.

루디의 어머니는 비폭력 계약에 대한 소식을 들었다. 폭력에 대비한 연습과 다른 유관계획들이 새롭게 다루어졌다. 아침에 루디 아버지의 도움을 받을 수 없다면, 다른 어른이 아침 일과 동안 그녀를 도울 수 있는지를 루디 어머니에게 물었다. 다행히도 루디의 할머니를 활용할 수 있었고, 그녀는 다음 치료 회기에 출석하도록 요청받았다(다른 사례에서는 사회적 자원을 찾고 수립하는 데 시간이 더 많이 할애되어야 한다). 그러는 동안에, 루디의 어머니는 아들이 학교 갈 준비가 되는 시간 어느 때나 그를 학교에 데려가도록 지시받았다. 그는 그의 잘못된 행동 때문에 결석해서는 안 되었다. 그러나 이러한 성과는 이따금씩만 일어났다.

다음 치료 회기에서, 치료자는 루디의 어머니와 할머니를 집중적으로 만났다. 이런 기능적 조건에서 최초의 공식적인 치료 회기는 대개 꽤 길다. 루디의 할머니는 세라와 랜디가 아침에 하는 행동을 과도하게 문제 삼지 않는 편이었다. 이것은 루디의 어머니가 거의 루디에게만 집중할 수 있게 해 주었다. 치료자는 각각의 자녀들, 특히 루디를 위해 아침 규칙을 설정하였다. 이 장의 초반에 진술하였듯이, 일어나서 침대에서 나오고, 씻고, 옷 입고, 먹고, 양치질하고, 등교 준비를 하고, 집을 나서서 학교에 가는 구체적인 시간이 정해졌다. 루디의 할머니가 랜디를 학교에 보냈고, 루디의 어머니는 루디를 학교에 보냈다. 덧붙여 루디가 지각하는 시간만큼 그날 밤 어머니와 책 읽는 시간을 줄이는 결과를 수립하였다.

다음 며칠 동안, 루디의 행동은 상당히 나빠졌고, 치료자는 루디의 어머니와 매일 접촉해야 했으며, 때로는, 루디의 아버지와도 접촉해야 했다. 이것은 지지와 격려를 제공하기 위한 것이었고, 루디의 소거 격발(extinction burst)보다 오래 견딜 치료 절차를 만들기 위한 것이었다. 다음 번 치료 회기에서, 루디의 좋지 않은 아침 행동은 개선되지 않았다. 그러나 그는 비록 지각하기는 했지만 출석은 매일 하였다. 치료자들은 이 회기에서 루디의 어머니가 아침에 아들에게 이야기를 계속 하면서 그가 학교에 가도록 회유한다는 것을 발견하였다. 본질적으로, 그녀는 아들에 대한 치료 효과에 대하여 걱정하였으며, 이 접근으로 인해 폭력적인 남편이 어떤 방식으로든 루디에게 해를 입힐까 봐 걱정하였다. 치료자는 그러한 구조와 결과가 루디 자신의 폭발적인 행동을 통제하고 결국에는 문제를 예방하기 위해 필요하다고 설명하였다. 그리고 루디의 어머니는 좀 더 노력해서 아침에 부적절한 행동들에 대한 관심을 줄이기로 합의하였다. 루디의 어머니가 아들에게 주는 명령들을 재구조화하기 위해 구체적인 작업이 행해졌다.

다음 두 주 동안, 루디의 행동은 개선되지 않았다. 한 가지 이유는 루디가 추수감사절 휴가 이후 학교로 돌아오는 데 문제가 있기 때문이었다. 이것은 이러한 기능적 조건을 가진 많은 학생들에게 있는 사례다. 그러나 루디의 어머니는 휴가 후에 치료 절차를 다시 도입하였고, 급속한 진전을 보았다. 루디는 어머니와 함께하는 밤 독서시간이 그의 잘못된 아침 행동과 구체적으로 그리고 일관되게 연결되어 있다는 것을 알게 되었다. 크리스마스 휴가 때까지, 아침의 주요 문제는 단순한 게으름이었다.

불행하게도 여러 차례의 휴일 다툼으로 인하여 루디의 아버지는 집을 나갔고, 루디의 어머니는 이혼 서류를 챙겼다. 긴 휴가와 함께 루디는 아침에 학교 가기 전에 종종 울었고 학교에 가기를 거부하였다. 이때, 치료는 주로 루디의 어머니를 위한 이혼 상담, 계속되는 변화, 분노 관리 그리고 계속 출석할 필요성들에 대하여 루디와 광범위한 대화를 나누는 것으로 이루어졌다. 시간이 지나면서, 루디는 가족이 강제로 이사하고 치료를 종결하였음에도 불구하고 학교에 적응할 수 있었고 학교에 출석하는 데서 경미하거나 약한 문제만을 보였다.

요약

관심을 끌기 위해 등교를 거부하는 학생을 위한 치료는 부모의 명령, 가족 규칙 그리고 결과를 신중하게 수립하거나 재구조화하는 것을 포함한다. 이러한 치료 접근의 필수적인 요인은 부모와 함께 아침시간에 일어날 수 있는 모든 가능한 시나리오들에 대하여 충분히 토의하는 것이다. 부모는 자녀가 보이는 어떠한 좋지 않은 행동에 대하여도 반응할 수 있도록 완전히 준비되어 있어야 한다. 그러므로 모든 가능한 아침 시나리오들을 토의하고 그에 대한 세부적인 반응 계획을 세워야 한다. 또한, 부모 연합 전선을 수립하여 학생의 등교거부에 효과적이고 일관되게 반응하는 것이 이러한 기능적 조건을 가진 대부분의 가족에게 가장 중요하다.

제9장

학교 밖의 가시적인 보상을 얻기 위해 등교를 거부하는 학생

얀시는 17세 소년인데 최근에 등교일 61일 중 42일을 결석했다. 얀시는 등교거부 경력을 가지고 있지만, 올해는 다른 해보다 더 많은 날을 결석했다. 얀시는 학교가 지루해서 가기 싫다고 하고, 늦잠을 자거나 낮 동안에는 친구들과 어울려 다니며 시간을 보낸다. 얀시는 취업하려고 두 번가량 면접을 봤고, 곧 일을 시작하고 학교를 그만둘 계획이다.

이 장의 주요 개입 전략은 학교 밖의 가시적인 보상을 얻기 위해서 등교를 거부하는 학생을 위한 것이다. 학교 밖의 가시적인 보상은 학생이 학교에 결석하는 가장 일반적인 이유일 것이다(Stickney & Miltenberger, 1998). 학생 또는 부모에게 초점을 두고 논의된 6~8장의 처치 방법들과 달리, 이 장에서는 가시적인 보상을 얻기 위해 등교를 거부하는 학생들을 위한 기능 중심 개입을 다양한 가족 구성원들에게 초점을 맞춰 다룬다. 이러한 기능적 조건에서 볼 때 대부분의 가족들의 경우 등교거부에 대해 반감을 가지고 있고 문제해결 기술이 빈약하기 때문에 일반적인 치료 목표는 갈등을 해결하고, 학생의 등교거부 행동을 적절하게 다룰 수 있도록 가족의 기능을 강화하는 것이다. 따라서 이 장에서는 무단결석 학생에 대한 전통적인 치료뿐 아니라 가족치료와 계약에 대한 몇 가지 일반적인 원리들을 우선적으로 검토하고자 한다. 이어서 기능에 기반을 둔 전형적인 개입 방법에 대한 논의와 사례들을 소개하고자 한다.

학생의 무단결석에 대한 개입

다소 성급한 결론이긴 하지만, 무단결석을 하는 학생과 학교 밖의 가시적인 보상을 얻기 위해서 등교를 거부하는 학생들 사이에 많은 유사성이 존재하는 것으로 보인다. 예를 들면 양쪽 집단 모두, 불안해하지도 않고 그렇다고 집에 남아 있기를 바라지도 않는 학생들이 많다는 것이다. 게다가 각 집단의 많은 학생들이 수업 시간에 학교 밖에서 재미있는 활동들을 즐긴다는 것이다.

그동안 무단결석 학생들을 위한 개입 방법들은 무수히 많았다. 학생 중심 전략들은 주로 학교에 대한 태도를 바꾸거나 인지적 방법을 통해 자존감을 높여 주거나, 혹은 지지적인 교수법으로 학업 수행력을 증진시키는 데 목적을 두었다(Grala & McCauley, 1976; D. Miller, 1986). 또한 주간 치료(day treatment)도 적용되어 왔다(예를 들면, Matzner et al., 1998). 부모와 학교 중심 전략들은 상황관리(contingency management)와 계약(다음에 나오는 '학생을 위한 가족치료와 계약' 부분 참고), 토큰경제, 언어적 칭찬과 가시적인 보상, 출석에 대한 지지 강화와 관리, 지각 시 교실 입실의 불허와 무단결석 후 퇴학의 불허, 부모의 사회적 강화, 다각적인 개입 등을 포함한다(Bell, Rosen, & Dynlacht, 1994; Berg, 1985b; Nevetsky, 1991; Rogers, 1980; Schloss, Kane, & Miller, 1981; Schultz, 1987; Truox, 1985). 일반적으로 불안과 무관한 이러한 개입들은 학교에 등교하는 학생들에 대한 보상을 증진시키고, 등교거부 학생과 그들의 부모들을 위한 보상을 줄이거나 처벌을 하는 데 목적이 있다(Atkeson & Forehand, 1978). 이러한 전제는 또한 가시적인 보상을 얻기 위해 등교를 거부하는 학생에 대한 가족지향적 치료의 기초가 된다.

비록 이 책이 개별 학생을 위한 치료에 중점을 두고 있지만 무단결석을 줄이기 위한 체계적인 프로그램들이 많은 지역교육청 차원에서도 수행되어 왔다. 이 프로그램들은 결석에 대한 체계적인 관찰과 기록, 부모-교사 연합, 반복적인 위반 학생에 대한 일관된 처벌 그리고 등교거부 학생에 대한 개입들을 포함한다(Duckworth, 1988). 다른 주요 측면들은 출석관리 요원 증대, 출석위원회, 학생들의 비정규 활동 참여, 우수 출석자 명단 공개, 학생들 계획표 재조정, 교사 참여율 개선 그리고 우수 성적자에 대한 기말 시험면제 등을 포함한다(D. Miller, 1986; Stine, 1990; Tuck & Shimburi, 1988). 앞으로는 등교거부 행동을 줄이거나 근절하기 위해서 체계적이고 임상적인 개입 전략들이 필요하게 될 것이다.

학생을 위한 가족치료와 계약

가족 중심 개입의 일반적인 목표는 학생의 문제 행동을 유발하는 상호작용이나 역동을 변화시키는 것이다. 가족치료에서는 매우 다양한 접근법들이 개발되어 왔는데, 그 접근법은 구조적, 전략적, 다세대, 경험적 그리고 행동주의적 접근 등이다(J. H. Brown & Christensen, 1986). 각 접근법들은 (a) 일반적으로 비병리적이고 환경으로부터 기인한 것으로 간주되는 행동적 관점과, (b) 개인을 넘어선 가족 체계와 관계를 다루는 것에 대한 강조라는 두 가지 기본적 가정을 공유하고 있다(Griffin, 1993). 여러 형식을 지닌 가족치료는 다양한 사례의 등교거부 행동을 다루는 데 효과적인 것으로 보고되어 왔다(Baideme, Kern, & Taffel-Cohen, 1979; Bryce & Baird, 1986; Crumley, 1974; Hsia, 1984; Malmquist, 1965; Messer, 1964; Sherman & Formanek, 1985; Stewart, Valentine, & Amundson, 1991; Wetchler, 1986). 그러나 여러 연구들 중 등교거부에 대한 대규모의 전통적 가족치료 기법 연구는 유효하지 않은 것으로 나타났다.

가시적인 보상을 얻기 위해 등교를 거부하는 학생을 위한 기능 중심 개입 방법에서는 주로 행동주의적 가족치료가 강조된다. 특히 모델링과 역할연기는 빈번한 갈등을 유발하는 가족 내에서 협상이나 문제해결, 의사소통 기술을 개선하기 위한 전략으로 강조된다. 행동계약이나 상황계약과 같은 접근 방법의 핵심 구성 요소는 치료자가 가족 구성원들이 주어진 문제에 대해 정형화된 정의와 해결책을 구상하도록 돕는 구조화된 중재 과정이다. 이때 이러한 문제해결 과정을 정형화하고 구체화하기 위해 학생과 부모와 같은 관련 당사자들 간의 행동계약서가 작성된다. 계약의 기본 구성 요소는 특권과 책임, 시간계획, 계약에서 제각기 각자의 의무를 완수하거나 그렇지 못한 데 대한 보상과 처벌을 포함한다. 물론 결과적으로 각 구성요소는 학생과 부모와 같은 모든 관련된 가족 구성원들이 협의하고 동의하도록 한다.

특히 계약은 가시적인 보상을 얻기 위해 등교를 거부하는 학생에게 유용하다. 계약 안에는 학교에 출석하는 학생에 대한 구체적인 보상과 출석하지 않은 학생에 대한 규제를 명시할 수 있다. 즉, 이러한 보상들과 규제는 해당 학생과 부모의 일상 속에서 자주 접하는 것들로 정할 수 있다. 계약은 등교를 거부하거나 이와 관련된 문제를 가지고 있는 학생에게 성공적으로 사용되어 왔다(Bizzis & Bradley-Johnson, 1981; Brooks, 1974; Cantrell, Cantrell, Huddleston, & Woolridge, 1969; Cretekos, 1977; MacDonald, Gallimore, & MacDonald, 1970; Stuart, 1971; Stuart & Lott, 1972; Vaal, 1973). 계약은 가끔 협의 과정을 강화하기 위한 의사소통 기술 훈련과 함께 적용되기도 한다(Kifer, Lewis, Green, & Phillips, 1974). 등교거부 행동에 대한 기능 중심 지시적 치료 모델에서의 구성 요소들은 다음에 설명하고자 한다.

학교 밖에서 가시적인 보상을 얻기 위해 등교를 거부하는 학생을 위한 치료

가시적인 보상을 얻기 위해 등교를 거부하는 학생을 위한 기능 중심 치료에는 계약, 학교까지 학생을 데리고 가기, 의사소통 기술 훈련, 또래 거절 기술 훈련 등의 요소가 포함된다.

계약

가족 면접

계약을 맺는 첫 번째 단계는 가족 구성원들 간에 계약 조항을 협의하는 것이다. 이러한 기능적 조건에 대해서 많은 가족들이 갈등을 느끼기 때문에 초기의 실질적 계약 협의는 주로 치료자의 감독하에 이루어진다. 이러한 감독은 치료자가 가족들에게 즉각적이고 정확한 피드백을 제공하고 가족 역동이 드러날 필요가 있는 것을 심층 평가할 수 있도록 해 준다. 그러나 치료과정에서의 계약, 다른 치료 절차, 새로운 문제, 변화는 대개 가정에서 논의될 수도 있다. 가정에서 이루어지는 가족 면접은 가족들에게 문제와 그 해결책에 대한 일상적이면서 심층적인 논의를 실행해 볼 수 있는 기회를 준다. 가족면접은 초기에는 매주 한두 번의 15분짜리 회기를 수반할 수도 있다.

가족 중심 면접에서는 모든 가족 구성원들에게 동등하게 말할 기회가 주어져야 한다. 면접 동안 나누는 이야기는 초기에는 계약에 대한 내용이나 그에 대한 불평 혹은 가족 문제에 관한 간단한 진술로 제한하는 것이 좋고, 훈계하거나 옆길로 새는 진술, 상처를 주는 말, 주의를 분산시키는 말, 터무니없는 질문 그리고 간섭하는 말은 못하도록 제한해야 한다. 모든 가족 구성원들이 면접에 참석해야 하고, 참석했을 때 칭찬해 주어야 한다. 다룰 문제가 매우 많은 회기의 경우 일정을 재조정하거나 다음 치료 회기까지 해당 문제를 연장할 수 있다.

가정에서의 가족 면접이 끝난 후에 치료자는 참석률과 다루었던 문제에 대해 모니터링을 한다. 면접 녹음 테이프를 다시 듣거나 문제 목록을 검토하는 것은 참석률과 문제에 대한 모니터링에 도움이 되고, 복잡한 문제는 해당 회기 중에 다뤄질 수 있도록 한다. 때로는 가족들이 협의, 계약, 의사소통이나 실행 가능한 다른 기법을 시도해 볼 수도 있다. 또한 가족 구성원들에게 가정에서 해결 가능한 대안적인 문제들을 제시할 수도 있다. 이것은 치료자에게 면접에서의 장애뿐 아니라 가족들의 문제해결 기술을 평가할 수 있도록 해 준다. 궁극적으로는 가족들이 독립적인 문제해결을 위한 협상 방법과 효과적인 의사소통 방법을 터득해야 한다. 그러나 어떤 면에서는 등교거부 행동문제를 해결한 후의 가족치료에서 보다 광범위한 가족갈등과 더 깊은 문제에 관여해야 할 경우도 있다.

회기에서 계약을 협의하고 구상하기

등교를 거부하는 행동 대상자들에 대해서 회기 내 협의와 계약의 구상은 보통 점진적이고 체계적인 접근을 요구한다. 이러한 접근법은 전형적으로 처음에는 등교거부 행동과 관계없는 기본 동의를, 나중에는 좀 더 다양한 문제를 포함하는 복잡한 동의를 이끌어 내도록 하는 것이다. 그 진행순서는 다음과 같다.

첫 계약(the first contract) 가족과 첫 계약을 협의하고 구상하는 것은 종종 치료자 입장에서는 외교적 기술을 필요로 하고 학생과 부모를 분리하는 요령 등이 필요한 다소 세심한 과정이다. 치료과정을 가족에게 소개하기 위해서 첫 계약에서는 등교거부 행동과 관계없는 간단하고 쉽게 정의할 수 있는 문제부터 다룬다. 대신에 첫 계약은 가족 구성원이 기초적인 수준에서 적절하게 문제를 해결하는 데 초점을 맞춰야 한다. 만약 가족과 초보적인 계약을 맺는 데 문제가 있다면, 그때는 좀 더 집중적인 개입이나 실행이 필요하다. 그러나 만약 가족과 첫 계약에 성공한다면, 그것은 앞으로 가족 구성원들과 큰 감정적 갈등 없이 문제를 해결할 수 있다는 유용한 증거가 될 수 있다. 한편 긴급한 사례일 경우에는 첫 회기일지라도 학교 출석과 관련된 계약을 신중하게 구상할 수도 있다.

첫 계약은 때로는 종종 가족들 간에 마무리되지 않은 채 남겨져 있는 특정한 집안일 같은 비교적 사소한 가족 문제를 포함하기도 한다. 학생이나 부모 등 모든 가족 구성원들은 이 문제가 다룰 만한 것이고 해결하기에 적절하다는 것에 대해 동의해야 한다. 여기에서는 단순함이 비결인데, 복잡하거나 불안한 문제들은 피해야 한다. 치료자가 부모와 학생 사이를 왔다 갔다 할 때 각자가 행동 문제를 명확하게 정의하게 된다. 치료자는 비난하거나 역효과를 내지 않는 문제 행동의 정의를 제안함으로써 이와 같은 과정을 확장할 수 있다.

이러한 정의를 해 나가는 과정을 마친 후에 각 가족 구성원은 그 문제에 대해 가능한 한 많은 해결책을 말하도록 한다. 해결책이 5~10가지가량 제시된 후, 가족 구성원들은 실용성, 특수성, 모든 사람들이 동의할 가능성에 따라 해결책에 순위를 매긴다. 그때 치료자는 때때로 고개를 끄덕거리면서 가족 구성원과 함께 수용할 만한 해결책을 만드는 작업을 한다. 신뢰를 바탕으로 한 협상과 절충을 강조해야 하고, 어떤 사람이 강하게 반대하는 것을 다수가 억지로 동의하도록 강요해서는 안 된다.

또한 계약에서 맡은 역할을 수행하거나 수행하지 않은 것에 대한 보상과 처벌은 그에 상응해서 구상해야 한다. 보상과 처벌은 모두에게 공정하고, 적절하고, 강력하고, 받아들여질 만한 것이어야만 한다. 첫 계약은 비교적 간단하고, 단순하고, 2~3일 이상 소요되지 않는 것이어야만 한다. 빠져나갈 구멍은 없어야 하고, 시간계획, 가족 구성원의 책임, 요구되는 과업, 과업의 완성기준, 보상과 처벌, 그 외 적절한 변수에 대해 정확하게 정의해야 한다.

첫 계약이 수립된 후 관계되는 모든 가족 구성원들은 주의 깊게 읽고, 그에 동의한다는 서명을 해야 한다. 필요하다면, 모든 사람이 동의할 때까지 재협의를 할 수도 있다. 그 후 계약서는 학생과 부모가 매일 읽고 표시할 수 있게 집안의 공개된 장소에 걸어 놓도록 한다. 만약 협의 과정이 비교적 성공적이면 가족이 갈등 없이 문제를 적절하게 해결할 가능성이 있다는 것을 가족 구성원들에게 상기시켜 준다. 이 첫 계약 과정은 추후 이루어질 다른 계약의 모델로 활용될 수 있다.

학교 출석에 대한 첫 계약(the first school attendance contract) 학교 출석에 대한 첫 계약은 학생에게 반드시 학교에서 일정 시간을 보내도록 요구하기보다는 등교 준비하기처럼 출석에 대한 준비와 관련된 내용으로 하는 것이 좋다. 왜냐하면 많은 사례들을 볼 때, 학생은 상당 기간 학교 밖에 있었고, 출석 후 모든 수업을 수강하는 것은 아직은 어렵기 때문이다. 따라서 이 시점에서는 학교에 출석하도록 하기 위한 기초 작업을 마련할 일상의 틀을 요구하는 것이 바람직하다고 할 수 있다. 게다가 학교 출석에 대한 첫 계약은 학생이 어떤 보상과 교환할 수 있는 부가적인 집안일을 포함할 수도 있다. 이는 학생으로 하여금 일과시간에 바쁘게 생활하고, 보상을 받고 계약을 따르는 습관을 형성하도록 해 주기 때문이다. 이와 같은 집안 허드렛일 하기는 이어지는 다음 계약에서 학교 출석과 연결될 수 있다. 학교 출석에 대한 첫 계약을 위한 협의, 구상, 수행 절차는 앞선 설명과 같다. 계약은 3~5일 이상 지속되어서는 안 되고, 특별한 등교 준비 시간과 다른 적절한 변수들이 철저하게 규정되고 동의되어야 한다. 계약을 이행하거나 이행하지 못한 것에 대한 보상과 처벌 방안도 마련되어야 한다. 샘플계약서는 이 장 끝부분에 예시되어 있다.

학교 출석 계약은 해당 가족이 보다 간단한 계약들을 성공적으로 완수해 왔고 계약의 복잡성에 따른 심한 갈등이나 어려움 때문에 힘들어하지 않을 경우에만 적절하다. 특히, 이 계약은 중간 정도부터 심각한 정도의 등교거부 행동을 보이는 학생에게 특히 유용하다. 출석이 문제시되지는 않지만, 등교 준비 행동이 문제가 되는 학생에게는 등교 준비 행동에 초점이 맞춰진 계약이 보다 적절하다. 일련의 학교 출석 계약은 가족이 진전을 보이는 정도에 따라 필요한 만큼 회기를 구성할 수도 있다.

학교 출석에 대한 두 번째 계약(the second school attendance contract) 앞선 일련의 과정을 가족이 잘 수행한다면, 학교 출석에 대한 두 번째 계약이 협의되고 구상될 수 있다. 이 계약의 최선의 형태는 강력한 보상과 집안일을 학생의 학교 출석과 연계하는 것이다. 이러한 보상에는 용돈, 귀가 시간 연장, 친구들과 놀게 하기, 일부 책임의 면제, 쇼핑, 비디오게임, 영화, 학교까지 차 태워 주기 등이 포함된다. 특히 학생은 용돈이나 다른 보상을 위해 집에서 일을 완수하는 대신에 일정 시간 동안 학교에 출석하는 것이 요구된다. 따라서 학생은 자기가 반드시 해야 하는 학교에 가는 일에 대해 즉시 돈을 받거나 혹은 보상을 받지는 않는다. 이 계약은 물론 가족의 가치 체계와 자원에 접합하도록 이행되어야 하고, 세부 사항에 대한 세심한 주의와 빠져나갈 틈새를 차단하는 것이 필요하다.

이 시점에서 출석 후 지각이나 조퇴 없이 전체 수업을 수강해야만 하는 것은 아니다. 사실, 실질적인 학교 출석을 요구하는 계약 맺기를 최초로 시도하는 것은 학생이 지키기에 가장 힘든 것 중 하나이고, 특히 오랫동안 학교 밖에 있었던 학생에게는 더욱 그러하다. 따라서 학생이 이행하기 쉬운 것, 즉 짧은 수업시간이나 점심시간 동안 학교에 머무는 것 등과 같은 것에서부터 시작하는 것이 필요하다. 그러나 대부분의 학생들이 계약된 일부 시간만 학교에 가기도 하고, 학교에 출석하지 않은 것을 숨기기도 한다. 이러한 상황에서는 계약을 더 단순화시키거나 학교에서 학생이 좀 더 잘 적응하도록 감독할 수 있게끔 계약을 되짚어 보는 것이 필요하다.

학교 출석에 대한 추후 계약(subsequent school attendance contract)
학교 출석에 대한 추후 계약은 훨씬 더 많은 출석시간과, 다른 가족 구성원뿐 아니라 부적응 행동을 포함하는 더 복잡한 계약서의 내용 그리고 시간계획 확장 등에 초점을 맞추어야 한다. 또한 뒤쪽에서 논의되는 의사소통 기술과 또래 거절 기술 훈련이 계약 협의 과정 속에 통합될 수 있다. 이를 통해서, 가족 구성원들은 계약을 구상하고, 듣기, 바꿔 말하기, 건설적으로 이야기하기와 같이 적절하고도 수용할 만한 상호작용을 하기 위해서 한 회기 안에서 더 많은 시간을 함께 보내게 된다.

후기 치료 단계까지, 가족 구성원들은 문제를 효과적으로 정의하고 보상과 처벌에 관련된 적절한 계약을 구상해야 한다. 만약 어떤 가족 구성원에게 문제가 지속적으로 생긴다면, 보다 간단하면서 시간제한적인 계약들로 재조정할 필요가 있다. 가족이 적절하게 계약을 구상했는지의 여부를 평가하기 위해서는, 가설적이고 모호한 문제들을 가족 구성원들에게 제공해 보면 된다. 이러한 처방은 가족 구성원에게 문제에 대해 좋은 정의를 만들고 적절한 의사소통 기술과 협상 기술을 사용해서 계약을 하도록 요구하게 만드는 것이다. 이러한 계약이 적절한 경우 다른 관심 영역으로 확장 적용할 수도 있다.

가족이 치료를 종료할 시점에, 치료자는 가족 구성원들이 행동 문제 목록과 추후 있음직한 학교 등교, 야간 통행 시간, 자질구레한 일과 같은 문제를 다룰 수 있는 계약을 만드는 것을 도울 수 있다. 계약 성공과 관련된 기본적인 주제를 가족들이 상기하게 하는 것도 도움이 될 수 있다. 이러한 주제에는 단순성, 특수성, 한 번에 한 가지 문제 다루기, 전 가족 참여와 동의, 강한 보상과 처벌, 제한된 시간 계획, 모든 가족 구성원에 의한 매일매일의 모니터링 등이 포함된다.

계약에 따른 문제

몇 가지 문제들이 계약을 이행하는 동안 나타날지도 모르는데, 특히 학교 밖에서의 유혹적인 활동들을 부추기는 또래와의 지속되는 관계, 지나친 늦잠, 계약에 대한 좌절 등이 문제가 된다. 또래관계에서의 문제를 다루기 위해, 좀 더 강한 보상과 처벌들이 계약에 추가될 수 있고, 경찰 개입을 고려하거나, 혹은 학생이 낮 동안 교실에서 교실로 이동하는 데 동행할 수도 있다(학교와 교실에 학생과 동행하기 부분을 참조). 지나친 늦잠은, 오랫동안 규칙적인 일상생활을 하지 않은 것, 수면장애, 빈둥거림 혹은 꾀병 등에 기인할 수 있다. 이러한 문제들을 다루기 위해서, 수면장애의 경우에는 추가적인 개입이 필요할 수도 있다. 그렇지 않으면, 규칙적인 일상생활하기(8장 참조), 취침시간과 기상시간을 정하는 계약 조항, 학생을 침대 밖으로 나오게 하는 획기적인 방법 등을 추천할 수 있다.

계약 과정에서 좌절한 가족들에게는, 계약 과정에서의 치료자의 지지와 균형 그리고 학교 등교에 대한 계약이나 염려가 없는 날 정하기 등을 강조할 수 있다. 뿐만 아니라 장기결석 사례의 경우, 학생이 수행하지 못한 학업을 완수하는 것을 돕기 위한 일련의 전략이 필요하다. 이러한 전략은 계약 속에 포함할 수도 있고, 어쩌면 가정교사나 방과후 프로그램, 과제시간 감독, 매일 또는 매주의 진행보고서, 수업 시간표 재배치, 잦은 부모-교사 간 회의 등이 포함될 수 있다. 적절한 학습 능력은 종종 학생이 학교에 흥미를 갖도록 유지하는 열쇠가 된다. 보다 더 심각한 다른 상황에서는, 상이한 문제해결 전략이나 다른 가족 치료 접근법에 의존하는 것이 필요할 수도 있다. 어떤 학생이 학교로 돌아갈 의도가 전혀 없이 자신이 원하는 이익을 위해 계약 과정을 교묘하게 조정하는 경우에는, 치료 목표를 보다 명확히 하고, 대안적인 학업 프로그램을 찾아보거나 다른 치료법을 고려해야 한다.

학교와 교실에 동행하기

계약은 등교문제를 신속히 해결하는 데 아주 유용하지만, 많은 경우 학생들은 자신의 의무를 수행하는 데 어려움을 가지고 있고 이로 인해 어떠한 보상도 받지 못하게 된다. 이런 문제는 주로 또래 압력이나 학교 밖의 재미있는 활동에 대한 높은 접근성 때문에 나타난다. 이러한 사례의 경우, 누군가가 학생을 학교까지나, 교실 이동 시에 동행하는 것이 필요할 수도 있다. 학교직원이 이 일을 하기에는 여유가 없을 수 있으므로 부모나 친구, 또는 조부모와 같은 다른 어른이 동행하도록 할 수 있다. 이러한 동행하기가 비록 지나치게 시간이 많이 소모되고 동행자를 소진시킴에도 불구하고, 동행하기 절차를 성공적으로 활용하면 해당 학생이 등교에 대한 보상을 받을 수 있도록 해 준다. 이 절차는 계약이 위태할 때, 가능한 대안으로서 치료의 출발시점에서 언급될 수 있다. 학생들은 동행자의 즉각적인 경고가 있을 때 계약 사항에 보다 주의를 기울이게 되고 부모들이 실제로 함께 등교할 때 계약을 더 충실히 이행하게 된다. 확실히, 여기에는 사회적 압력이 작용하는 것으로 보인다. 이러한 절차는 학생이 학교로 돌아가야 하는 긴박한 상황일 때 치료 초기에 사용될 수 있다.

만약 학생이 동행자와 함께 학교에 출석했다면, 이때도 마찬가지로 출석한 것에 대해 계약에 따른 보상이 주어져야 한다. 뿐만 아니라 학생이 도망치거나, 동행자를 피해 달아나거나 학교에 결석한 경우를 대비해서 학교 경찰에 연락하는 것과 같은 계획도 세워 놓아야 한다. 이러한 경우에는, 계약에 따라 적절한 처벌이 주어져야 한다. 또 다른 경우에는, 동행자와 함께 출석하는 것을 점차로 줄이고 학교직원이 출석상황을 매일 보고하도록 하는 방법을 구상할 수도 있다. 이것의 목적은 학생이 학교에 출석하는 것이 항상 관리되고 관찰되고 있다는 것을 보장하고, 학생이 이를 자각하도록 만드는 데 있다.

의사소통 기술 훈련

의사소통 기술 훈련은 일반적으로 성공적인 계약 협의와 수행을 방해하는 부적절한 상호작용을 다룸으로써 계약 과정을 강화하기 위해 사용된다. 따라서 이와 관련된 문제가 없는 가족의 경우에는 의사소통 기술 훈련이 필요하지 않을 수도 있다. 의사소통 기술 훈련에 대한 전반적인 설명은 이 장의 범위를 넘어서는 것이지만, 여기서는 등교거부 학생이 있는 가족을 위해 단계를 요약하여 제시하고자 한다.

우선 등교거부 가족에 대한 의사소통 기술 훈련은 대화방해, 경청 부족, 침묵, 대화참여 거부, 논쟁과 같은 기본적인 상호작용 문제에 초점을 두고 있다. 특히, 가족 구성원 중 한 사람이 다른 사람에게 진술하거나 질문을 하고 그 사람은 처음에 말한 사람의 이야기를 경청하고 반복하거나 재진술한다. 치료자가 개입하여 지도하거나, 모델링, 역할연기, 피드백, 재구성 등을 통해 이 과정을 촉진할 필요가 있다. 처음에 가족 구성원은 회기 중에 바꾸어 말하는 것을 연습하는데, 치료가 진전됨에 따라 가족 구성원들은 집에서 연장된 대화를 가지면서 이 기술을 연습할 수 있다.

다음 단계는 좀 더 확장되고, 신랄하지 않은 대화를 목표로 한다. 치료자는 모욕적이거나 빈정대는 말, 부적절한 제안이나 목소리, 빈약한 눈맞춤이나 발음 등을 하지 않도록 하는 것을 포함해서 대화를 위한 명확한 규칙을 세울 수 있다. 대화의 시작은 짧고, 두 사람으로 제한하고, 치료자가 옆에서 관찰한다. 심각한 사례의 경우, 다른 가족 구성원이 대화를 모델링할 수 있도록 한 가족 구성원(혹은 두 사람)의 역할을 치료자가 대신할 수도 있다. 각각의 대화 후에 치료자는 상호작용의 긍정적이고 부정적인 모습을 설명해 준다. 이 과정의 주요 목표는 문제를 정확하게 규정하고 정의하며, 가족 구성원들이 부정적인 감정을 적절하게 표출할 수 있도록 도와주는 것이다.

보다 진전된 의사소통 기술 훈련은 두 사람이나 그 이상의 가족 구성원들이 실질적이고 좀 더 오랜 시간 대화하는 것을 목표로 한다. 궁극적으로 적절한 의사소통이 집안에서 가능해져야 하고, 좀 더 긍정적이고 자발적이어야 하며, 계약 과정 속에 통합되어야 한다. 심각한 경우에는, 기본적인 수준에서 실습을 확대하는 것, 기초적이고 긍정적인 대화관계를 맺는 것 그리고 이러한 대화를 문제해결과정 안에 통합하는 것 등이 실제적이고 적절한 목표가 될 수 있다. 그러나 앞서 언급했던 것처럼, 가족 역동성은 대안적이거나 좀 더 강도 높은 가족 치료법을 활용해서 다뤄져야 한다.

또래 거절 기술 훈련

또래의 압력은 출석에 따르는 강력한 계약이행 보상이 제공되는 때조차 많은 학생들이 계속해서 결석하게 하는 공통된 이유이기도 하다. 또래 거절 기술 훈련은 학교에 남아 있을 의향이 있지만 본인의 의도와는 달리 빨리 학교를 떠나라는 또래의 압력에 굴복하는 학생들에게 유용하다. 이 기법은 학교를 떠나도록 조장하는 또래 압력이 없는 학생들에게는 그다지 유용하지 않다. 또래 거절 기술 훈련은 좀 더 건설적으로 다른 사람에게 말하기와 같은 목표에서의 유사성과 모델링이나 역할극과 같은 방법에서의 유사성 때문에 의사소통 기술 훈련과 결합해서 실행할 수 있다.

처음에, 학생은 다른 사람들이 자신에게 학교에 결석하도록 부추겼던 말이나 행동을 자세히 기술한다. 다음으로, 치료자와 학생은 친구들이 학교를 떠나도록 제안한 것을 단호하고 적절하게 거절하는 다양한 진술문들을 함께 구성해 본다. 이 과정은 모델링이나 역할극을 통해 실행한다. 덧붙여서, 학교에서 유혹하는 또래들을 피하기 위해 수업시간 변경과 같은 전략을 개발할 수 있다. 궁극적으로, 해당 학생이 사회적 조소와 거절에 시달리지 않고 학교를 떠나라는 또래의 압력에 적절하게 대응하기 위한 실행 가능한 전략을 가질 수 있어야 한다. 그다음에 이 전략 실행 단계마다 학생과 치료자가 함께 그 전략을 자주 평가해야 한다. 또래 거절 기술은 약물 거절과 같이 관련된 문제들을 다룰 때에도 적용될 수 있다. 이 훈련의 공통된 문제는 학생들이 무관심이나 사회적 불안 때문에 이 기법을 실행하기를 거부한다는 것이다. 무관심과 관련해서는, 학교까지 동행하기와 같은 대안적인 개입에 대한 강조가 필요할 수도 있다. 사회적 불안과 관련해서는, 학교를 떠나라는 또래의 제안을 거절하는 것에 대해 학생이 갖게 되는 비합리적적 신념을 다룰 수 있도록 인지적 재구조화(7장 참조)가 필요할 수도 있다.

사례

칼라는 16세 소녀인데 장기결석 문제로 인하여 정신건강 클리닉 외래 환자로 의뢰되었다. 해당 학년 1월 말에 평가가 이루어졌고 칼라의 아버지에게서 전화가 걸려 왔다. 아버지에 의하면, 자기 딸이 11학년의 거의 대부분을 결석했고, 학교에서 청소년 법정에 칼라를 위탁했다고 말했다. 아버지는 칼라가 얼마나 많이 결석했는지 정확하게 알지 못했지만 약 80% 정도일 거라고 짐작했다. 게다가 칼라는 추수감사절 전부터 지금까지 학교에 가지 않고 있었다.

첫 평가 회기에 칼라와 아버지가 참여했다(두 명의 다른 어린 자매들이 집에 같이 살고 있지만, 보모와 집에 있었다). 칼라는 아침에 일어나는 것을 매우 힘들어했고 학교 가는 것에 그다지 흥미를 갖지 못했다고 보고했다. 대부분, 칼라는 오전 10시에 침대에서 나와 텔레비전을 보고, 먹고, 하루의 나머지 시간을 '친구들과 나가 놀았다'. 칼라는 학교로 돌아가고 싶다는 희망을 거의 표현하지는 않았지만, 교육의 장기적인 이득에 대해서는 잘 인식하고 있었다. 칼라는 홈스쿨링에 등록하기 원했고 자기가 다니던 고등학교로 돌아가고 싶지는 않다고 말했다. 그 이유는 자기는 이미 학교 공부에 많이 뒤처져 있다는 것과, '내가 그 동안 어디에 있었는지에 대해 수없이 묻게 될' 선생님들과 다른 사람들의 얼굴을 대하는 것이 불안하기 때문인 것으로 보인다.

칼라의 아버지는 딸의 등교거부 행동이 중학교 때부터 시작된 긴 이력을 가지고 있다고 말했다. 특히 칼라는 7학년 때 아버지가 이혼하고 그에 따라 칼라의 숙제나 출석에 대한 감독의 줄어든 이후에 수업을 빼먹기 시작했다. 칼라는 7, 8학년을 간신히 진급했고, 9, 10학년 때는 문제가 덜했다(각 학년마다 약 15~20% 정도 결석). 그러나 올해, 집에 몇 가지 중요한 변화가 있었다. 칼라의 아버지는 재혼을 고려하고 있었고 여동생은 중학교에 들어갔고, 남동생은 교통사고를 당해 몇 주 동안 집안에 있었다. 이 때문에 칼라의 아버지는 칼라의 출석을 잘 감독할 수 없었고, 칼라의 장기결석은 통제할 수 없을 정도로 빠른 속도로 증가했다. 그는 딸이 학교에 가도록 강요하기에는 너무 나이가 들었고, 그도 낮 동안에 일을 해야 하기 때문에, 이제 딸이 처치 곤란이라고 말했다. 또한 칼라와 아버지 사이의 긴장은 상당히 고조되어 있었다. 한 친구가 칼라에게 약물치료를 받도록 할 것을 권했고, 그래서 아버지는 칼라에게 항우울제를 맞히기 위해 정신과 의사에게 데려갔다. 하지만 이 방법도 칼라의 행동에 영향을 미치지 않는 듯했다.

교육의 필요성에 대한 칼라의 직관에 기초해서, 치료자는 칼라와 아버지에게 고등학교에 다시 출석하는 것에 대한 계획의 윤곽을 세워 주었다. 그 계획에는 특히 칼라가 학교에 출석할 때 받게 될 보상과 출석하지 못했을 때의 처벌과 관련된 일련의 계약이 포함되어 있다. 첫 계약에는 학교 출석 이외의 기타 사항들도 포함되어 있는데, 계약당사자인 칼라와 아버지는 칼라가 해야 하는 구체적인 집안일(예: 개에게 먹이 주기)을 택했다. 칼라는 일정한 양의 용돈을 받는 대가로 매일 개에게 먹이를 주는 데에 동의했다. 개에게 먹이를 주는 일을 하지 않으면 용돈을 받을 수 없고, 아버지가 시키는 다른 집안일을 해야 했다. 계약서가 작성되었고, 계약당사자들이 서명함으로써 동의했다. 치료자는 칼라의 치료 프로그램에 대해 교장 선생님과 학교상담자와도 논의를 확장하여 진행했지만, 그럼에도 불구하고 교장 선생님과 학교상담자는 주 법률을 언급하면서 칼라를 청소년 법원에 위탁하는 것을 연기하는 것에 대해 거절했다.

두 번째 치료 회기 동안 두 당사자는 계약이 잘 이행되고 있다고 보고했다. 칼라와 아버지는 둘 다 칭찬을 받았고, 더 큰 문제도 동일한 방식으로 해결할 수 있었다고 이야기했다. 칼라의 아침 일상을 목표로 두 번째 계약이 구성되었다. 두 당사자는 마치 학교에 가는 것처럼 잠에서 깨고, 일어나고, 씻고, 옷을 입고, 식사하고, 등교 준비를 하는 시간을 정함으로써 규칙적인 아침 일과를 충실히 지키겠다고 동의했다. 칼라는 또한 걸어서 학교에 가라는 요구를 받았지만, 칼라가 원한다면 돌아올 수 있도록 허락을 받았다. 주된 보상은 저녁 동안에 친구들과 노는 시간을 갖도록 해 주는 것이었고 주된 불이익은 외출금지였다. 또한 칼라는 매일 밤 정한 시간에 잠을 자야 하고, 잠자기 전 적어도 3시간 동안은 카페인이 포함된 어떤 음료도 마시지 않도록 밤 시간계획표를 조정했다.

다음 치료 회기 동안 두 계약당사자는 계약을 지키기가 너무 어렵다고 보고했다. 실질적으로 칼라는 아침에 침대 밖으로 나오지도 않았고, 어쨌든 낮 동안에 친구들을 만나고 있었다. 계약은 칼라가 제시간에 일어나지 않는다면 아버지와 함께 아버지 직장에 가야 하는 것으로 조정되었고, 이 조치는 칼라가 아침일과를 더 충실히 지키도록 동기를 부여하는 듯 했다. 그다음 일주일 내에, 칼라는 비록 조금이긴 하지만 이전보다는 어렵지 않게 아침에 일어났다.

칼라의 상황이 긴박해지자(칼라의 첫 재판 일정이 잡혔다), 치료자는 학교 출석이라는 다음 계약 단계로 나아갔다. 용돈을 받기 위해 집에서 집안일을 하는 대신 칼라가 반나절 동안 학교에 출석하도록 요구하는 계약에 칼라와 아버지 모두 동의했다. 다음 치료 회기에 칼라는 아무 어려움 없이 학교에 출석했다고 보고했다. 칼라는 자신이 놀랐을 정도로, 자기가 생각했던 것 이상으로 학교가 재미있었고, 수업시간에 했던 프로젝트가 아주 흥미로웠다고 말했다. 수업 중에 했던 일에 대해 이야기해 보라고 하자, 칼라는 특히 과학과 건강 프로젝트 그리고 작문과 수학 숙제에 대해 말해 주었다. 또한 칼라에게 계약 내용을 전체 수업을 모두 수강하는 것으로 확대할 수 있는지 물었을 때 칼라는 동의하였다. 다음 회기에, 칼라는 전체 수업에 모두 참여하는 데 어려움이 없었다고 보고했고, 아버지는 칼라의 진전에 매우 기뻐했다. 칼라는 합창단에서 노래하는 것, 체육시간의 스포츠 활동, 탐구활동 시간의 컴퓨터 프로그래밍을 포함한 오후 수업과제에 관해 상세히 설명했다.

이 시점에서, 칼라가 치료 과정을 끝내 달라고 요청했다. 하지만 치료자는 그동안 칼라의 등교거부 행동의 긴 이력과 과제 수행의 부족함에 대한 불신 때문에 학교 출석 담당자와 접촉해 보았다. 말할 필요도 없이, 지난 주간 칼라의 출석 기록이 전혀 없었다. 이런 상황에 맞닥뜨리자, 칼라는 능글맞게 웃었고, 아버지는 칼라를 몹시 꾸짖기 시작했다. 치료자는 상황을 진정시키고, 칼라가 등교를 거부한 이유를 찾기 시작했다. 칼라는 그저 어깨를 한번 들썩여 보였다. 칼라의 아버지는 다음 며칠간 칼라가 학교에 가는 길에 동행하기 위해서 시간을 내기로 동의했지만, 칼라는 아버지의 감시를 벗어나, 학교를 재차 떠날 수 있었다. 한번은 칼라가 밤늦게까지 집에 돌아오지 않았다.

이러한 실패 이후에 계약이 좀 미뤄지고 나서야, 치료자는 칼라와 아버지에게 다른 접근법을 시도해 보자고 설득할 수 있었다. 학기가 시작되어 이미 늦어 버렸기 때문에(그때가 3월 말이었다) 별다른 의미 없이 출석 후 전체 수업을 수강하려 애쓰기보다는 칼라가 파트타임 프로그램에 등록하도록 권유하였다. 특히, 칼라는 대안 고등학교 프로그램에 적합했는데, 그 프로그램은 학생들이 시간을 달리해서 낮이나 저녁에 학점을 이수할 수 있도록 허용했고, 학교 내 공부방에서 그날 과제를 마치도록 했다(그래서 숙제에 대한 의존도를 제거함). 하지만 이 프로그램에서는 부족한 공부시간을 보충하기 위해 여름방학 기간 동안 학교에 출석하도록 되어 있었다. 더구나, 이 프로그램은 아이들을 집까지 데려다 주었다. 결론적으로, 칼라는 매일 오후 1시부터 4시까지 학교에 출석할 수 있었고, 지금까지 잘 적응하고 있다.

칼라가 남아 있는 봄과 여름에 이 프로그램에 참여할 수 있도록 하기 위해 계약이 체결되었다(〈표 9-1〉의 모델 참조, Stuart, 1971). 계약을 잘 이행하게 되면 집안일을 하고 용돈을 받을 수 있는 기회

〈표 9-1〉 칼라의 등교 계약

특권	책임
일반 가족의 긴장 완화와 등교거부 행동을 해결을 위한 대가로, (우측의 책임에) 모든 가족이 동의한다.	가능한 한 열심히 이 계약을 준수하고 치료에 전적으로 참여하기
세부 이번과 다음 치료 회기 동안 금요일 밤에 20달러의 특권을 받기 위해서 매일 방을 청소하고 먼지를 털고 개에게 먹이를 주는 대신에, (우측의 책임에) 칼라가 동의한다.	이번과 다음 치료 회기 동안 매일 오후 1시부터 4시까지 대안 고등학교 프로그램에 참석하기
칼라가 이 책임을 완수하지 않으면	돈을 받지 않고 집안일을 완수해야 할 것이다.
오후와 저녁에 친구 집에 놀러가기 위해서는, (우측의 책임에) 칼라가 동의한다.	이번과 다음 치료 회기 동안 매일 오후 1시부터 4시까지 대안 고등학교 프로그램에 참석하고, 아침 일과를 시간에 맞춰 시행하고 아침에 책 읽기
칼라가 이 책임을 완수하지 않으면	그날은 외출이 금지되고, 텔레비전 시청과 컴퓨터를 할 수 있는 특권을 잃게 될 것이다.
칼라와 아버지는 이 계약 조건을 준수할 것에 동의하고, 매일 계약서를 읽고 서명한다.	
칼라와 아버지의 서명 ______________________ ______________________	날짜: ______________________ 날짜: ______________________

가 여전히 주어지고 제대로 이행하지 않을 경우에는 그 대가로 외출금지를 당한다. 덧붙여서, 치료자와 아버지가 칼라가 매일 실제로 출석했는지를 확인하기 위해 학교와 접촉했고 나중에는 칼라의 아버지만 이 일을 했다. 비록 칼라가 나중에 여름 계절 학기에 참석하지 않았고, 대안 학교에서 여러 번 월요일과 금요일에 빠졌음에도 불구하고, 이러한 접근법은 전반적으로 성공했다고 볼 수 있다. 이와 같은 만성적인 사례에서는, 종종 제한적이나마 한 걸음 앞으로 나아가는 것을 성공으로 정의한다.

요약

학교 밖에서 가시적인 보상을 얻기 위해 등교를 거부하는 학생을 위한 치료의 전반적인 목표는 가족 내 갈등을 줄이고, 가족에게 문제해결 전략을 마련해 주고, 등교거부 행동을 줄이는 것이다. 이와 같이, 협상의 주제, 의사소통, 구조화된 문제해결 과정이 강조된다. 이러한 기능적 조건하의 치료는 다른 기능적 조건을 가진 학생을 위한 치료보다 좀 더 많은 시간이 소요되고 복잡한 경우가 많다. 이는 병적인 조건과, 장기간의 등교거부 행동, 가족 기능장애의 가능성이 높은 것에 기인하기 때문이다. 덧붙여서, 칼라의 사례에서 본 바와 같이, 이러한 기능적 조건에서 출석 후 모든 수업을 수강했는지를 기준으로 성공 여부를 규정하기는 어렵다(Evans, 2000).

제10장

극단적 사례들, 예방 그리고 재발

카프리오는 지난 15주 동안 학교를 결석한 17세의 남학생이다. 그는 결석의 역사가 길고, 지난 1년 동안 그가 학교를 유지하도록 돕기 위해 광범위한 치료와 학업적 개입이 있었으나 거의 소용이 없었다. 그는 수업에 실패하는 학교에서 피로감을 느꼈고 따분해했다. 그는 절도와 기물파괴로 두 번 체포된 적이 있었고, 학교를 그만두고 일을 찾아볼까 생각 중이다.

이 장의 초반 논의는 카프리오와 같은 등교거부 행동의 극단적 사례를 알아보는 것이다. 추가로 등교거부가 시작되거나 재발되기 전에 등교거부 행동을 예방하기 위한 전략들이 제시될 것이다. 이러한 전략들은 (a) 학생 집단을 대상으로 등교거부 행동과 중도탈락을 막는 전반적인 접근과 (b) 학생 개인을 대상으로 하는 경미한 퇴행과 등교거부 행동의 재발을 막는 임상적 접근으로 나뉜다.

등교거부 행동의 극단적인 사례들

등교거부의 극단적인 사례들은 (a) 매우 장기간 동안(예: 2년 이상)의 학교 결석, (b) 다양한 공존증상 조건(예: 우울, 약물 남용), (c) 매우 심각한 증상(예: 과도한 불안), (d) 치료에 대한 강한 저항, 혹은 (e) 이러한 조건들의 조합들을 갖고 있는 청소년에 관한 사례를 의미한다. 이러한 각본은 가시적인 강화를 얻기 위해 등교를 거부하는 청소년에게서 많이 보이기는 하지만, 등교거부에 대한 기능적 조건 중 어느 것에나 적용될 수 있다.

오랜 기간 동안 학교를 떠나 있었던(예: 만성적인 등교거부 행동) 학생은 급성 등교거부 행동을 보이는 학생에 비해 결석 없이 모든 수업에 참여하는 상태로 회복되기가 훨씬 어렵다. 이러한 사례들을 다루기 위해 치료자는 일부 수업에만 참여하기, 야학, 시험에 의한 학점 이수, 독립적인 공부 그리고 직업 상담과 배치 프로그램 등의 대안적인 교육 계획(9장의 사례 참조)에 초점을 맞춰야 할 것이다. 일과 학교를 병행하는 것 역시 권장할 수 있으며, 특별히 경제적인 유혹 때문에 학교를 그만두려는 학생에게는 더욱더 그러하다. 학력 인정 시험이나 그 밖의 대안적 전략에 관한 정보가 도움이 되는 경우도 있다. 이때 학군에 대한 정보도 반드시 필요하다.

등교거부 행동의 극단적인 사례들은 또한 장기결석에는 드물지 않게 함께 나타나는 비행, 약물 남용, 우울, 낮은 학점 그리고 다른 문제들과 같은 몇몇 공존증상 조건들을 포함할 수 있다. 이러한 사례들에서는 등교거부 행동의 규준적인 처치에 덧붙여 다양한 환경에서 이러한 문제들을 표적으로 하는 총괄적인 처치와의 조합이 추가되어야 한다. 그러나 학교에 출석하는 것은 종종 이러한 방향에 있어서 훌륭한 첫걸음이다. 왜냐하면, 학생이 출석하면 (어려움을 극복할 기회를 덜 가진) 학생을 쉽게 감독할 수 있고, (정신 장애에 대한 완충제로 보이는) 학업적 · 사회적 유능감과 기본적인 순종을 증진시키는 경향이 있기 때문이다. 다른 사례에서는 보다 심각한 공존증상에 대한 처치가 등교거부 행동이 다뤄지기 전에 충족되어야만 한다.

이러한 집단 가운데 몇몇 사례들은 심각한 등교거부 행동을 나타내는 특징을 가진다. 한 가지 일반적인 특징은 불안 수준이 지나치게 높아서 학교에 대한 어떤 접근도 못하는 것이다. 이러한 사례들에서는 학교와 관련하여 진짜 불안을 야기하는 요소(예: 폭력단, 피해자)가 반드시 고려되어야 하며, 학급, 학교, 혹은 다른 환경적 변인들에서의 변화가 필요할 수도 있다. 이러한 요소들이 있지 않은데도 불안 수준이 그렇게 높은 것이라면 불안을 낮추고 학교에 대한 접근을 향상시킬 수 있도록 약물이 고려될 수 있다(흔히 사용되는 약물에 대해서는 6장 참조). 그러나 심한 분노 발작, 학교나 집에서 뛰쳐나가기, 공격적인 반응들, 자해 및 자살 시도와 다른 극단적 행동들도 등교거부 행동의 몇몇 사례의 표시다. 이러한 상황에서는 학생과 다른 이들의 안전을 위해 특별한 관심이 주어져야 하며, 구체화된 계획들(예: 학교나 경찰과 접촉하기, 입원 치료 제안하기)이 잘못된 행동을 다루도록 형성되어야 한다.

마지막으로, 등교거부 행동의 극단적인 사례 중에는 처치에 대한 강한 저항이 나타나는 경우도 있다. 어떤 상황하에서도 학교 출석을 거부하는 학생의 경우가 이에 해당한다. 공통적인 행동으로는 움직이고 이야기하고 아침에 침대에서 나오는 것을 거절하거나, 치료 참석을 거절하는 것 등이 있다. 다른 사례에서는 처치에 대한 저항이 결과에 대해 무신경한 태도나 동기 결여로 드러나기도 한다.

처치에 대한 저항 사례에 대한 가장 훌륭한 요법은 치료자, 부모, 친구 그리고 학교와 법적 행정관의 인내력이다. 이 책에 기술된 처치들은 수주 혹은 수개월 동안 몇 번이고 지속되어야 한다. 이러한 절차에 필요한 에너지를 꾸준히 유지하기 어려운 가족 구성원에게 이것은 명백히 매우 부담스러운 일이다. 사회적 지지 체계를 구성하고 다루는 것이 종종 결정적인데 이것은 아침에 학생이 일어나도록 하고, 그들의 하루 활동에 관해 조언하고 관리할 수 있으며, 결과를 추적하고, 학교로 이들을 데려가는 것을 다른 사람들과 교대로 할 수 있도록 하기 때문이다. 몇몇 사례에서는 법적 개입이 필요하거나 또 적절할 수 있으며, 혁신적인 방법(예: 파트타임 교습, 아침에 학생의 침실에서 소음 내기)이 처치 계획에 포함될 수도 있다. 덧붙여 가정, 학교, 혹은 다른 장소(2장과 다음에 제시되는 등교거부와 중도탈락의 예측적인 요인들 참조)에서 원격 요소에 대한 철저한 평가가 이뤄져 무엇이 학교 출석을 방해하고 있는지를 볼 수 있도록 해야 한다. 많은 학생들은 학교의 불공정한 규칙과 정책에 대하여 반항하고, 이러한 요인들에 대한 조정이 (학교에) 출석하도록 돕는다. 가족치료 역시 이러한 사례의 많은 경우에 필수 요인이다.

등교거부 행동의 극단적 사례들은 일반적으로 방대한 시간과 노력을 필요로 하지만 (그래도) 성공적인 해법이 가능하다. 물론 이상적으로는 이런 행동이 시작되기 전에 예방되었어야 한다. 그리고 그럴 수 있도록 하기 위한 전략들이 다음에 논의될 것이다. 등교거부 행동과 중도탈락을 예측하는 것으로 밝혀졌으며, 예방 프로그램을 위한 목표가 된 요인들이 먼저 제시되었다.

등교거부 행동과 중도탈락을 예측하는 요인들

많은 연구자들이 학생의 등교거부 행동과 중도탈락에 대한 몇몇 예측요인과 주요 경고 표식을 평가하고 확인하였다(예: Barth, 1984; Corville-Smith, Ryan, Adams, & Dalicandro, 1998; Gingras & Careaga, 1989; Janosz, LeBlanc, Boulerice, & Tremblay, 1997; Jenkins, 1995; Kortering & Blackorby, 1992; Levine, 1984; McWhirter, McWhirter, McWhirter, & McWhirter, 1998; Mills, Dunham, & Alpert, 1988). 이러한 예측요인들은 지역사회, 학교, 부모-가족, 사회적 · 개인적 · 학업적 성공 등의 주제로 분류될 수 있다(McWhirter et al., 1998).

지역사회 주제란 여기서는 다양한 학교나 이웃 관계에서 광범위한 등교거부나 중도탈락을 촉발하거나, 그 근간이 되는 보다 전체적인 요인을 말한다. 등교거부 행동과 중도탈락과 관련된 지역사회 요인은 다음을 포함한다.

- 폭력단(gang)과 연관된 활동이나 인종 간의 강한 긴장

- 등교거부와 중도탈락을 다루는 이웃의 지지나 편의시설 등의 결여 그리고 이러한 편의시설에 대한 지역사회의 지지 결여
- 실질적인 경제적 유혹(예: 고등학교 교육을 필요로 하지 않는 여러 가지 직업, 불법 약물 판매의 기회)

학교 주제란 여기서는 등교거부나 중도탈락을 촉발하거나 그 근간이 되는 학교 환경이나 인력을 말한다. 등교거부 행동과 중도탈락과 관련된 학교요인은 다음을 포함한다.

- 학생의 욕구와 맞지 않는 교육과정
- 감소된 과제와 교육 시간
- 민족-인종 부조화
- 학생의 잦은 학교 이동이나 서비스 장소의 잦은 이동, 전학
- 교사의 잦은 결석, 학생의 결석에 대한 부적절한 문서 작성(documentation), 학생의 결석 기록에 대한 장기간의 무시
- 학생에 대한 부적절한 구류나 승급
- 부적절한 학교 배치(예: 학습 문제를 가진 학생을 위한)
- 장기결석에 대한 비일관적인 규칙의 시행
- 학생의 성취에 대한 낮은 기대, 성취에 대한 칭찬의 부족, 학생을 위한 교육적 목표의 결여
- 학교 폭력, 교실 붕괴 그리고 체벌
- 교사의 무능감
- 학생을 학교로 돌아오도록 하기 위해 치료자나 가족과 함께 작업하는 것에 대한 비자발성

- 학생의 등교거부 행동을 훈육하기 위한 정학이나 제적의 사용

부모-가족 주제란 여기서는 학생의 등교거부나 중도탈락을 촉발하거나 그 근간이 되는 가정에 기반된 변인들을 말한다. 등교거부 행동과 중도탈락과 관련된 부모-가족 요인은 다음을 포함한다.

- 가족 변화(예: 이혼, 질병, 실직, 이사)
- 가정에서 학습적 도움의 부재, 사회적 · 물질적 지지의 결여
- 학생에 대한 부모의 빈약한 감독과 낮은 기대
- 장기결석에 대한 부모의 지식이나 관심의 결여
- 학생에 대한 학대
- 소수민족 혹은 비영어권 부모
- 학생의 초기 등교거부 행동을 다루고자 하는 부모의 저조한 동기
- 부모-학교 행정 간 빈약한 의사소통
- 문제가 되는 가족 역동(4~5장 참조)과 비효율적 양육 기술
- 친척들의 학교 중도탈락
- 한부모 가정 혹은 대가족(예: 5명 이상의 아이들이 있는 가족)
- 스트레스가 많은 가정생활과 재정적 어려움들

사회적 주제란 여기서는 학생의 등교거부나 중도탈락을 촉발하거나 그 근간이 되는 또래나 중요한 타인과의 문제가 되는 상호작용을 말한다. 등교거부 행동 및 중도탈락과 관련된 사회적 요인은 다음을 포함한다.

- 학교 동료 집단보다 두 살 이상이 많음
- 학교 밖 비행이나 약물 사용 행동에 관여하는 동료에 대한 동일시
- 사회적 기술의 결여와 심한 사회적 · 평가적 불안
- 학교를 중도탈락한 많은 친구들
- 권위적 인물과의 빈약한 관계
- 학교 중심의 과외 활동에 대한 학생의 저조한 참여

개인적 학생변인이란 여기서는 등교거부나 중도탈락을 촉발하거나 그 근간이 되는 학생 개개인의 구체적 변인들을 말한다. 등교거부 행동 및 중도탈락과 관련된 개인적 학생 주제들은 다음을 포함한다.

- 보통상 혹은 보통하 수준의 지능
- 불안-우울 특성, 정서적 외상, 혹은 동기의 결여
- 학교 밖에서 가시적인 강화의 추구 혹은 관심 끌기
- 인지적 귀인 오류(예: 모든 급우들이 자신을 열등하게 볼 것이라는 신념)
- 즉각적 욕구 만족에 대한 강조와 삶의 장기적 전략에 대한 결여
- 과도한 학교 밖 업무 시간
- 경쟁에 대한 두려움
- 잦은 결석과 수업 방해와 그 밖에 학교에서의 잘못된 행동
- 구조화된 활동에 대해 참지 못함, 학교에 대한 불만족 혹은 즐거움의 결여

- 현재 받는 수업내용과 이후의 삶 간에 불연속성을 지각함
- 약한 건강 혹은 취약한 자존감, 인기 없다는 느낌
- 학교에 대한 헌신(예: 교육적 목표에 대한 가치 부여)의 부족
- 학교와 정상적인 삶의 양식으로부터의 소외

마지막으로 학업적 성공 주제란 여기서는 학생의 등교거부나 중도탈락을 촉발하거나 그 근간이 되는 개별 학생의 학업적 수행과 밀접하게 관련된 변인들을 말한다. 등교거부 행동과 중도탈락과 관련된 학업적 성공 주제들은 다음을 포함한다.

- 학생의 능력과 수행 사이의 일반적인 격차 그리고 개인의 학년 수준과 읽기 수준 사이의 구체적인 격차
- 낮은 학점의 역사
- 기초 학습 능력의 결여
- 영어와 대수에서의 능숙함의 결여
- 한 학년 이상의 유급

여기서는 분리되어 나열되었지만 이러한 주제들은 등교거부 행동, 중도탈락 혹은 그 둘 다를 야기하는 데 있어서 서로 밀접하게 상호작용한다. 따라서 이러한 집단에 대한 전반적인 예방 전략들은 일반적으로 학제간일 수밖에 없고 본질적으로 복합적이다. 다음 내용에서는 등교거부 행동과 중도탈락을 예방하기 위해 고안된 몇 가지 전반적 전략을 소개한다.

등교거부 행동과 중도탈락을 예방하는 전반적인 전략들

등교거부 행동과 중도탈락에 대한 체계적인 예방 프로그램을 요약하면서 커니와 후겔쇼퍼(Kearney & Hugelshofer, 2000)는 이러한 프로그램들을 지역사회, 학교 그리고 부모-가족 중심의 전략으로 구분하였다. 여기서 이것들을 간단하게 기술하였다.

지역사회 중심의 체계적 예방 전략들

등교거부와 중도탈락에 대한 지역사회 중심의 예방 프로그램들은 일반적으로 여러 체제(예: 정신건강, 법, 학교)의 전문가들의 협업을 포함한다. 부연하면, 이들의 노력이 위에서 열거한 위험요인들의 상당수를 갖고 있는 고위험 학생과 가족들에게 집중되는 경향이 있다(Berg, 1985b). 이러한 프로그램들의 공통적인 요소로는 개인과 집단 치료; 진단을 통한 선별과 건강 서비스; 약물 교육; 대안적인 교실 수업과 개인교습; 가정 방문과 부모-교사 회의; 민족 정체감 프로그램; 지역사회 서비스, 문화적 · 오락적 활동 그리고 소년단 활동 등이 있다. 몇몇 지역사회 중심의 프로그램 전략들은 학교 출석과 그와 관련된 문제들을 향상시키는 데 고무적인 효과를 나타내는 것으로 보이지만(예: W. S. Davidson & Robinson, 1975; Jones, 1992), 어떤 전략들은 그렇지 않기도 하다(Denno & Clelland, 1986; Roundtree, Grenier, & Hoffman, 1993).

학교 중심의 체계적 예방 전략들

등교거부 행동과 중도탈락에 대한 학교 중심의 프로그램은 포괄적인 전략이나 보다 직접적인 접근을 포함한다. 보다 포괄적인 전략들의 구성은 고위험 학생에 대한 집중적인 개입; 교사의 가정 방문과 진도 보고서; 부모 지지 집단; 그리고 학생에게 좀 더 많은 안내와 지지를 제공하는 담임교사의 역할과 부모-교사 접촉의 재구조화 등을 포함한다. 이러한 전략들은 보다 의미 있는 교과, 보다 작은 수업 환경, 반을 넘나드는 보다 강력한 또래지지 등을 수립하기 위한 학교 환경의 재구조화 또한 포함한다. 몇몇 포괄적인 학교 중심의 프로그램들은 등교거부 행동과 중도탈락의 감소를 이끌어 내지만(Berrueta-Clement, Schweinhart, Barnett, Epstein, & Weikart, 1984; Felner et al., 1993; Pearson & Banerji, 1993), 다른 프로그램은 그렇지 못하기도 하다(Reyes & Hedeker, 1993).

구체적인 학교 중심 예방 전략들은 또래나 학생 변호인들 그리고 지지-치료 요법에 주의를 기울였다. 예를 들어, 누난과 타이볼트(Noonan & Thibeault, 1974)는 학교 출석 문제가 있는 학생에게 인기 있는 또래를 강화 인자로 활용하였다. 이러한 급우들은 특별한 날에 학교에 오지 않는 학생들을 만나고, 결석의 이유에 대해 질문하고 다음 날 등교하기를 권유한다. 학교에 출석할 때는 칭찬을 받는다. 학생 변호인들은 등교거부 문제가 있는 학생들이 교정기관에서 학교로 와서 등록상태를 유지하도록 교사, 사회사업가, 상담자로서 이들을 돕는 데 성공적으로 활용되어 왔다(Higgins, 1978). 효과적인 변호인들은 주장적이고, 인내력이 있으며, 훌륭한 의사소통가이며 적절한 학교 활동과 학생의 직업 기회에 대한 지식이 풍부한 경향이 있다.

학교 중심 지지치료 요법 역시 등교거부 행동과 중도탈락을 성공적으로 감소시키는 데 활용되었다. 이 요법의 구성요인은 학교 공부와 출석에 대한 감독의 증가, 부모와 학생에 대한 피드백, 토큰 경제, 학업적 지지, 엄격한 학교 규율과 절차의 구성 및 검토, 증가된 오락적 지역사회-서비스 기회들, 인지치료, 증가된 사회적 알아차림, 모델링과 역할연기 그리고 의사소통 기술, 사회적 기술 및 문제해결 기술에 있어서의 훈련 등을 포함한다(Bry & George, 1980; Gottfredson, 1983; I. G. Sarason & Sarason, 1981; Sinclair, Christenson, Evelo, & Hurley, 1998). 교사를 훈련함으로써 등교거부 행동과 중도탈락을 적절히 훈육하는 법을 제공하고, 교사와 학생의 스트레스를 다루며, 교실에서의 학습과 동기를 향상시키고, 다른 관련 중요한 예측요인을 다루도록 하는 방안 역시 제안되었다(Echterling, 1989; Mills et al., 1988). 가족 기술 훈련과 다른 절차들에 대한 지도 역시 사용되어 왔다(Blechman, 1992).

부모-가족 중심의 체계적 예방 전략들

이 책(8장과 9장을 보라)에 논의된 많은 부모-가족 중심 절차들이, 방대한 양은 차치하고, 등교거부 행동과 중도탈락을 예방하는 데에도 사용될 수 있다. 그러기 위해 중요한 요소들은 학생의 전반적인 행동과 학교 출석, 강화조건 관리와 계약, 의사소통 기술 훈련 그리고 다양한 형태의 가족 치료들에 대한 더 나은 감독을 포함하게 된다(Kearney & Hugelshofer, 2000). 분리불안이 있는 학생에게는 일상적 부모- 학생 간 거리감은 늘리고, 또래와의 사회화와 활동을 증가시키는 것이 권고된다(Scott, Cully, & Weissberg, 1995). 마지막으로, 등교거부 행동이 더 많이 일어나지 않도록 하기 위해서 치료에서의 탈락을 줄이는 것이 부모-가족 중심 절차에서 매우 중요하다(Fraser, Hawkins, & Howard, 1988).

개인 사례에서 재발을 방지하기 위한 임상적 전략들

과거에 등교거부 행동을 보였던 학생의 가족에게 개인 사례 수준에서 재발을 방지하기 위한 임상적 전략들은 매우 중요하다. 상습적으로 이러한 행동을 하는 학생은 종종 가족 구성원의 사기를 저하시켜, 이러한 상황이 가속화되도록 묵인하고 허용하도록 한다. 그렇게 되면 학생의 등교거부 행동은 더 심각해지고 이전보다 처치에 대한 저항이 더 커진다. 다음 절의 목표는 재발과 경미한 퇴행을 정의하고 이러한 퇴보를 막기 위한 전략들에 대해 기술하는 것이다.

재발과 퇴행

공식적인 재발은 치료 이전의 기능으로 완벽하게 혹은 거의 완벽하게 되돌아가는 것이다. 따라서 등교거부 행동에 있어서 공식적인 재발은 많은 수업을 빼먹는 것, 학교에 대한 극단적인 고통과 그에 따른 회피 그리고 주의를 끌거나 가시적인 강화를 얻기 위한 잘못된 행동들을 포함한다. 그러나 재발은 또한 치료에서 다뤘던 부수적인 문제들, 가령 학생의 등교 욕구와 출석 능력을 위협하는 가족 갈등 같은 것들을 포함한다. 공식적인 재발은 보통 학생과 가족의 일상생활과 기능에 중요한 방해를 하는 것으로 드러나게 된다.

공식적인 재발이 드문 것이 아니지만 사소한 퇴보나 사소한 문제들을 포함하는, 경미한 퇴행만큼 일반적인 것은 아니다(Brownell, Marlatt, Lichtenstein, & Wilson, 1986). 등교거부 행동에서의 경미한 퇴행은 한두 번 수업을 빼먹거나 결석하는 것, 짧은 기간 동안의 스트레스 그리고 학교로부터 나와 집에 머무는 보통의 행동화 등을 포함한다. 일시적 퇴행은 보통 학생과 가족의 일상생활과 기능에 있어서 작은 방해를 하는 것으로 드러나게 된다. 경미한 퇴행은 지나치게 심각한 것이 아니고 (휴일 등으로 인해) 학교를 쉬고 난 후에는 일반적이다. 그러나 지속되는 퇴행은 공식적인 재발을 불러올 수 있으므로 즉각적으로 다뤄져야 한다.

경미한 퇴행 다루기

대부분의 사례에서 가족과 학생들은 처방적 치료의 주요 부분으로 되돌아와 이를 다시 연습함으로써 경미한 퇴행에 대처할 수 있다. 이러한 조절은 노출, 신체화 통제 연습, 인지적 재구조화, 증가된 사회적 상호작용, 부모 양육 전략들, 계약 그리고 관련된 가족 개입, 또래 거절 기술 훈련 등을 포함하게 되기 쉽다. 회복을 촉진시키는 어떤 처치 구성 요소라도 재차 강조되어야 한다(예: 학생을 학교에 데리고 가기, 출석에 대한 매일의 관찰). 필요하다면, 가족들을 위해 기억해야 할 것들을 치료 회기 마지막에 나열해 줄 수도 있다. 이러한 목록은 주어진 상황(예: 학생이 학교에서 뛰쳐나갈 때나 '과도한 확인받기 행동'에 빠질 때 혹은 경미한 퇴행이 일어날 때)에서 무엇을 해야할지에 대한 안내가 될 수 있다.

가족 구성원은 종종 경미한 퇴행이 발생할 때 실망하고 치료가 무용지물이었다고 오해할 수도 있다. 아울러 자신들이 자기가 맡은 부분에 무능했고, 문제 재발이 다른 사람들 때문이었다고 믿기도 한다. 그러나 전형적으로는 경미한 퇴행이 학생과 가족들이 치료적 절차에 편안해하고 만족스러워할 때 일어난다. 특히 오랫동안 휴식이 있었거나 학생이 일정 기간 동안 규칙적으로 등교했을 때 그러하다. 여기서는 가족들이 다시금 치료적 노력을 기울이고 이러한 상황을 자신의 새로운 기술을 연마할 기회로 보도록 주의를 기울이는 것이 필수적이다. 덧붙여, 경미한 퇴행의 위기에 있는 가족과 학생들에게는 가족 구성원과의 정기적인 전화 연락이 공식적인 치료 후에 얼마 동안 유지되어야 한다. 이것은 지지, 격려, 피드백을 제공하고 치료에서의 진전을 위협하는 학교나 가정에서의 변화를 알아차릴 수 있도록 해 준다.

재발 다루기

잦은, 다뤄지지 않은 경미한 퇴행은 재발로 이어진다. 재발되면 평가를 새롭게 하거나 보조 치료를 하거나 혹은 필요하다면 새로운 치료 세트를 실시하고 이에 더하여 치료자와의 상담을 새롭게 할 것을 권한다. 부모에 의해 초래되는 공통적인 실수는 재발이 다뤄지기를 기다리는 것이다. 예를 들어, 어떤 가족들은 가을 학기 동안 일어나는 학생의 등교거부 행동을 성공적으로 해결하지만 봄 학기에 재발된다. 부모들은 그때 낙심하여 그 문제가 다시 다뤄질 다음 학기까지 기다린다. 그러나 여름 방학으로 이어진다면 그 학생은 몇 달 동안 학교 밖에 있을 수도 있다.

가장 훌륭한 전략은 가능한 한 빨리 학생을 학교로 재통합시키고 학업을 마치도록 하는 것이다. 이것은 예를 들어 치료를 다시 받고 여름 계절학기를 듣는 것 등을 포함한다. 이러한 전략은 학생이 학교로 돌아오게 할 뿐 아니라 등교거부 행동이 언제 일어나든 다뤄질 수 있다는 개념을 강화한다. 특히 심각한 등교거부 행동 사례에서, 가족 구성원들은 지지를 받아야 하고 재발이 일어난다는 것을 알아야 한다. 장기적인 성공을 얻기 위해서는 문제를 다룰 때의 인내심이 적극적인 치료만큼이나 필수적이다.

예방

경미한 퇴행과 재발이 일어나기 전에 예방하는 것은 가장 바람직한 선택 사항이다. 그렇게 하기 위한 몇 가지 방법이 제시된 바 있고(Kearney & Albano, 2000), 여기서는 일부를 기술하였다.

사진과 비디오테이프 기록물들

재발에 대한 예방 도구의 하나는 학생이 학교로 복귀해서 부정적인 정서를 다루는 전략을 사용하는 데 성공한 내용을 담은 공식적인 기록물이다. 이러한 기록물은 노출 연습, 수업 참여, 이전에는 하지 못했거나 매우 어려워했던(예: 다른 사람들과 상호작용하기, 교실로 걸어 들어가기, 학교 버스를 타기) 과제 수행을 하는 동안의 학생에 대한 사진을 포함할 수 있다. 학생은 또한 각 사진에다가 자신의 생각, 감정, 행동에 대한 긍정적이고 적응적인 묘사를 포함하는 설명글을 쓸 수 있다. 이러한 사진은 다른 주목할 만한 상이나 성취와 함께 스크랩북에 넣어 둘 수도 있고, 그림이나 설명글이 나중의 스트레스나 경미한 퇴행, 잠재적인 재발에 참고가 될 수 있다.

성공 및 스트레스 관리와 다른 기술들에 대한 기록물은 상업용 비디오테이프를 포함할 수도 있다(Kendall, Chansky, et al., 1992). 학생이 자신의 성공과 부정정서나 등교거부 행동을 극복한 방법과 자신의 성공을 묘사하는 것이 비디오로 녹화되고, 이 테이프는 이후에 이러한 어려움이 다뤄져야 할 때 이들이 무엇을 해야 할지에 대해 회상할 수 있도록 해 준다. 학생은 자신이 받은 처치의 모든 주요 요소(예: 노출, 신체화에 대한 조절과 인지적 방법, 자기-강화)에 대해서 묘사하고 어떻게 그것들을 했는지에 대해 묘사한다. 덧붙여 이들은 반응 체계(사고, 감정, 행동)와 개인적 상호작용 유형을 포함하여, 자신이 불안-부정정서에 대해 받은 교육을 고찰한다. 학생과 부모는 학생의 기술을 강화하기 위해 이 비디오테이프를 정기적으로 틀도록 격려받되 특별히 시험이나 학기 시작과 같은 스트레스원이 있는 동안에는 더욱더 그러하다.

사진과 비디오테이프는 전형적으로 학생의 성공과 기술이 최고조에 이르는 공식적인 처치의 끝부분에 편집된다. 가장 흔하게는 불안으로 인해 등교를 거부하는 학생을 위해 이것이 사용되나, 종종 긍정적 강화를 얻기 위해 등교를 거부하는 학생에게도 적용된다. 일정 기간 동안 학교밖에 있었던 학생들에게는 이러한 기록물이 부모의 지지를 강화하고 자존감과 권한 부여를 향상시킬 수 있다.

구조화된 일상과 활동들

방학이나 다른 긴 휴가 때문에 얼마 동안 학교에 등교하지 않아도 될 때, 가족들은 치료에서 개발된 처치 절차와 기술에 대해 긴장을 푸는 경향이 있다. 이것은 경미한 퇴행과 재발의 주요 근간이 되지만, 어떤 절차는 이것들에 대한 예방을 도울 수 있다. 도움이 되는 한 가지 절차는 휴일 아침과 낮 시간 동안 학생에게 정해진 일과를 지키도록 하고 다른 날 쉬도록 하는 것이다. 특히 학생은 자러 가고, 아침에 일어나고, 옷을 입고 하루를 준비하는 일정한 일과를 지켜야만 한다. 따라서 개학으로 인해 다시 등교를 시작해야 할 때에도 이와 같은 변화는 일과에 별다른 문제가 되지 않는다. 이러한 절차는 긴 여름 방학 동안에는 상대적으로 실행하기 어렵지만 학교가 시작되기 전 3주 동안 일과를 시작하는 것은 어렵지 않다. 이것은 학생이 여름 동안은 즐겼지만 일단 학교가 시작되면 즐길 수 없는 여러 긍정적 강화물들과 외출 금지에 대한 점진적인 제한 조건들과 연결되어 있도록 한다.

학생들은 연장된 휴가 동안 다양한 활동에 참여하여 치료에서 배운 기술을 연습하게 되고 이것이 경미한 퇴행과 재발 방지에 도움이 될 수 있다. 예를 들면 캠프, 운동, 읽기 프로그램 그리고 다른 청소년 중심의 활동들은 불안 관리 기술, 특히 노출 경험을 연습하고 강화하는 데 유용하다. 이러한 상황은 또한 사회화, 부모와의 물리적 거리가 멀어지는 것 그리고 새롭고 다른 상황들을 좀 더 독립적으로 다룰 기회가 된다.

고양 회기

이전에 등교거부 행동을 보였던 학생들이 새로운 혹은 아주 고통스러운 상황(예: 새로운 학교, 시험기간)에 들어가야 될 때 고양 회기가 치료 기술을 고무시키고 돌아보게 하는 데 사용되어 학생들이 예기된 문제를 논의하도록 할 수 있다. 고양 회기는 개인적으로 진행되건, 집단 형식으로 운영되건 대개의 경우 구조화되어 있고, 짧고, 학생의 필요에 맞춤식으로 진행된다. 이러한 회기들은 곧 새로운 학교(예: 중학교, 고등학교)에 들어가게 될 학생에게 유용하다. 많은 학생들이 이러한 과도기를 맞이하여 다른 사회적 그리고 학업적 행동계획에 대처하는 것을 어려워한다.

고양 회기는 학교가 시작되기 전에 며칠 동안 학생이 새로운 학교 환경을 둘러보는 것과 관련될 수 있다. 특별히 학생은 교실의 위치; 식당이나 도서관과 같은 공통의 회의 장소; 사무실; 사물함; 학교 버스 도착과 출발 지점을 통보받는다. 또 다양한 학교 운동과 다른 유용한 과외 활동에 대한 정보를 받고 이에 참여하라고 격려받는다. 여기서 목표는 학생의 예기 불안을 낮추고, 학교에 가는 것과 관련하여 그들의 자기효능감을 증진시키며, 경미한 퇴행과 재발을 방지하는 것이다.

학교 출석과 이와 관련된 변인에 대한 관찰

경미한 퇴행과 재발을 방지하는 가장 좋은 방법은 학생의 학교 출석과 일상 행동에 대해 밀착된 관찰을 하는 것이다. 그러나 특별한 사례에서는 등교거부 행동을 촉발하는 다른 변인에 대해서도 조심스럽게 검토해 봐야 한다. 흔한 예는 새로운 부적응적 행동(예: 약물 남용, 우울증); 가족 갈등; 부정적 부모 태도; 학교 시간표나 의학적 관리의 변동; 학교 출석에 대한 동기의 감소; 사회적·학업적 활동 또는 과외 활동 참여의 감소 등을 포함한다.

부모, 교사, 상담자, 출석 관련 행정부서, 다른 가용한 인력들 간의 긴밀한 공조가 이러한 관찰에 필요하다. 매일매일의 보고서 카드, 정기적인 부모-학교 행정 간 접촉 그리고 학교생활 동안의 학생에 대한 증가된 관리감독 등이 이러한 면에서 매우 도움이 된다. 등교거부 행동이 만성화된 학생에게는 급성 사례에 비해 보다 긴 기간 동안의 관찰과 좀 더 밀착된 관찰이 필요하다. 피드백, 추가적인 치료 혹은 적절한 연계가 필요한 경우에는 공식적인 처치 이후에 몇 달 동안 치료자와 접촉할 것을 권한다.

요약

여러 전문가들에게 등교거부 학생은 평가하고 치료해 나가는 데 가장 어려운 경우 중 하나다. 이러한 어려움은 문제의 본질이 매우 이질적이고 드러나지 않으며 가정생활에 심각한 붕괴가 있는 데서 기인한다. 덧붙여 이러한 주제에 대한 이론적 문헌이 (정리되지 않고) 흩어져 있는 것도 이들을 다루는 작업을 쉽지 않게 만든다. 이 책에서는 이러한 사례들을 정의하고, 분류하고, 평가하고 다루는 데 있어서 기능적 모델의 입장에서 제안하고 설명하였다. 이 모형과 등교거부 행동의 영역이 발달 중에 있지만 이러한 어려운 사례를 다루려는 체계적인 접근에 대한 작업은 절박하고 바람직하다. 이 책의 마지막에 즈음하여 나는 독자들이 이러한 절차를 다른 현장에서, 다른 방식으로 적용해 공헌하라고 격려하고 싶다. 또한 이 책이나 등교거부 학생과 관련한 의견을 기꺼이 듣고자 한다.

용어사전

감감법(desensitization): 내담자를 이완시키고 이러한 이완상태를 학교관련 자극에 노출된 상태에 연결시켜 불안을 줄이는 처치 기법. 심상으로 사용되기도 하고 실제 현장에서 사용되기도 한다.

강제 등교(foced school attendance): 부모나 타인에 의해 물리적으로 학생을 학교로 보내는 처치 기법. 매우 특별한 상황에서 사용되며 출석을 거부하는 학생을 위해 주로 사용된다.

경미한 퇴행(slip): 치료과정이나 장기적 적응과정에서 발생하는 경미한 퇴행.

계약(contract): 학생과 부모(또는 타자)가 합의하여 동의서를 작성함으로써 문제해결능력을 증진시키기 위해 계획된 처치 기법. 학교 밖에서 가시적인 강화를 얻기 위해 등교를 거부하는 학생에게 일차적으로 사용된다.

고양 회기(booster session): 처치 기술을 강화하고 미래에 예상되는 스트레스원에 대처하기 위한 전략을 제공하기 위해 계획된 재발 예방 회기.

과도한 확인받기 행동(excessive reassurance-seeking behavior): 같은 질문

(예: 학교 가야 해요?)을 반복하거나 어떤 상황이 심각한 문제가 되지 않을 것임을 확인받거나 그런 상황에서 안심하기 위해 확인을 구하는 행동을 하는 것.

관심 끌기(attention seeking): 부모나 중요한 타자로부터 관심, 칭찬, 지지 또는 보상을 얻고자 하는 것.

급성 · 만성 등교거부 행동(acute versus chronic school refusal behavior): 지속기간이 1년 미만인 등교거부 행동(급성)과 지속기간이 1년 이상인 등교거부 행동(만성).

기능 중심 등교거부 행동 모형(functional model of school refusal behavior): 등교거부 행동을 주된 동기화 요인이나 행동을 유지시키는 변인에 근거하여 분류하고, 사정하고, 처치하는 체계.

기능 중심 처방(functionally based prescriptive treatment): 특정한 이유나 기능 때문에 등교를 거부하는 학생을 위해 특수한 처치 패키지를 할당하는 것.

기술적 기능 분석(descriptive functional analysis): 등교거부 행동의 주된 기능을 질문지(예: 등교거부 척도)로 평가하는 과정. 행동관찰을 통해 실증적으로 확인해야 한다.

노출(exposure): 학생을 학교나 교실에 점차적으로 다시 들여보내기 위한 처치 기법. 감감법의 필수요소다.

논박(dispute handles): 불안 유발상황을 재앙으로 해석하지 않도록 돕고, 걱정하는 것이 실제 일어날지를 정확히 판단하도록 돕기 위해 인지적 재구조화를 하는 동안에 내담자에게 하는 질문들.

등교거부 행동(school refusal behavior): 학생이 학교에 출석하기를 거부하거나 하루 종일 교실에 남아 있는 데 어려움을 느끼는 것. 이 용어는 (a) 학교를 완전히 결석하거나, (b) 출석은 하지만 도중에 학교를 나오거나(예: 수업 빠지기), (c) 아침에 몇 가지 심각한 비행(짜증내기, 달라붙기, 공격, 도주, 활동 거부, 꾸물거림)을 하면서 등교하거나, (d) 다음에는 결석해도 된다는 다짐을 요구하는 등 심한 협박을 하면서 등교하는 행동 중 몇 가지를 중복해서 보이는 5~17세의 학생과 학생에게 사용한다. 이 용어에는 무단결석, 신경증적 무단결석, 등교거부, 그리고 학교공포증이 포함되어 있다.

등교저지(school withdraw): 학생의 무단결석을 격려하거나 고의적으로 학생을 학교로부터 멀어지게 하고 집에 잡아 두기 위한 부모나 다른 사람의 행동.

또래 거절기술 훈련(peer refusal skills training): 학생이 학교에 빠지자고 하는 동료의 제안을 거부하거나 등교거부 행동을 유혹하는 상황을 피하도록 돕기 위해 계획된 처치 기법. 학교 밖에서의 가시적인 강화를 얻기 위해 등교를 거부하는 학생에게 주로 사용된다.

무단결석(truancy): 부모가 알지 못하게 학교를 불법적으로 결석하는 것으로 비행 또는 우발적인 행동과 함께 나타난다. 때때로 정확하게 또는 부정확하게 품행장애와 연결된다.

부모 훈련(parent training): 적절하거나 부적절한 행동에 대하여 부모가 효과적으로 지시하고, 규칙을 세우고, 반응하도록 돕기 위해 계획된 처치 기법. 주목받기 위해 등교를 거부하는 학생에게 주로 사용된다.

부적 강화(negative reinforcement): 혐오 자극을 끝냄으로써 얻어지는 보상. 부정적인 정서를 유발하는 자극을 피하거나 혐오적인 사회적 · 평가적 상황을 피하기 위해 등교를 거부하는 학생에게 사용한다.

부정정서 유발자극 회피(avoidance of stimuli that provoke negative affectivity): 복합적이고 모호하게 정의된 불안, 우울, 공포, 걱정, 또는 신체적 고통을 야기하는 자극을 피하고자 하는 것.

부정정서 회피 위계(negative affectivity-avoidance hierarchy): 학생의 혐오 반응을 유발하는 5~10개의 학교 자극 목록. 감감법과 함께 사용되며, 주로 부정적인 정서를 유발하는 자극을 피하기 위해 등교를 거부하는 학생에게 적용된다.

분리불안(separation anxiety): 특별한 타인이나 사람들과 헤어질 것 같은 예상이나 헤어지는 경험을 할 때 겪는 과도한 스트레스.

분리불안장애(separation anxiety disorder): DSM-IV에 따르면, "개인이 애착을 가지고 있는 사람들이나 가정과 헤어질 것에 대한 과도한 불안"(APA, 1994, p. 110). 분리불안장애의 증상 중 하나는 "분리에 대한 공포 때문에 학교나 다른 곳에 가기를 지속적으로 거부하거나 꺼리는 것"(p. 113)이다.

사회적 · 평가적 불안 회피 위계(social-evaluative anxeity-avoidance hierarchy): 학교에서 학생의 혐오적 반응을 야기하는 5~10가지 사회적 · 평가적 상황에 대한 목록. 노출 기법과 함께 사용되며, 주로 혐오적인 사회적 · 평가적 상황을 피하기 위해 등교를 거부하는 학생에게 적용된다.

신체화 증상 조절훈련(somatic control exercise): 학생이 혐오스러운 신체 불안 증상을 통제하도록 돕기 위해 계획된 전략(예: 이완훈련, 호흡 훈련 등). 부정적인 정서를 일으키는 자극을 피하기 위해 등교를 거부하는 학생에게 일차적으로 사용된다.

심리교육(psychoeducation): 학생들에게 불안의 요소나 상호작용에 대하여 가르치기 위해 고안된 처치 기술. 부정적인 정서를 야기하는 자극을 피하거나 혐오스러운 사회적 평가적 상황을 피하려고 등교를 거부하는 학생에게 주로 사용된다.

의사소통 기술 훈련(communication skills training): 가족 간의 부정적인 상호작용을 줄이고 긍정적이고 문제해결적인 상호작용을 강화시켜서 구성원 간 의사소통 기술을 증진시키는 처치 기법.

인지적 재구조화(cognitive restructuring): 비논리적이고 비합리적인 사고를 줄이고 건강하고 현실적인 사고로 대치하기 위해 학생에게 실시하는 처치 기법. 등교거부 학생으로 하여금 혐오적인 사회적 · 평가적 상황을 피할 수 있도록 하기 위해 사용된다.

자기교정적 등교거부 행동(self-corrective school refusal behavior): 발생 2주 안에 저절로 소멸되는 등교거부 행동.

장기결석(school absenteeism): 일정 기간 동안 규칙에 따라 혹은 규칙을 위반하여 결석하는 것.

재발(relapse): 발병 전이나 발병 직전 수준의 기능으로 돌아가는 것.

정적 강화(positive reinforcement): 긍정적인 자극을 수행함으로써 받는 보상. 등교거부 학생의 경우, 학교 밖에서의 가시적인 강화를 얻고자 하거나 주목을 끌고자 하는 학생에게 사용된다.

중도탈락(school dropout): 졸업하기 전에 영구적으로 학교를 탈퇴하거나 결석하는 것

(학교에 대한) 특정 공포증(specific phobia [of school]): DSM-IV에 따르면, "명백히 구별할 수 있는 특정 대상이나 상황에 대한 현저하고 지속적인 두려움(APA, 1994, p. 405).

품행장애(conduct disorder): DSM-IV에 따르면, "타인의 기본적 권리나 나이에 맞는 사회적 기준이나 규칙을 침해하는 반복적이고 지속적인 행동 패턴" (american psychiatric association[apa], 1994, p. 85)을 의미한다. 품행장애의 증상 중 하나로는 "13세 이전에 시작하는 잦은 무단결석" (apa, 1994, p. 90)이 있다.

학교 밖의 가시적인 보상(tangible reinforcement outside of school): 학교 밖에서 특정 보상(친구와 함께 보내는 시간, 잠자기, 약물 사용 등)을 얻기 위해 등교를 거부함.

학교공포증(school phobia): 신경증적인 무단결석의 일종. 결석 사실을 부모가 알고 있으며 분리불안이나 특정한 학교관련 자극에 대한 두려움으로 인해 발생한다. 정확하든 부정확하든 분리불안 장애 또는 구체적인 학교공포와 연결된다.

학교에 화풀이하기(school victimization): 학생이 학교에 가하는 피해와 기물파괴.

혐오적인 사회적 · 평가적 상황의 회피(escape from aversive social or evaluative situations): 남들과 상호작용하거나 남 앞에서 행동하기를 두려워하는 것.

참고문헌

Abe, K. (1975). Sulpiride in depressive school phobic children. *Psychopharmacologia, 43*, 101.

Achenbach, T. M. (1991a). *Manual for the Child Behavior Checklist/4-18 and 1991 profile*. Burlington: University of Vermont, Department of Psychiatry.

Achenbach, T. M. (1991b). *Manual for the Teacher's Report Form and 1991 profile*. Burlington: University of Vermont, Department of Psychiatry.

Achenbach, T. M. (1991c). *Manual for the Youth Self-Report and 1991 profile*. Burlington: University of Vermont, Department of Psychiatry.

Achenbach, T. M., & Edelbrock, C. S. (1978). The classification of child psychopathology: Areview and analysis of empirical efforts. *Psychological Bulletin, 85*, 1275-1301.

Achenbach, T. M., Howell, C., Quay, H. C., & Conners, C. K. (1991). National survey of problems and competencies among four-to sixteen-year-olds. *Monographs of the Society of Research in Child Development, 56*(3, Serial No. 225).

Achenbach, T. M., & McConaughy, S. H. (1997). *Empirically based assessment of child and adolescent psychopathology: Practical applications.* Thousand Oaks, CA: Sage.

Adams, P. L., McDonald, N. F., & Huey, W. P. (1966). School phobia and bisexual conflict: A report of 21 cases. *American Journal of Psychiatry, 123*, 541-547.

Agras, S. (1959). The relationship of school phobia to childhood depression. *American Journal of Psychiatry, 116*, 533-536.

Albano, A. M., & Barlow, D. H. (1996). Breaking the vicious cycle: Cognitive-behavioral group treatment for socially anxious youth. In E. D. Hibbs & P. S. Jensen (Eds.), *Psychosocial treatments for child and adolescent disorders: Empirically based strategies for clinical practice* (pp. 43-62). Washington, DC: American Psychological Association.

Albano, A. M., Chorpita, B. F., & Barlow, D. H. (1996). Childhood anxiety disorders. In E. J. Mash & R. A. Barkley (Eds.), *Child psychopathology* (pp. 196-241). New York: Guilford Press.

Albano, A. M., Detweiler, M. F., & Logsdon-Conradsen, S. (1999). Cognitive-behavioral interventions with socially phobic children. In S. W. Russ & T. H. Ollendick (Eds.), Handbook *of psychotherapies with children and families* (pp. 255-280). New York: Kluwer Academic/Plenum Press.

Albano, A. M., Marten, P. A., Holt, C. S., Heimberg, R. G., & Barlow, D. H. (1995). Cognitive-behavioral group treatment for social phobia in adolescents: A preliminary study. *Journal of Nervous and Mental Disease, 183*, 649-656.

American Psychiatric Association. (1980). *Diagnostic and statistical manualof mental disorders* (3rd ed.). Washington, DC: Author.

American Psychiatric Association. (1987). *Diagnostic and statistical manual of mental disorders* (3rd ed. rev.). Washington, DC: Author.

American Psychiatric Association. (1994). *Diagnostic and statistical manual of mental disorders* (4th ed.). Washington, DC: Author.

Anderson, J. C., Williams, S., McGee, R., & Silva, P. A. (1987). DSM-III disorders in pre-adolescent children. *Archives of General Psychiatry, 44*, 69-76.

Angold, A., & Costello, E. J. (2000). The Child and Adolescent Psychiatric Assessment (CAPA). *Journal of the American Academy of Child and Adolescent Psychiatry, 39*, 39-48.

Asher, S. J. (1988). The effects of child sexual abuse: A review of the issues and evidence. In L. E. A. Walker (Ed.), *Handbook on sexual abuse of children* (pp. 3-18). New York: Springer.

Atkeson, B. M., & Forehand, R. (1978). Parents as behavior change agents with school-related problems. *Education and Urban Society, 10*, 521-538.

Atkinson, L. (1986). Depression in school phobia. *British Journal of Psychiatry, 148*, 335-336.

Atkinson, L., Quarrington, B., Cyr, J. J., & Atkinson, F. V. (1989). Differential classification in school refusal. *British Journal of Psychiatry, 155*, 191-195.

Ayllon, T., Smith, D., & Rogers, M. (1970). Behavioral management of school phobia. *Journal of Behavior Therapy and Experimental Psychiatry, 1*, 125-138.

Baideme, S. M., Kern, R. M., & Taffel-Cohen, S. (1979). The use of Adlerian family therapy in a case of school phobia. *Journal of Individual Psychology, 35*, 58-69.

Baker, H., & Wills, U. (1978). School phobia: Classification and treatment. *British Journal of Psychiatry, 132*, 492-499.

Baker, H., & Wills, U. (1979). School phobic children at work. *British Journal of Psychiatry, 135*, 561-564.

Ballenger, J. C., Carek, D. J., Steele, J. J., & Cornish-McTighe, D. (1989). Three cases of panic disorder with agoraphobia in children. *American Journal of Psychiatry, 146*, 922-924.

Barker, P. (1968). The in-patient treatment of school refusal. *British Journal of Medical Psychology, 41*, 381-387.

Barkley, R. A. (1996). Attention-deficit/hyperactivity disorder. In E. J. Mash & R. A. Barkley (Eds.), *Child psychopathology* (pp. 63-112). New York: Guilford Press.

Barlow, D. H. (1988). Anxiety *and its disorders: The nature and treatment of anxiety and panic*. New York: Guilford Press.

Barrios, B. A., & Hartmann, D. P. (1997). Fears and anxieties. In E. J. Mash & L. G. Terdal (Eds.), *Assessment of childhood disorders* (3rd. ed., pp. 230-327). New York: Guilford Press.

Barth, R. P. (1984). Reducing nonattendance in elementary schools. *Social Work in Education, 6*, 151-166.

Beck, A. T., Brown, G., Epstein, N., & Steer, R. A. (1988). An inventory for measuring clinical anxiety: Psychometric properties. *Journal of Consulting and Clinical Psychology, 56*, 893-897.

Beck, A. T., Emery, G., & Greenberg, R. L. (1985). *Anxiety disorders and phobias:* A *cognitive perspective*. New York: Basic Books.

Beck, A. T., Rush, A. J., Shaw, B. F., & Emery, G. (1979). *Cognitive therapy of depression*. New York: Guilford Press.

Becker, E., Rankin, E., & Rickel, A. U. (1998). *High-risk sexual behavior: Interventions with vulnerable populations*. New York: Plenum Press.

Beidel, D. C., Neal, A. M., & Lederer, A. S. (1991). The feasibility and validity of a daily diary for the assessment of anxiety in children. *Behavior Therapy, 22*, 505–517.

Beidel, D. C., Turner, S. M., & Morris, T. L. (1999). Psychopathology of childhood social phobia. *Journal of the American Academy of Child and Adolescent Psychiatry, 38*, 643–650.

Beitchman, J. H. (1981). A sick father and his son: A clinical case and some therapeutic considerations. *Bulletin of the Menninger Clinic, 45*, 29–42.

Beitchman, J. H., Zucker, K. J., Hood, J. E., daCosta, G. A., & Akman, D. (1991). A review of the short-term effects of child sexual abuse. *Child Abuse and Neglect, 15*, 537–556.

Bell, A. J., Rosen, L. A., & Dynlacht, D. (1994). Truancy intervention. *Journal of Research and Development in Education, 27*, 203–211.

Bell-Dolan, D., & Brazeal, T. J. (1993). Separation anxiety disorder, overanxious disorder, and school refusal. *Child and Adolescent Psychiatric Clinics of North America, 2*, 563–580.

Benin, M., & Chong, Y. (1993). Child care concerns of employed mothers. In J. Frankel (Ed.), *The employed mother and the family context* (pp. 229–244). New York: Springer.

Berecz, J. M. (1980). Treatment of school phobia. In G. P. Sholevar (Ed.), *Emotional disorders of children and adolescents: Medical and psychological approaches to treatment* (pp. 563–587). New York: Spectrum.

Berg, I. (1970). A follow-up study of school phobic adolescents admitted to an inpatient unit. *Journal of Child Psychology and Psychiatry, 11*, 37–47.

Berg, I. (1974). A self-administered dependency questionnaire (SADQ) for use with mothers of school children. *British Journal of Psychiatry, 124*, 1–9.

Berg, I. (1976). School phobia in the children of agoraphobic women.

British Journal of Psychiatry, 128, 86-89.

Berg, I. (1980). School refusal in early adolescence. In L. Hersov & I. Berg (Eds.), *Out of school* (pp. 231-249). New York: Wiley.

Berg, I. (1983). School non-attendance. In G. F. M. Russell & L. A. Hersov (Eds.), *Handbook of psychiatry: Vol. 4. The neuroses and personality disorders* (pp. 159-164). Cambridge, England: Cambridge University Press.

Berg, I. (1985a). Management of school refusal. *Archives of Disease in Childhood, 60*, 486-488.

Berg, I. (1985b). The management of truancy. *Journal of Child Psychology and Psychiatry, 26*, 325-331.

Berg, I. (1992). Absence from school and mental health. *British Journal of Psychiatry, 161*, 154-166.

Berg, I., Brown, I., & Hullin, R. (1988). *Off school, in court: An experimental and psychiatric investigation of severe school attendance problems*. New York: Springer-Verlag.

Berg, I., Butler, A., Franklin, J., Hayes, H., Lucas, C., & Sims, R. (1993). DSM-III-R disorders, social factors and management of school attendance problems in the normal population. *Journal of Child Psychology and Psychiatry, 34*, 1187-1203.

Berg, I., Butler, A., & Hall, G. (1976). The outcome of adolescent school phobia. *British Journal of Psychiatry, 128*, 80-85.

Berg, I., Butler, A., & McGuire, R. (1972). Birth order and family size of school-phobic adolescents. *British Journal of Psychiatry, 121*, 509-514.

Berg, I., Butler, A., & Pritchard, J. (1974). Psychiatric illness in the mothers of school-phobic adolescents. *British Journal of Psychiatry, 125*, 466-467.

Berg, I., Casswell, G., Goodwin, A., Hullin, R., McGuire, R., & Tagg, G. (1985). Classification of severe school attendance problems.

Psychological Medicine, 15, 157-165.

Berg, I., & Collins, T. (1974). Wilfulness in school-phobic adolescents. *British Journal of Psychiatry, 125,* 468-469.

Berg, I., Collins, T., McGuire, R., & O'Melia, J. (1975). Educational attainment in adolescent school phobia. *British Journal of Psychiatry, 126,* 435-438.

Berg, I., & Fielding, D. (1978). An evaluation of hospital in-patient treatment for adolescent school phobia. *British Journal of Psychiatry, 132,* 500-505.

Berg, I., & Jackson, A. (1985). Teenage school refusers grow up: A follow-up study of 168 subjects, ten years on average after inpatient treatment. *British Journal of Psychiatry,* 147, 366-370.

Berg, I., & McGuire, R. (1971). Are school phobic adolescents overdependent? *British Journal of Psychiatry, 119,* 167-168.

Berg, I., & McGuire, R. (1974). Are mothers of school-phobic adolescents overprotective? *British Journal of Psychiatry, 124,* 10-13.

Berg, I., Nichols, K., & Pritchard, C. (1969). School phobia: Its classification and relationship to dependency. *Journal of Child Psychology and Psychiatry, 10,* 123-141.

Berney, T., Kolvin, I., Bhate, S. R., Garside, R. F., Jeans, J., Kaye, B., & Scarth, L. (1981). School phobia: A therapeutic trial with clomipramine and short-term outcomes. *British Journal of Psychiatry, 138,* 110-118.

Bernstein, G. A., & Borchardt, C. M. (1996). School refusal: Family constellation and family functioning. *Journal of Anxiety Disorders, 10,* 1-19.

Bernstein, G. A., Borchardt, C. M., Perwein, A. R., Crosby, R. D., Kushner, M. G., Thuras, P. D., & Last, C. G. (2000). Imipramine plus cognitive-behavioral therapy inthe treatment of school refusal. *Journal of the American Academy of Child and Adolescent*

Psychiatry, 39, 276–283.

Bernstein, G. A., Crosby, R. D., Perwien, A. R., & Borchardt, C. M. (1996). Anxiety Rating for Children-Revised: Reliability and validity. *Journal of Anxiety Disorders, 10,* 97–114.

Bernstein, G. A., & Garfinkel, B. D. (1986). School phobia: The overlap of affective and anxiety disorders. *Journal of the American Academy of Child and Adolescent Psychiatry, 25,* 235–241.

Bernstein, G. A., & Garfinkel, B. D. (1988). Pedigrees, functioning, and psychopathology in families of school phobic children. *American Journal of Psychiatry, 145,* 70–74.

Bernstein, G. A., & Garfinkel, B. D. (1992). The Visual Analog Scale of Anxiety-Revised: Psychometric properties. *Journal of Anxiety Disorders, 6,* 223–239.

Bernstein, G. A., Garfinkel, B. D., & Borchardt, C. M. (1990). Comparative studies of pharmacotherapy for school refusal. *Journal of the American Academy of Child and Adolescent Psychiatry, 29,* 773–781.

Bernstein, G. A., Massie, E. D., Thuras, P. D., Perwien, A. R., Borchardt, C. M., & Crosby, R. D. (1997). Somatic symptoms in anxious-depressed school refusers. *Journal of the American Academy of Child and Adolescent Psychiatry, 36,* 661–668.

Bernstein, G. A., Svingen, P. H., & Garfinkel, B. D. (1990). School phobia: Patterns of family functioning. *Journal of the American Academy of Child and Adolescent Psychiatry, 29,* 24–30.

Bernstein, G. A., Warren, S. L., Massie, E. D., & Thuras, P. D. (1999). Family dimensions in anxious-depressed school refusers. *Journal of Anxiety Disorders, 13,* 513–528.

Berrueta-Clement, J. R., Schweinhart, L. J., Barnett, W. S., Epstein, A. S., & Weikart, D. P. (1984). *Changed lives: The effects of the Perry Preschool Program on youths through age 19.* Ypsilanti, MI:

High/Scope Press.

Berry, G. L., & Lizardi, A. (1985). The school phobic child and special services providers: Guidelines for early identification. *Special Services in the Schools, 2,* 63-72.

Berryman, E. (1959). School phobia: Management problems in private practice. *Psychological Reports, 5,* 19-25.

Biederman, J., Newcorn, J., & Sprich, S. (1991). Comorbidity of attention deficit hyperactivity disorder with conduct, depressive, anxiety, and other disorders. *American Journal of Psychiatry, 148,* 564-577.

Bizzis, J., & Bradley-Johnson, S. (1981). Increasing the school attendance of a truant adolescent. *Education and Treatment of Children, 4,* 149-155.

Black, B., & Robbins, D. R. (1990). Panic disorder in children and adolescents. *Journal of the American Academy of Child and Adolescent Psychiatry, 29,* 36-44.

Blagg, N. R. (1987). *School phobia and its treatment. London: Croom Helm.*

Blagg, N. R., & Yule, W. (1984). The behavioural treatment of school refusal: A comparative study. *Behaviour Research and Therapy, 22,* 119-127.

Blashfield, R. K., & Draguns, J. G. (1976). Toward a taxonomy of psychopathology: The purpose of psychiatric classification. *British Journal of Psychiatry, 129,* 574583.

Blechman, E. A. (1992). Mentors for high-risk minority youth: From effective communication to bicultural competence. *Journal of Clinical Child Psychology, 21,* 160-169.

Bools, C., Foster, J., Brown, I., & Berg, I. (1990). The identification of psychiatric disorders in children who fail to attend school: A cluster analysis of a non-clinical population. *Psychological Medicine, 20,* 171-181.

Borchardt, C. M., Giesler, J., Bernstein, G. A., & Crosby, R. D. (1994). A comparison of inpatient and outpatient school refusers. *Child Psychiatry and Human Development, 24*, 255-264.

Bos, K. T., Ruijters, A. M., & Visscher, A. J. (1990). Truancy, drop-out, class repeating and their relation with school characteristics. *Educational Research, 32*, 175-185.

Bowlby, J. (1980). *Attachment and loss: Vol. 3. Loss.* New York: Basic Books.

Briesmeister, J. M., & Schaefer, C. E. (1998). *Handbook of parent training* (2nd ed.). New York: Wiley.

Broadwin, I. T. (1932). A contribution to the study of truancy. *American Journal of Orthopsychiatry, 2*, 253-259.

Brooks, B. D. (1974). Contingency contracts with truants. *Personnel and Guidance Journal, 52*, 316-320.

Brown, J. H., & Christensen, D. N. (1986). *Family therapy: Theory and practice.* Monterey, CA: Brooks/Cole.

Brown, R. E., Copeland, R. E., & Hall, R. V. (1974). School phobia: Effects of behavior modification treatment applied by an elementary school principal. *Child Study Journal, 4*, 125-133.

Brownell, K. D., Marlatt, G. A., Lichtenstein, E., & Wilson, G. T. (1986). Underand preventing relapse. *American Psychologist, 41*, 765-776.

Brulle, A. R., McIntyre, T. C., & Mills, J. C. (1985). School phobia: Its educational implications. *Elementary School Guidance and Counseling, 20*, 19-28.

Bry, B. H., & George, F. E. (1980). The preventive effects of early intervention on the attendance and grades of urban adolescents. *Professional Psychology, 11*, 252-260.

Bryce, G., & Baird, D. (1986). Precipitating a crisis: Family therapy and adolescent school refusers. *Journal of Adolescence, 9*, 199-213.

Buchanan, C. M., Maccoby, E. E., & Dornbusch, S. M. (1996). *Adolescents after divorce*. Cambridge, MA: Harvard University Press.

Buitelaar, J. K., van Andel, H., Duyx, J. H. M., & van Strien, D. C. (1994). Depressive and anxiety disorders in adolescence: A follow-up study of adolescents with school refusal. *Acta Paedopsychiatrica, 56*, 249-253.

Burke, A. E., & Silverman, W. K. (1987). The prescriptive treatment of school refusal. *Clinical Psychology Review, 7*, 353-362.

Butcher, P. (1983). The treatment of childhood-rooted separation anxiety in an adult. *Journal of Behavior Therapy and Experimental Psychiatry, 14*, 61-65.

Campbell, J. D. (1955). Manic-depressive disease in children. *Journal of the American Medical Association, 158*, 154-157.

Cantrell, R. P., Cantrell, M. L., Huddleston, C. M., & Woolridge, R. L. (1969). Contingency contracting with school problems. *Journal of Applied Behavior Analysis, 2*, 215-220.

Caron, C., & Rutter, M. (1991). Comorbidity in child psychopathology: Concepts, issues, and research strategies. *Journal of Child Psychology and Psychiatry, 32*, 1063-1080.

Cartledge, G., & Milbum, J. F. (1995). *Teaching social skills to children and youth: Innovative approaches* (3rd ed.). Boston: Allyn & Bacon.

Chapel, J. L. (1967). Treatment of a case of school phobia by reciprocal inhibition. *Canadian Psychiatric Association Journal, 12*, 25-28.

Charlton, A., & Blair, V. (1989). Absence from school related to children's and parental smoking habits. *British Medical Journal, 298*, 90-92.

Chazan, M. (1962). School phobia. *British Journal of Educational Psychology, 32*, 200-217.

Cherry, A. (1992). Separation anxiety and school phobia: An intervention to revive the school bond. *Case Analysis, 3*, 3-10.

Cherry, N. (1976). Persistent job changing—Is it a problem? *Journal of*

Occupational Psychology, 49, 203–221.

Chiland, C., & Young, J. G. (1990). *Why children reject school: Views from seven countries*. New Haven, CT: Yale University Press.

Chorpita, B. F., Albano, A. M., & Barlow, D. H. (1998). The structure of negative emotions in a clinical sample of children and adolescents. *Journal of Abnormal Psychology, 107*, 74–85.

Chorpita, B. F., Albano, A. M., Heimberg, R. G., & Barlow, D. H. (1996). A systematic replication of theprescriptive treatment of school refusal behavior in a single subject. *Journal of Behavior Therapy and Experimental Psychiatry, 27*, 281–290.

Chotiner, M. M., & Forrest, D. V. (1974). Adolescent school phobia: Six controlled cases studied retrospectively. *Adolescence, 9*, 467–480.

Church, J., & Edwards, B. (1984). Helping pupils who refuse school. *Special Education: Forward Trends, 11*, 28–31.

Clark, D. B., Turner, S. M., Beidel, D. C., Donovan, J. E., Kirisci, L., & Jacob, R. G. (1994). Reliability and validity of the Social Phobia and Anxiety Inventory for Adolescents. *Psychological Assessment, 6*, 135–140.

Concannon, J. (1980). Examination of school phobia. *Momentum, 11*, 42–44.

Conners, C. K. (1997). *Conners Rating Scales–Revised*. North Tonawanda, NY: Multi–Health Systems.

Contessa, M. A., & Paccione–Dyszlewski, M. R. (1981). An application of a group counseling technique with school–phobic adolescents. *Adolescence, 16*, 901–904.

Coolidge, J. C., Brodie, R. D., & Feeney, B. (1964). A ten–year follow–up study of sixty–six school–phobic children. *American Journal of Orthopsychiatry, 34*, 675–684.

Coolidge, J. C., Hahn, P. B., & Peck, A. L. (1957). School phobia: Neurotic crisis or way of life? *American Journal of Orthopsychiatry, 27*,

296–306.

Cooper, J. (1973). Application of the consultant role to parent-teacher management of school avoidance behavior. *Psychology in the Schools, 10*, 259–262.

Cooper, M. (1986). A model of persistent absenteeism. *Educational Research, 28*, 14–20.

Cooper, M. G. (1966a). School refusal. *Educational Research, 8*, 115–127.

Cooper, M. G. (1966b). School refusal: An inquiry into the part played by school and home. *Educational Research, 8*, 223–229.

Corville-Smith, J., Ryan, B. A., Adams, G. R., & Dalicandro, T. (1998). Distinguishing absentee students from regular attenders: The combined influence of personal, family, and school factors. *Journal of Youth and Adolescence, 27*, 629–640.

Cradock, C., Cotler, S., & Jason, L. A. (1978). Primary prevention: Immunization of children for speech anxiety. *Cognitive Therapy and Research, 2*, 389–396.

Creer, T. L., Renne, C. M., & Chai, H. (1982). The application of behavioral techniques to childhood asthma. In D. C. Russo & J. W. Varni (Eds.), *Behavioral pediatrics: Research and practice* (pp. 27–66). New York: Plenum Press.

Cretekos, C. J. G. (1977). Some techniques in rehabilitating the school phobic adolescent. *Adolescence, 12*, 237–246.

Croghan, L. M. (1981). Conceptualizing the critical elements in a rapid desensitization to school anxiety: A case study. *Journal of Pediatric Psychology, 6*, 165–170.

Crumley, F. E. (1974). A school phobia in a three-generation family conflict. *Journal of the American Academy of Child Psychiatry, 13*, 536–550.

Cwayna, K. (1993). *Knowing where the fountains are: Stories and stark realities of homeless youth*. Minneapolis, MN: Fairview.

Daleiden, E. L., Chorpita, B. F., Kollins, S. H., & Drabman, R. S. (1999). Factors affecting the reliability of clinical judgments about thefunction of children's school-refusal behavior. *Journal of Clinical Child Psychology, 28*, 396-406.

D'Amato, G. (1962). Chlordiazepoxide in the treatment of school phobia. *Diseases of the Nervous System, 23*, 292-295.

D'Amico, R. J., Haurin, R. J., & Mott, F. L. (1983). The effects of mothers' employment on adolescent and early adult outcomes of young men and women. In C. D. Hayes & S. B. Kamerman (Eds.), *Children of working parents: Experiences and outcomes* (pp. 130-219). Washington, DC: National Academy Press.

Davidson, S. (1960). School phobia as a manifestation of family disturbance: Its structure and treatment. *Journal of Child Psychology and Psychiatry, 1*, 270-287.

Davidson, W. S., & Robinson, M. J. (1975). Community psychology and behavior modification: A community based program for the prevention of delinquency. *Corrective and Social Psychiatry and Journal of Behavior Technology Methods and Therapy, 21*, 1-12.

Dayton, N. (1928). Mental deficiency and other factors that influence school attendance. *Mental Hygiene, 12*, 794-800.

Dennison, C., & Coleman, J. (1998). Teenage motherhood: Experiences and relationships. In S. Clement (Ed.), *Psychological perspectives on pregnancy and childhood* (pp. 245-263). New York: Churchill Livingstone.

Denno, D. W., & Clelland, R. C. (1986). Longitudinal evaluation of a delinquency prevention program by self-report. *Journal of Offender Counseling, Services and Rehabilitation, 10*, 59-82.

Derogatis, L. R. (1994). *SCL-90-R: Administration, scoring, and procedures manual.* Minneapolis, MN: National Computer Systems.

De Sousa, A., & De Sousa, D. A. (1980). School phobia. *Child Psychiatry*

Quarterly, 13, 98-103.

Diamond, S. C. (1985). School phobic adolescents and a peer support group. *Clearinghouse, 59,* 125-126.

Doleys, D. M., & Williams, M. C. (1977). The use of natural consequences and a make-up period to eliminate school phobic behavior: A case study. *Journal of School Psychology, 15,* 44-50.

Doll, E. A. (1921). Mental types, truancy, and delinquency. *School and Society, 13,* 482-485.

Doris, J., McIntyre, A., Kelsey, C., & Lehman, E. (1971). Separation anxiety in nursery school children. *Proceedings of the Annual Convention of the American Psychological Association, 79,* 145-146.

Duckworth, K. (1988). Coping with student absenteeism. *The Practitioner, 14,* 1-14.

Duckworth, K., & deJung, J. (1989). Inhibiting class cutting among high school students. *High School Journal, 72,* 188-195.

Durand, V. M., & Crimmins, D. B. (1988). Identifying the variables maintaining self-injurious behavior. *Journal of Autism and Developmental Disorders, 18,* 99-117.

Echterling, L. G. (1989). An ark of prevention: Preventing school absenteeism after a flood. *Journal of Primary Prevention, 9,* 177-184.

Eisen, A. R., & Kearney, C. A. (1995). *Practitioner's guide to treating fear and anxiety in children and adolescents: A cognitive-behavioral approach.* Northvale, NJ: Aronson.

Eisen, A. R., & Silverman, W. K. (1998). Prescriptive treatment for generalized anxiety disorder in children. *Behavior Therapy, 29,* 105-121.

Eisen, A. R., Spasaro, S. A., Kearney, C. A., Albano, A. M., & Barlow, D. H. (1996). Measuring parental expectancies in a childhood anxiety disorders sample: The Parental Expectancies Scale. *The Behavior*

Therapist, 19, 37–38.

Eisenberg, L. (1958). School phobia: A study in the communication of anxiety. *American Journal of Psychiatry, 114*, 712–718.

Elliott, J. G. (1999). Practitioner review: School refusal. Issues of conceptualisation, assessment, and treatment. *Journal of Child Psychology and Psychiatry and Allied Disciplines, 40*, 1001–1012.

Emslie, G. J., Rush, A. J., Weinberg, W. A., Kowatch, R. A., Hughes, C. W., Carmody, T., & Rintelmann, J. (1997). A double-blind, randomized, placebo-controlled trial of fluoxetine in children and adolescents with depression. *Archives of General Psychiatry, 54*, 1031–1037.

Endicott, J., Andreasen, N., & Spitzer, R. L. (1975). *Family history research diagnostic criteria*. New York: New York State Psychiatric Institute.

Ernst, M., Cookus, B. A., & Moravec, B. C. (2000). Pictorial Instrument for Children and Adolescents (PICA-III-R). *Journal of the American Academy of Child and Adolescent Psychiatry, 39*, 94–99.

Estes, H. R., Haylett, C. H., & Johnson, A. M. (1956). Separation anxiety. *American Journal of Orthopsychiatry, 26*, 682–695.

Esveldt-Dawson, K., Wisner, K. L., Unis, A. S., Matson, J. L., & Kazdin, A. E. (1982). Treatment of phobias in a hospitalized child. *Journal of Behavior Therapy and Experimental Psychiatry, 13*, 77–83.

Evans, L. D. (2000). Functional school refusal subtypes: Anxiety, avoidance, and malingering. *Psychology in the Schools, 37*, 183–191.

Evers, W. L., & Schwarz, J. C. (1973). Modifying social withdrawal in preschoolers: The effects of filmed modeling and teacher praise. *Journal of Abnormal Child Psychology, 1*, 248–256.

Eyberg, S. M. (1992). Parent and teacher behavior inventories for the assessment of conduct problem behaviors in children. In L. VandeCreek, S. Knapp, & T. L. Jackson (Eds.), *Innovations in clinical practice: A source book* (Vol. 11, pp. 261–270). Sarasota, FL: Professional Resource Exchange.

Eyberg, S. M., & Boggs, S. R. (1998). Parent–child interaction therapy: A psycho–social intervention for the treatment of young conduct–disordered children. In J. M. Briesmeister & C. E. Schaefer (Eds.), *Handbook of parent training* (2nd ed., pp. 61–97). New York: Wiley.

Famularo, R., Kinscherff, R., Fenton, T., & Bolduc, S. M. (1990). Child maltreathistories among runaway and delinquent children. *Clinical Pediatrics, 29*, 713–718.

Farrington, D. P. (1980). Truancy, delinquency, the home and the school. In L. Hersov & I. Berg (Eds.), *Out of school* (pp. 49–63). New York: Wiley.

Felner, R. D., Brand, S., Adan, A. M., Mulhall, P. F., Flowers, N., Sartain, B., & DuBois, D. L. (1993). Restructuring the ecology of the school as an approach to prevention during school transitions: Longitudinal follow–ups and extensions of the School Transitional Environment Project (STEP). *Prevention in Human Services, 10*, 103–136.

Field, J. C., & Olafson, L. J. (1998). Caught in the machine: Resistance, positioning, and pedagogy. *Research in Middle Level Education Quarterly, 22*, 39–55.

Flakierska, N., Lindstrom, M., & Gillberg, C. (1988). School refusal: A 15–20–year follow–upstudy of 35 Swedish urban children. *British Journal of Psychiatry, 152*, 834–837.

Forehand, R., & McMahon, R. J. (1981). *Helping the noncompliant child: A clinician's guide to parent training*. New York: Guilford Press.

Foreman, D. M., Dover, S. J., & Hill, A. B. (1997). Emotional and semantic priming as a measure of information processing in young people with school refusal: A research note. *Journal of Child Psychology and Psychiatry, 38*, 855–860.

Fowler, A. (1978). Profile of a re-ed child. *Behavioral Disorders, 3*, 80-83.

Fowler, M. G., Davenport, M. G., & Garg, R. (1992). School functioning of US children with asthma. *Pediatrics, 90*, 939-944.

Fox, J. E., & Houston, B. K. (1981). Efficacy of self-instructional training for reducing children's anxiety in evaluative situations. *Behaviour Research and Therapy, 19*, 509-515.

Fox, J. E., & Houston, B. K. (1983). Distinguishing between cognitive and somatic trait and state anxiety in children. *Journal of Personality and Social Psychology, 45*, 862-870.

Frances, A., & Petti, T. A. (1984). Boy with seriously ill mother manifests somatic complaints, withdrawal, disabling fears. *Hospital and Community Psychiatry, 35*, 439-440.

Franco, D. P., Christoff, K. A., Crimmins, D. E., & Kelly, J. A. (1983). Social skills training for an extremely shy young adolescent: An empirical case study. *Behavior Therapy, 14*, 568-575.

Fraser, M. W., Hawkins, J. D., & Howard, M. O. (1988). Parent training for delinquency prevention. *Child and Youth Services, 11*, 93-125.

Frick, P. J. (1998). Conduct *disorders and severe antisocial behavior*. New York: Plenum Press.

Frick, W. B. (1964). School phobia: A critical review of the literature. *Merrill-Palmer Quarterly, 10*, 361-373.

Friesen, M. (1985). Non-attendance as a maladaptive response to stress. *School Guidance Worker, 40*, 19-23.

Frommer, E. A. (1967). Treatment of childhood depression with antidepressant drugs. *British Medical Journal, 1*, 729-732.

Gadow, K. D., & Sprafkin, J. (1995). *Manual for the Child Symptom Inventory* (4th ed.). Stony Brook, NY: Checkmate Plus.

Galloway, D. (1982). A study of persistent absentees and their families. *British Journal of Educational Psychology, 52*, 317-330.

Galloway, D. (1983). Research note: Truants and other absentees. *Journal of Child Psychology and Psychiatry, 24*, 607–611.

Galloway, D. (1985). *Schools and persistent absentees.* New York: Pergamon Press.

Gammon, G. D., & Brown, T. E. (1993). Fluoxetine and methylphenidate in combination for treatment of attention deficit disorder and comorbid depressive disorder. *Journal of Child and Adolescent Psychopharmacology, 3*, 1–10.

Garland, E. J., & Smith, D. H. (1990). Panic disorder on a child psychiatric consultation service. *Journal of the American Academy of Child and Adolescent Psychiatry, 29*, 785–788.

Garvey, W. P., & Hegrenes, J. R. (1966). Desensitization techniques in the treatment of school phobia. *American Journal of Orthopsychiatry, 36*, 147–152.

Gingras, R. C., & Careaga, R. C. (1989). Limited English proficient students at risk: Issues and prevention strategies. *New Focus: National Clearinghouse for Bilingual Education, 10*, 1–11.

Gittelman-Klein, R., & Klein, D. F. (1971). Controlled imipramine treatment of school phobia. *Archives of General Psychiatry, 25*, 204–207.

Gleeson, D. (1992). School attendance and truancy: A socio-historical account. *Sociological Review, 40*, 437–490.

Goldberg, C. (1977). School phobia in adolescence. *Adolescence, 12*, 499–509.

Goldberg, T. B. (1953). Factors in the development of school phobia. *Smith College Studies in Social Work, 23*, 227–248.

Goldenberg, H., & Goldenberg, I. (1970). School phobia: Childhood neurosis or learned maladaptive behavior? *Exceptional Children, 37*, 220–226.

Gorman, K. S., & Pollitt, E. (1996). Does schooling buffer the effects of early risk? *Child Development, 67*, 314–326.

Gottfredson, G. D. (1983). Schooling and delinquency prevention: Some practical ideas for educators, parents, program developers and researchers. *Journal of Child Care, 1*, 51-64.

Gottfried, A. E., & Gottfried, A. W. (1988). Maternal employment and children's development: An integration of longitudinal findings with implications for social policy. In A. E. Gottfried & A. W. Gottfried (Eds.), *Maternal employment and children's development: Longitudinal research* (pp. 269-287). New York: Plenum Press.

Grala, C., & McCauley, C. (1976). Counseling truants back to school: Motivation combined with a program for action. *Journal of Counseling Psychology, 23*, 166-169.

Granell de Aldaz, E., Feldman, L., Vivas, E., & Gelfand, D. M. (1987). Characteristics of Venezualan school refusers: Toward the development of a high-risk profile. *Journal of Nervous and Mental Disease, 175*, 402-407.

Granell de Aldaz, E., Vivas, E., Gelfand, D. M., & Feldman, L. (1984). Estimating the prevalence of school refusal and school-related fears. *Journal of Nervous and Mental Disease, 172*, 722-729.

Gray, G., Smith, A., & Rutter, M. (1980). School attendance and the first year of employment. In L. Hersov & I. Berg (Eds.), *Out of school* (pp. 343-370). New York: Wiley.

Graziano, A. M., & DeGiovanni, I. S. (1979). The clinical significance of childhood phobias: A note on the proportion of child-clinical referrals for the treatment of children's fears. *Behaviour Research and Therapy, 17*, 161-162.

Gresham, F. M., & Nagle, R. J. (1981). Treating school phobia using behavioral consultation: A case study. *School Psychology Review, 10*, 104-107.

Griffin, W. A. (1993). *Family therapy: Fundamentals of theory and practice*. New York: Brunner/Mazel.

Grindler, M. (1988). Effects of cognitive monitoring strategies on the test anxieties of elementary students. *Psychology in the Schools, 25,* 428–436.

Guerney, L., & Guerney, B. (1989). Child relationship enhancement: Family therapy and parent education. Person-centered approaches with families. *Person Centered Review, 4,* 344–357.

Gullone, E., & King, N. J. (1991). Acceptability of alternative treatments for school refusal: Evaluations by students, caregivers, and professionals. *British Journal of Educational Psychology, 61,* 346–354.

Gullone, E., & King, N. J. (1992). Psychometric evaluation of a revised fear survey schedule forchildren and adolescents. *Journal of Child Psychology and Psychiatry, 33,* 987–998.

Hagopian, L. P., & Slifer, K. J. (1993). Treatment of separation anxiety disorder with graduate exposure and reinforcement targeting school attendance: A controlled study. *Journal of Anxiety Disorders, 7,* 271–280.

Hall, T. W. (1967). *Some effects of anxiety on the fantasy play of schoolchildren.* Unpublished doctoral dissertation, Yale University, New Haven, CT.

Hammen, C., & Rudolph, K. D. (1996). Childhood depression. In E. J. Mash & R. A. Barkley (Eds.), *Child psychopathology* (pp. 153–195). New York: Guilford Press.

Hampe, E., Miller, L., Barrett, C., & Noble, H. (1973). Intelligence and school phobia. *Journal of School Psychology, 11,* 66–70.

Hansen, C., Sanders, S. L., Massaro, S., & Last, C. G. (1998). Predictors of severity of absenteeism in children with anxiety-based school refusal. *Journal of Clinical Child Psychology, 27,* 246–254.

Hargett, M. Q., & Webster, R. E. (1996). Treatment integrity and acceptability with families: A case study of a child with school refusal. *Psychology in the Schools, 33,* 319–324.

Harris, K. R., & Brown, R. D. (1982). Cognitive behavior modification and informed teacher treatments for shy children. *Journal of Experimental Education*, *50*, 137-143.

Harris, S. R. (1980). School phobic children and adolescents: A challenge to counselors. *The School Counselor*, *27*, 263-269.

Harvey, E. (1999). Short-term and long-term effects of early parental employment on children of the National Longitudinal Survey of Youth. *Developmental Psychology*, *35*, 445-459.

Hathaway, S. R., & McKinley, J. C. (1989). *Minnesota Multiphasic Personality Inventory* (2nd ed.). Minneapolis: University of Minnesota Press.

Hayward, C., Taylor, C. B., Blair-Greiner, A., & Strachowski, D. (1995). School refusal in young adolescent girls with nonclinical panic attacks. *Journal of Anxiety Disorders*, *9*, 329-338.

Healy, W. (1926). Preventing delinquency among children. *Proceedings of the National Education Association*, pp. 113-116.

Henggeler, S. W., Schoenwald, S. K., Borduin, C. M., Rowland, M. D., & Cunningham, P. B. (1998). *Multisystemic treatment of antisocial behavior in children and adolescents*. New York: Guilford Press.

Herjanic, B., & Campbell, W. (1977). Differentiating psychiatrically disturbed children on the basis of a structured interview. *Journal of Abnormal Child Psychology*, *10*, 307-324.

Hersen, M. (1970). Behavior modification approach to a school-phobia case. *Journal of Clinical Psychology*, *26*, 128-132.

Hersov, L. A. (1960a). Persistent non-attendance at school. *Journal of Child Psycholand Psychiatry*, *1*, 130-136.

Hersov, L. A. (1960b). Refusal to go to school. *Journal of Child Psychology and Psychiatry*, *1*, 137-145.

Hersov, L. (1985). School refusal. In M. Rutter & L. Hersov (Eds.), *Child and adolescent psychiatry: Modern approaches* (pp. 382-399).

Boston: Blackwell Scientific.

Hibbett, A., & Fogelman, K. (1990). Future lives of truants: Family formation and health-related behaviour. *British Journal of Educational Psychology, 60*, 171-179.

Hibbett, A., Fogelman, K., & Manor, O. (1990). Occupational outcomes of truancy. *British Journal of Educational Psychology, 60*, 23-36.

Higgins, P. S. (1978). Evaluation and case study of a school-based delinquency prevention program: The Minnesota Youth Advocate Program. *Evaluation Quarterly, 2*, 215-234.

Hinshaw, S. P. (1992). Externalizing behavior problems and academic underachievement in childhoodand adolescence: Causal relationships and underlymechanisms. *Psychological Bulletin, 111*, 127-155.

Hinshaw, S. P., & Anderson, C. A. (1996). Conduct and oppositional defiant disorders. In E. J. Mash & R. A. Barkley (Eds.), *Child psychopathology* (pp. 113-149). New York: Guilford Press.

Hitchcock, A. B. (1956). Symbolic and actual flight from school. *Smith College Studies in Social Work, 27*, 1-33.

Hodges, K., Kline, J., Stern, L., Cytryn, L., & McKnew, D. (1982). The development of a child assessment interview for research and clinical use. *Journal of Abnormal Child Psychology, 10*, 173-189.

Honjo, S., Kasahara, Y., & Ohtaka, K. (1992). School refusal in Japan. *Acta Paedopsychiatrica, 55*, 29-32.

Honma, H. (1986). A clinical psychological study of school refusal in adolescence (I)-An approach to adolescent school refusal through a classification of the cases. *Tohoku Psychologica Folia, 45*, 76-88.

Hsia, H. (1984). Structural and strategic approach to school phobia/school refusal. *Psychology in the Schools, 21*, 360-367.

Huffington, C. M., & Sevitt, M. A. (1989). Family interaction in adolescent school phobia. *Journal of Family Therapy, 11*, 353-375.

Huguet, E. (1973). *Dictionnaire de la langue Francaise du seizieme siecle* [French language dictionary of the 16th century] (Vol. 7). Paris, France: E. Champion. (Original work published 1925)

Iwamoto, S., & Yoshida, K. (1997). School refusal in Japan: The recent dramatic increase in incidence is a cause for concern. *Social Behavior and Personality, 25*, 315-320.

Iwatani, N., Miike, T., Kal, Y., Kodama, M., Mabe, H., Tomoda, A., Fukuda, K., & Jyodoi, T. (1997). Glucoregulatory disorders in school refusal students. *Clinical Endocrinology, 47*, 273-278.

Jacobsen, V. (1948). Influential factors in the outcome of treatment of school phobia. *Smith College Studies in Social Work, 18*, 181-202.

Janosz, M., LeBlanc, M., Boulerice, B., & Tremblay, R. E. (1997). Disentangling the weight of school dropout predictors: A test on two longitudinal samples. *Journal of Youth and Adolescence, 26*, 733-762.

Jarvis, V. (1964). Countertransference in the management of school phobia. *Psychoanalytic Quarterly, 33*, 411-419.

Jenkins, P. H. (1995). School delinquency and school commitment. *Sociology of Education, 68*, 221-239.

Johnson, A. M. (1957). School phobia. *American Journal of Orthopsychiatry, 27*, 307-309.

Johnson, A. M., Falstein, E. I., Szurek, S. A., & Svendsen, M. (1941). School phobia. *American Journal of Orthopsychiatry, 11*, 702-711.

Johnson, R. L., & Glass, C. R. (1989). Heterosocial anxiety and direction of attention in high school boys. *Cognitive Therapy and Research, 13*, 509-526.

Johnson, T., Tyler, V., Thompson, R., & Jones, E. (1971). Systematic desensitization and assertive training in the treatment of speech anxiety in middle-school students. *Psychology in the Schools, 8*, 263-267.

Jones, B. A. (1992). Collaboration: The case for indigenous community-based organization support of dropout prevention programming and implementation. *Journal of Negro Education, 61*, 496–508.

Kahn, J. H., & Nursten, J. P. (1962). School refusal: A comprehensive view of school phobia and other failures of school attendance. *American Journal of Orthopsychiatry, 32*, 707–718.

Kakar, S. (1996). *Child abuse and delinquency*. New York: University Press of America.

Kandal, H. J., Ayllon, T., & Rosenbaum, M. S. (1977). Flooding or systematic exposure in the treatment of extreme social withdrawal in children. *Journal of Behavior Therapy and Experimental Psychiatry, 8*, 75–81.

Kandel, D. B., & Davies, M. (1982). Epidemiology of depressive mood in adolescents. *Archives of General Psychiatry, 39*, 1205–1212.

Kandel, D. B., Raveis, V. H., & Kandel, P. I. (1984). Continuities and discontinuities: Adjustment in young adulthood of former school absentees. *Youth and Society, 15*, 325–352.

Kanner, A. D., Feldman, S. S., Weinberger, D. A., & Ford, M. E. (1987). Uplifts, hassles, and adaptational outcomes in early adolescents. *Journal of Early Adolescence, 7*, 371–394.

Kashani, J. H., Holcomb, W. R., & Orvaschel, H. (1986). Depression and depressive symptoms in preschool children from the general population. *American Journal of Psychiatry, 143*, 1138–1143.

Kashani, J. H., & Orvaschel, H. (1990). A community study of anxiety in children and adolescents. *American Journal of Psychiatry, 147*, 313–318.

Kearney, C. A. (1993). Depression and school refusal behavior: A review with comments on classification and treatment. *Journal of School Psychology, 31*, 267–279.

Kearney, C. A. (1995). School refusal behavior. In A. R. Eisen, C. A.

Kearney, & C. E. Schaefer (Eds.), *Clinical handbook of anxiety disorders in children and adolescents* (pp. 19–52). Northvale, NJ: Aronson.

Kearney, C. A. (1997, March). *Treatment of separation anxiety-based school refusal behavior*. Symposium conducted at the meeting of the Anxiety Disorders Association of America, New Orleans, LA.

Kearney, C. A. (2000). *The functional profiles of school refusal behavior*. Unpublished manuscript, University of Nevada Las Vegas, Department of Psychology.

Kearney, C. A., & Albano, A. M. (2000). *Therapist's guide to school refusal behavior*. San Antonio, TX: Psychological Corporation.

Kearney, C. A., & Beasley, J. F. (1994). The clinical treatment of school refusal behavior: A survey of referral and practice characteristics. *Psychology in the Schools, 31*, 128–132.

Kearney, C. A., Drabman, R. S., & Beasley, J. F. (1993). The trials of childhood: The development, reliability, and validity of the Daily Life Stressors Scale. *Journal of Child and Family Studies, 2*, 371–388.

Kearney, C. A., Eisen, A. R., & Silverman, W. K. (1995). The legend and myth of school phobia. *School Psychology Quarterly, 10*, 65–85.

Kearney, C. A., & Hugelshofer, D. S. (2000). Systemic and clinical strategies for preventing school refusal behavior in youth. *Journal of Cognitive Psychotherapy, 14*, 1–15.

Kearney, C. A., & Silverman, W. K. (1990). A preliminary analysis of a functional model of assessment and treatment for school refusal behavior. *Behavior Modification, 14*, 344–360.

Kearney, C. A., & Silverman, W. K. (1991, November). *Toward a functional model of assessing and treating children and adolescents with school refusal behavior*. Symposium conducted at the meeting of the Association for the Advancement of Behavior

Therapy, New York.

Kearney, C. A., & Silverman, W. K. (1993). Measuring the function of school refusal behavior: The School Refusal Assessment Scale. *Journal of Clinical Child Psychology, 22,* 85-96.

Kearney, C. A., & Silverman, W. K. (1995). Family environment of youngsters with school refusal behavior: A synopsis with implications for assessment and treatment. *American Journal of Family Therapy, 23,* 59-72.

Kearney, C. A., & Silverman, W. K. (1996). The evolution and reconciliation of taxonomic strategies for school refusal behavior. *Clinical Psychology: Science and Practice, 3,* 339-354.

Kearney, C. A., & Silverman, W. K. (1998). A critical review of pharmacotherapy for youth with anxiety disorders: Things are not as they seem. *Journal of Anxiety Disorders, 12,* 83-102.

Kearney, C. A., & Silverman, W. K. (1999). Functionally-based prescriptive and nonprescriptive treatment for children and adolescents with school refusal behavior. *Behavior Therapy, 30,* 673-695.

Kearney, C. A., Silverman, W. K., & Eisen, A. R. (1989, October). *Characteristics of children and adolescents with school refusal behavior.* Paper presented at the meeting of the Berkshire Conference of Behavior Analysis and Therapy, Amherst, MA.

Kearney, C. A., & Sims, K. E. (1997). Anxiety problems in childhood: Diagnostic and dimensional aspects. In J. A. den Boer (Ed.), *Clinical management of anxiety: Theory and practical applications* (pp. 371-397). New York: Marcel Dekker.

Kearney, C. A., & Tillotson, C. A. (1998). The School Refusal Assessment Scale. In C. P. Zalaquett & R. J. Wood (Eds.), *Evaluating stress: A book of resources* (Vol. 2, pp. 239-258). Lanham, MD: Scarecrow Press.

Keller, M. F., & Carlson, P. M. (1974). The use of symbolic modeling to promote social skills in preschool children with low levels of social responsiveness. *Child Development, 45*, 912–919.

Kelley, C. K. (1976). Play desensitization of fear of darkness in preschool children. *Behaviour Research and Therapy, 14*, 79–81.

Kelly, E. W. (1973). School phobia: A review of theory and treatment. *Psychology in the Schools, 10*, 33–42.

Kendall, P. C. (1994). Treating anxiety disorders in children: Results of a randomized clinical trial. *Journal of Consulting and Clinical Psychology, 62*, 100–110.

Kendall, P. C., Chansky, T. E., Kane, M. T., Kim, R. S., Kortlander, E., Ronan, K. R., Sessa, F. M., & Siqueland, L. (1992). *Anxiety disorders in youth: Cognitive-behavioral interventions*. Boston: Allyn & Bacon.

Kendall, P. C., Flannery-Schroeder, E., Panichelli-Mindel, S. M., Southam-Gerow, M., Henin, A., & Warman, M. (1997). Therapy for youths with anxiety disorders: A second randomized clinical trial. *Journal of Consulting and Clinical Psychology, 65*, 366–380.

Kendall, P. C., Kortlander, E., Chansky, T. E., & Brady, E. U. (1992). Comorbidity of anxiety and depression in youth: Treatment implications. *Journal of Consultand Clinical Psychology, 60*, 869–880.

Kendall, P. C., Panichelli-Mindel, S. M., Sugarman, A., & Callahan, S. A. (1997). Exposure to child anxiety: Theory, research, and practice. *Clinical Psychology: Science and Practice, 4*, 29–39.

Kennedy, W. A. (1965). School phobia: Rapid treatment of 50 cases. *Journal of Abnormal Psychology, 70*, 285–289.

Kennedy, W. A. (1971). A behavioristic, community-oriented approach to school phobia and other disorders. In H. C. Richards (Ed.), *Behavioral intervention in human problems* (pp. 37–60). New York: Pergamon Press.

Kifer, R. E., Lewis, M. A., Green, D. R., & Phillips, E. L. (1974). Training predelinquent youths and their parents to negotiate conflict situations. *Journal of Applied Behavior Analysis, 7*, 357-364.

King, H. E. (1992). The reactions of children to divorce. In C. E. Walker & M. C. Roberts (Eds.), *Handbook of clinical child psychology* (2nd ed., pp. 1009-1023). New York: Wiley.

King, N. J. (1994). Physiological assessment. In T. H. Ollendick, N. J. King, & W. Yule (Eds.), *International handbook of phobic and anxiety disorders in children and adolescents* (pp. 365-379). New York: Plenum Press.

King, N. J., Ollendick, T. H., & Gullone, E. (1991). Negative affectivity in children and adolescents: Relations between anxiety and depression. *Clinical Psychology Review, 11*, 441-459.

King, N. J., Ollendick, T. H., & Tonge, B. J. (1995). *School refusal: Assessment and treatment.* Boston, MA: Allyn & Bacon.

King, N. J., Ollendick, T. H., Tonge, B. J., Heyne, D., Pritchard, M., Rollings, S., Young, D., & Myerson, N. (1996). Behavioural management of school refusal. *Scandanavian Journal of Behaviour Therapy, 25*, 3-15.

King, N. J., Tonge, B. J., Heyne, D., & Ollendick, T. H. (2000). Research on the cognitive-behavior treatment of school refusal: A review and recommendations. *Clinical Psychology Review, 20*, 495-507.

King, N. J., Tonge, B. J., Heyne, D., Pritchard, M., Rollings, S., Young, D., Myerson, N., & Ollendick, T. H. (1998). Cognitive-behavioral treatment of school-refusingchildren: A controlled evaluation. *Journal of the American Academy of Child and Adolescent Psychiatry, 37*, 395-403.

Kirkpatrick, M. E., & Lodge, T. (1935). Some factors in truancy. *Mental Hygiene, 14*, 610-618.

Klein, E. (1945). The reluctance to go to school. *Psychoanalytic Study of the Child, 1*, 263–279.

Klein, R. G., Koplewicz, H. S., & Kanner, A. (1992). Imipramine treatment of children with separation anxiety disorder. *Journal of the American Academy of Child and Adolescent Psychiatry, 31*, 21–28.

Kline, L. W. (1897). Truancy as related to the migrating instinct. *Pedgogical Seminary, 5*, 381–420.

Klungness, L., & Gredler, G. R. (1984). The diagnosis and behavioral treatment of school phobia. *Techniques: A Journal for Remedial Education and Counseling, 1*, 31–38.

Knox, P. (1989). Home-based education: An alternative approach to "school phobia." *Educational Review, 41*, 143–151.

Kolko, D. J., Ayllon, T., & Torrence, C. (1987). Positive practice routines in overcoming resistance to the treatment of school phobia: A case study with follow-up. *Journal of Behavior Therapy and Experimental Psychiatry, 18*, 249–257.

Kolvin, I., Berney, T. P., & Bhate, S. R. (1984). Classification and diagnosis of depression in school phobia. *British Journal of Psychiatry, 145*, 347–357.

Kortering, L. J., & Blackorby, J. (1992). High school dropout and students identified with behavioral disorders. *Behavioral Disorders, 18*, 24–32.

Kotin, L., & Aikman, W. F. (1980). *Legal foundations of compulsory school attendance*. Port Washington, NY: Kennikat.

Kovacs, M. (1992). *Children's Depression Inventory manual*. North Tonawanda, NY: Multi-Health Systems.

Kraft, I. A., Ardali, C., Duffy, J. H., Hart, J. T., & Pearce, P. (1965). A clinical study of chlordiazepoxide used in psychiatric disorders in children. *International Journal of Neuropsychiatry, 1*, 433–437.

Kurita, H. (1991). School refusal in pervasive developmental disorders.

Journal of Autism and Developmental Disorders, 21, 1-15.

Lachar, D., & Gruber, C. P. (1991). *Manual for Personality Inventory for Children-Revised*. Los Angeles: Western Psychological Services.

La Greca, A. M., & Stone, W. L. (1993). Social Anxiety Scale for Children-Revised: Factor structure and concurrent validity. *Journal of Clinical Child Psychology, 22*, 17-27.

Lall, G. R., & Lall, B. M. (1979). School phobia: It's real . . . and growing. *Instructor, 89*, 96-98.

Lambert, M. C., Weisz, J. R., & Thesiger, C. (1989). Principal components analyses of behavior problems in Jamaican clinic-referred children: Teacher reports for ages 6-17. *Journal of Abnormal Child Psychology, 17*, 553-562.

Lang, P. J., & Lazovik, A. D. (1963). Experimental desensitization of a phobia. *Journal of Abnormal and Social Psychology, 66*, 519-525.

Last, C. G. (1991). Somatic complaints in anxiety disordered children. *Journal of Anxiety Disorders, 5*, 125-138.

Last, C. G., & Francis, G. (1988). School phobia. In B. B. Lahey & A. E. Kazdin (Eds.), *Advances in clinical child psychology* (pp. 193-222). New York: Plenum Press.

Last, C. G., Francis, G., Hersen, M., Kazdin, A. E., & Strauss, C. C. (1987). Separation anxiety and school phobia: A comparison using DSM-III criteria. *American Journal of Psychiatry, 144*, 653-657.

Last, C. G., Hansen, C., & Franco, N. (1998). Cognitive-behavioral treatment of school phobia. *Journal of the American Academy of Child and Adolescent Psychiatry, 37*, 404-411.

Last, C. G., & Strauss, C. C. (1990). School refusal in anxiety-disordered children and adolescents. *Journal of the American Academy of Child and Adolescent Psychiatry, 29*, 31-35.

Last, C. G., Strauss, C. C., & Francis, G. (1987). Comorbidity among childhood anxiety disorders. *Journal of Nervous and Mental*

Disease, 175, 726–730.

Lawlor, E. D. (1976). Hypnotic intervention with "school phobic" children. *International Journal of Clinical and Experimental Hypnosis, 24*, 74–86.

Lazarus, A. A. (1960). The elimination of children's phobias by deconditioning. In H. J. Eysenck (Ed.), *Behavior therapy and the neuroses* (pp. 114–122). New York: Pergamon.

Lazarus, A. A., & Abramovitz, A. (1962). The use of emotive imagery in the treatment of children's phobias. *Journal of Mental Science, 108*, 191–195.

Lazarus, A. A., Davison, G. C., & Polefka, D. A. (1965). Classical and operant factors in the treatment of a school phobia. *Journal of Abnormal Psychology, 70*, 225–229.

Leal, L. L., Baxter, E. G., Martin, J., & Marx, R. W. (1981). Cognitive modification and systematic desensitization with test anxious high school students. *Journal of Counseling Psychology, 28*, 525–528.

Lee, M. I., & Miltenberger, R. G. (1996). School refusal behavior: Classification, assessment, and treatment issues. *Education and Treatment of Children, 19*, 474–486.

Leitenberg, H., Yost, L. W., & Carroll-Wilson, M. (1986). Negative cognitive errors in children: Questionnaire development, normative data, and comparisons between children with and without self-reported symptoms of depression, low self-esteem, and evaluation anxiety. *Journal of Consulting and Clinical Psychology, 54*, 528–536.

Lepola, U., Leinonen, E., & Koponen, H. (1996). Citalopram in the treatment of early-onset panic disorder and school phobia. *Pharmacopsychiatry, 29*, 30–32.

Lerner, J. V. (1994). *Working women and their families*. Thousand Oaks, CA: Sage.

LeRoy, J. B., & Derdeyn, A. (1976). Drawings as a therapeutic medium: The treatment of separation anxiety in a 4-year-old boy. *Child Psychiatry and Human Development*, *6*, 155-169.

Leton, D. A. (1962). Assessment of school phobia. *Mental Hygiene*, *46*, 256-265.

LeUnes, A., & Siemsglusz, S. (1977). Paraprofessional treatment of school phobia in a young adolescent girl. *Adolescence*, *12*, 115-121.

Levanto, J. (1975). High school absenteeism. *NASSP Bulletin*, *59*, 100-104.

Leventhal, T., & Sills, M. (1964). Self-image in school phobia. *American Journal of Orthopsychiatry*, *34*, 685-695.

Leventhal, T., Weinberger, G., Stander, R. J., & Stearns, R. P. (1967). Therapeutic strategies with school phobics. *American Journal of Orthopsychiatry*, *37*, 65-70.

Levine, R. S. (1984). An assessment tool for early intervention in cases of truancy. *Social Work in Education*, *6*, 133-150.

Levine, R. S., Metzendorf, D., & VanBoskirk, K. A. (1986). Runaway and throw away youth: A case for early intervention with truants. *Social Work in Education*, *8*, 93-106.

Linet, L. S. (1985). Tourette syndrome, pimozide, and school phobia: The neuroleptic separation anxiety syndrome. *American Journal of Psychiatry*, *142*, 613-615.

Lippman, H. S. (1936). The neurotic delinquent. *American Journal of Orthopsychiatry*, *7*, 114-121.

Little, S., & Jackson, B. (1974). The treatment of test anxiety through attentional and relaxation training. *Psychotherapy: Theory, Research, and Practice*, *11*, 175-178.

Luiselli, J. K. (1978). Treatment of an autistic child's fear of riding a school bus through exposure and reinforcement. *Journal of Behavior Therapy and Experimental Psychiatry*, *9*, 169-172.

MacDonald, W. S., Gallimore, R., & MacDonald, G. (1970). Contingency counselby school personnel: An economical model of intervention. *Journal of Applied Behavior Analysis, 3*, 175–182.

Makihara, H., Nagaya, M., & Nakajima, M. (1985). An investigation of neurotic school refusal in one parent families. *Japanese Journal of Child and Adolescent Psychiatry, 26*, 303–315.

Malmquist, C. P. (1965). School phobia: A problem in family neurosis. *Journal of Child Psychology, 6*, 293–319.

Mangan, J. A. (1994). *A significant social revolution: Cross-cultural aspects of the evolution of compulsory education.* Portland, OR: Woburn.

Mann, J. (1972). Vicarious desensitization of test anxiety through observation of videotaped treatment. *Journal of Counseling Psychology, 19*, 1–7.

Mansdorf, I. J., & Lukens, E. (1987). Cognitive-behavioral psychotherapy for separation anxious children exhibiting school phobia. *Journal of the American Academy of Child and Adolescent Psychiatry, 26*, 222–225.

March, J. (1997). *Multidimensional Anxiety Scale for Children.* North Tonawanda, NY: Multi-Health Systems.

March, J., & Albano, A. M. (1998). New developments in assessing pediatric anxiety disorders. In T. Ollendick & R. Prinz (Eds.), *Advances in clinical child psychology* (Vol. 20, pp. 213–242). New York: Plenum Press.

Marcus, R. F. (1997). Concordance between parent inventory and directly observed measures of attachment. *Early Childhood Development and Care, 135*, 109–117.

Marine, E. (1968). School refusal: Who should intervene? *Journal of School Psychology, 7*, 63–70.

Marks, I. M., & Mathews, A. M. (1979). Brief standard self-rating scale for phobic patients. *Behaviour Research and Therapy, 17*, 263–267.

Martin, C., Cabrol, S., Bouvard, M. P., Lepine, J. P., & Mouren-Simeoni, M. C. (1999). Anxiety and depressive disorders in fathers and mothers of anxiousschool-refusing children. *Journal of the American Academy of Child and Adolescent Psychiatry, 38*, 916-922.

Matson, J. L. (1981). Assessment and treatment of clinical fears in mentally retarded children. *Journal of Applied Behavior Analysis, 14*, 287-294.

Matzner, F. J., Silvan, M., Silva, R. R., Weiner, J., Bendo, J., & Alpert, M. (1998). Intensive day program for psychiatrically disturbed truant adolescents. *American Journal of Orthopsychiatry, 68*, 135-141.

McAnanly, E. (1986). School phobia: The importance of prompt intervention. *Journal of School Health, 56*, 433-436.

McElwee, E. W. (1931). A study of truants and retardation. *Journal of Juvenile Research, 15*, 209-214.

McFayden-Ketchum, S. A., & Dodge, K. A. (1998). Problems in social relationships. In E. J. Mash & R. A. Barkely (Eds.), *Treatment of childhood disorders* (2nd ed., pp. 338-365). New York: Guilford Press.

McNamara, E. (1988). The self-management of school phobia: A case study. *Behavioural Psychotherapy, 16*, 217-229.

McWhirter, J. J., McWhirter, B.T McWhirter, A. M., & McWhirter, E. H. (1998). *At-risk youth: A comprehensive response for counselors, teachers, psychologists, and human service professionals*. Pacific Grove, CA: Brooks/Cole.

Mehta, M., & Praveenlal (1987). A multimodal behavioral approach in a case of school phobia. *Child Psychiatry Quarterly, 20*, 7-12.

Melamed, B. G., Yurcheson, R., Fleece, E. L., Hutcherson, S., & Hawes, R. (1978). Effects of film modeling on thereduction of anxiety-related behaviors in individuals varying in level or previous experience in the stress situation. *Journal of Consulting and Clinical Psychology*,

46, 1357–1367.

Melton, J. V. H. (1988). *Absolutism and the eighteenth-century origins of compulsory schooling in Prussia and Austria*. Cambridge, England: Cambridge University Press.

Mercer, M. L. (1930). School maladjustment as a factor in juvenile delinquency. *Journal of Juvenile Research*, *14*, 41–42.

Messer, A. (1964). Family treatment of a school phobic child. *Archives of General Psychiatry*, *11*, 548–555.

Meyer, E. A., Hagopian, L. P., & Paclawskyj, T. R. (1999). A function-based treatment for school refusal behavior using shaping and fading. *Research in Developmental Disabilities*, *20*, 401–410.

Mihara, R., & Ichikawa, M. (1986). A clinical study of school refusal with special reference to the classification of family violence. *Japanese Journal of Child and Adolescent Psychiatry*, *27*, 110–131.

Mikkelsen, E. J., Detlor, J., & Cohen, D. J. (1981). School avoidance and social phobia triggered by haloperidol in patients with Tourette's disorder. *American Journal of Psychiatry*, *138*, 1572–1576.

Miller, D. (1986). Effects of a program of therapeutic discipline on the attitude, attendance and insight of truant adolescents. *Journal of Experimental Education*, *55*, 49–53.

Miller, L. C. (1984). *Louisville Behavior Checklist manual*. Los Angeles: Western Psychological Services.

Miller, L. C., Barrett, C. L., Hampe, E., & Noble, H. (1972). Factor structure of childhood fears. *Journal of Consulting and Clinical Psychology*, *39*, 264–268.

Miller, P. M. (1972). The use of visual imagery and muscle relaxation in the counterconditioning of a phobic child: A case study. *Journal of Nervous and Mental Disease*, *154*, 457–460.

Millon, T., Millon, C., & Davis, R. (1994). *Millon Clinical Multiaxial Inventory-III*. Minneapolis, MN: National Computer Systems.

Mills, R. C., Dunham, R. G., & Alpert, G. P. (1988). Working with high-risk youth in prevention and early intervention programs: Toward a comprehensive wellness model. *Adolescence, 23*, 643-660.

Mitchell, J., McCauley, E., Burke, P., & Moss, S. J. (1988). Phenomenology of depression in children and adolescents. *Journal of the American Academy of Child and Adolescent Psychiatry, 27*, 12-20.

Moffitt, T. E. (1993). Adolescence-limited and life-course-persistent antisocial behavior: A developmental taxonomy. *Psychological Review, 100*, 674-701.

Montenegro, H. (1968). Severe separation anxiety in two preschool children: Successfully treated by reciprocal inhibition. *Journal of Child Psychology and Psychiatry, 9*, 93-103.

Moos, R. H., & Moos, B. S. (1986). *Family Environment Scale manual* (2nd ed.). Palo Alto, CA: Consulting PsychologistsPress.

Morris, L. W., Finkelstein, C. S., & Fisher, W. R. (1976). Components of school anxiety: Developmental trends and sex differences. *Journal of Genetic Psychology, 128*, 49-57.

Mulkeen, T. A. (1994). The social and political continuity of the compulsory curriculum: The teaching of virtue in American public schools. In J. A. Mangan (Ed.), *A significant social revolution: Cross-cultural aspects of the evolution of compulsory education* (pp. 156-167). Portland, OR: Woburn.

Murphy, C. M., & Bootzin, R. R. (1973). Active and passive participation in the contact desensitization of snake fear in children. *Behavior Therapy, 4*, 203-211.

Naylor, M. W., Staskowski, M., Kenney, M. C., & King, C. A. (1994). Language disorders and learning disabilities in school-refusing adolescents. *Journal of the American Academy of Child and Adolescent Psychiatry, 33*, 1331-1337.

Neeper, R., Lahey, B. B., & Frick, P. J. (1991). The *Comprehensive*

Behavior Rating Scale for Children-CBRSC. San Antonio, TX: Psychological Corporation.

Neisworth, J. T., Madle, R. A., & Goeke, K. E. (1975). "Errorless" elimination of separation anxiety: A case study. *Journal of Behavior Therapy and Experimental Psychiatry, 6*, 79-82.

Nevetsky, J. (1991). At-risk program links middle school, high school programs. *NASSP Bulletin, 75*, 45-49.

Nice, R. W. (1968). The use of sodium pentothal in the treatment of a school phobic. *Journal of Learning Disabilities, 1*, 249-255.

Nichols, K. A., & Berg, I. (1970). School phobia and self-evaluation. *Journal of Child Psychology and Psychiatry, 11*, 133-141.

Noonan, J. R., & Thibeault, R. (1974). Primary prevention in Appalachian Kentucky: Peer reinforcement of classroom attendance. *Journal of Community Psychology, 2*, 260-264.

Norvell, N., Brophy, C., & Finch, A. J. (1985). The relationship of anxiety to childhood depression. *Journal of Personality Assessment, 49*, 150-153.

O'Brien, J. (1982). School problems: School phobia and learning disabilities. *Psychiatric Clinics of North America, 5*, 297-307.

O'Connor, R. D. (1972). Relative efficacy of modeling, shaping, and the combined procedures for modification of social withdrawal. *Journal of Abnormal Psychology, 79*, 327-334.

Ohtaka, K., Wakabayashi, S., Hongyo, S., Kaneko, T., Enomoto, K., Ohi, M., Sugiyama, T., & Abe, T. (1986). A long-term follow-up study of school refusal children. *Japanese Journal of Child and Adolescent Psychiatry, 27*, 213-229.

Ollendick, D. G. (1979). Some characteristics of absentee students in grade 4. *Psychological Reports, 44*, 294.

Ollendick, T. H. (1979). Fear reduction techniques with children. In M. Hersen, R. M. Eisler, & P. M. Miller (Eds.), *Progress in behavior modification* (Vol. 8, pp. 127–168). New York: Academic Press.

Ollendick, T. H. (1983). Reliability and validity of the Revised Fear Survey Schedule for Children (FSSC-R). *Behaviour Research and Therapy, 21*, 685–692.

Ollendick, T. H., & Cerny, J. A. (1981). *Clinical behavior therapy with children*. New York: Plenum Press.

Ollendick, T. H., Hagopian, L. P., & Huntzinger, R. M. (1991). Cognitive-behavior therapy with nighttime fearful children. *Journal of Behavior Therapy and Experimental Psychiatry, 22*, 113–121.

Ollendick, T. H., & Mayer, J. A. (1984). School phobia. In S. M. Turner (Ed.), *Behavioral theories and treatment of anxiety* (pp. 367–411). New York: Plenum Press.

Olson, D. H., Bell, R., & Portner, J. (1982). *Family Adaptability and Cohesion Evaluation Scales II*. Minneapolis, MN: Life Innovations.

O'Reilly, P. P. (1971). Desensitization of a fire bell phobia. *Journal of School Psychology, 9*, 55–57.

Paccione-Dyszlewski, M. R., & Contessa-Kislus, M. A. (1987). School phobia: Identification of subtypes as a prerequisite to treatment intervention. *Adolescence, 22*, 377–384.

Partridge, J. M. (1939). Truancy. *Journal of Mental Science, 85*, 45–81.

Patterson, G. R. (1982). *Coercive family process*. Eugene, OR: Castalia.

Pearson, L. C., & Banerji, M. (1993). Effects of a ninth-grade dropout prevention program on student academic achievement, school attendance, and dropout rate. *Journal of Experimental Education, 61*, 247–256.

Perrin, S., & Last, C. G. (1992). Do childhood anxiety measures measure anxiety? *Journal of Abnormal Child Psychology, 20*, 567–578.

Phelps, L., Cox, D., & Bajorek, E. (1992). School phobia and separation anxiety: Diagnostic and treatment comparisons. *Psychology in the Schools, 29*, 384–394.

Pilkington, C. L., & Piersel, W. C. (1991). School phobia: A critical analysis of the separation anxiety theory and an alternative conceptualization. *Psychology in the Schools, 28*, 290–303.

Poznanski, E. O., Freeman, L. N., & Mokros, H. B. (1985). Children's Depression Rating Scale–Revised. *Psychopharmacology Bulletin, 4*, 979–989.

Pritchard, C., Cotton, A., & Cox, M. (1992). Truancy and illegal drug use, and knowledge of HIV infection in 932 14–16–year–old adolescents. *Journal of Adolescence, 15*, 1–17.

Pritchard, M., King, N., Tonge, B. J., Heyne, D., & Lancaster, S. (1998). Taxonomic systems for school refusal behaviour. *Behaviour Change, 15*, 74–86.

Puig–Antich, J., Orvaschel, H., Tabrizi, M. A., & Chambers, W. (1980). The Schedule for Affective Disorders and Schizophrenia for School–aged Childreniologic version (Kiddie–SADS–E; 3rd ed.). New York: New York State Psychiatric Institute.

Quay, H. C., & Peterson, D. R. (1987). *Manual for the Revised Behavior Problem Checklist.* Unpublished manuscript, University of Miami, Miami, FL.

Rafferty, Y. (1991). Developmental and educational consequences of homelessness in children and youth. In J. H. Kryder–Coe, L. M. Salamon, & J. M. Molnar (Eds.), *Homeless children and youth: A new American dilemma* (pp. 105–139). New Brunswick, NJ: Transaction.

Rafferty, Y., & Rollins, N. (1989). *Learning in limbo: The educational deprivation of homeless children.* New York: Advocates for Children.

Rafferty, Y., & Shinn, M. (1991). The impact of homelessness on children. *American Psychologist, 46*, 1170–1179.

Rapee, R. M., Barrett, P. M., Dadds, M. R., & Evans, L. (1994). Reliability of the DSM-III-R childhood anxiety disorders using structured interview: Interrater and parent-child agreement. *Journal of the American Academy of Child and Adolescent Psychiatry, 33*, 984-992.

Raskind, L. T., & Nagle, R. J. (1980). Modeling effects on the intelligent test performance of test-anxious children. *Psychology in the Schools, 17*, 351-355.

Reid, K. (1982). Retrospection and persistent school absenteeism. *Educational Research, 25*, 110-115.

Reid, K. (1984). The behaviour of persistent school absentees. British *Journal of Educational Psychology, 54*, 320-330.

Reyes, O., & Hedeker, D. (1993). Identifying high-risk students during school transition. *Prevention in Human Services, 10*, 137-150.

Reynolds, C., & Kamphaus, R. (1992). *Behavioral Assessment System for Children.* Circle Pines, MN: American Guidance Service.

Reynolds, C. R., & Paget, K. D. (1983). National normative and reliability data for the revised Children's Manifest Anxiety Scale. *School Psychology Review, 12*, 324-336.

Reynolds, W. M. (1986). *Reynolds Adolescent Depression Scale.* Odessa, FL: Psychological Assessment Resources.

Reynolds, W. M. (1989). *Reynolds Child Depression Scale.* Odessa, FL: Psychological Assessment Resources.

Reynolds, W. M., & Kobak, K. A. (1995). *Hamilton Depression Inventory: A self-report version of the Hamilton Depression Rating Scale.* Odessa, FL: Psychological Assessment Resources.

Rhine, W. R., & Spencer, L. M. (1975). Effects of follow through on school fearfulness among black children. *Journal of Negro Education, 44*, 446-453.

Ribordy, S. C., Tracy, R. J., & Bernotas, T. D. (1981). The effects of an attentional training procedure on the performance of high and low test-anxiouschildren. *Cognitive Therapy and Research*, *5*, 19–28.

Rines, W. B. (1973). Behavior therapy before institutionalization. *Psychotherapy: Theory, Research and Practice*, *10*, 281–283.

Roberts, R. E., Attkisson, C. C., & Rosenblatt, A. (1998). Prevalence of psychopathology among children and adolescents. *American Journal of Psychiatry*, *155*, 715–725.

Robins, L. N., & Ratcliff, K. S. (1980). The long-term outcome of truancy. In L. Hersov & I. Berg (Eds.), *Out of school* (pp. 65–83). New York: Wiley.

Rodriguez, A., Rodriguez, M., & Eisenberg, L. (1959). The outcome of school phobia: A follow-up study based on 41 cases. *American Journal of Psychiatry*, *116*, 540–544.

Rogers, D. C. (1980). Stepping up school attendance. *NASSP Bulletin*, *64*, 122–124.

Ronan, K. R., Kendall, P. C., & Rowe, M. (1994). Negative affectivity in children: Development and validation of a self-statement questionnaire. *Cognitive Therapy and Research*, *18*, 509–528.

Rood, R. E. (1989). Advice for administrators: Writing the attendance policy. *NASSP Bulletin*, *73*, 21–25.

Roundtree, G. A., Grenier, C. E., & Hoffman, V. L. (1993). Parental assessment of behavioral change after children's participation in a delinquency prevention program. *Journal of Offender Rehabilitation*, *19*, 113–130.

Rousmaniere, K., Dehli, K., & de Coninck-Smith, N. (1997). *Discipline, moral regulation, and schooling: A social history*. New York: Garland.

Rubenstein, J. S., & Hastings, E. M. (1980). School refusal in adolescence: Underthe symptom. *Adolescence*, *15*, 775–782.

Sarason, I. G., & Sarason, B. R. (1981). Teaching cognitive and social skills to high school students. *Journal of Consulting and Clinical*

Psychology, 49, 908-918.

Sarason, S. B., Davidson, K. S., Lighthall, F. F., Waite, R. R., & Ruebush, B. K. (1960). *Anxiety and elementary school children*. New York: Wiley.

Schloss, P. J., Kane, M. S., & Miller, S. (1981). Truancy intervention with behavior disordered adolescents. *Behavioral Disorders, 6*, 175-179.

Schultz, R. M. (1987). Truancy: Issues and interventions. *Behavioral Disorders, 12*, 117-130.

Scott, J., Cully, M., & Weissberg, E. (1995). Helping the separation anxious school refuser. *Elementary School Guidance and Counseling, 29*, 289-296.

Seaborne, M. (1970). The historical background. In J. W. Tibble (Ed.), *The extra year: The raising of the school leaving age* (pp. 9-19). London: Routledge & Kegan Paul.

Seitz, V., & Apfel, N. H. (1993). Adolescent mothers and repeated childbearing: Effects of a school-based intervention program. *American Journal of Orthopsychiatry, 63*, 572-581.

Seitz, V., & Apfel, N. H. (1999). Effective interventions for adolescent mothers. *Clinical Psychology: Science and Practice, 6*, 50-66.

Shaffer, D. (1974). Suicide in children and early adolescence. *Journal of Child Psychology and Psychiatry, 15*, 275-291.

Shaffer, D., Fisher, P., Dulcan, M. K., Davies, M., Piacentini, J., Schwab-Stone, M. E., Lahey, B. B., Bourdon, K., Jensen, P. S., Bird, H. R., Canino, G., & Regier, D. A. (1996). The NIMH Diagnostic Interview Schedule for Children Version 2.3 (DISC 2.3): Description, acceptability, prevalence rates, and performance in the MECA study. *Journal of the American Academy of Child and Adolescent Psychiatry, 35*, 865-878.

Shapiro, T., & Jegede, R. O. (1973). School phobia: A babel of tongues. *Journal of Autism and Childhood Schizophrenia, 3*, 168-186.

Shelton, K. K., Frick, P. J., & Wootton, J. (1996). Assessment of parenting practices in families of elementary school-age children. *Journal of Clinical Child Psychology, 25*, 317-329.

Sherman, J., & Formanek, R. (1985). School phobia in a multiphobic family: The family that phobes together. . . *Child and Adolescent Social Work, 2*, 114-124.

Silove, D., & Manicavasagar, V. (1993). Adults who feared school: Is early separation anxiety specific to the pathogenesis of panic disorder? *Acta Psychiatrica Scandanavia, 88*, 385-390.

Silverman, W. K., & Albano, A. M. (1996). *The Anxiety Disorders Interview Schedule for Children for DSM-IV, child and parent versions*. San Antonio, TX: Psychological Corporation.

Silverman, W. K., & Eisen, A. R. (1992). Age differences in the reliability of parent and child reports of child anxious symptomatology using a structured interview. *Journal of the American Academy of Child and Adolescent Psychiatry, 31*, 117-124.

Silverman, W. K., & Kurtines, W. M. (1996). *Anxiety and phobic disorders: A pragmatic approach*. New York: Plenum Press.

Silverman, W. K., Kurtines, W. M., Ginsburg, G. S., Weems, C. F., Lumpkin, P. W., & Carmichael, D. H. (1999). Treating anxiety disorders in children with group cognitive-behavioral therapy: A randomized clinical trial. *Journal of Consulting and Clinical Psychology, 67*, 995-1003.

Silverman, W. K., Kurtines, W. M., Ginsburg, G. S., Weems, C. F., Rabian, B., & Serafini, L. T. (1999). Contingency management, self-control, and education support in the treatment of childhood phobic disorders: A randomized clinical trial. *Journal of Consulting and Clinical Psychology, 67*, 675-687.

Silverman, W. K., & Nelles, W. B. (1988). The Anxiety Disorders Interview Schedule for Children. *Journal of the American Academy of Child and Adolescent Psychiatry, 27,* 772-778.

Simeon, J. G., & Wiggins, D. M. (1995). Pharmacotherapy. In A. R. Eisen, C. A. Kearney, & C. E. Schaefer (Eds.), *Clinical handbook of anxiety disorders in children and adolescents* (pp. 550-570). Northvale, NJ: Aronson.

Sinclair, M. P., Christenson, S. L., Evelo, D. L., & Hurley, C. M. (1998). Dropout prevention for youth with disabilities: Efficacy of a sustained school engagement procedure. *Exceptional Children, 65,* 7-21.

Skinner, H. A., Steinhauer, P. D., & Santa-Barbara, J. (1983). The Family Assessment Measure. *Canadian Journal of Community Mental Health, 2,* 91-105.

Smith, R. E., & Sharpe, T. M. (1970). Treatment of a school phobia with implosive therapy. *Journal of Consulting and Clinical Psychology, 35,* 239-243.

Smith, S. L. (1970). School refusal with anxiety: A review of sixty-three cases. *Canadien Psychiatric Association Journal, 15,* 257-264.

Sommer, B. (1985). Truancy in early adolescence. *Journal of Early Adolescence, 5,* 145-160.

Sperling, M. (1967). School phobias: Classification, dynamics, and treatment. *Psychoanalytic Study of the Child, 22,* 375-401.

Spielberger, C. D. (1973). *Manual for the State-Trait Anxiety Inventory for Children.* Palo Alto, CA: Consulting Psychologists Press.

Stein, M. T. (1996). School refusal and emotional lability in a 6-year-old boy. *Developmental and Behavioral Pediatrics, 17,* 187-188.

Stewart, K., Valentine, L., & Amundson, J. (1991). The battle for definition: The problem with (the problem). *Journal of Strategic and Systematic Therapies, 10,* 21-31.

Stickney, M. I., & Miltenberger, R. G. (1998). School refusal behavior: Prevalence, characteristics, and the schools' response. *Education and Treatment of Children, 21*, 160–170.

Stine, M. D. (1990). Do your students a favor and get tough on truants. *Executive Educator, 12*, 12–13.

Stuart, R. B. (1971). Behavioral contracting within the families of delinquents. *Journal of Behavior Therapy and Experimental Psychiatry, 2*, 1–11.

Stuart, R. B., & Lott, L. A. (1972). Behavioral contracting with delinquents: A cautionary note. *Journal of Behavior Therapy and Experimental Psychiatry, 3*, 161–169.

Sugar, M. S., & Schrank, F. A. (1979). Mild school refusal. *Elementary School Guidance and Counseling, 13*, 66–72.

Suttenfield, V. (1954). School phobia: A study of five cases. *American Journal of Orthopsychiatry, 24*, 368–380.

Tahmisian, J. A., & McReynolds, W. T. (1971). Use of parents as behavioral engineers in the treatment of a school-phobic girl. *Journal of Counseling Psychology, 18*, 225–228.

Talbot, M. (1957). Panic in school phobia. *American Journal of Orthopsychiatry, 27*, 286–295.

Taylor, L., & Adelman, H. S. (1990). School avoidance behavior: Motivational bases and implications for intervention. *Child Psychiatry and Human Development, 20*, 219–233.

Tennent, T. G. (1969). *School non-attendance and delinquency.* Unpublished master's thesis, University of Oxford, Oxford, England.

Tennent, T. G. (1971). The use of remand on bail or in custody by the London juvenile courts–A comparative study. *British Journal of Criminology, 11*, 80–85.

Thompson, J. (1948). Children's fears in relation to school attendance. *Bulletin of the National Association of School Social Workers, 24*(1).

Thyer, B. A., & Sowers-Hoag, K. M. (1988). Behavior therapy for separation anxiety disorder. *Behavior Modification, 12*, 205–233.

Tiihonen, J., Lepola, U., & Kuikka, J. (1997). Benzodiazepine receptor uptake in a patient with panic disorder after citalopram treatment. *Neuropsychiatry, Neuropsychology, and Behavioral Neurology, 10*, 260–262.

Tillotson, C. A., & Kearney, C. A. (1998, April). *Predicting subtypes of youngsters with school refusal behavior.* Paper presented at the joint meeting of the Western Psychological Association and the Rocky Mountain Psychological Association, Albuquerque, NM.

Timberlake, E. M. (1984). Psychosocial functioning of school phobics at follow-up. *Social Work Research and Abstracts, 20*, 13–18.

Tisher, M., & Lang, M. (1983). The Children's Depression Scale: Review and further developments. In D. P. Cantwell & G. A. Carlson (Eds.), *Affective disorders in childhood and adolescence: An update* (pp. 181–202). New York: Spectrum.

Tomoda, A., Miike, T., Yonamine, K., Adachi, K., & Shiraishi, S. (1997). Disturbed circadian core body temperature rhythm and sleep disturbance in school refusal children and adolescents. *Society of Biological Psychiatry, 41*, 810–813.

Tonge, B. J. (1998). Pharmacotherapy for school refusal. *Behaviour Change, 15*, 98–106.

Torma, S., & Halsti, A. (1975). Factors contributing to school refusal and truancy. *Psychiatria Fennica, 76*, 121–133.

Trueman, D. (1984). What are the characteristics of school phobic children? *Psychological Reports, 54*, 191–202.

Truox, T. (1985). Student *absenteeism: Explanations, problems, and possible solutions.* Unpublished manuscript, Indiana University, South Bend.

Tuck, K. D., & Shimburi, F. N. (1988). *An evaluation of the truancy prevention plan.* Washington, DC: District of Columbia Public

Schools.

Twaite, J. A., Silitsky, D., & Luchow, A. K. (1998). *Children of divorce: Adjustment, parental conflict, custody, remarriage, and recommendations for clinicians.* Northvale, NJ: Aronson.

Tyerman, M. J. (1968). *Truancy.* London: University of London Press.

United Nations Educational, Scientific, and Cultural Organization. (1962). *Compulsory education in Australia.* Paris, France: Author.

Vaal, J. J. (1973). Applying contingency contracting to a school phobic: A case study. *Journal of Behavior Therapy and Experimental Psychiatry, 4,* 371-373.

Valla, J., Bergeron, L., & Smolla, N. (2000). The Dominic-R: A pictorial interview for 6- to 11-year-old children. *Journal of the American Academy of Child and Adolescent Psychiatry, 39,* 85-93.

Valles, E., & Oddy, M. (1984). The influence of a return to school on the longterm adjustment of school refusers. *Journal of Adolescence, 7,* 35-44.

van der Ploeg-Stapert, J. D., & van der Ploeg, H. M. (1986). Behavioral group treatment of test anxiety: An evaluation study. *Journal of Behavior Therapy and Experimental Psychiatry, 17,* 255-259.

Van Houten, J. (1948). Mother and child relationships in 12 cases of school phobia. *Smith College Studies in Social Work, 18,* 161-180.

Vasey, M. W. (1995). Social anxiety disorders. In A. R. Eisen, C. A. Kearney, & C. E. Schaefer (Eds.), *Clinical handbook of anxiety disorders in children and adolescents* (pp. 131-168). Northvale, NJ: Aronson.

Wade, B. (1979). School refusal and aspects of language. *Educational Review, 31,* 19-26.

Waldfogel, S., Coolidge, J. C., & Hahn, P. B. (1957). The development, meaning, and management of school phobia. *American Journal of Orthopsychiatry, 27,* 754-780.

Waldron, S., Shrier, D. K., Stone, B., & Tobin, F. (1975). School phobia and other childhood neuroses: A systematic study of the children and their families. *American Journal of Psychiatry, 132*, 802-808.

Wallerstein, J. S. (1987). Children of divorce: Report of a ten-year follow-up of early latency-age children. *American Journal of Orthopsychiatry, 57*, 199-211.

Wallinga, J. V. (1959). Separation anxiety. *Lancet, 79*, 258-260.

Want, J. H. (1983). School-based intervention strategies for school phobia: A ten-step "common sense" approach. *Pointer, 27*, 27-32.

Warnecke, R. (1964). School phobia and its treatment. *British Journal of Medical Psychology, 37*, 71-79.

Warren, W. (1948). Acute neurotic breakdown in children with refusal to go to school. *Archives of Disease in Childhood, 23*, 266-272.

Warren, W. (1960). Some relationships between the psychiatry of children and adults. *Journal of Mental Science, 106*, 818-820.

Wataru, K. (1990). School phobia. *Japan Quarterly, 37*, 298-303.

Watson, D., & Clark, L. A. (1984). Negative affectivity: The disposition to experience aversive emotional states. *Psychological Bulletin, 96*, 455-490.

Watters, J. (1989). School refusal: Usually mild but sometimes severe. *British Medical Journal, 298*, 66-67.

Weinberg, W., Emslie, G., & Wilkes, C. (1986). Depression in school phobia. *British Journal of Psychiatry, 148*, 335.

Weinberger, G., Leventhal, T., & Beckman, G. (1973). The management of a chronic school phobic throughthe use of consultation with school personnel. *Psychology in the Schools, 10*, 83-88.

Weiss, M., & Burke, A. G. (1967). A five to ten-year follow-up of hospitalized school phobic children and adolescents. *American Journal of Orthopsychiatry, 37*, 294-295.

Weiss, M., & Cain, B. (1964). The residential treatment of children and adolescents with school phobia. *American Journal of Orthopsychiatry, 34*, 103–114.

Weller, E. B., Weller, R. A., Fristad, M. A., Rooney, M. T., & Schecter, J. (2000). Children's Interview for Psychiatric Syndromes (ChIPS). *Journal of the American Academy of Child and Adolescent Psychiatry, 39*, 76–84.

Werry, J. S., & Aman, M. G. (1999). *Practitioner's guide to psychoactive drugs for children* and *adolescents* (2nd ed.). New York: Plenum Press.

Wetchler, J. L. (1986). Family therapy of school-focused problems: A macrosystemic perspective. *Contemporary Family Therapy, 8*, 224–240.

Will, D., & Baird, D. (1984). An integrated approach to dysfunction in interprofessional systems. *Journal of Family Therapy, 6*, 275–290.

Williams, H. D. (1927). Truancy and delinquency. *Journal of Applied Psychology, 11*, 276–288.

Wilson, N. H., & Rotter, J. D. (1986). Anxiety management training and study skills counseling for students on self-esteem and test anxiety and performance. *The School Counselor, 9*, 18–31.

Wolpe, J. (1969). *The practice of behavior therapy.* New York: Pergamon Press.

Woolston, J. L., Rosenthal, S. L., Riddle, M. A., Sparrow, S. S., Cicchetti, D., & Zimmerman, L. D. (1989). Childhood comorbidity of anxiety/affective disorders and behavior disorders. *Journal of the American Academy of Child and Adolescent Psychiatry, 28*, 707–713.

World Health Organization. (1992). *International classification of diseases* (10th ed.). Geneva, Switzerland: Author.

Young, J. G., Brasic, J. R., Kisnadwala, H., & Leven, L. (1990). Strategies for research on schoolrefusal and related nonattendance at school. In C. Chiland & J. G. Young (Eds.), *Why children reject school:*

Views from seven countries (pp. 199–223). New Haven, CT: Yale University Press.

Zieman, G. L., & Benson, G. P. (1981). School perceptions of truant adolescent girls. *Behavioral Disorders*, *6*, 197–205.

찾아보기

《인 명》

《내 용》

저자 소개

크리스토퍼 커니(Christopher A. Kearney) 박사는 라스베가스에 있는 네바다 대학교(UNLV)의 아동임상심리학과 부교수이자 UNLV의 아동 등교거부 및 불안장애 클리닉의 디렉터이기도 하다. 빙햄턴에 있는 뉴욕 주립대학교에서 학사학위를 받았으며, 올버니에 있는 뉴욕 주립대학교에서 석·박사학위를 받았고, 인턴십은 미시시피 대학교의 의료 센터에서 마쳤다. 커니 박사는 주로 아동·청소년 등교거부 행동의 분류, 평가, 치료와 내재화 장애에 대하여 연구해 왔으며, 심한 발달장애를 가지고 있는 성인들을 위해서도 일하고 있다. 그리고 『아동임상심리학과 행동치료 학회지(*Journal of Clinical Child Psychology and Behavior Therapy*)』의 편집자이기도 하다. 그는 청소년의 불안장애에 대한 두 권의 책과 등교거부 행동에 대한 두 권의 치료 매뉴얼을 공동 집필하거나 공동 편집하였고, 수많은 학술지와 저서에 글을 실었다. the Barrick Scholar Award, the Barrick Distinguished Scholar Award, the William Morris Award for Excellence in Scholarship, 그리고 UNLV Distinguished Teaching Award를 수상한 바 있다.

역자 소개

임은미

서울대학교 교육학과 박사(교육상담 전공)
현 전북대학교 교육학과 교수

강지현

연세대학교 심리학과 박사(임상 전공)
현 동덕여자대학교 아동학과 교수

김인규
서울대학교 교육학과 박사(교육상담 전공)
현 전주대학교 상담심리학부 교수

김지현
미국 코네티컷 대학교 철학박사(상담심리 전공)
현 홍익대학교 교육학과 교수

여태철
서울대학교 교육학과 박사(교육심리 전공)
현 경인교육대학교 교육학과 교수

윤경희
서울대학교 교육학과 박사(교육심리 전공)
현 경남대학교 교육학과 교수

임진영
서울대학교 교육학과 박사(교육심리 전공)
현 청주교육대학교 초등교육과 교수

하혜숙
서울대학교 교육학과 박사(교육상담 전공)
현 한국방송대학교 청소년교육학과 교수

황매향
서울대학교 교육학과 박사(교육상담 전공)
현 경인교육대학교 교육학과 교수

등교를 거부하는 청소년

평가와 처치를 위한 기능 중심 접근

School Refusal Behavior in Youth: A Functional Approach to Assessment and Treatment

2013년 7월 12일 1판 1쇄 인쇄
2013년 7월 19일 1판 1쇄 발행

지은이 • Christopher A. Kearney
옮긴이 • 임은미 · 강지현 · 김인규 · 김지현 · 여태철
윤경희 · 임진영 · 하혜숙 · 황매향
펴낸이 • 김진환
펴낸곳 • (주) 학지사
121-837 서울특별시 마포구 서교동 352-29 마인드윌드빌딩 5층
대표전화 • 02)330-5114 팩스 • 02)324-2345
등록번호 • 제313-2006-000265호

홈페이지 • http://www.hakjisa.co.kr
커뮤니티 • http://cafe.naver.com/hakjisa

ISBN 978-89-997-0136-8 93370

정가 16,000원

이 도서의 국립중앙도서관 출판시도서목록(CIP)은 서지정보유통지원시스템 홈페이지(http://seoji.nl.go.kr)와 국가자료공동목록시스템(http://www.nl.go.kr/kolisnet)에서 이용하실 수 있습니다.
(CIP제어번호: CIP2013010293)